Von einem,

der auszog, die

Feste zu feiern.

Der Weg zum perfekten Fest ist ihm ein schöpferischer Akt. Ungeduld, Euphorie, viel Lust, die Liebe zum Detail und eine gute Prise Ehrgeiz treiben ihn zu Höchstleistungen – nein, Girlanden machen noch keinen Event, und einfach macht er es sich nicht, weil gerade das Detail gross inszeniert sein soll.

Vielleicht muss man etwas angefressen sein? Auf jeden Fall. Die perfekte Vorbereitung für den perfekten Event führt an den Ort des originalen Geschehens. Unterwegs auf Recherchen: 250 Kilometer von Glasgow entfernt; angekündet, irgendwo am Loch Ness oder dann letztendlich doch nicht, findet er das authentische Castle – das Eilean Donan, das vom James Bond oder vom Herrn der Ringe – nur für ein einziges Foto. Wochen später, ambitiös, lichtet er in 48 Stunden alle touristischen Sehenswürdigkeiten von Venedig bis Rom ab. Mit 1'000 Eindrücken, mit Literatur, Fotomaterial und 2'000 Autokilometern zurück, kommt Leben in die Idee – man kann sie förmlich riechen, und erfahren, wie Cappuccino aus einer dickwandigen Tasse.

Hoch oben auf einem Zürcher Hausberg stimmen Klima und Rundblick für phantasievolle Welten – über dem Nebel, über dem grosse Dekorteile auf ihren Auftritt warten. Dort befindet sich der Nährboden für ausgefallene Inszenierungen, die mit viel Herzblut und Enthusiasmus umgesetzt werden. Dort wird gesponnen, was oft gar nicht realisierbar erscheint. Dazu die Idylle, in der schon manch ein Besucher zwischen Kühen und Ziegen den Alltag vergessen hat.

Mag sein, dass der da oben bisweilen etwas stur erscheint – aber der Erfolg gibt ihm Recht. Kein Eventer mit Krawatte, vielmehr ein Generalunternehmer, ein Kreateur, Handwerker, Zampanò und Macher mit einem Berg von Material und Maschinen. Lässt Ideen im Kopf reifen, träumt nächtelang davon, fiebert darauf hin, konzipiert, verwirft und fügt langsam alles wie bei einem grossen Puzzle zusammen. Sein Anspruch:

Im Chaos perfekt sein, sich selbst erstaunen, emotional starke Momente schaffen und letztlich das Individuelle à point servieren – die Gäste bleiben dabei keine passiven Beobachter, sondern sie werden aktiver Teil einer Inszenierung: Mit Freude tauchen sie darin ein.

Das Fest beginnt.

High

A kilt covers the body from the waist down to the centre of the knees. The overlapping layers in front are called «aprons» and are flat; the single layer of fabric around the sides and back is pleated. A kilt pin is fastened to the front apron on the free corner (but is not passed through the layer below, as its function is to add weight). Underwear may or may not be worn, as the wearer prefers, although tradition has it that a «true Scotsman» should wear nothing under his kilt. The Scottish Tartans Authority, however, has described the practice as childish and unhygienic.

lame Games

... eben, das Eilean Donan, das **vom James Bond** oder vom Herrn der Ringe, nur für ein einziges Bild –

unser Schloss.

Glasgow, Juli 2005

Loch Ness: Dieser unspektulare Bergsee hat mir den Mythos Loch Ness schlagartig genommen

Die Brücke von Eilean Donan – bekannt vom James-Bond-Film «From russia with love»

Lange Weggefährten auf Rekognoszierung – Bernhard Attinger und Christian Dür

Putting the Stone – Standard Weight: Men 16 lbs. to 22 lbs., Women 8 lbs. to 12 lbs.

Eilean Donan in Dübendorf, August 2005 – das legendäre Schloss als Kulisse, 30 x 15 Meter

The caber toss is a traditional Scottish athletic event practised at the Scottish Highland Games involving the tossing of a large wooden pole called a caber. It is said to have developed from the need to toss logs across narrow chasms to cross them. In Scotland the caber is usually made from a Larch tree. A caber is typically 19 feet 6 inches (5.94 m) tall and weighs 175 pounds (79 kg).

Es war einmal mitten im Winter, und die Schneeflocken fielen wie Federn vom Himmel herab. Da sass eine Königin an einem Fenster, das einen Rahmen von schwarzem Ebenh Schnee so schön aussah, dachte sie bei sich: Hätt' ich ein Kind, so weiss wie Schnee, so rot wie Blut und so schwarz wie das Holz an dem Rahmen! Bald darauf bekam sie ein T Königin. Über ein Jahr nahm sich der König eine andere Gemahlin. Es war eine schöne Frau, aber sie war stolz und hochmütig und konnte nicht leiden, dass sie an Schönheit v ganzen Land?» so antwortete der Spiegel: «Frau Königin, Ihr seid die Schönste im Land.» Da war sie zufrieden, denn sie wusste, dass der Spiegel die Wahrheit sagte. Schneewittch Spieglein an der Wand, wer ist die Schönste im ganzen Land?», so antwortete er: «Frau Königin, Ihr seid die Schönste hier, aber Schneewittchen ist tausendmal schöner als Ihr.» und Hochmut wuchsen wie ein Unkraut in ihrem Herzen immer höher, dass sie Tag und Nacht keine Ruhe mehr hatte. Da rief sie einen Jäger und sprach: «Bring das Kind hinau Hirschfänger gezogen hatte und Schneewittchens unschuldiges Herz durchbohren wollte, fing es an zu weinen und sprach: «Ach, lieber Jäger, lass mir mein Leben! Ich will in den gefressen haben, dachte er, und doch war's ihm, als wäre ein Stein von seinem Herzen gewälzt, weil er es nicht zu töten brauchte. Und als gerade ein junger Frischling dahergespr hätte Schneewittchens Lunge und Leber gegessen. Nun war das arme Kind in dem grossen Wald mutterseelenallein, und es ward ihm so angst, dass es alle Blätter an den Bäume nichts. Es lief, so lange nur die Füsse noch fortkonnten, bis es bald Abend werden wollte. Da sah es ein kleines Häuschen und ging hinein, sich zu ruhen. In dem Häuschen war a Gäblein und sieben Becherlein. An der Wand waren sieben Bettlein nebeneinander aufgestellt und schneeweisse Laken darüber gedeckt. Schneewittchen, weil es so hungrig und legte es sich in ein Bettchen, aber keins passte; das eine war zu lang, das andere zu kurz, bis endlich das siebente recht war; und darin blieb es liegen, befahl sich Gott und schlief und wie es nun hell im Häuslein ward, sahen sie, dass jemand darin gesessen war, denn es stand nicht alles so in der Ordnung, wie sie es verlassen hatten. Der erste sprach: «Wer gegessen?» Der fünfte: «Wer hat mit meinem Gäbelchen gestochen?» Der sechste: «Wer hat mit meinem Messerchen geschnitten?» Der siebente: «Wer hat aus meinem Becherlein hat auch jemand gelegen!» Der siebente aber, als er in sein Bett sah, erblickte Schneewittchen, das darin lag und schlief. Nun rief er die andern; die kamen herbeigelaufen und sc dass sie es nicht aufweckten, sondern im Bettlein fortschlafen liessen. Der siebente Zwerg aber schlief bei seinen Gesellen, bei jedem eine Stunde, da war die Nacht herum. Als es du in unser Haus gekommen?» sprachen weiter die Zwerge. Da erzählte es ihnen, dass seine Stiefmutter es hätte wollen umbringen lassen, der Jäger hätte ihm aber das Leben gesc und willst du alles ordentlich und reinlich halten, so kannst du bei uns bleiben, und es soll dir an nichts fehlen.» - «Ja,» sagte Schneewittchen, «von Herzen gern!», und blieb i Mädchen allein; da warnten es die guten Zwerglein und sprachen: «Hüte dich vor deiner Stiefmutter, die wird bald wissen, dass du hier bist; lass ja niemand herein! Die Königin Spieglein an der Wand, wer ist die Schönste im ganzen Land?» Da antwortete der Spiegel: «Frau Königin, Ihr seid die Schönste hier, aber Schneewittchen über den Bergen, bei de noch am Leben war. Und da sann und sann sie aufs neue, wie sie es umbringen wollte; denn so lange sie nicht die Schönste war im ganzen Land, liess ihr der Neid keine Ruhe. U sieben Zwergen, klopfte an die Türe und rief: «Schöne Ware feil! Feil!» Schneewittchen guckte zum Fenster hinaus und rief: «Guten Tag, liebe Frau! Was habt Ihr zu verkaufen?» - die Türe auf und kaufte sich den hübschen Schnürriemen. «Kind,» sprach die Alte, «wie du aussiehst! Komm, ich will dich einmal ordentlich schnüren.» Schneewittchen hatte k hinfiel. «Nun bist du die Schönste gewesen,» sprach sie und eilte hinaus. Nicht lange darauf, zur Abendzeit, kamen die sieben Zwerge nach Haus; aber wie erschraken sie, als i Schnürriemen entzwei; da fing es an ein wenig zu atmen und ward nach und nach wieder lebendig. Als die Zwerge hörten, was geschehen war, sprachen sie: «Die alte Krämerfra fragte: «Spieglein, Spieglein an der Wand, wer ist die Schönste im ganzen Land?» Da antwortete er wie sonst: «Frau Königin, Ihr seid die Schönste hier, aber Schneewittchen übe geworden war. «Nun aber,» sprach sie,» will ich etwas aussinnen, das dich zugrunde richten soll,» und mit Hexenkünsten, die sie verstand, machte sie einen giftigen Kamm. I Schneewittchen schaute heraus und sprach: «Geht nur weiter, ich darf niemand hereinlassen!» - «Das Ansehen wird dir doch erlaubt sein,» sprach die will ich dich einmal ordentlich kämmen.» Das arme Schneewittchen dachte an nichts, liess die Alte gewähren, aber kaum hatte sie den Ka fort. Zum Glück aber war es bald Abend und die sieben Zwerglein kamen nach Hause. Als sie Schneewittchen wie tot auf der Erde und erzählte, was vorgegangen war. Da warnten sie es noch einmal, auf seiner Hut zu sein und niemand die Türe zu öffnen. Königin, Ihr seid die Schönste hier, aber Schneewittchen über den Bergen bei den sieben Zw mein eigenes Leben kostet!» Darauf ging sie in eine ganz verborgene, einsame Kam danach bekam, aber wer ein Stückchen davon ass, der musste sterben. Als de Schneewittchen streckte den Kopf zum Fenster heraus und sprach: «I Da, einen will ich dir schenken.» - «Nein,» sprach Schneewittchen will ich essen « Der Apfel war aber so künstlich gemacht, dass streckte die Hand hinaus und nahm die giftige Hälfte. Kaum «Weiss wie Schnee, rot wie Blut, schwarz wie Ebenholz! Dies Land?» so antwortete er endlich: «Frau Königin, Ihr seid die S wittchen auf der Erde liegen, und es ging kein Atem m Wein, aber es half alles nichts; begraben, aber es sa liess

Mit ihr und gaben ihm ein Sarg. Der Königssohn liess ihn nun von seinen Dienern auf den Schultern forttragen. Da geschah es, dass einer über einen Strauch sto auf und war wieder lebendig. «Ach Gott, wo bin ich?» rief es. Der Königssohn sagte voll Freude: «Du bist bei mir,» und erzählte, was sich zugetragen hatte und sprach: « Pracht und Herrlichkeit angeordnet. Zu dem Feste wurde aber auch Schneewittchens gottlose Stiefmutter eingeladen. Wie sie sich nun mit schönen Kleidern angeta gewiss nicht tausendmal schöner als ich.» Als sie das böse Weib einen Fluch aus und ward ihr so angst, so angst, dass sie sich nicht zu lassen wusste. Sie wollte zuerst gar da und konnte sich nicht regen. Aber es waren schon eiserne Pantoffeln über Kohlenfeuer gestellt und wurden mit Zangen hereingetragen und vor sie hingestellt. Da musste si

hte. Und wie sie so nähte und nach dem Schnee aufblickte, stach sie sich mit der Nadel in den Finger, und es fielen drei Tropfen Blut in den Schnee. Und weil das Rote im weissen
r so weiss wie Schnee, so rot wie Blut und so schwarzhaarig wie Ebenholz und ward darum Schneewittchen (Schneeweisschen) genannt. Und wie das Kind geboren war, starb die
lte übertroffen werden. Sie hatte einen wunderbaren Spiegel; wenn sie vor den trat und sich darin beschaute, sprach sie: «Spieglein, Spieglein an der Wand, wer ist die Schönste im
ran und wurde immer schöner, und als es sieben Jahre alt war, war es so schön wie der klare Tag und schöner als die Königin selbst. Als diese einmal ihren Spiegel fragte: «Spieglein,
Königin und ward gelb und grün vor Neid. Von Stund an, wenn sie Schneewittchen erblickte, kehrte sich ihr das Herz im Leibe herum - so hasste sie das Mädchen. Und der Neid
h will's nicht mehr vor meinen Augen sehen. Du sollst es töten und mir Lunge und Leber zum Wahrzeichen mitbringen.» Der Jäger gehorchte und führte es hinaus, und als er den
fen und nimmermehr wieder heimkommen.» Und weil es gar so schön war, hatte der Jäger Mitleiden und sprach: «So lauf hin, du armes Kind!» Die wilden Tiere werden dich bald
er ihn ab, nahm Lunge und Leber heraus und brachte sie als Wahrzeichen der Königin mit. Der Koch musste sie in Salz kochen, und das boshafte Weib ass sie auf und meinte, sie
t wusste, wie es sich helfen sollte. Da fing es an zu laufen und lief über die spitzen Steine und durch die Dornen, und die wilden Tiere sprangen an ihm vorbei, aber sie taten ihm
zierlich und reinlich, dass es nicht zu sagen ist. Da stand ein weissgedecktes Tischlein mit sieben kleinen Tellern, jedes Tellerlein mit seinem Löffelein, ferner sieben Messerlein und
von jedem Tellerlein ein wenig Gemüs' und Brot und trank aus jedem Becherlein einen Tropfen Wein; denn es wollte nicht einem alles wegnehmen. Hernach, weil es so müde war,
dunkel geworden war, kamen die Herren von dem Häuslein. Das waren die sieben Zwerge, die in den Bergen nach Erz hackten und gruben. Sie zündeten ihre sieben Lichtlein an,
rühlchen gesessen?' Der zweite: «Wer hat von meinem Tellerchen gegessen?» Der dritte: «Wer hat von meinem Brötchen genommen? Der vierte: «Wer hat von meinem Gemüschen
n sah sich der erste um und sah, dass auf seinem Bett eine kleine Delle war. Da sprach er: «Wer hat in mein Bettchen getreten?» Die anderen kamen gelaufen und riefen: «In meinem
derung, holten ihre sieben Lichtlein und beleuchteten Schneewittchen. «Ei, du mein Gott! Ei, du mein Gott!» riefen sie, «was ist das Kind so schön!» Und hatten so grosse Freude,
achte Schneewittchen, und als es die sieben Zwerge sah, erschrak es. Sie waren aber freundlich und fragten: «Wie heisst du?» - «Ich heisse Schneewittchen,» antwortete es. «Wie bist
' es gelaufen den ganzen Tag, bis es endlich ihr Häuslein gefunden hätte. Die Zwerge sprachen: «Willst du unsern Haushalt versehen, kochen, betten, waschen, nähen und stricken,
en das Haus in Ordnung. Morgens gingen sie in die Berge und suchten Erz und Gold, abends kamen sie wieder, und da musste ihr Essen bereit sein. Den ganzen Tag über war das
ie Schneewittchens Lunge und Leber glaubte gegessen zu haben, dachte nicht anders, als sie wäre wieder die Erste und Allerschönste, trat vor ihren Spiegel und sprach: «Spieglein,
ist noch tausendmal schöner als Ihr.» Da erschrak sie, denn sie wusste, dass der Spiegel keine Unwahrheit sprach, und merkte, dass der Jäger sie betrogen hatte und Schneewittchen
dlich etwas ausgedacht hatte, färbte sie sich das Gesicht und kleidete sich wie eine alte Krämerin und war ganz unkenntlich. In dieser Gestalt ging sie über die sieben Berge zu den
wortete sie, «Schnürriemen von allen Farben,» und holte einen hervor, der aus bunter Seide geflochten war. Die ehrliche Frau kann ich hereinlassen, dachte Schneewittchen, riegelte
h vor sie und liess sich mit dem neuen Schnürriemen schnüren. Aber die Alte schnürte geschwind und schnürte so fest, dass dem Schneewittchen der Atem verging und es für tot
wittchen auf der Erde liegen sahen, und es regte und bewegte sich nicht, als wäre es tot. Sie hoben es in die Höhe, und weil sie sahen, dass es zu fest geschnürt war, schnitten sie den
s die gottlose Königin. Hüte dich und lass keinen Menschen herein, wenn wir nicht bei dir sind!» Das böse Weib aber, als es nach Haus gekommen war, ging vor den Spiegel und
den sieben Zwergen ist noch tausendmal schöner als Ihr.» Als sie das hörte, lief ihr alles Blut zum Herzen, so erschrak sie, denn sie sah wohl, dass Schneewittchen wieder lebendig
sie sich und nahm die Gestalt eines anderen alten Weibes an. So ging sie hin über die sieben Berge zu den sieben Zwergen, klopfte an die Türe und rief: «Gute Ware feil! Feil!
tigen Kamm heraus und hielt ihn in die Höhe. Da gefiel er dem Kinde so gut, dass es sich betören liess und die Türe öffnete. Als sie des Kaufs einig waren, sprach die Alte: «Nun
gesteckt, als das Gift darin wirkte und das Mädchen ohne Besinnung niederfiel. «Du Ausbund von Schönheit,» sprach das boshafte Weib, «jetzt ist's um dich geschehen,» und ging
en sie gleich die Stiefmutter in Verdacht, suchten nach und fanden den giftigen Kamm. Und kaum hatten sie ihn herausgezogen, so kam Schneewittchen wieder zu sich
e sich daheim vor den Spiegel und sprach: «Spieglein, Spieglein an der Wand, wer ist die Schönste im ganzen Land?» Da antwortete er wie vorher: «Frau
ausendmal schöner als Ihr.» Als sie den Spiegel so reden hörte, zitterte und bebte sie vor Zorn. ‚Schneewittchen soll sterben,» rief sie, «und wenn es
d hinkam, und machte da einen giftigen, giftigen Apfel. Äusserlich sah er schön aus, weiss mit roten Backen, dass jeder, der ihn erblickte, Lust
färbte sie sich das Gesicht und verkleidete sich als eine Bauersfrau, und so ging sie über die sieben Berge zu den sieben Zwergen. Sie klopfte an.
enschen einlassen, die sieben Zwerge haben mir's verboten!» - «Mir auch recht,» antwortete die Bäuerin, «meine Äpfel will ich schon loswerden.
nnehmen!» - «Fürchtest du dich vor Gift?» sprach die Alte, «siehst du, da schneide ich den Apfel in zwei Teile; den roten Backen iss, den weissen
ein vergiftet war. Schneewittchen lusterte den schönen Apfel an, und als es sah, dass die Bäuerin davon ass, so konnte es nicht länger widerstehen,
en Bissen davon im Mund, so fiel es tot zur Erde nieder. Da betrachtete es die Königin mit grausigen Blicken und lachte überlaut und sprach:
die Zwerge nicht wieder erwecken.» Und als sie daheim den Spiegel befragte: «Spieglein, Spieglein an der Wand, wer ist die Schönste im ganzen
» Da hatte ihr neidisches Herz Ruhe, so gut ein neidisches Herz Ruhe haben kann. Die Zwerglein, als sie abends nach Haus kamen, fanden Schnee-
Mund, und es war tot. Sie hoben es auf, suchten, ob sie was Giftiges fänden, schnürten es auf, kämmten ihm die Haare, wuschen es mit Wasser und
r tot und blieb tot. Sie legten es auf eine Bahre und setzten sich alle sieben daran und beweinten es und weinten drei Tage lang. Da wollten sie es
aus wie ein lebender Mensch und hatte noch seine schönen, roten Backen. Sie sprachen: «Das können wir nicht in die schwarze Erde versenken,» und
htigen Sarg von Glas machen, dass man es von allen Seiten sehen konnte, legten es hinein und schrieben mit goldenen Buchstaben seinen Namen darauf und
Königstochter wäre. Dann setzten sie den Sarg hinaus auf den Berg, und einer von ihnen blieb immer dabei und bewachte ihn. Und die Tiere kamen auch und
nten Schneewittchen, erst eine Eule, dann ein Rabe, zuletzt ein Täubchen. Nun lag Schneewittchen lange, lange Zeit in dem Sarg und verweste nicht, sondern sah aus, als wenn es
schliefe, denn es war noch so weiss wie Schnee, so rot wie Blut und so schwarzhaarig wie Ebenholz. Es geschah aber, dass ein Königssohn in den Wald geriet und zu dem Zwergenhaus
kam, da zu übernachten. Er sah auf dem Berg den Sarg und das schöne Schneewittchen darin und las, was mit goldenen Buchstaben darauf geschrieben war. Da sprach er zu den
Zwergen: ‚Lasst mir den Sarg, ich will euch geben, was ihr dafür haben wollt.' Aber die Zwerge antworteten: ‚Wir geben ihn nicht für alles Gold in der Welt.' Da sprach er: ‚So
schenkt mir ihn, denn ich kann nicht leben, ohne Schneewittchen zu sehen, ich will es ehren und hochachten wie mein Liebstes.' Wie er so sprach, empfanden die guten Zwerglein
ten fuhr der giftige Apfelgrütz, den Schneewittchen abgebissen hatte, aus dem Hals. Und nicht lange, so öffnete es die Augen, hob den Deckel vom Sarg in die Höhe und richtete
alles auf der Welt; komm mit mir in meines Vaters Schloss, du sollst meine Gemahlin werden.» Da war ihm Schneewittchen gut und ging mit ihm, und ihre Hochzeit ward mit
n Spiegel und sprach: «Spieglein, Spieglein an der Wand, wer ist die Schönste im ganzer Land?» Der Spiegel antwortete: «Frau Königin, Ihr seid die Schönste hier, aber die junge
zeit kommen, doch liess es ihr keine Ruhe, sie musste fort und die junge Königin sehen. Und wie sie hineintrat, erkannte sie Schneewittchen, und vor Angst und Schrecken stand
den Schuhe treten und so lange tanzen, bis sie tot zur Erde fiel.

Der Sarg von Schneewittchen entsteht

Dornröschenschloss im Aufbau

Alles nur für Rumpelstilzchen

Es waren einmal vor langer Zeit die **Prinzessin auf der Erbse,** die **Bremer Stadtmusikanten, Rumpelstilzchen, Hänsel und Gretel, Dornröschen, Schneewittchen, Rapunzel, Aschenputtel** und **Frau Holle** GmbH.

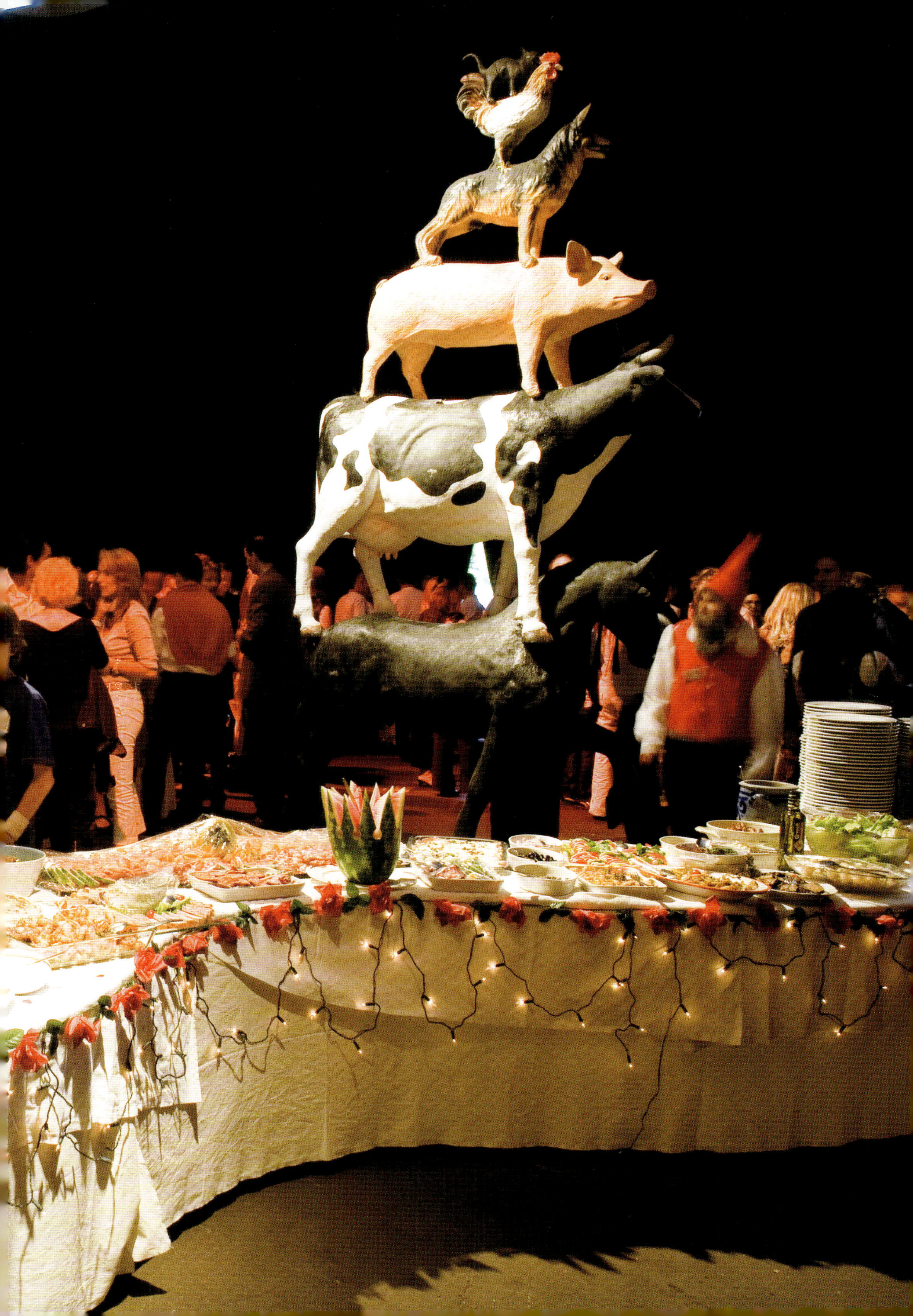

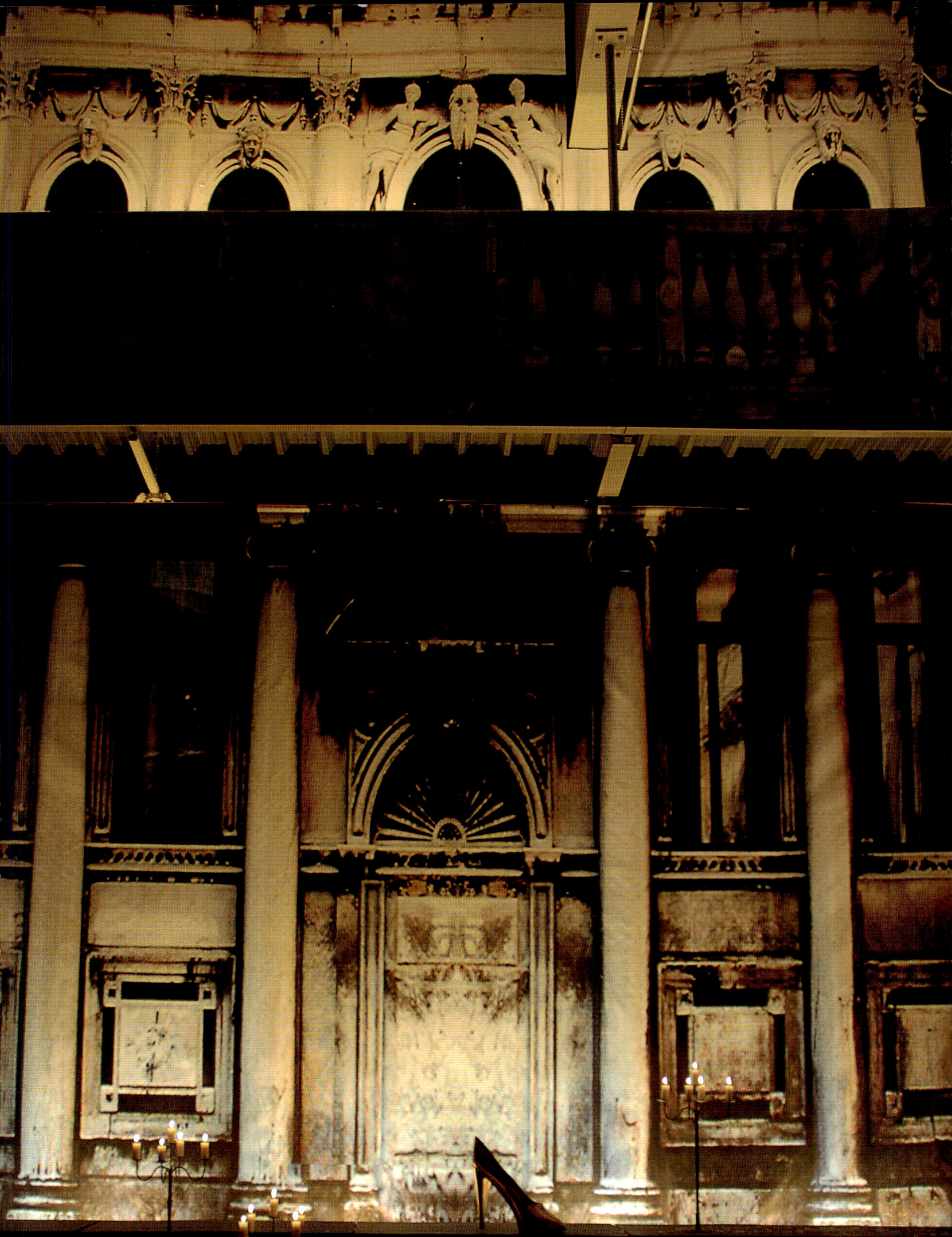

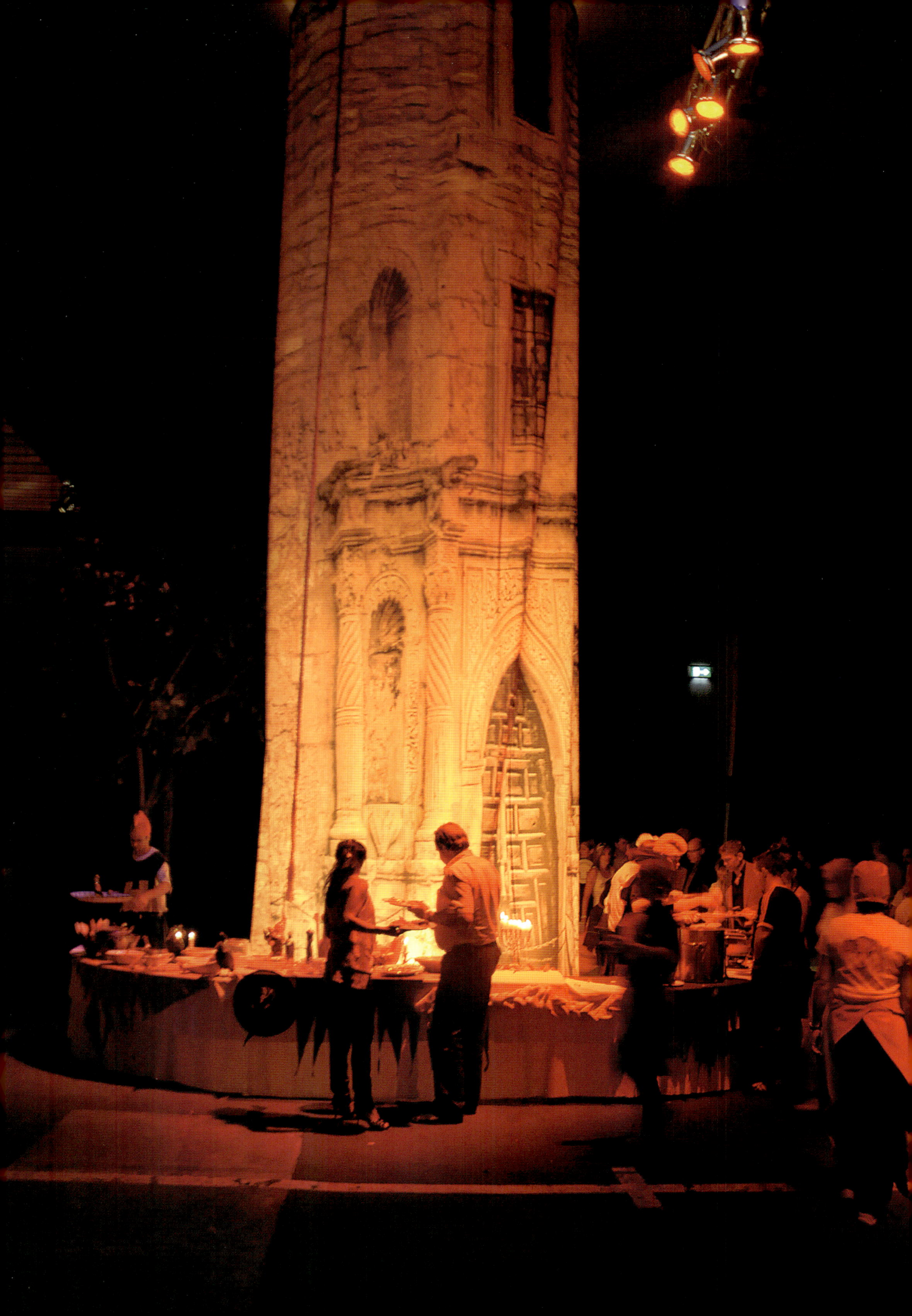

... vor ... Zeit eine ...

... on König...

jährlich zu...

Auch im Jahre 2008, ...

wieder so weit – alle war...

und glücklich. Und w...

...rma, die zu...

Vreni

...Feste lud.

...21. August war es

...sehr erfreut

...nicht...

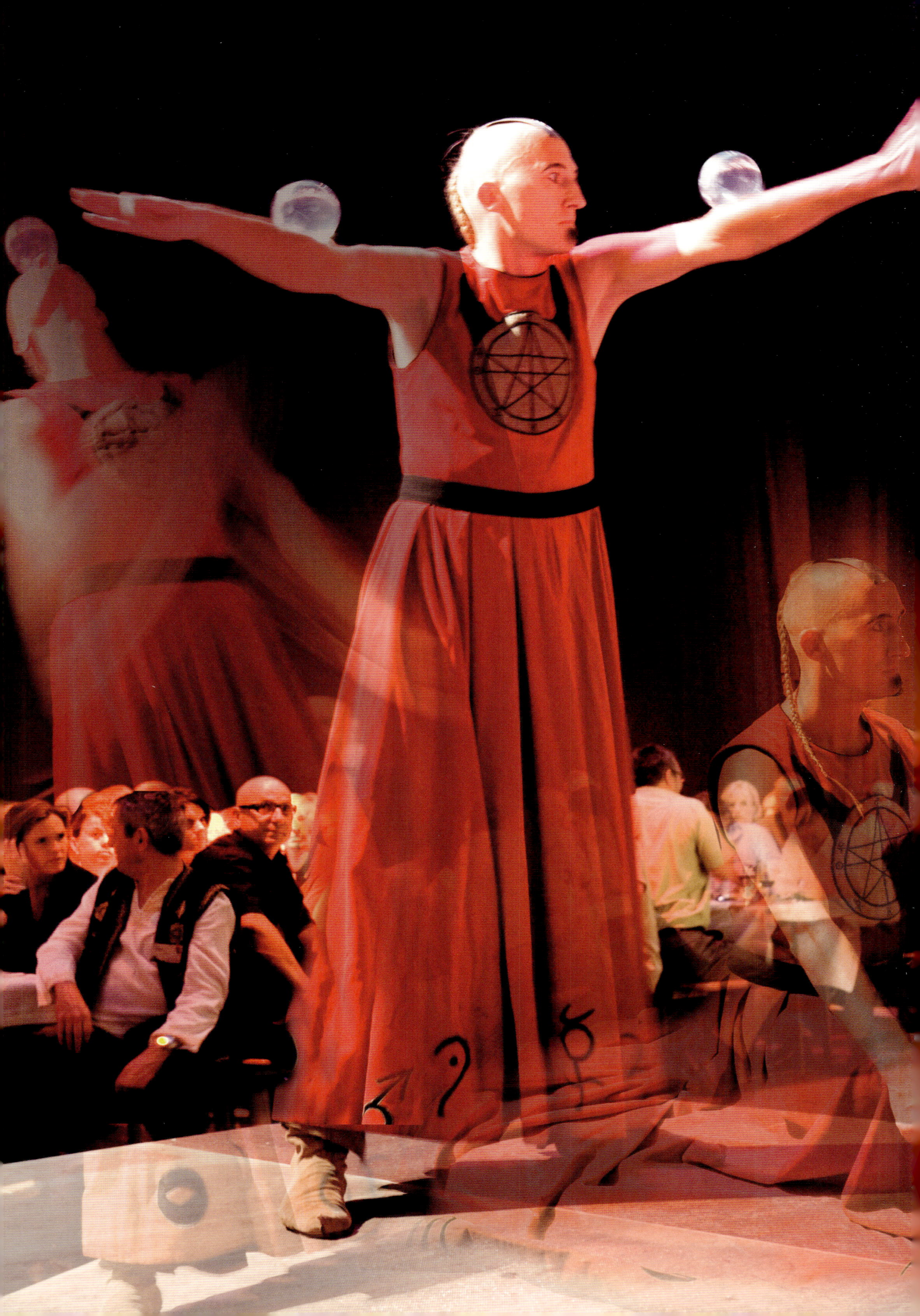

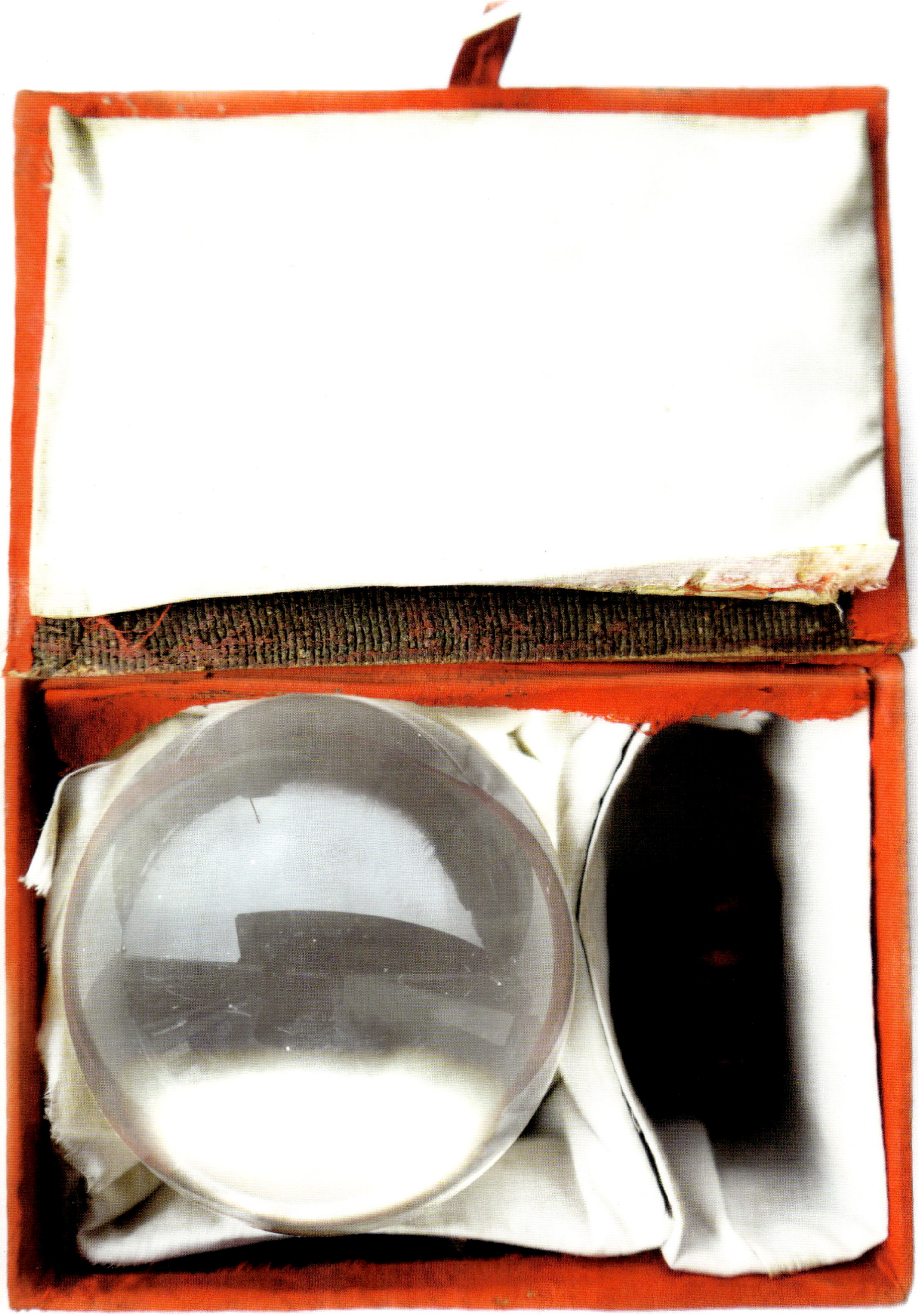

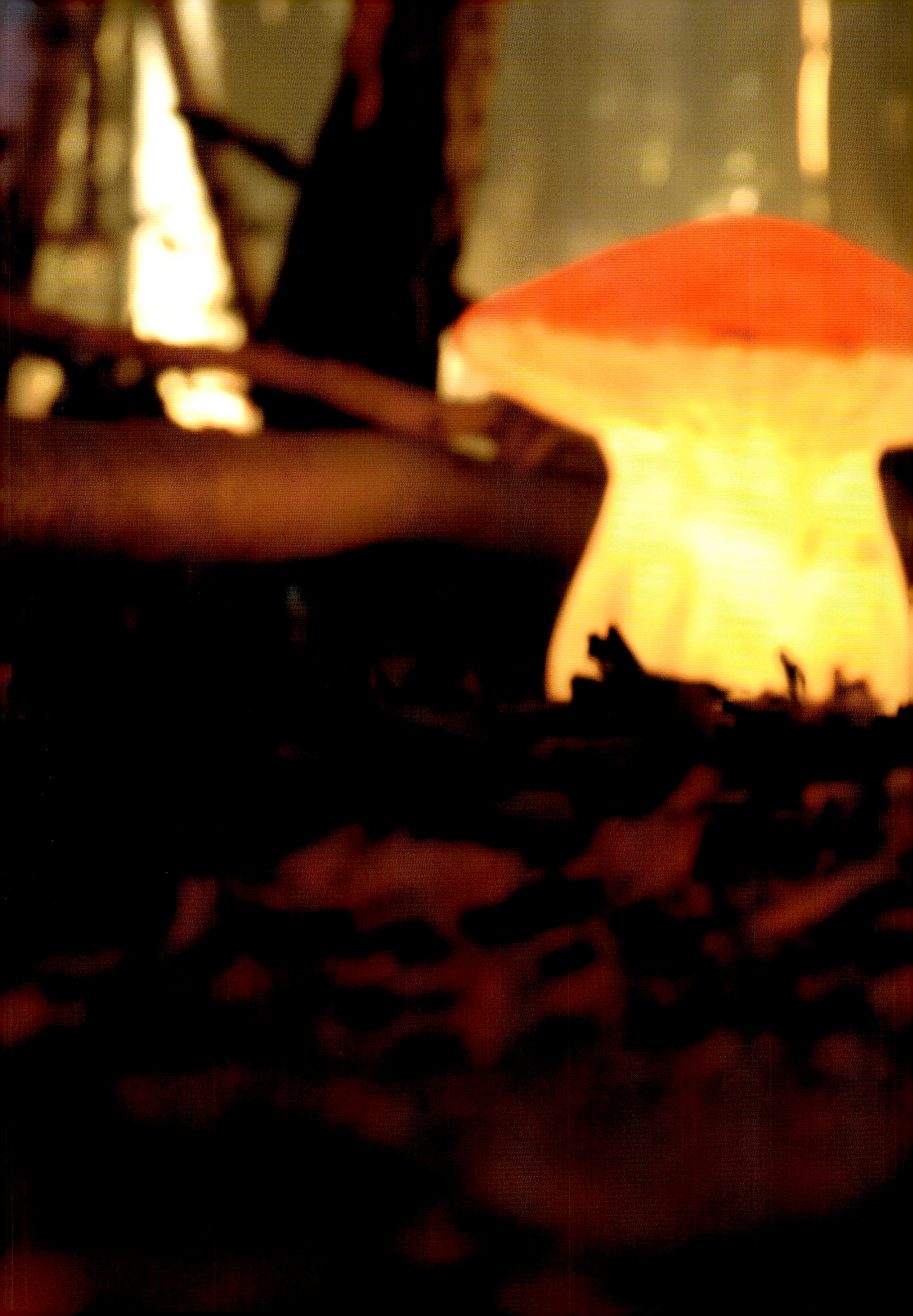

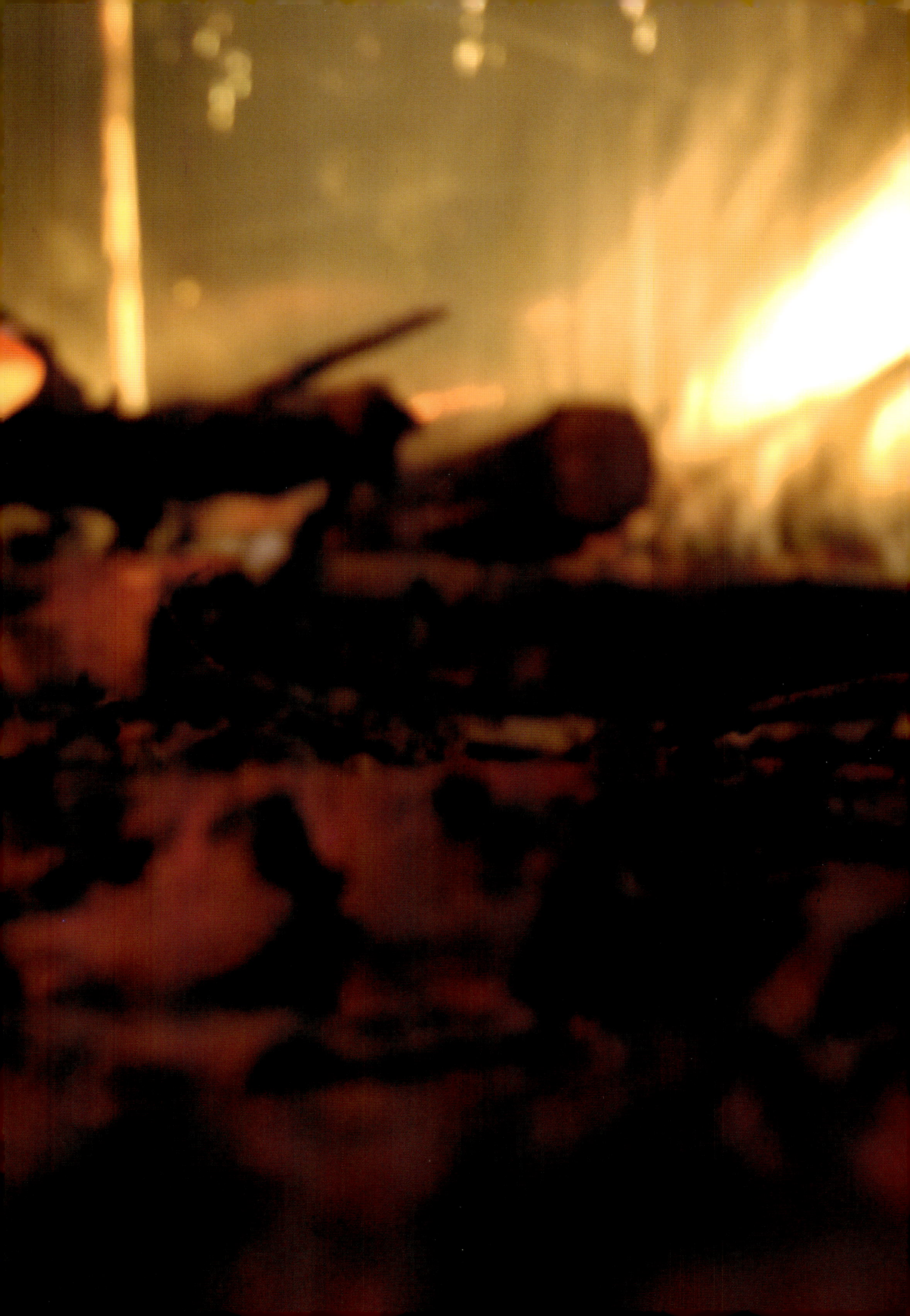

«Spieglein, Spieglein an der Wand, wer ist die Schönste im ganzen Land?» so antwortete er endlich: «Frau Königin, Ihr seid...

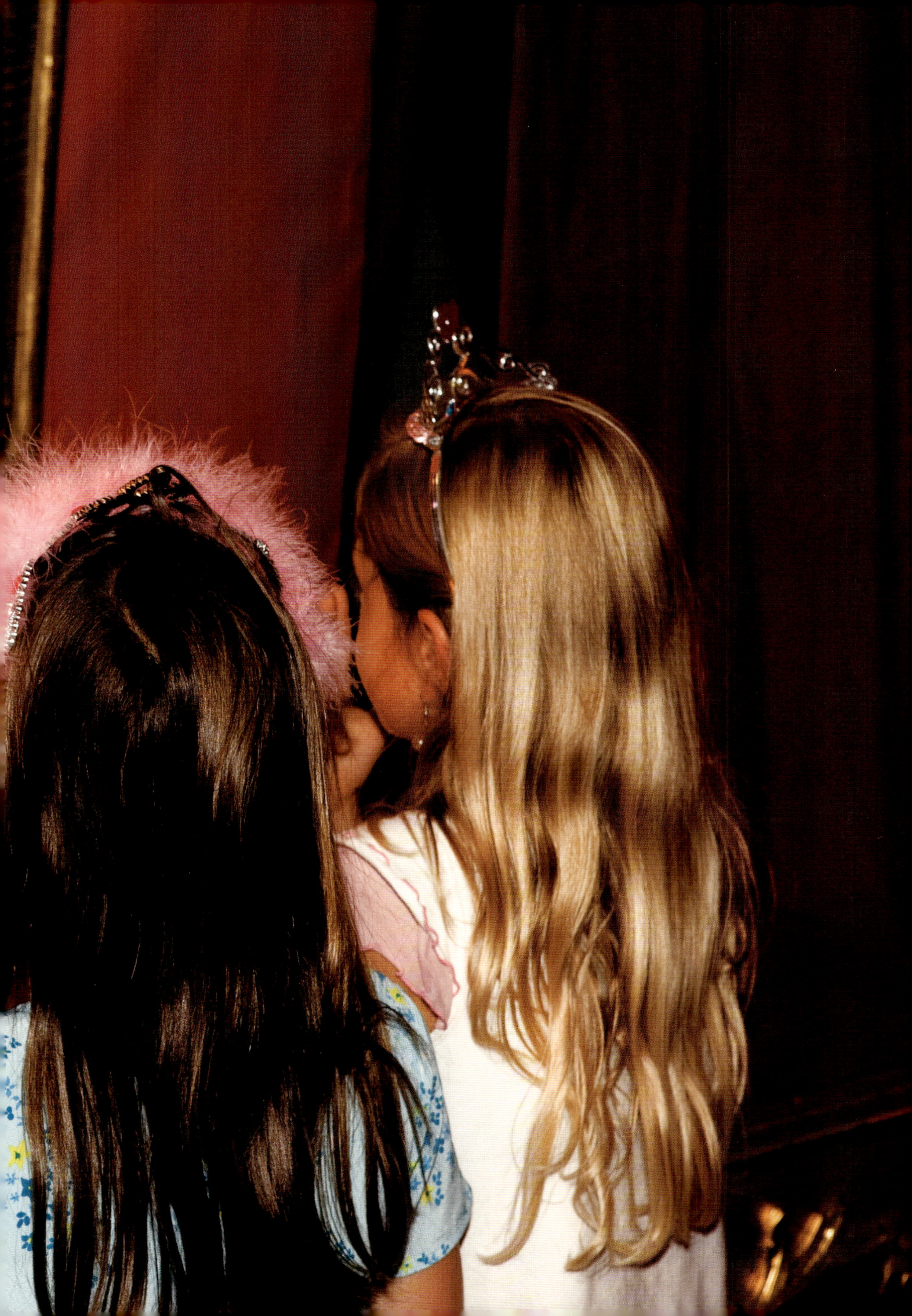

Zur vollen Stunde Schneeflocken aus der obersten Etage – das Haus von Frau Holle

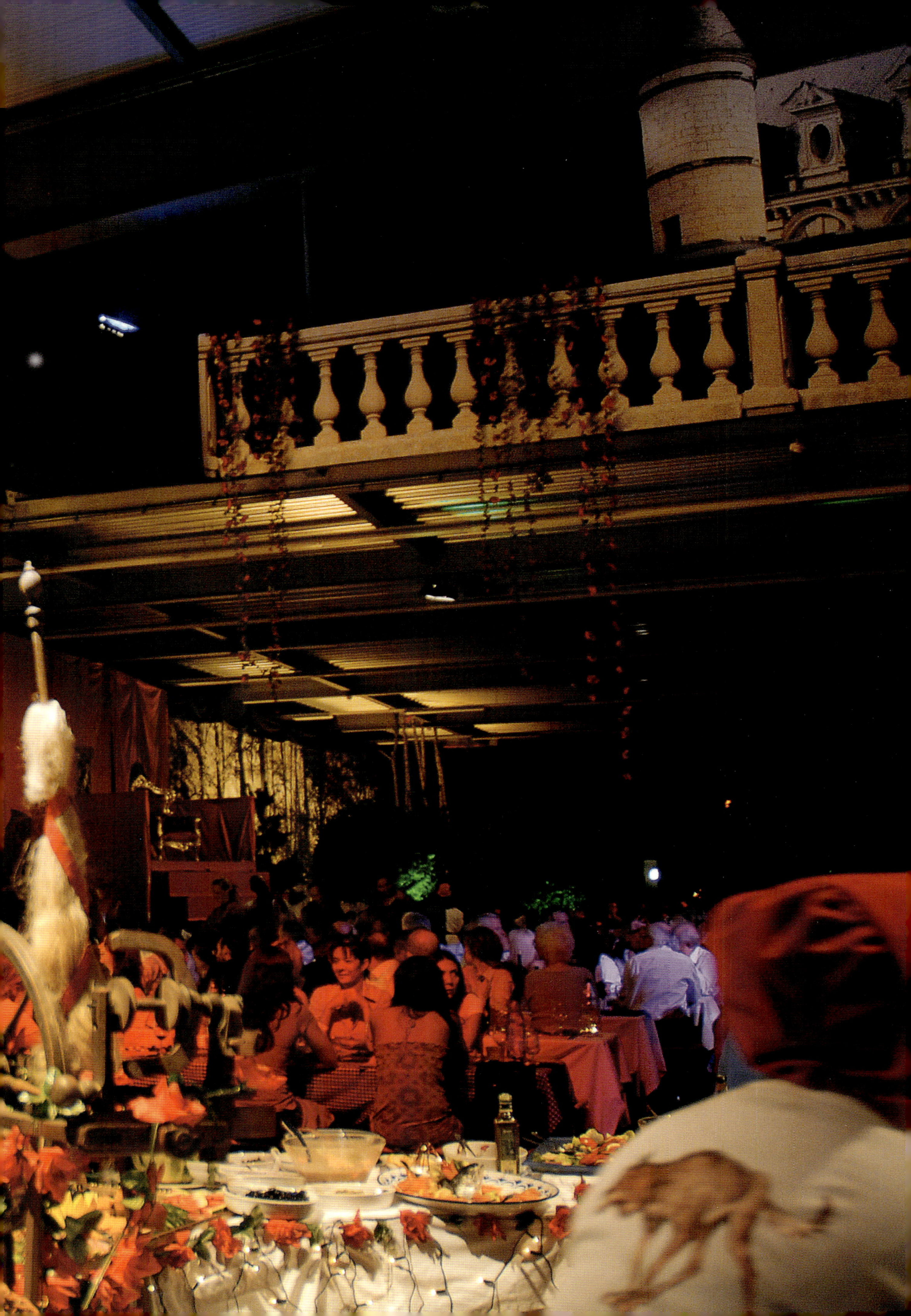

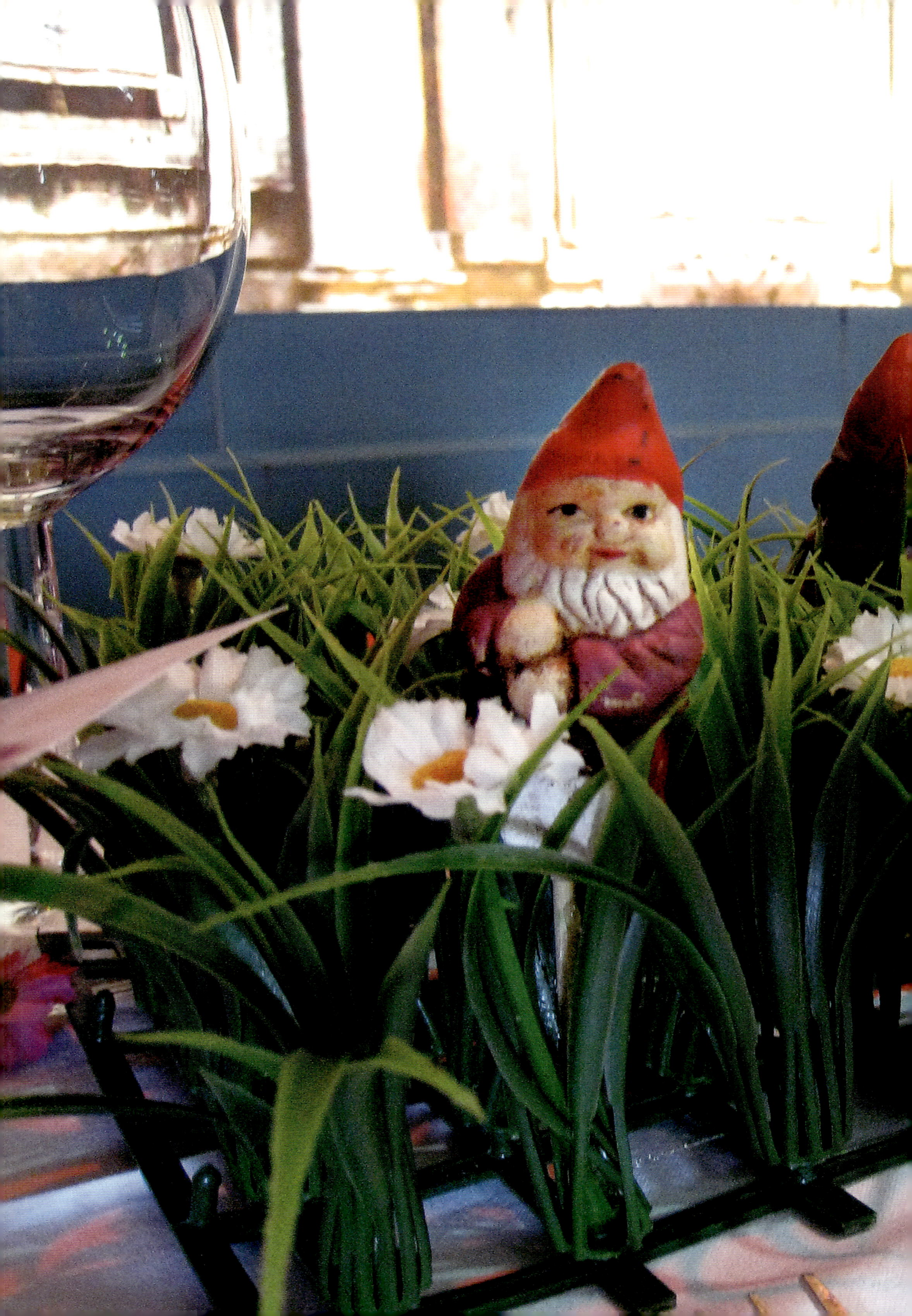

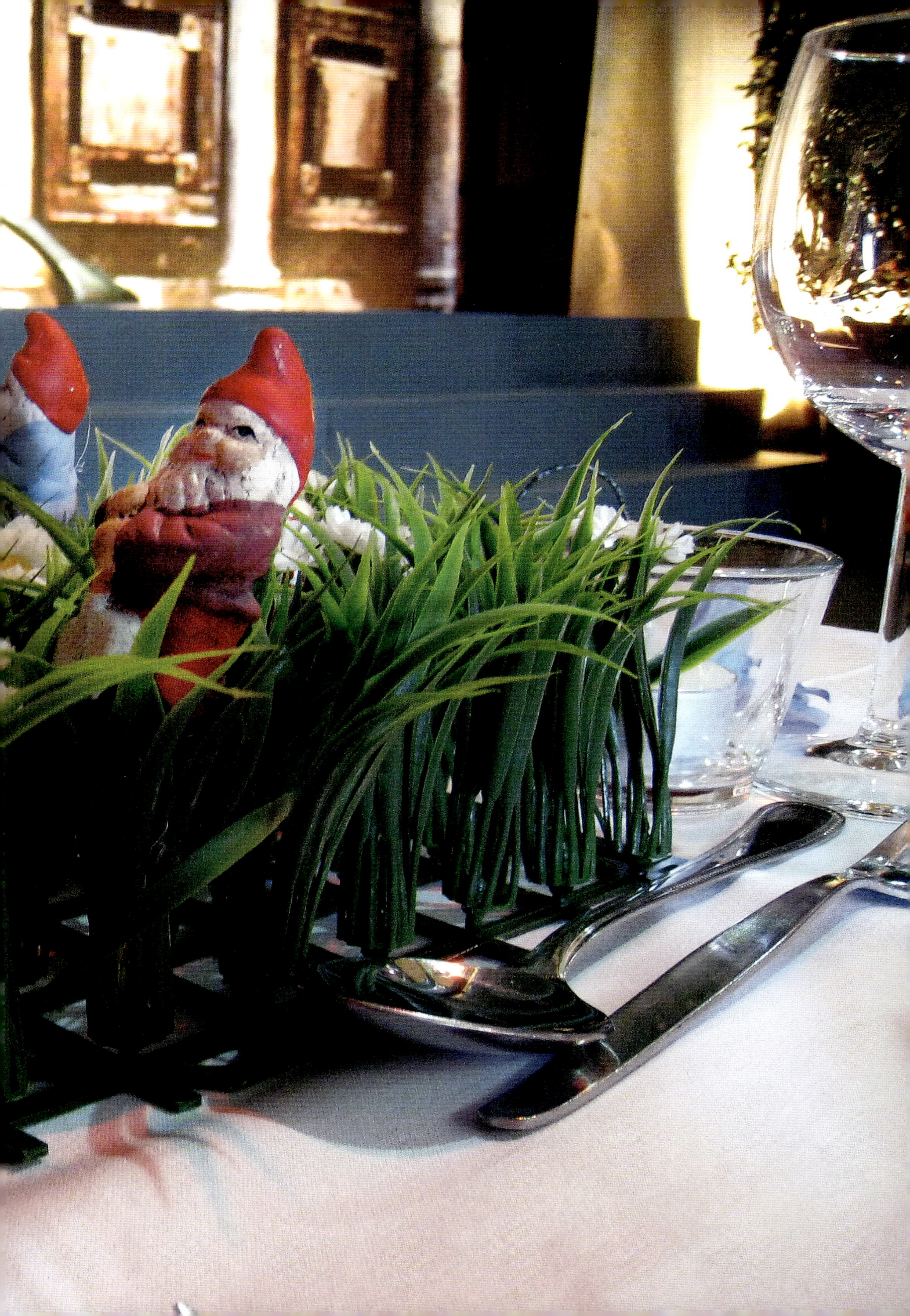

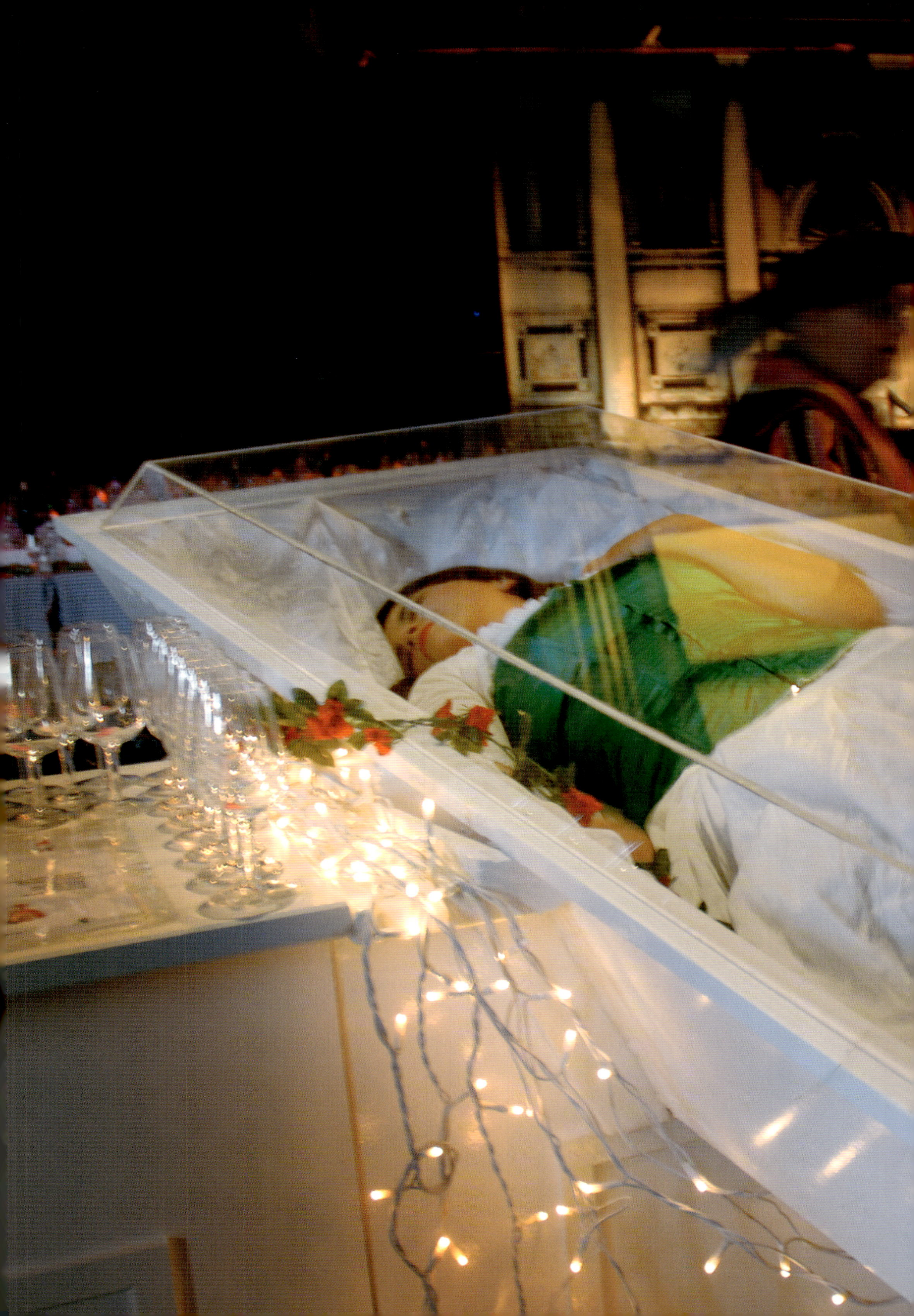

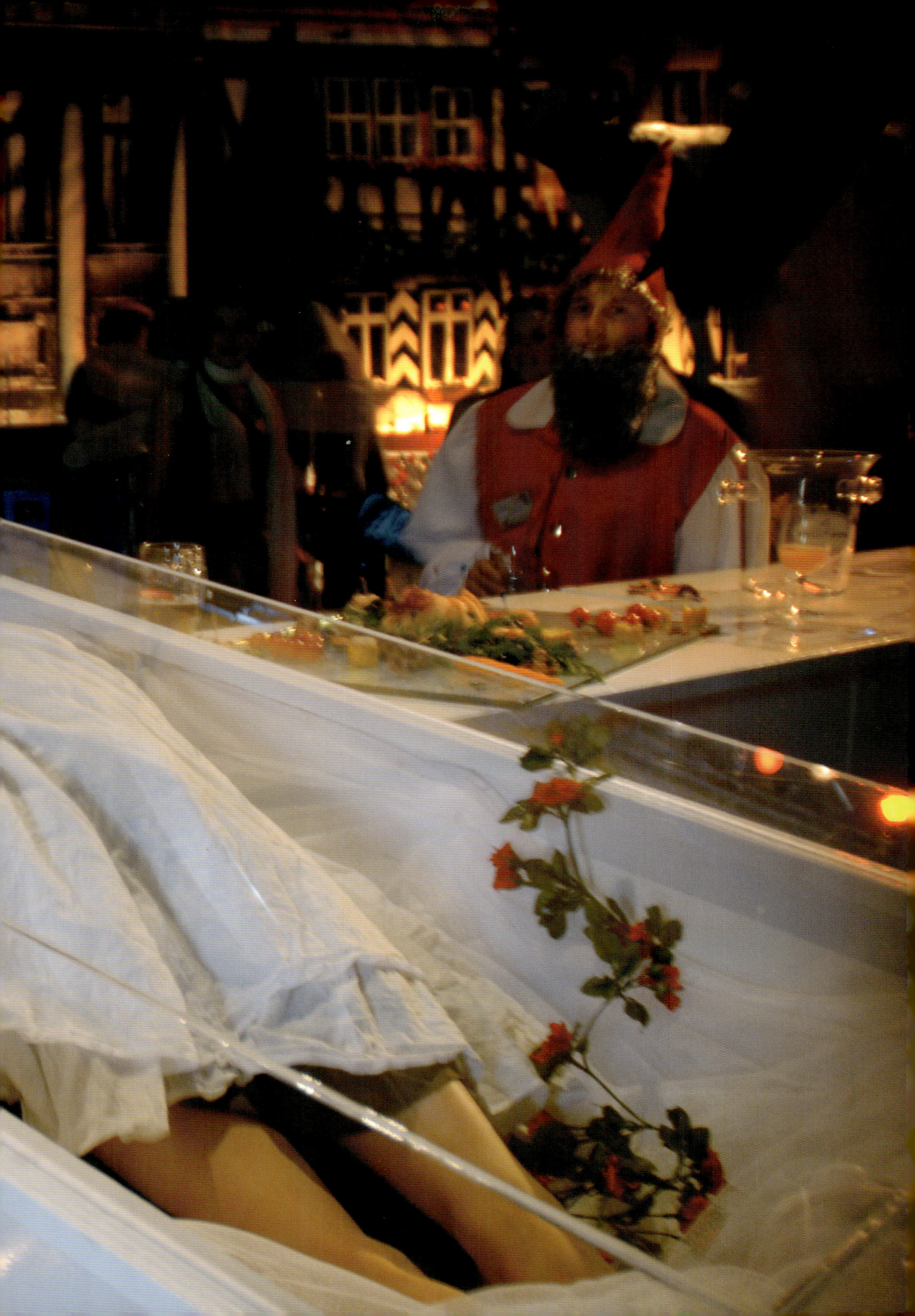

Bremer Stadtmusikanten in eigenwilliger Formation

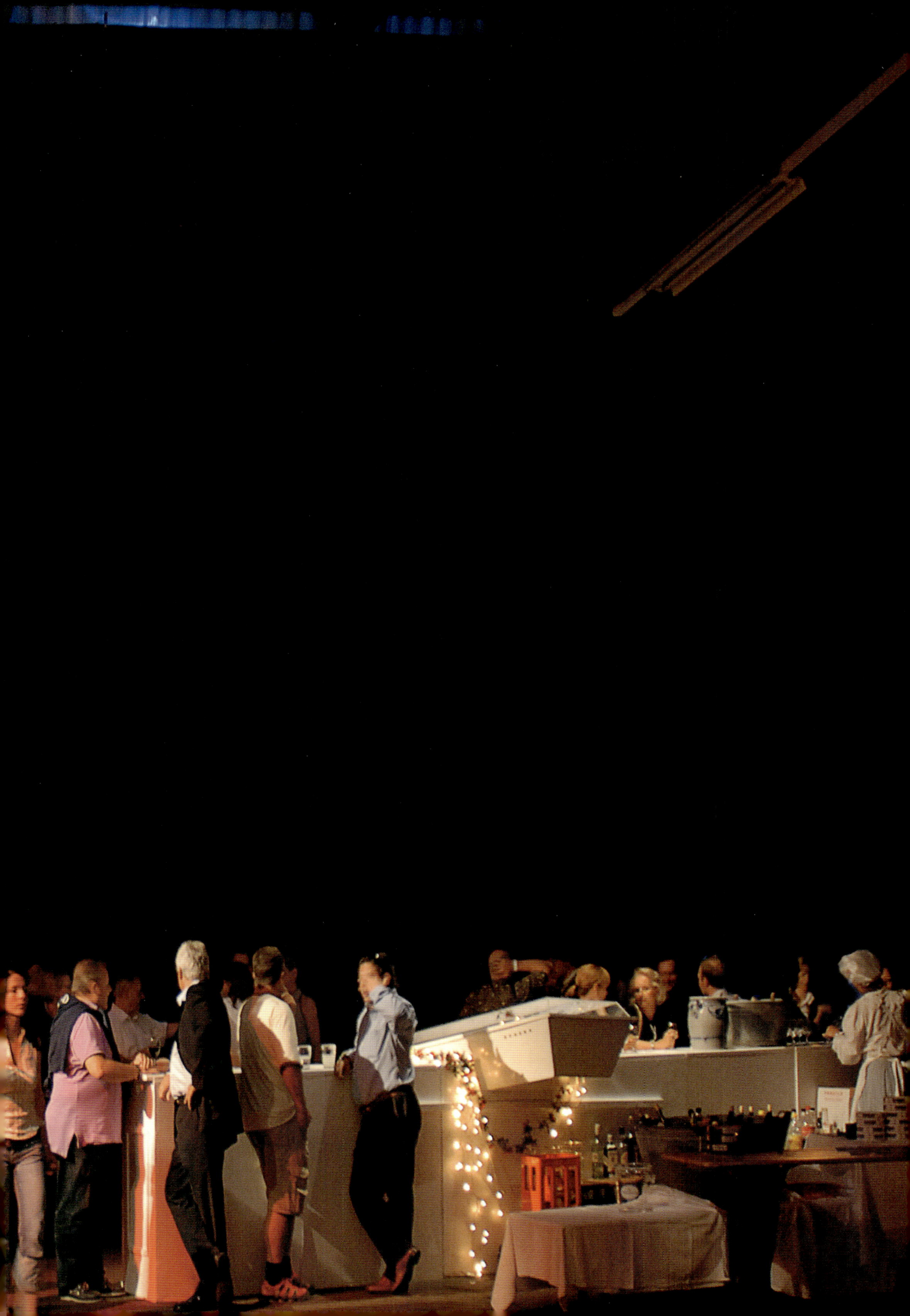

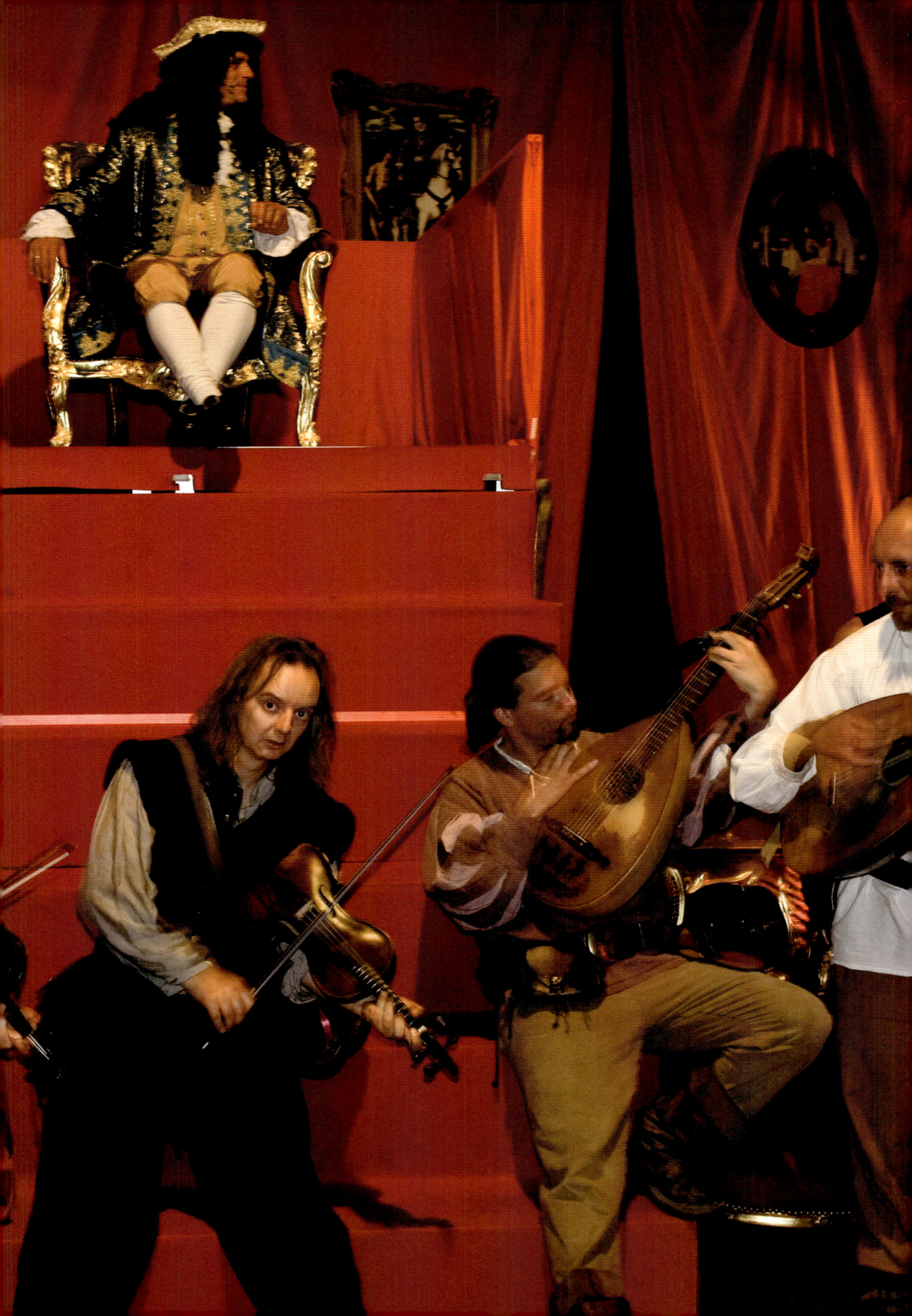

Und wenn **sie nicht** gestorben sind, dann **feiern** sie noch heute.

Ärde

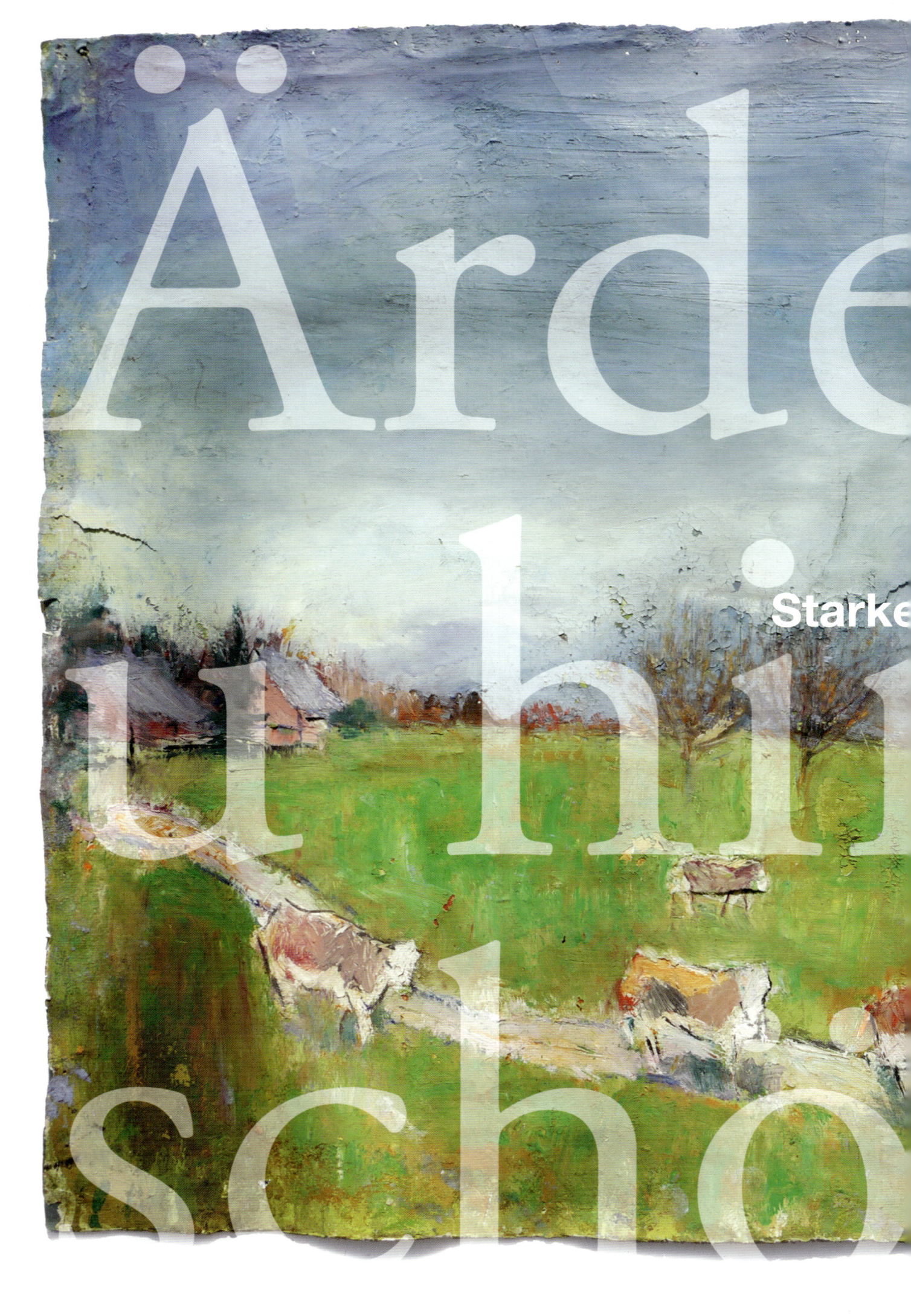

Starke

thi

Scho

guet
mu-

Männer, Landluft und die Kuh Lise

Nicht jeder gewinnt einen mächtigen Muni, aber einige starke Mannen tragen eine reich verzierte **Trychel** nach Hause.

Der Kampf wird auf einer kreisförmigen, 7 bis 14 Meter durchmessenden, mit 23 Kubikmetern Sägemehl gepolsterten Fläche ausgetragen.

Urchiges Thema, vergessene Gegenstände – das Zusammentragen dieser Relikte brachte uns in die entlegensten Ecken der Schweiz und zu wunderbaren Menschen.

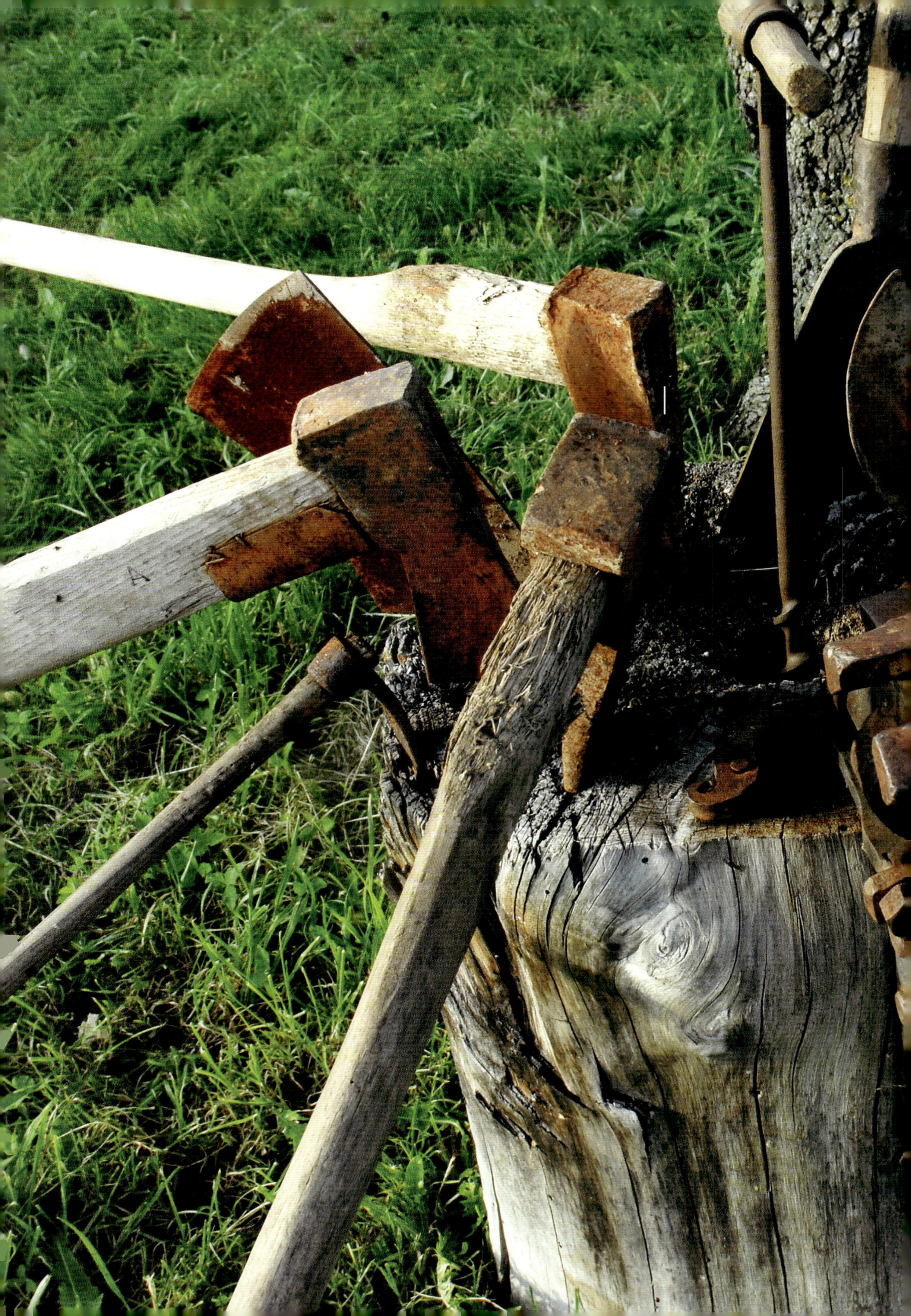

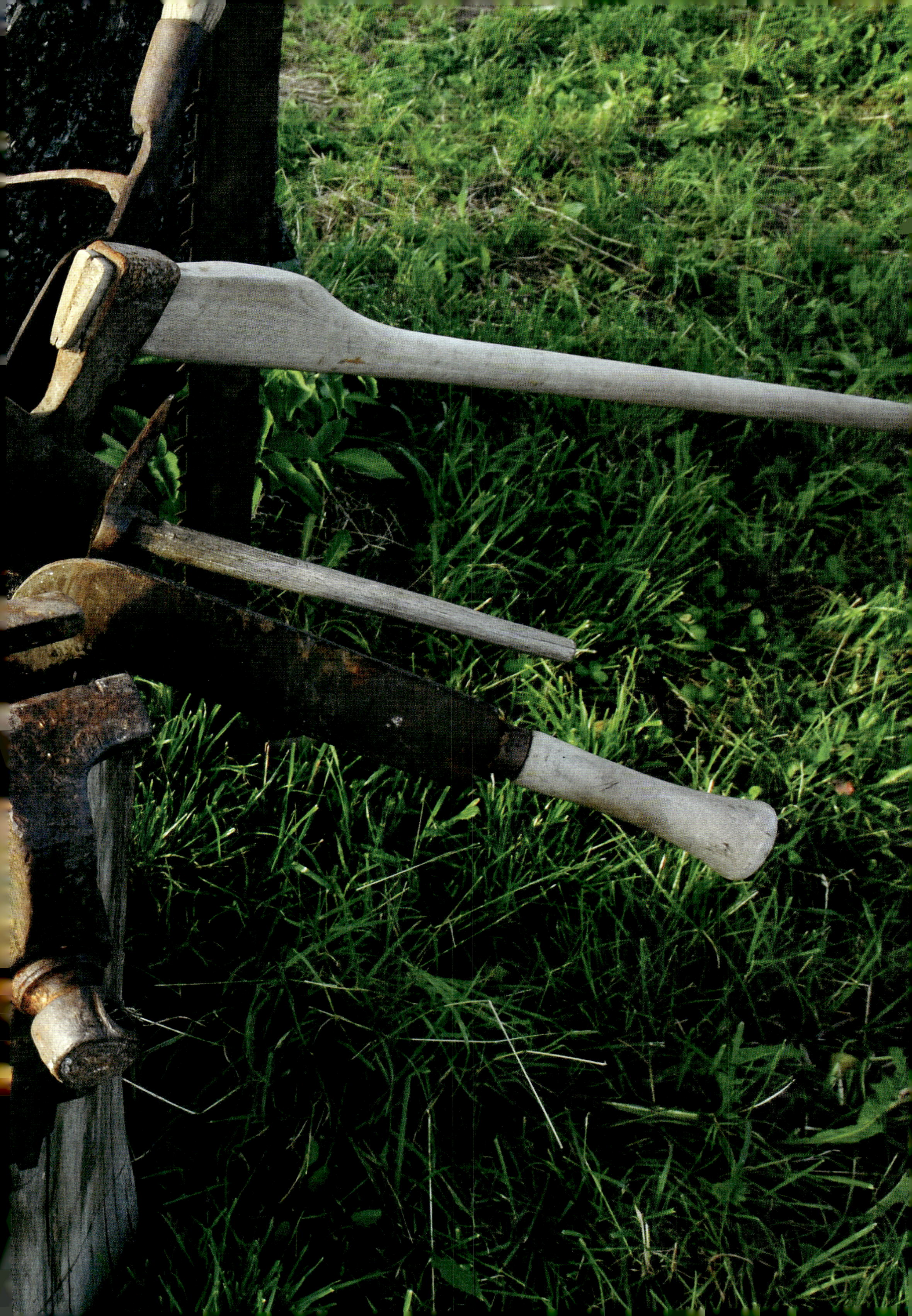

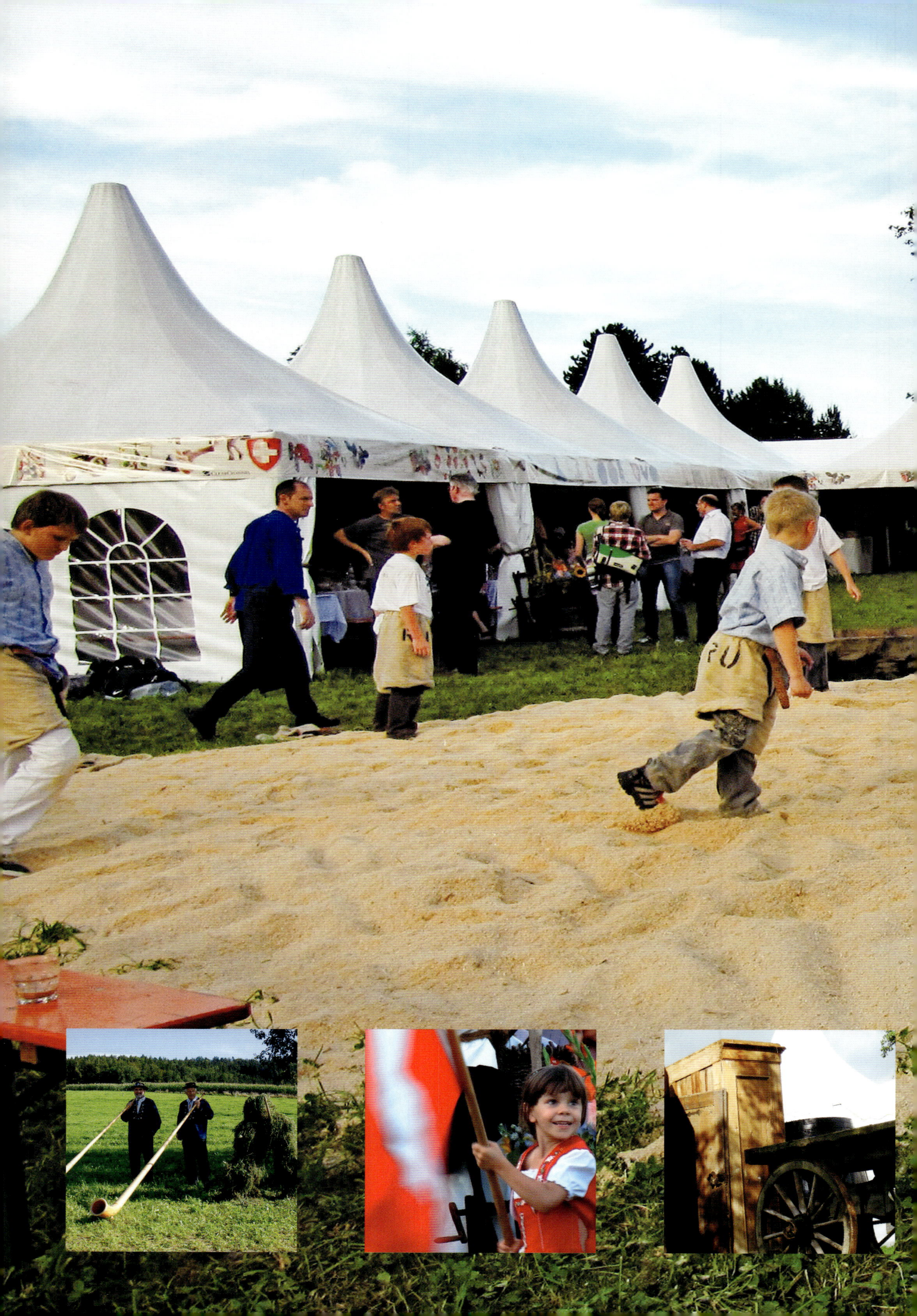

«Brienzer» vor- und rückwärts, «Hüfter» und «Schlungg», mit dem Arm unter den Schulterblättern des Gegners – sie alle gelten als Resultat, sobald alle Verteidigungsmöglichkeiten (z. B. «Brücke») ausgeschöpft sind.

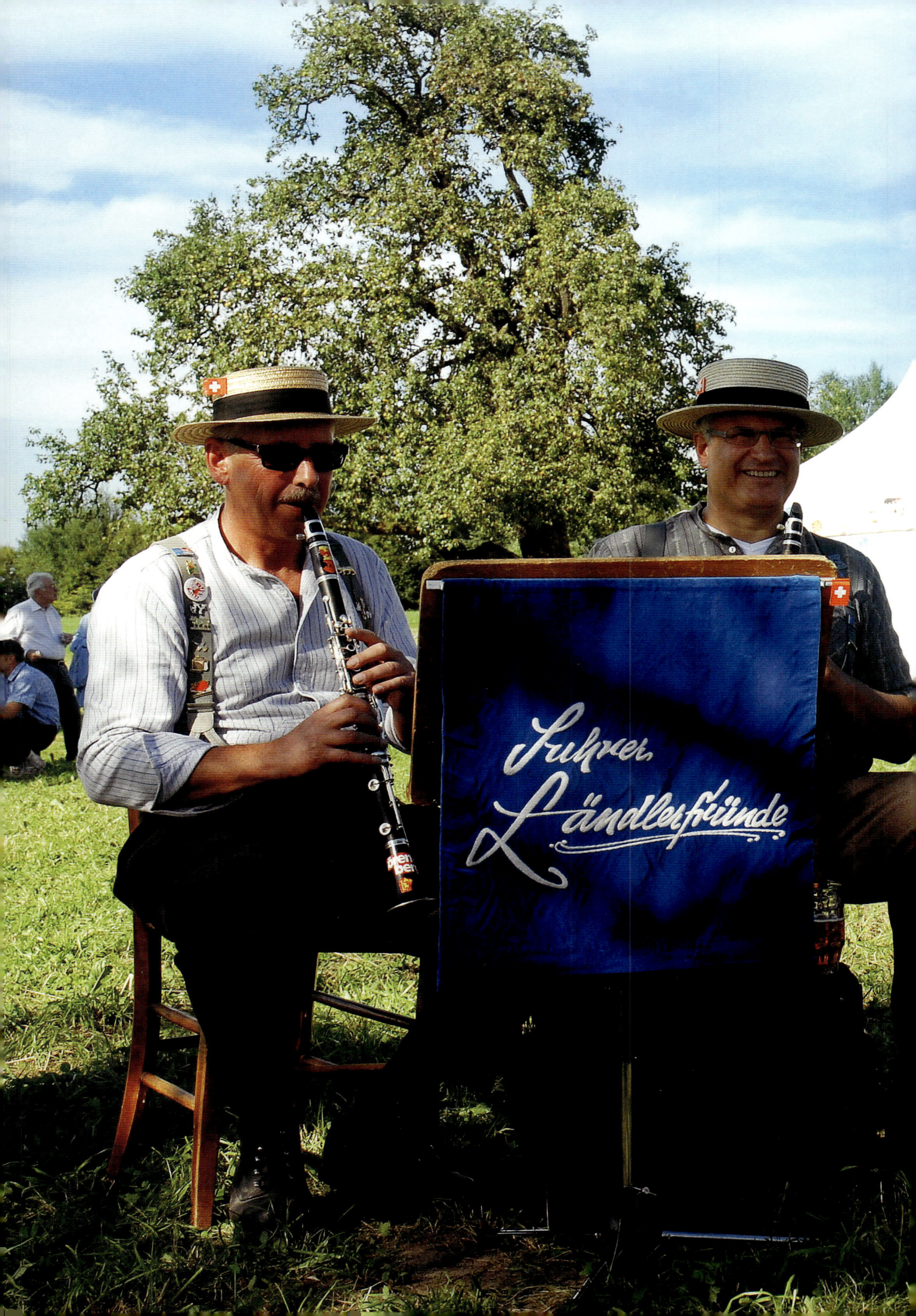
Suhrer
Ländlerfründe

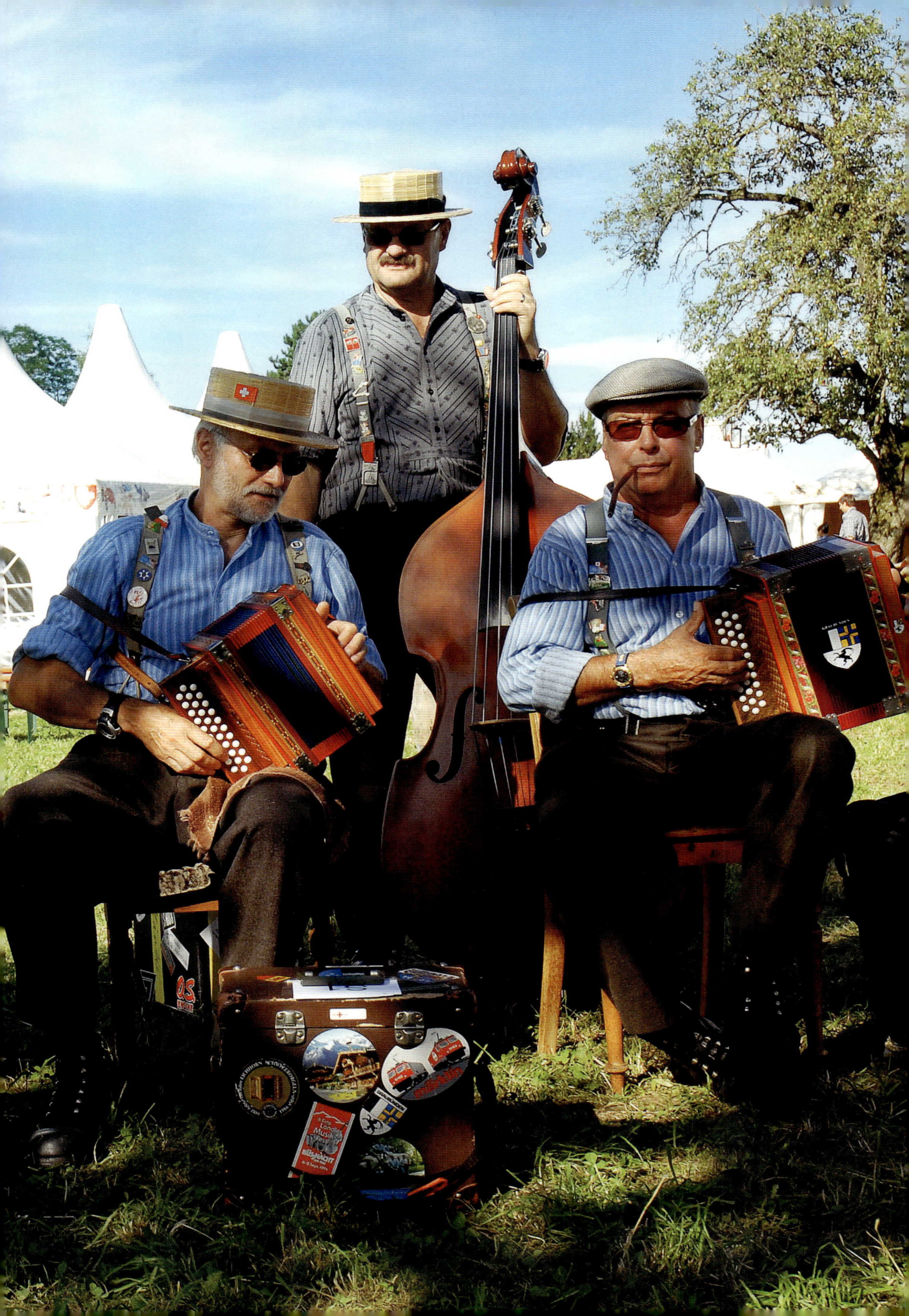

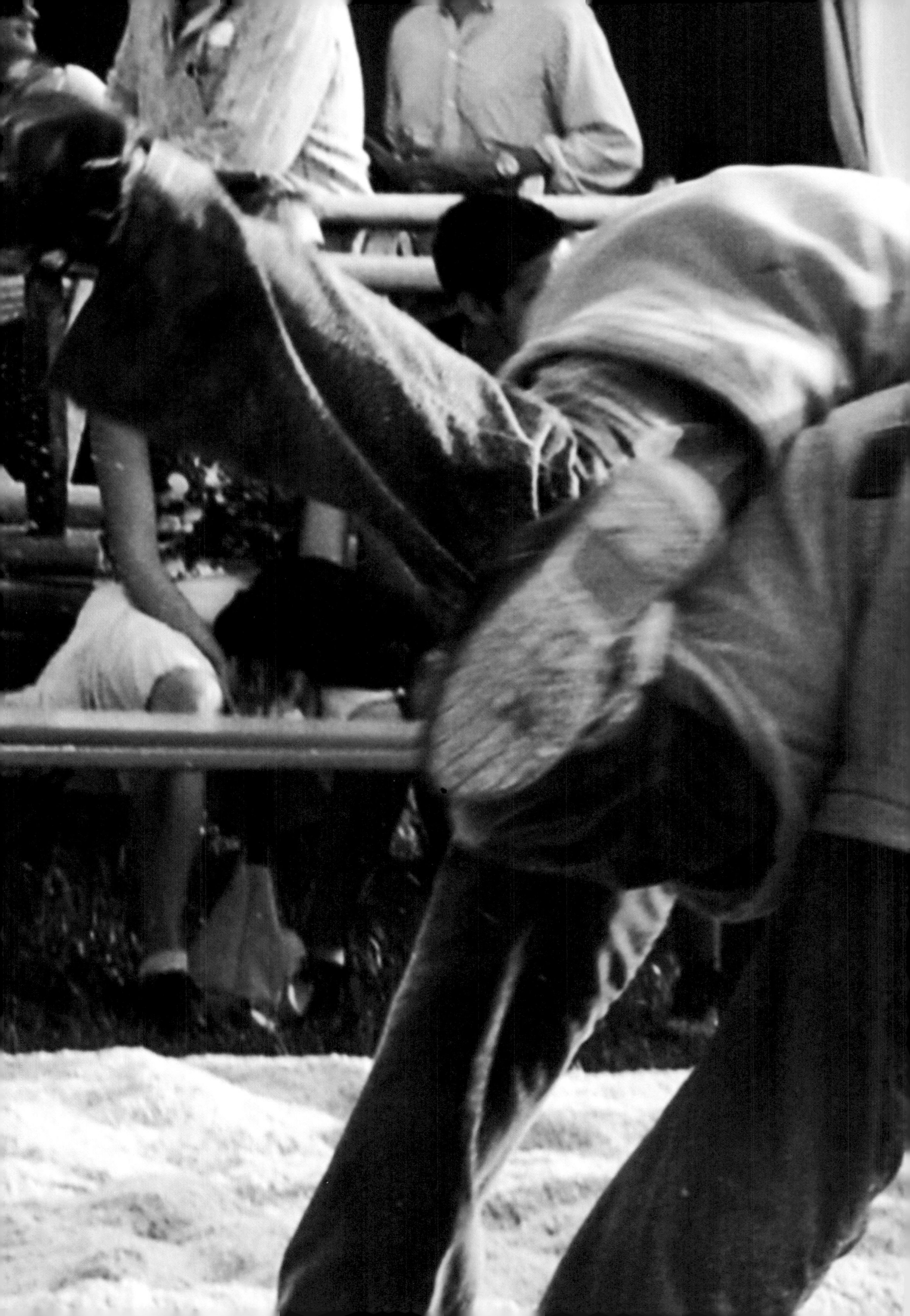

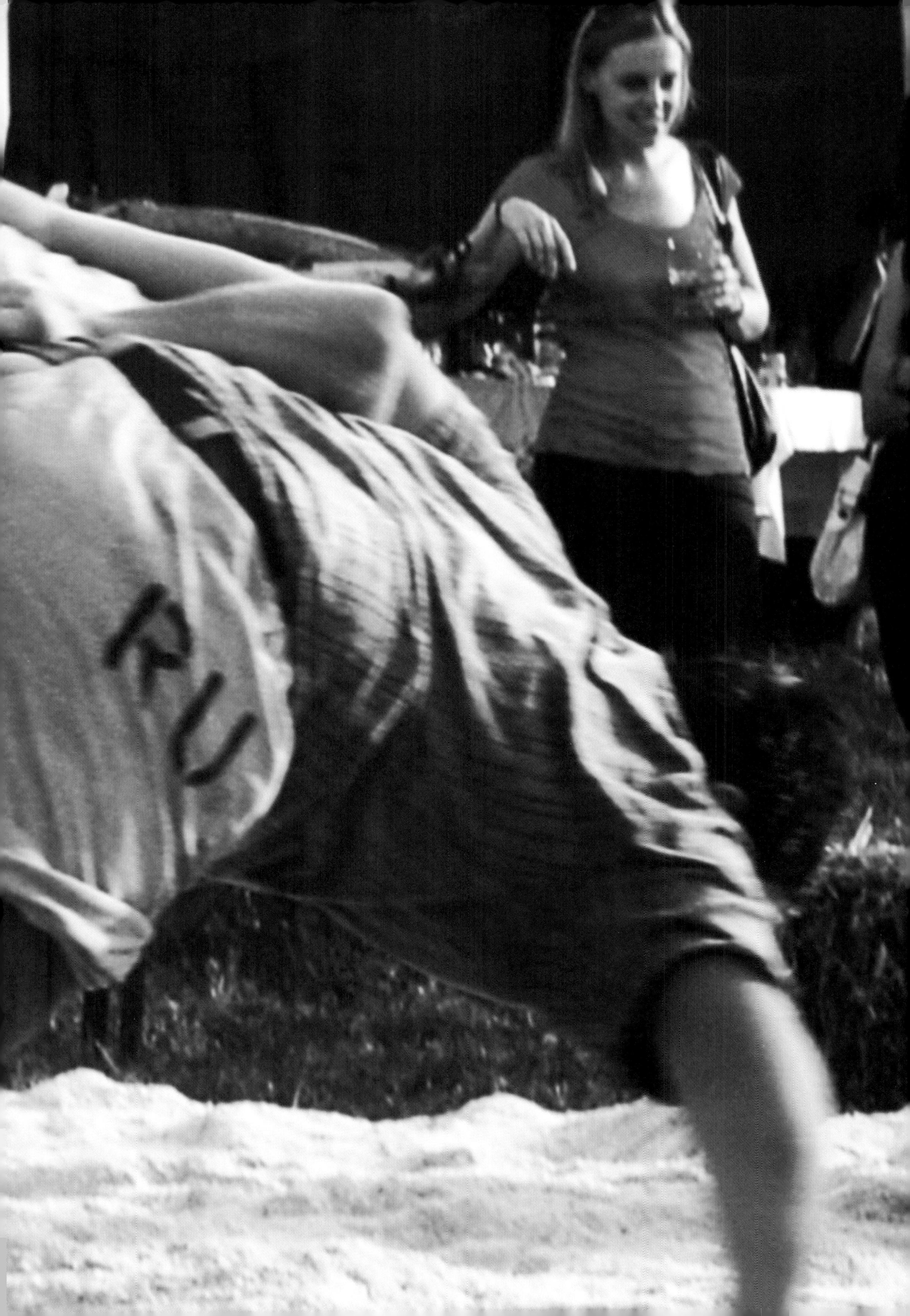

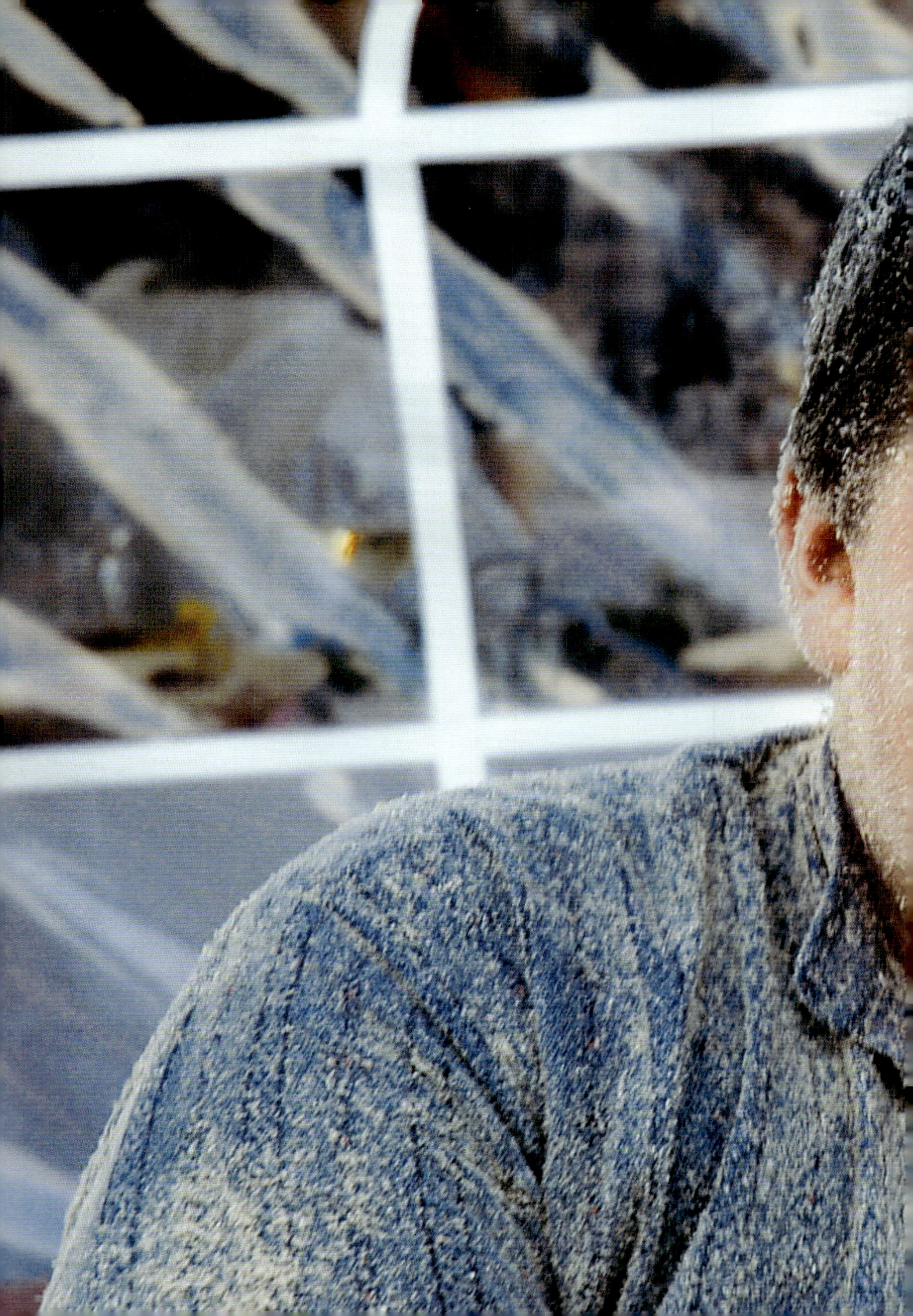

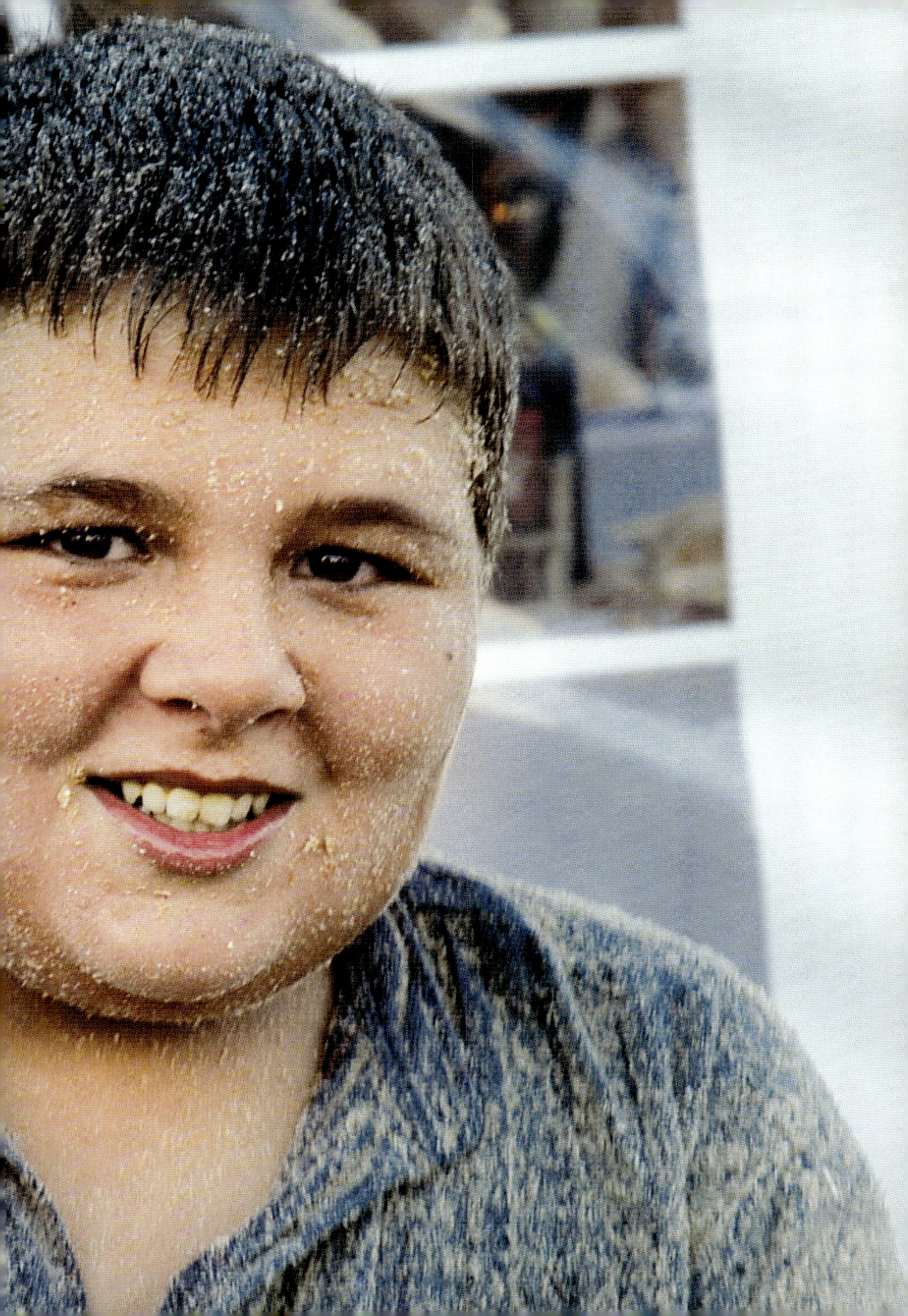

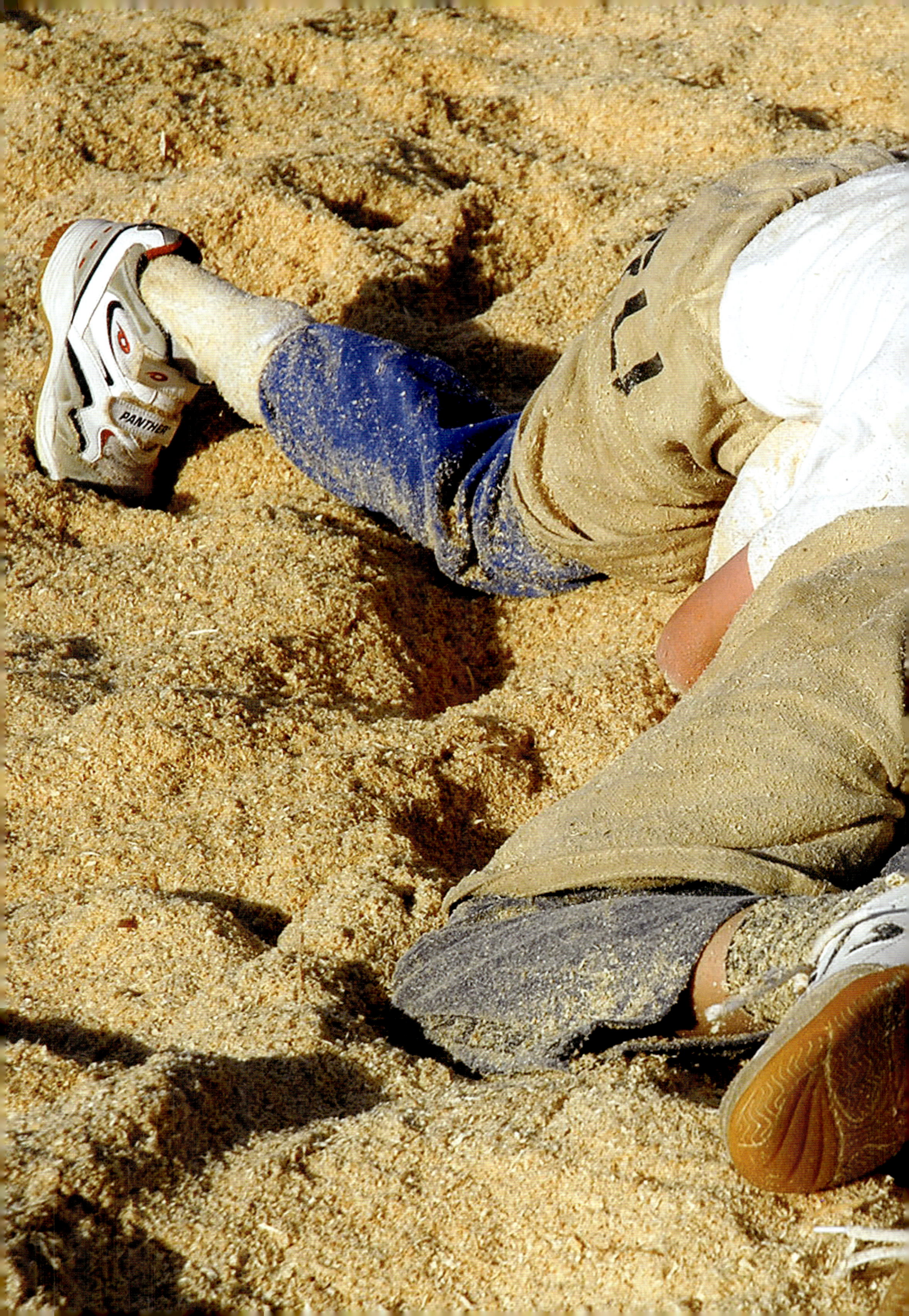
PANTHER

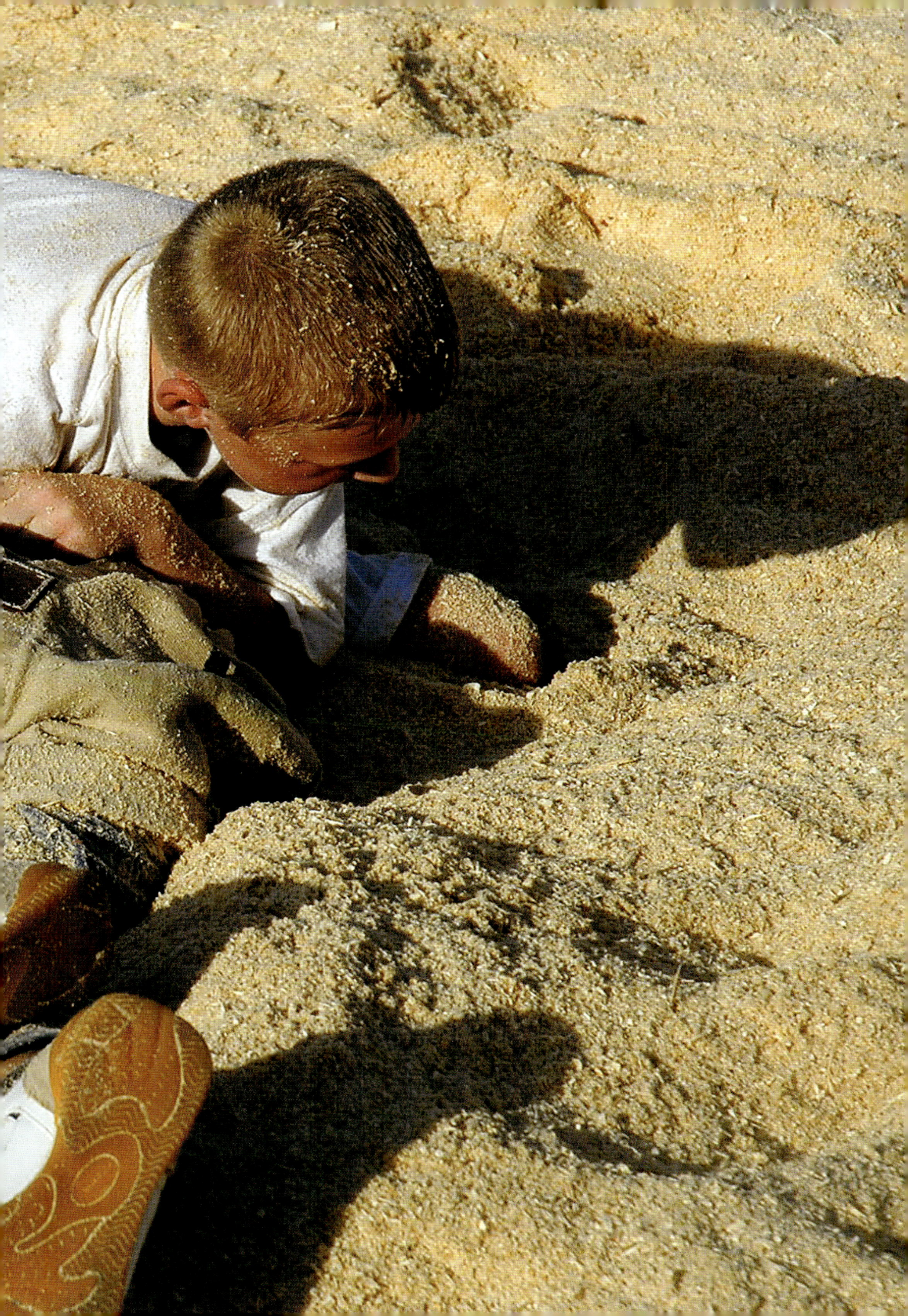

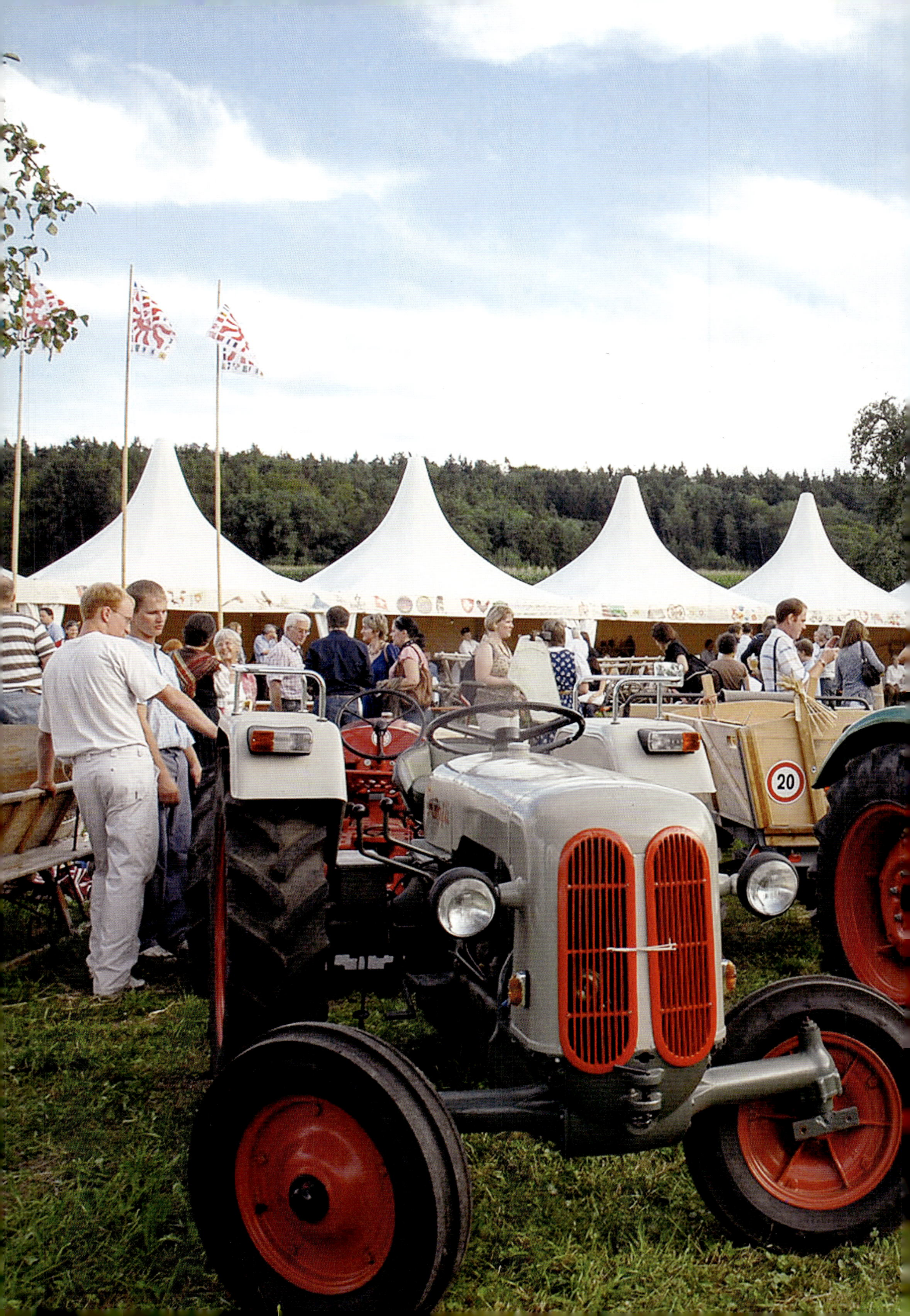
20

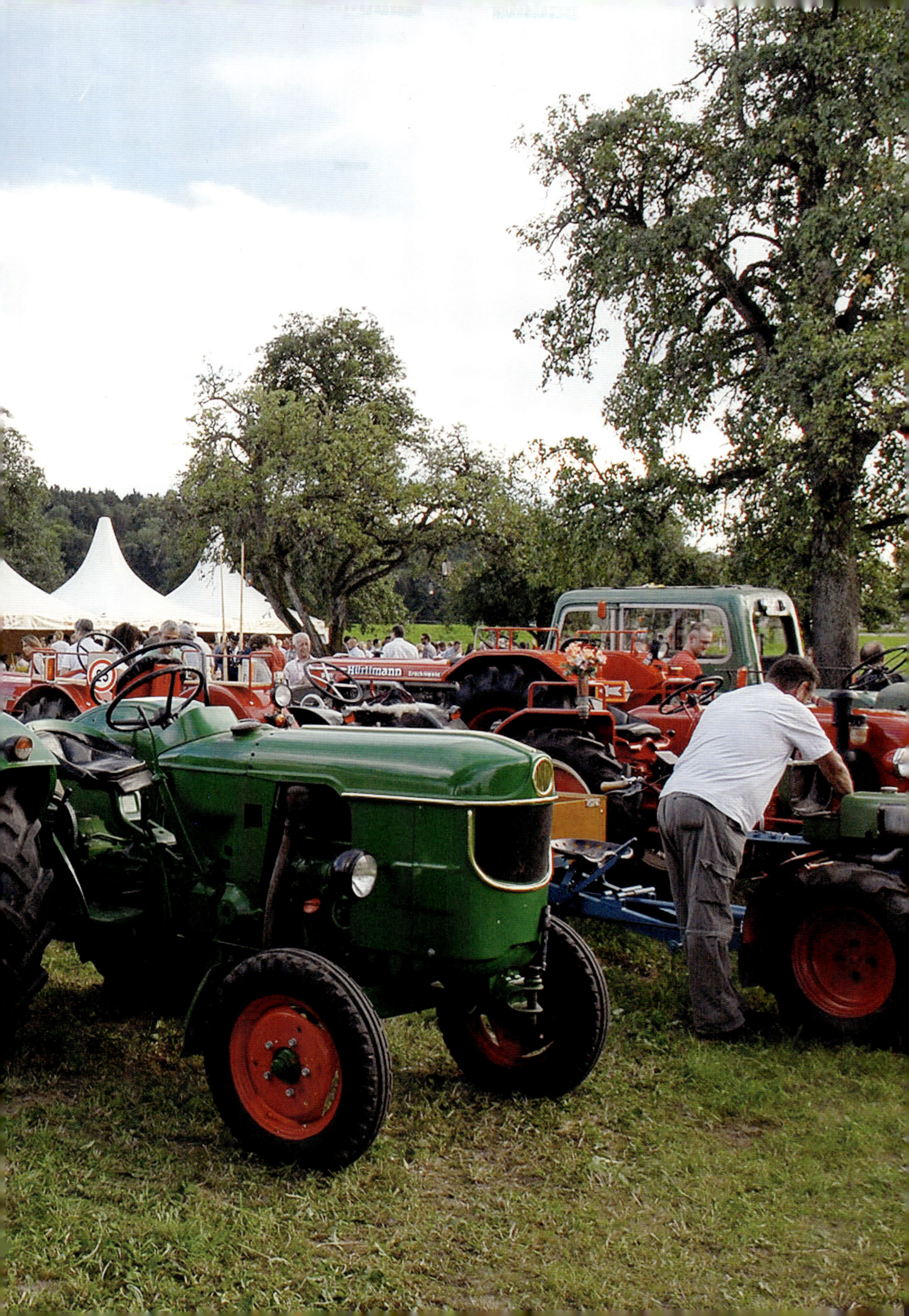
Hürlimann

PORSCHE
Super

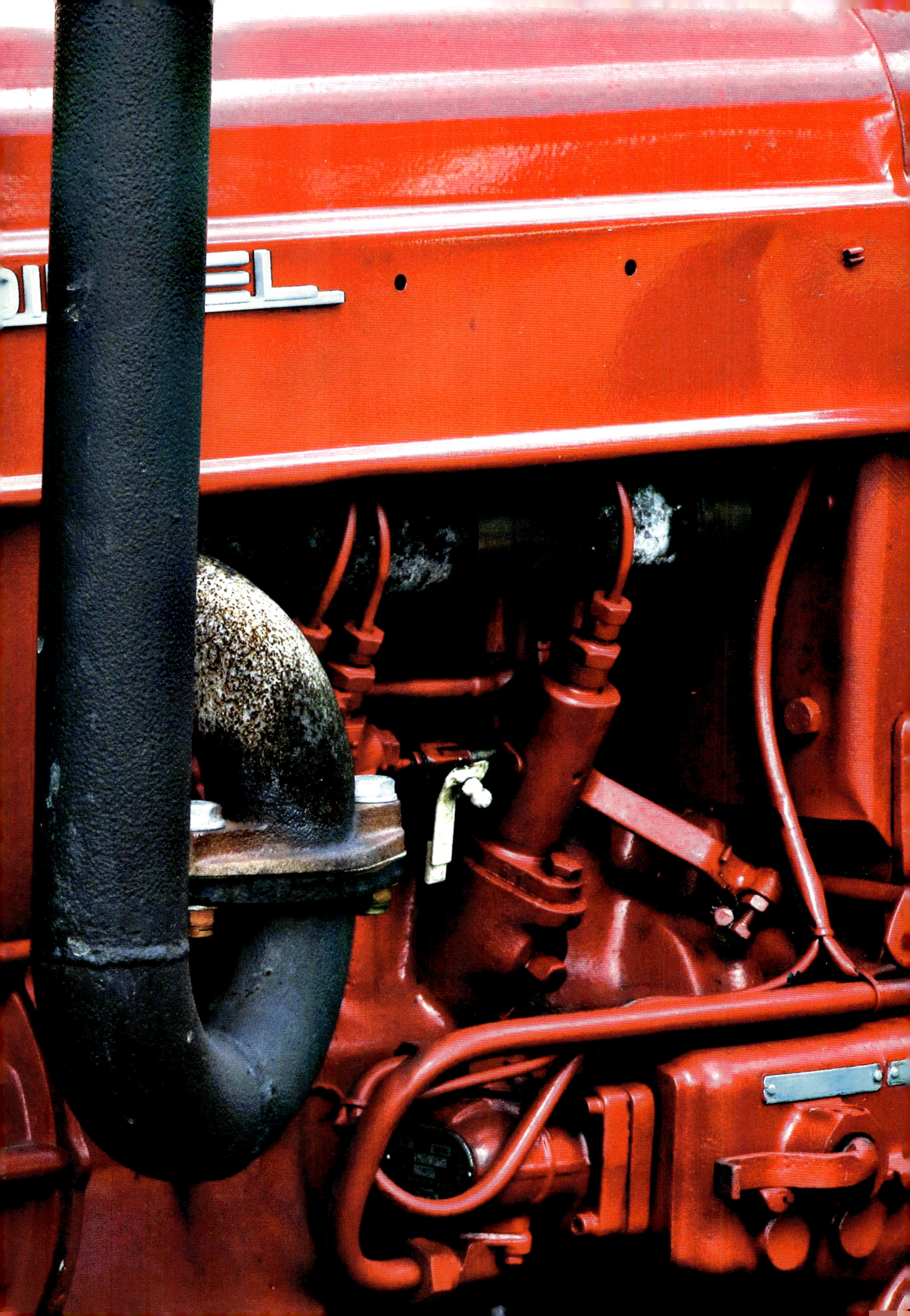

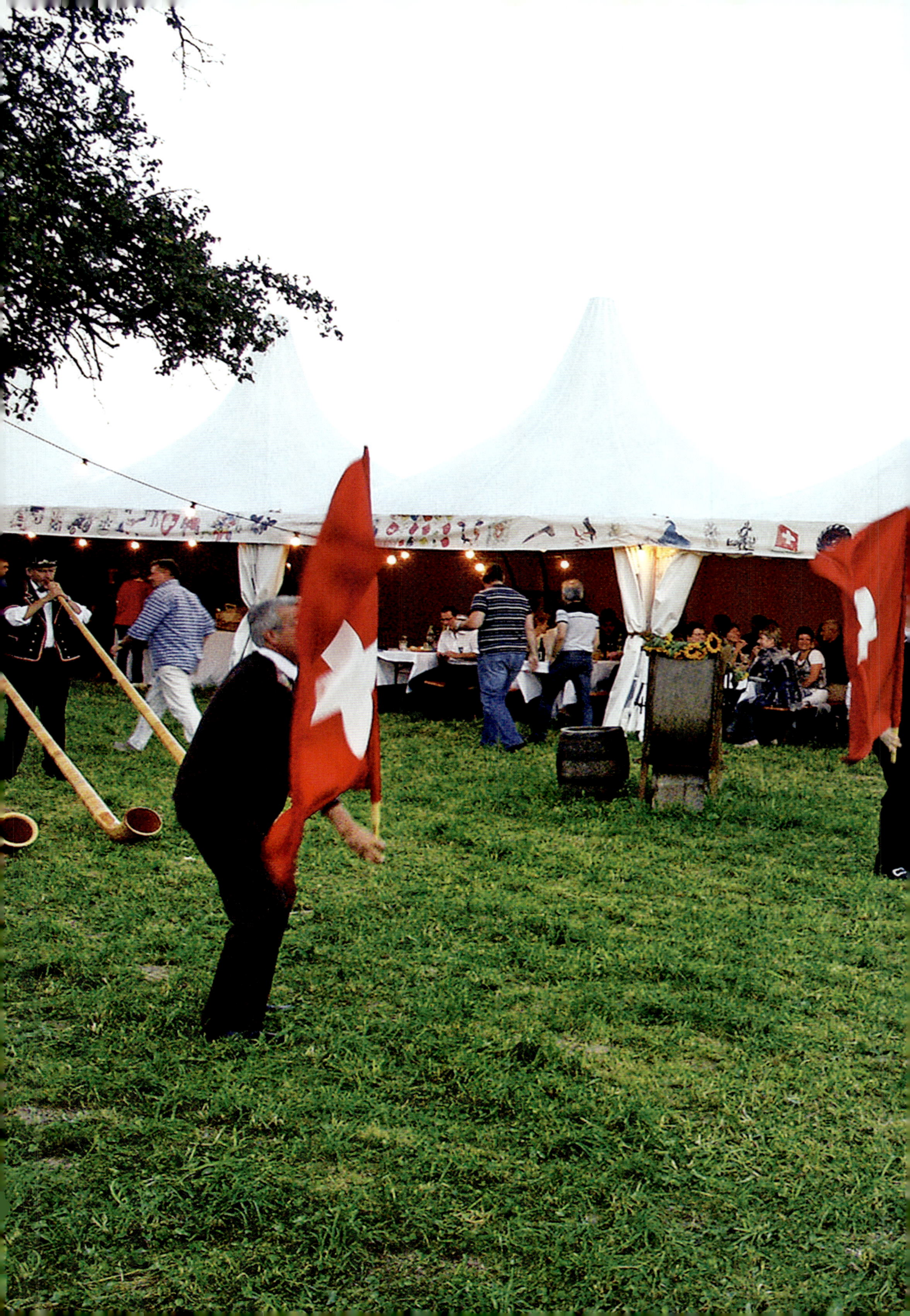

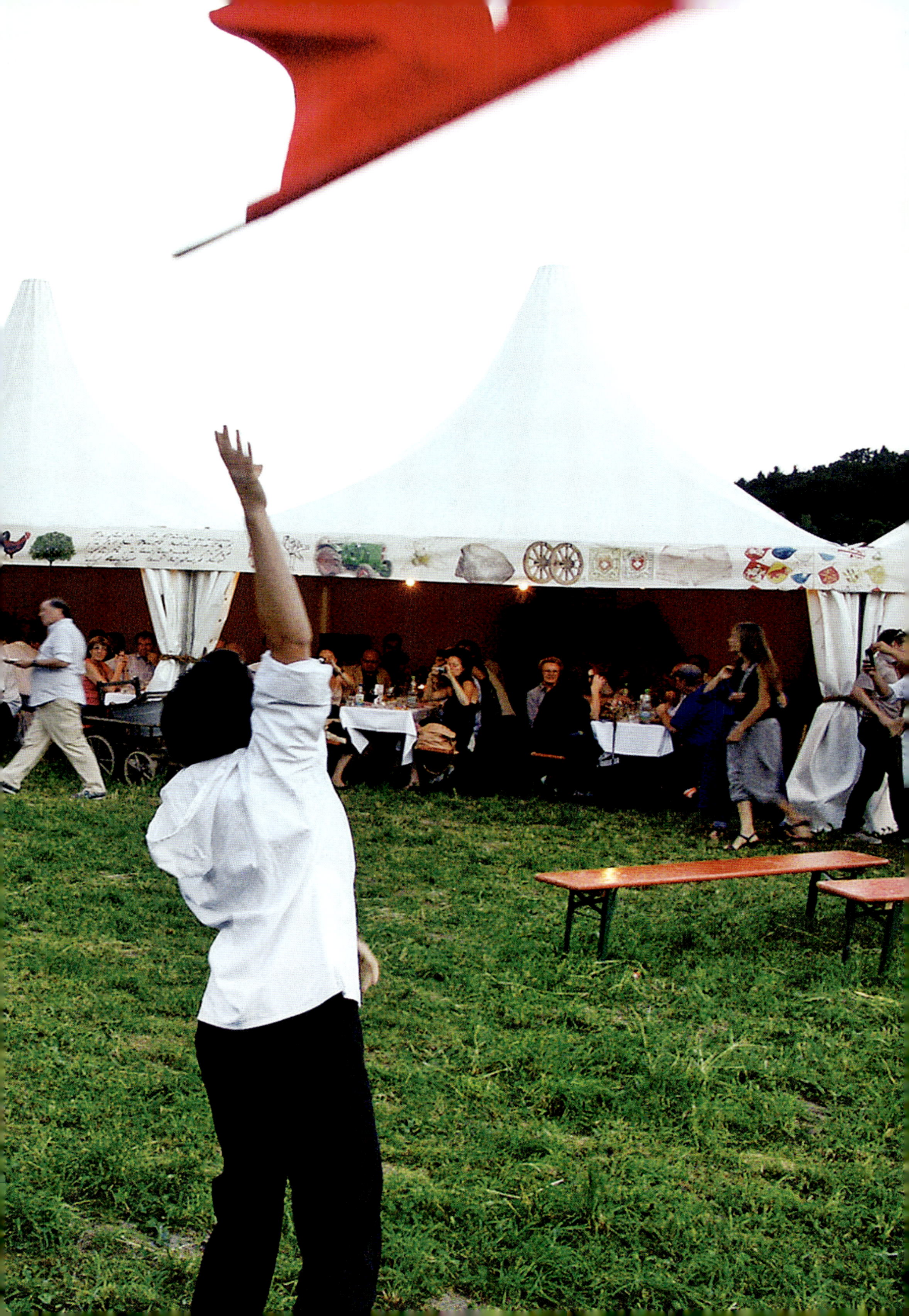

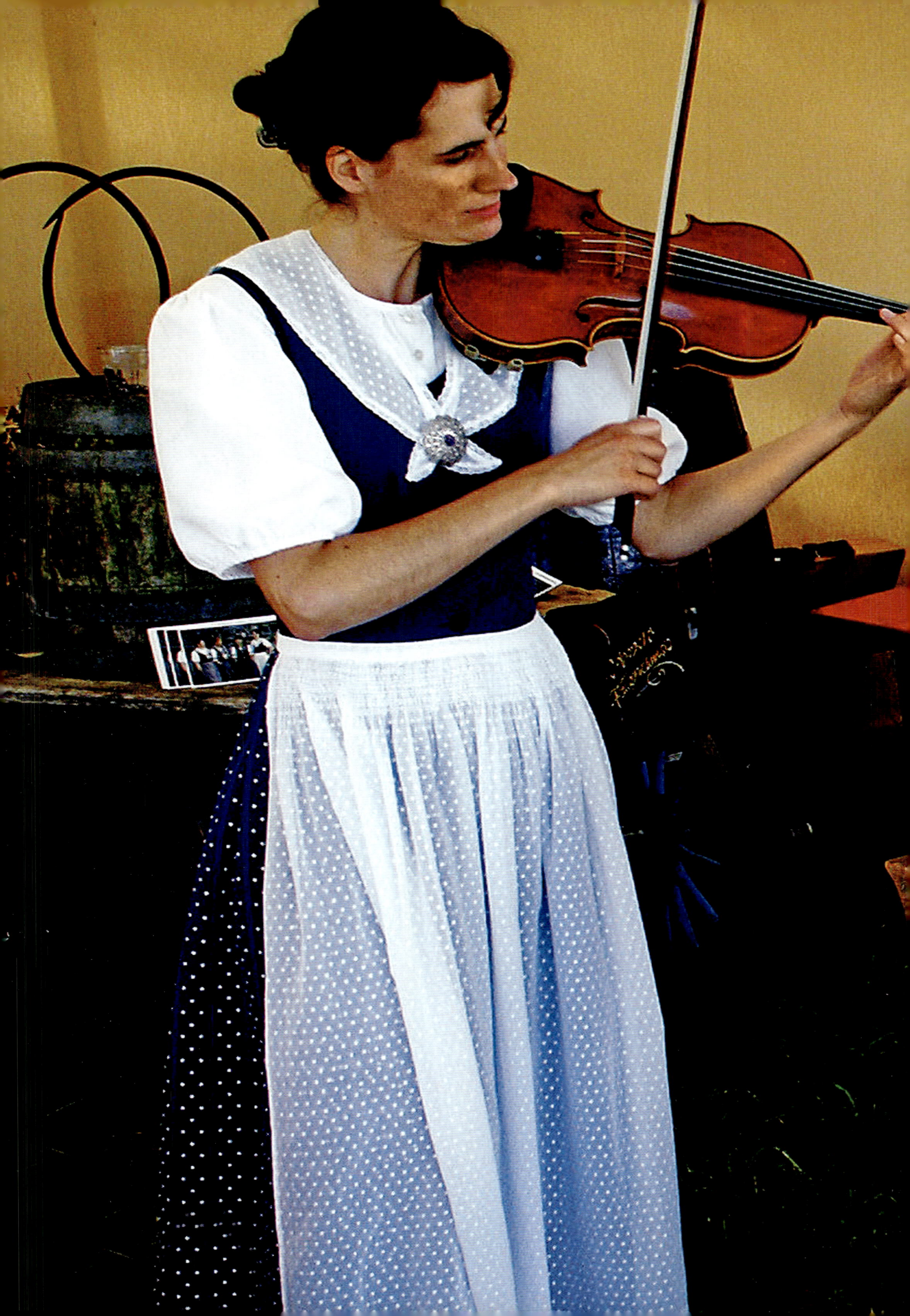

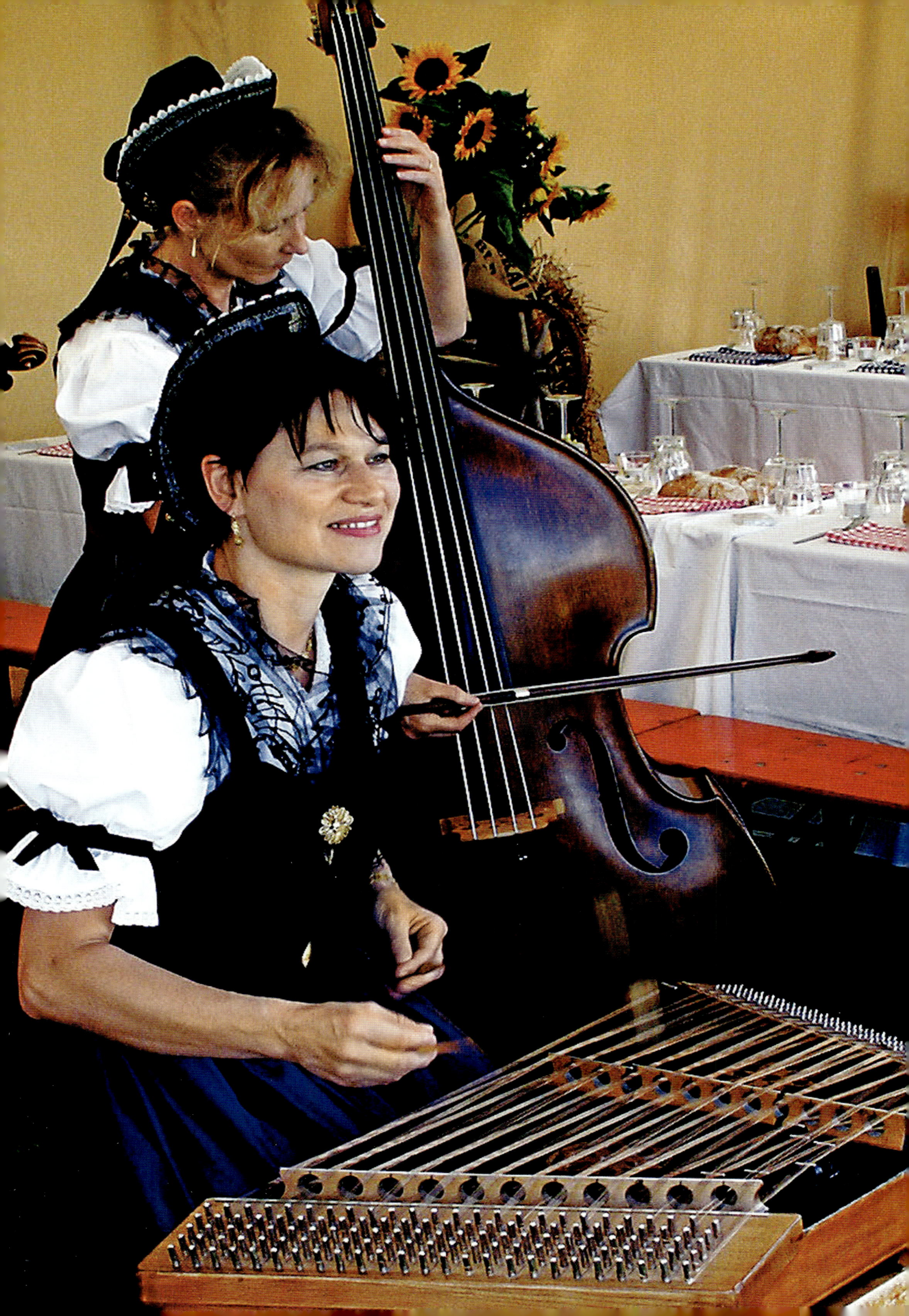

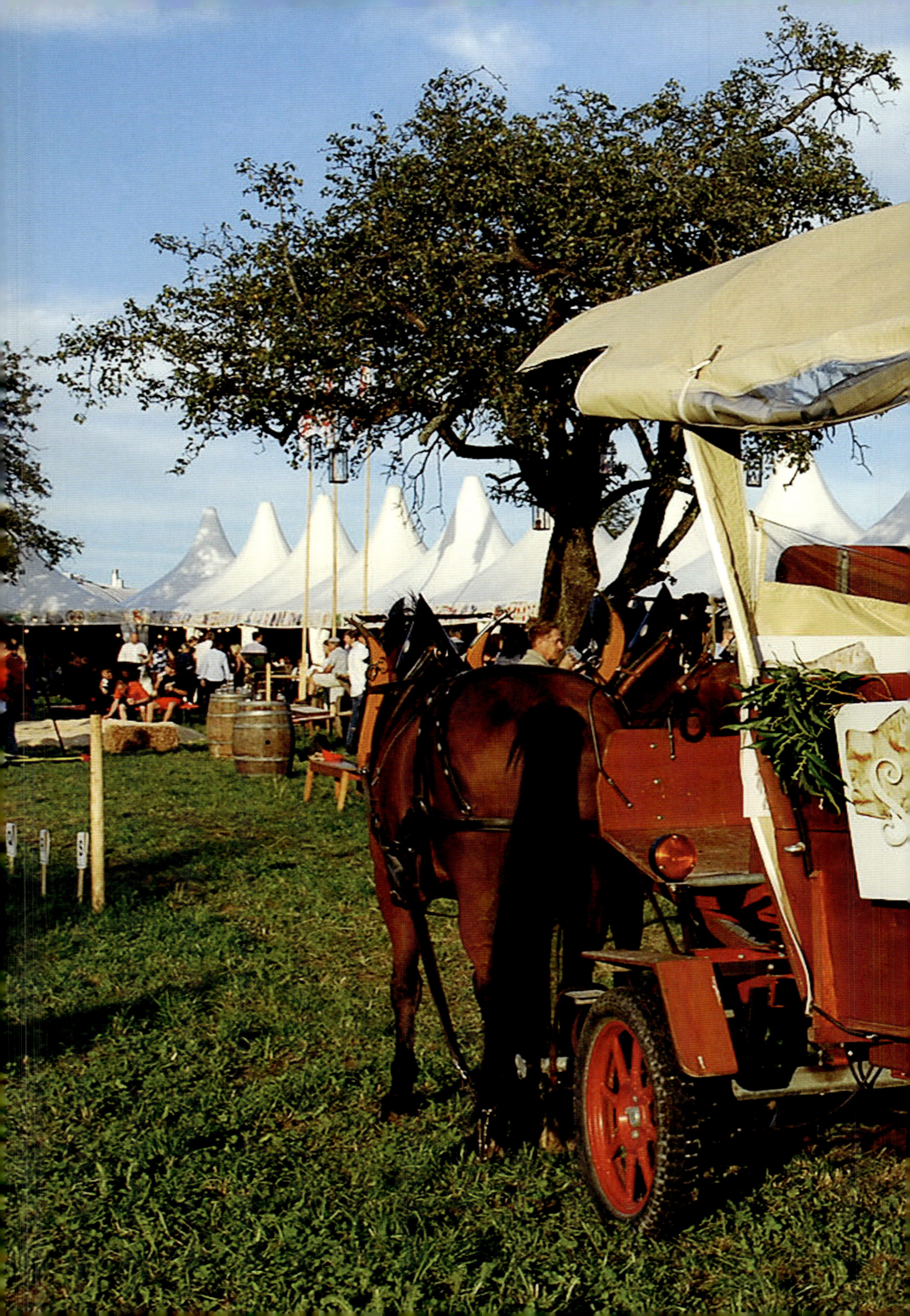

inget TAXI

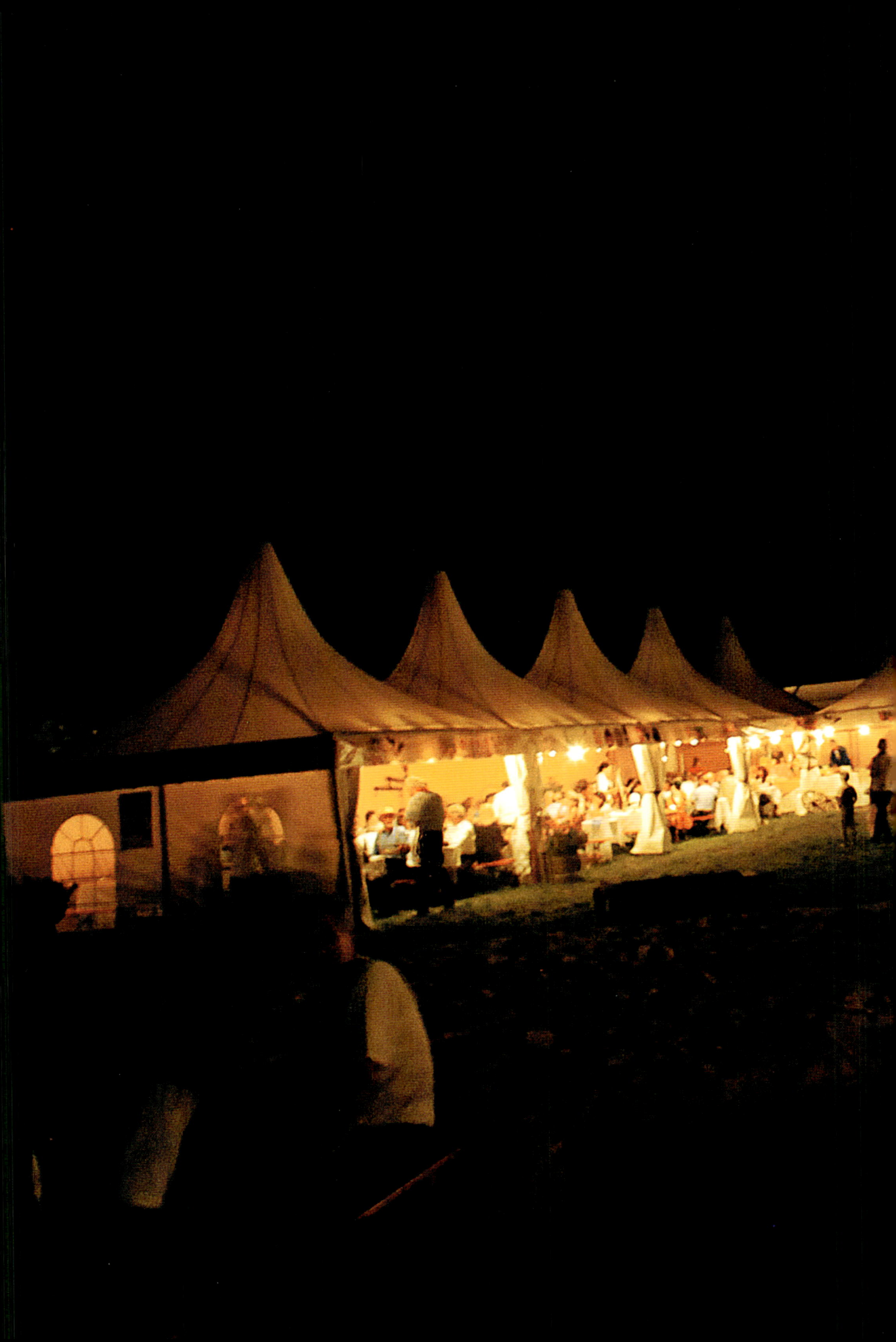

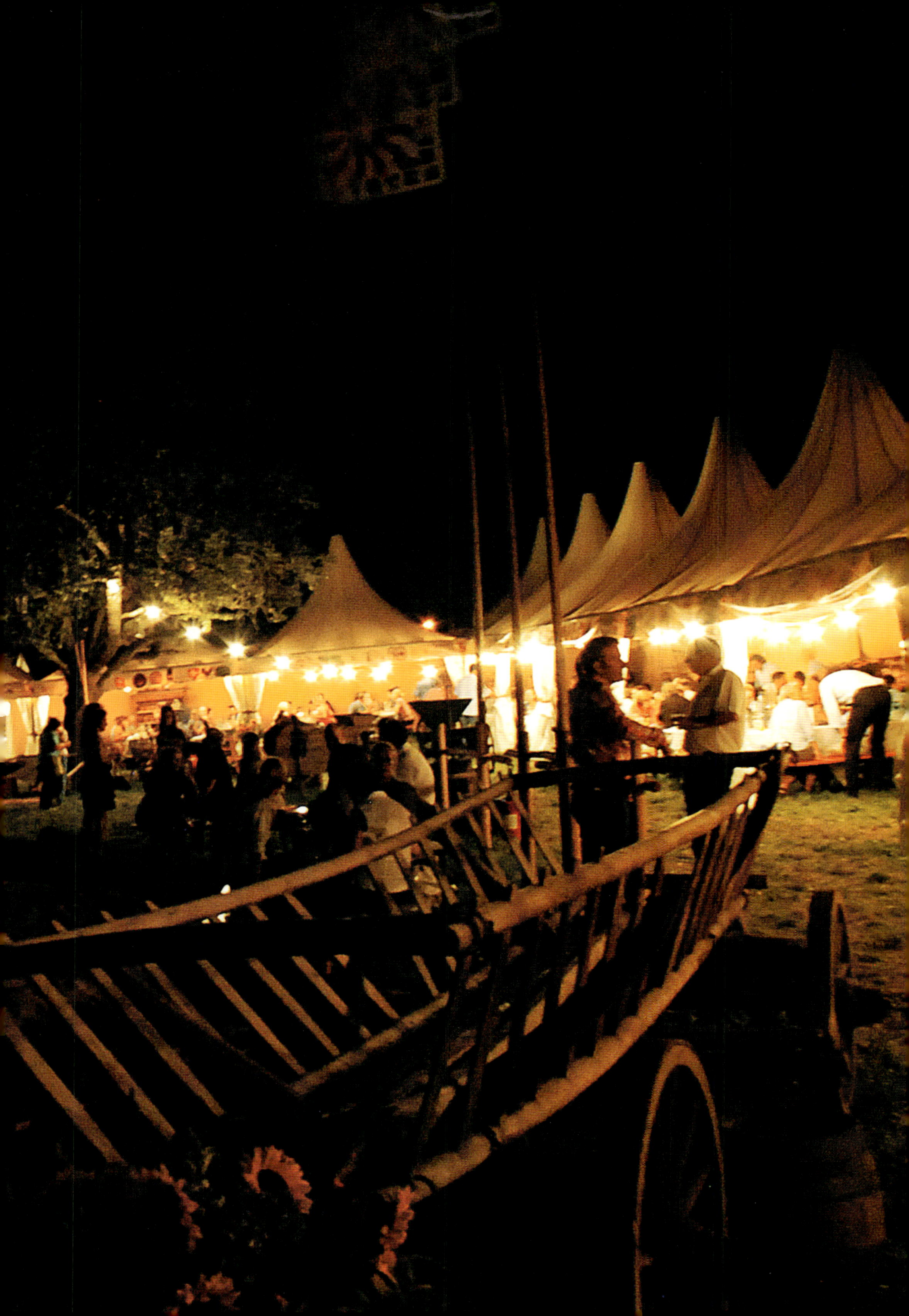

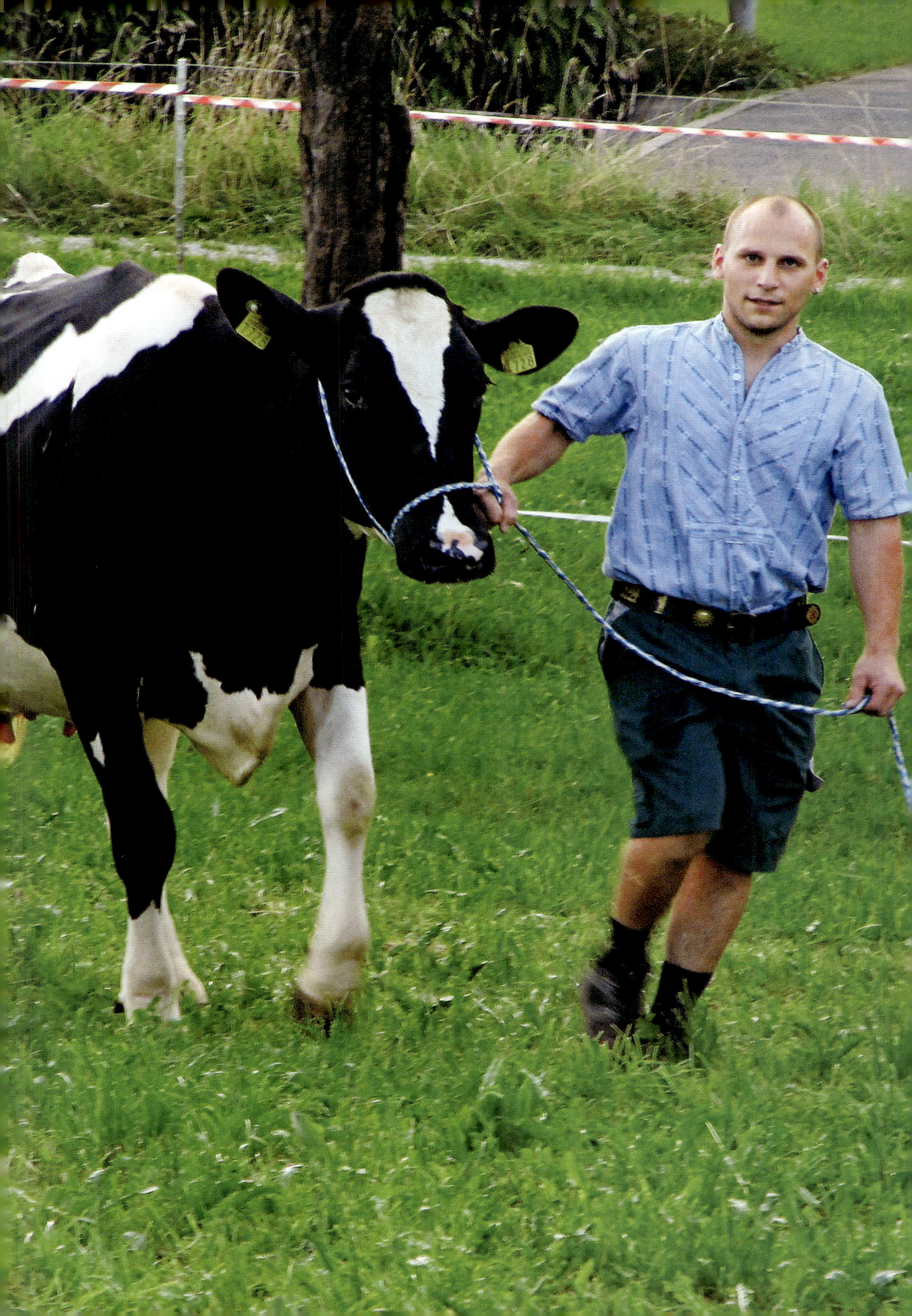

«... 21, 22, 23 fertig».

C U B A

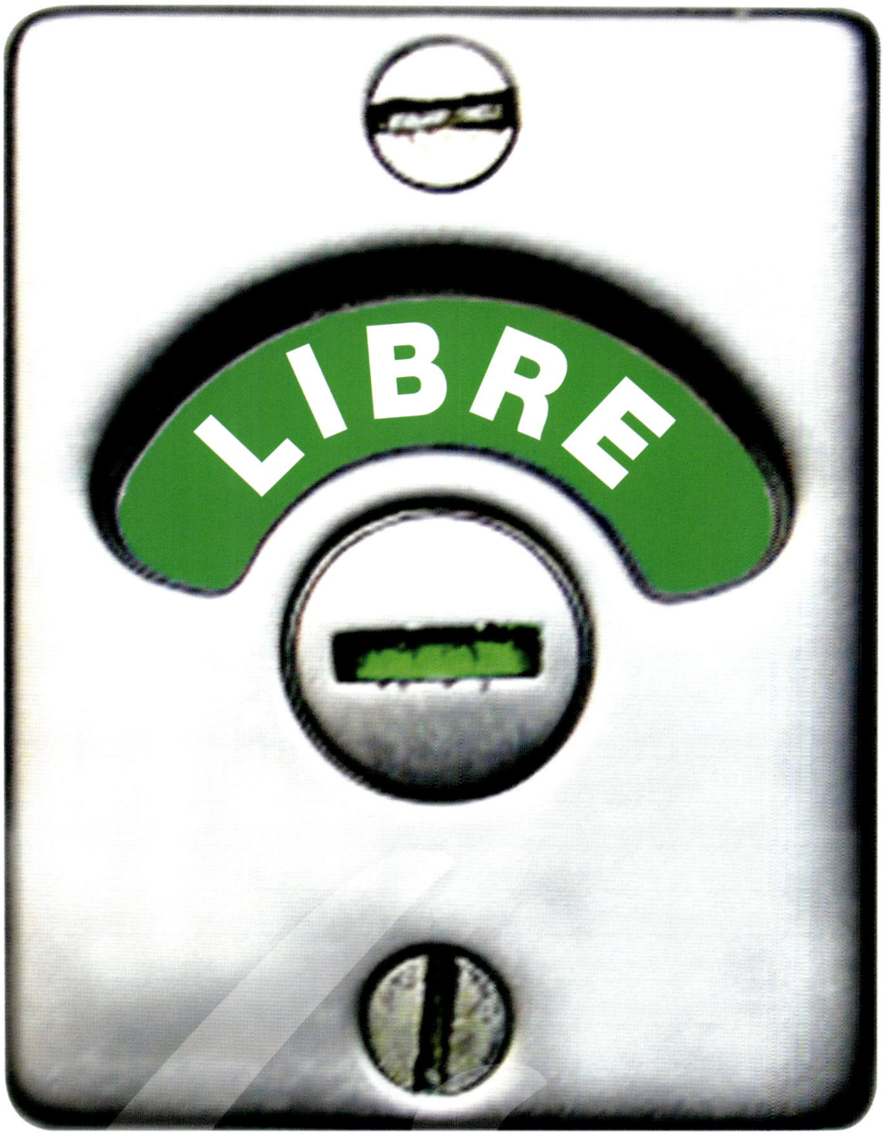
LIBRE

Listo para la Isla – Clear Channel
presenta **Cuba Live Mythen-quai Zurich** 2003

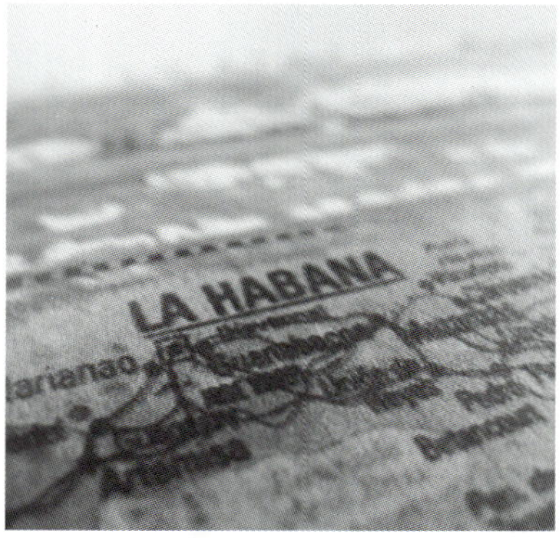
LA HABANA

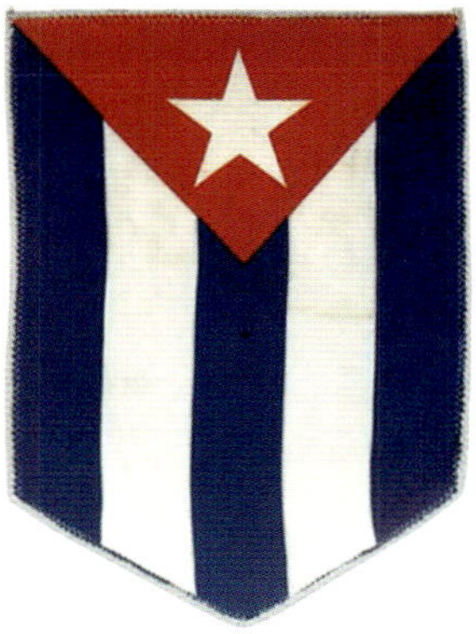

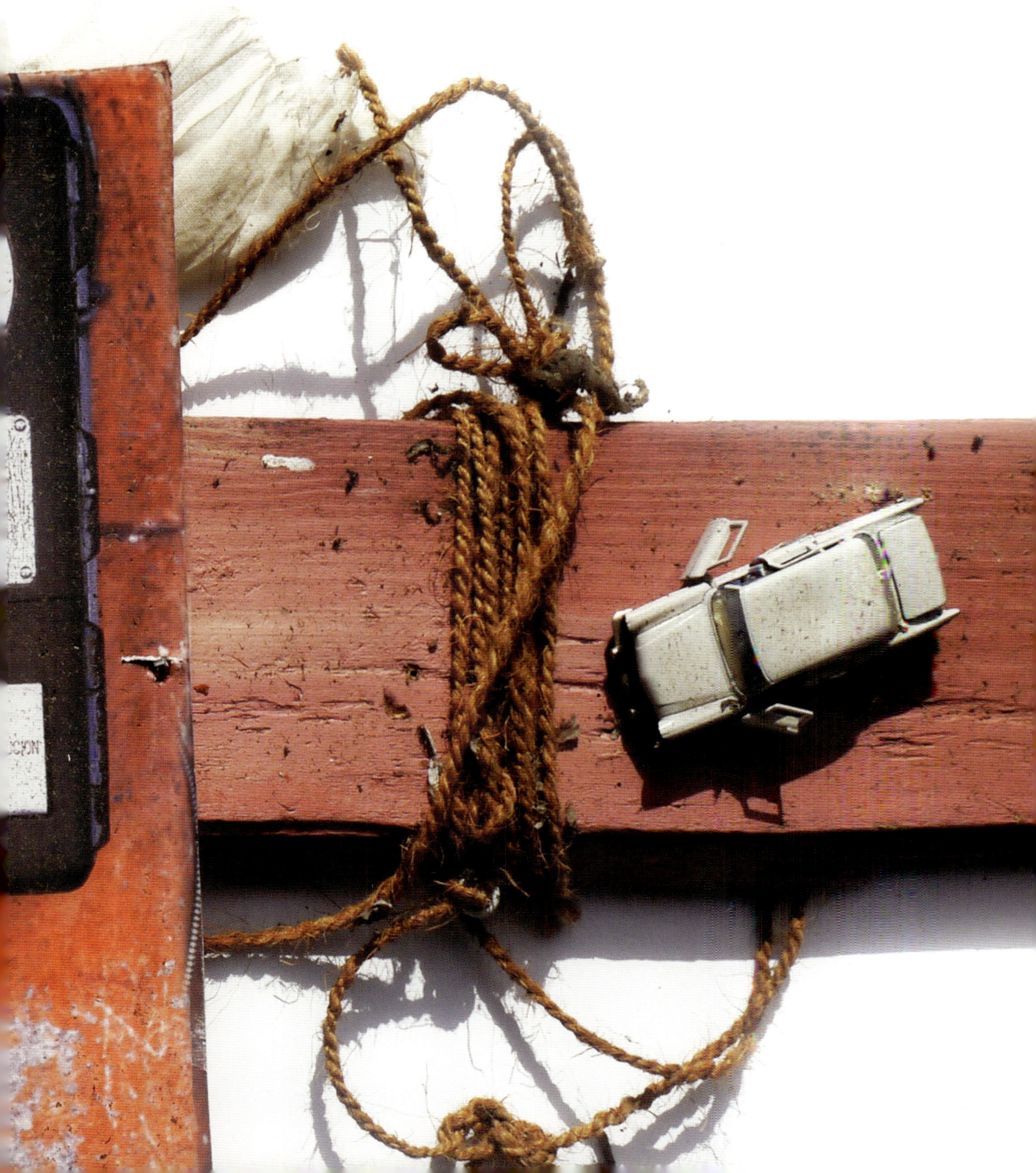

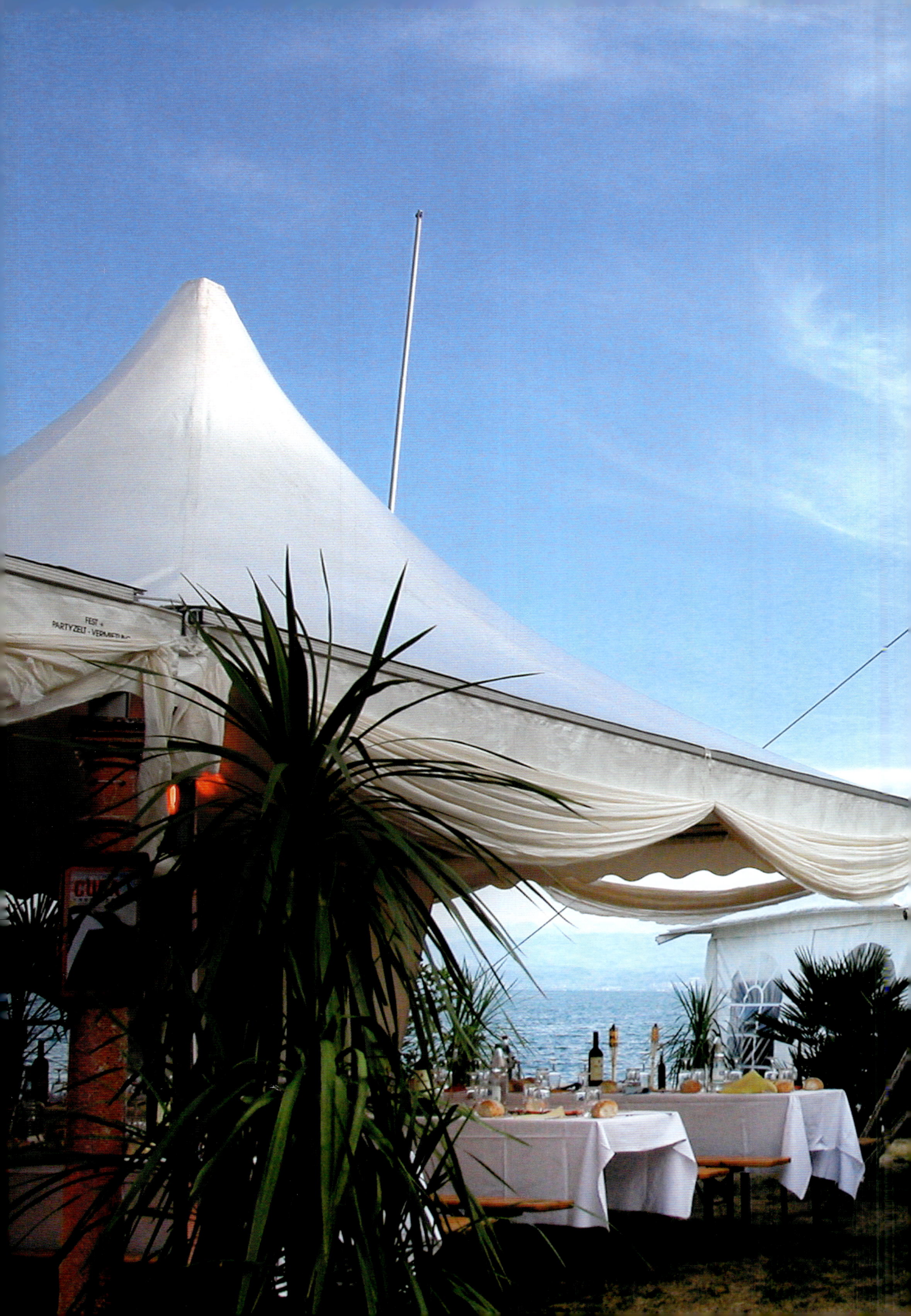
FEST +
PARTYZELT

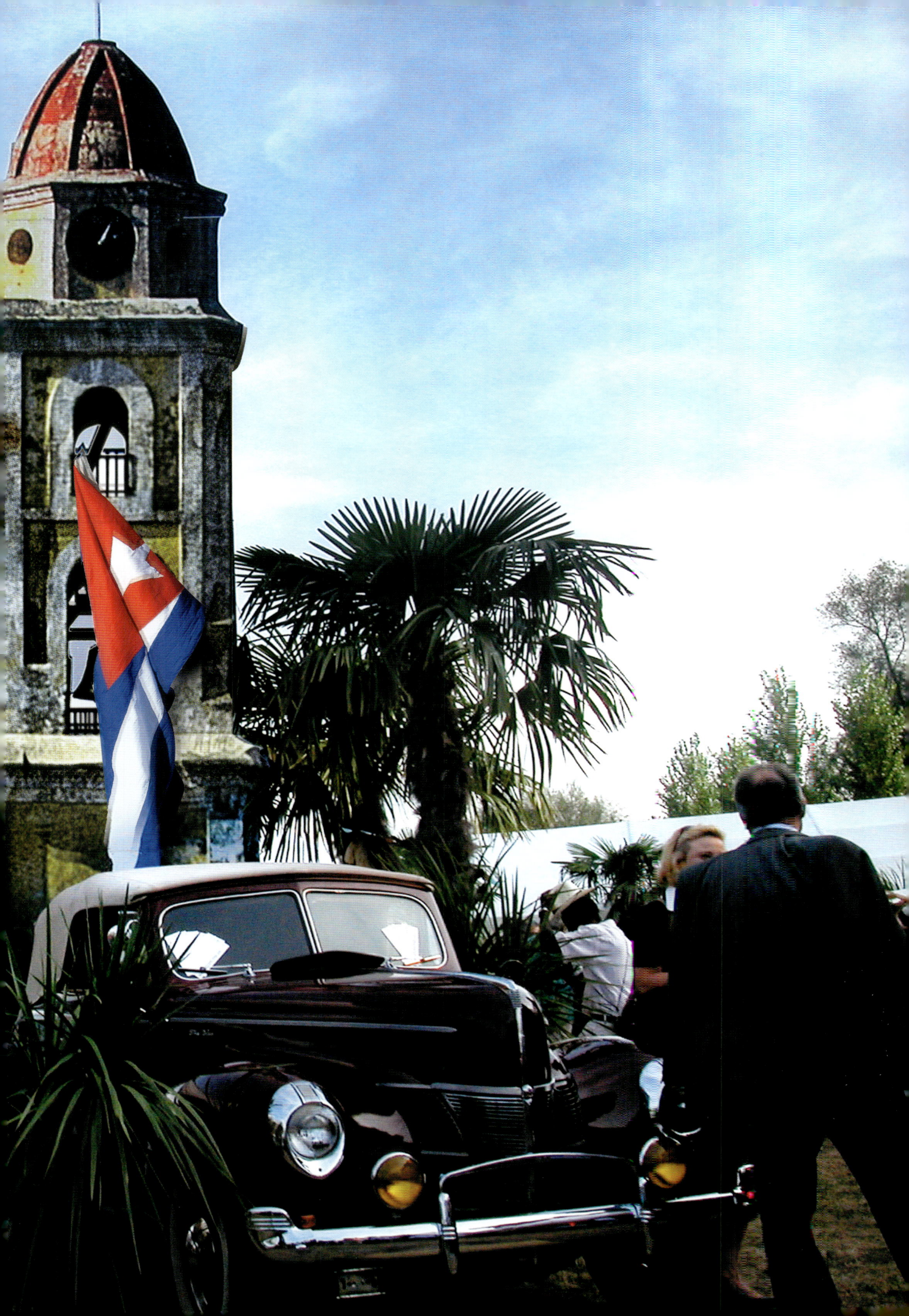

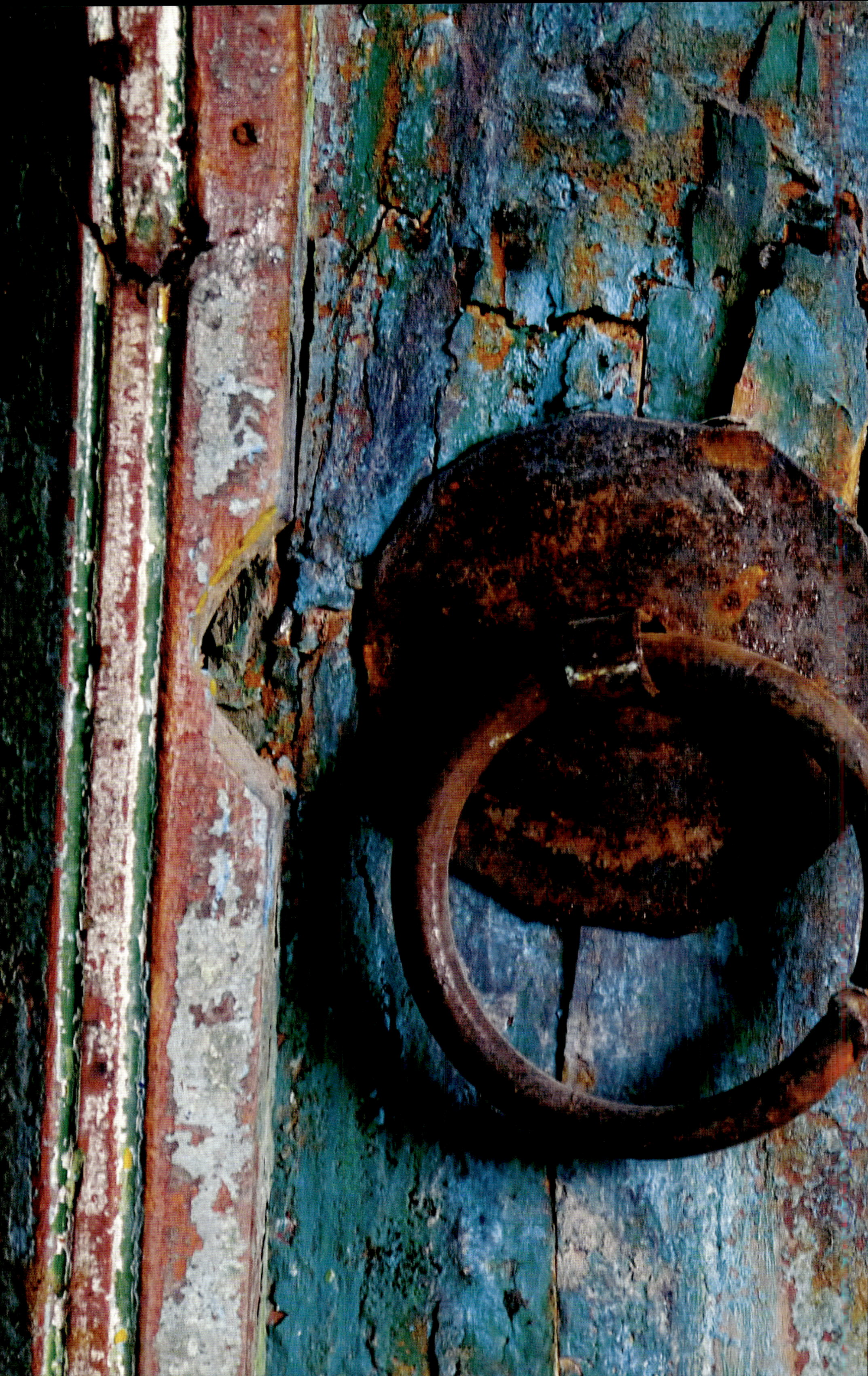

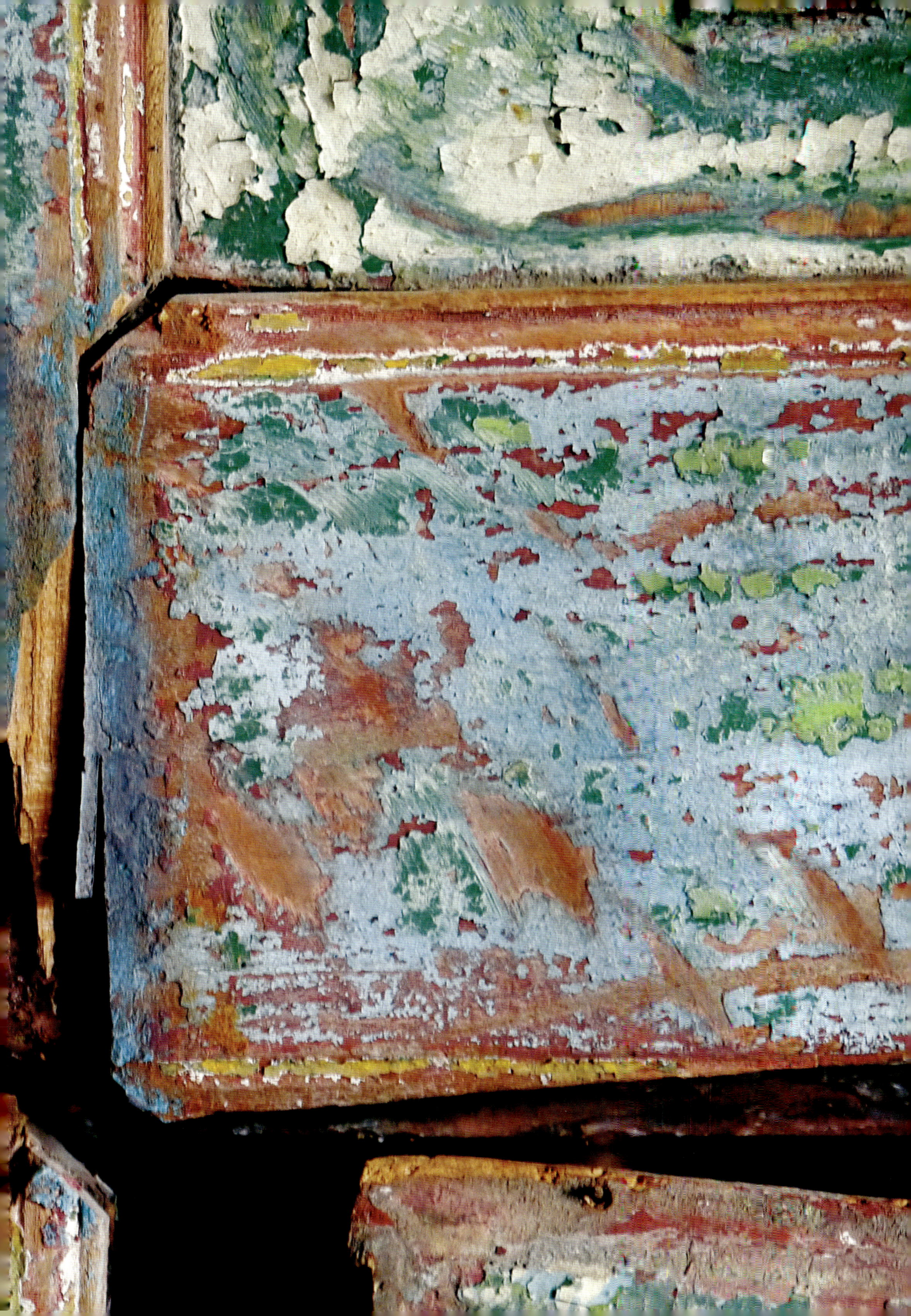

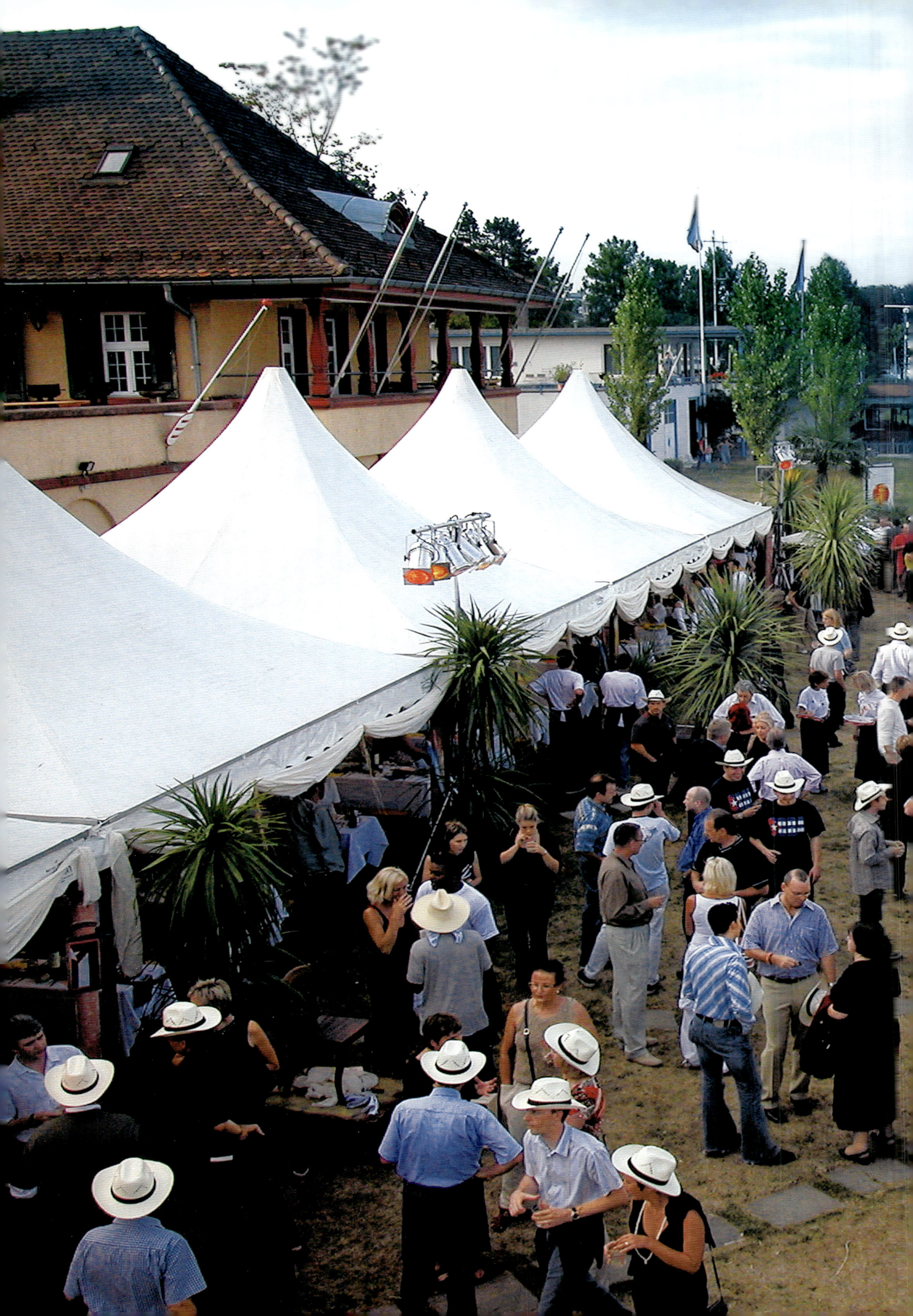

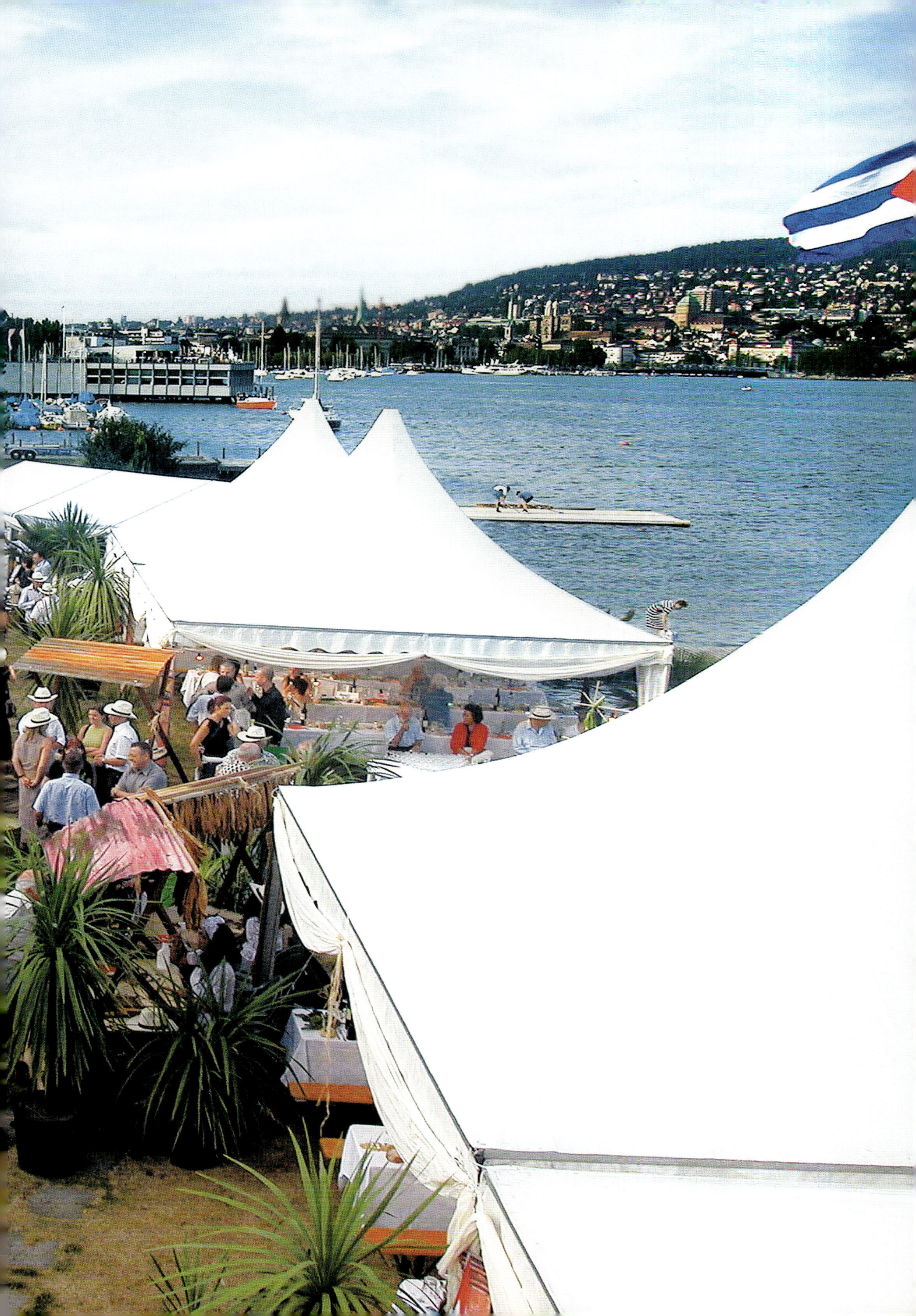

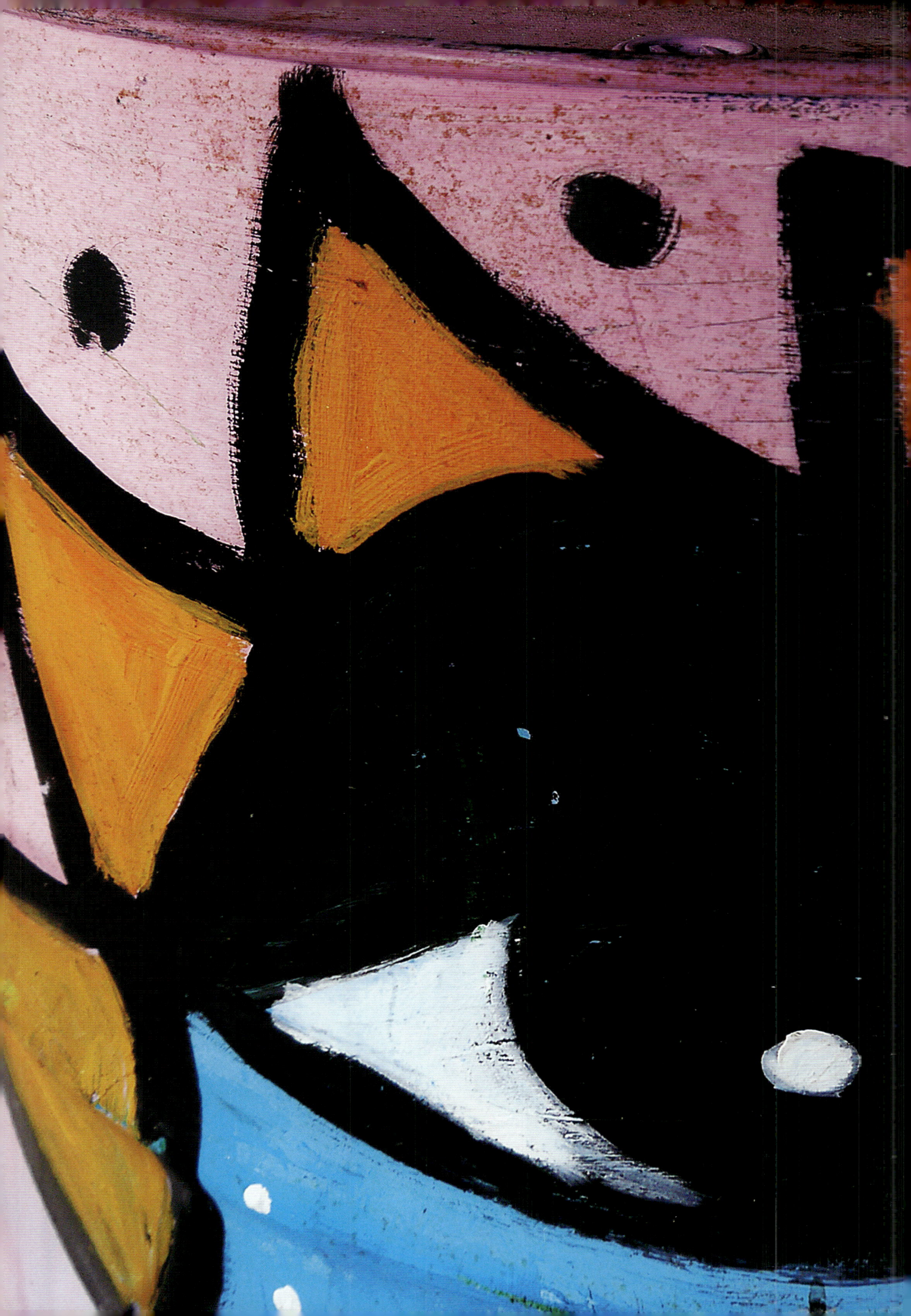

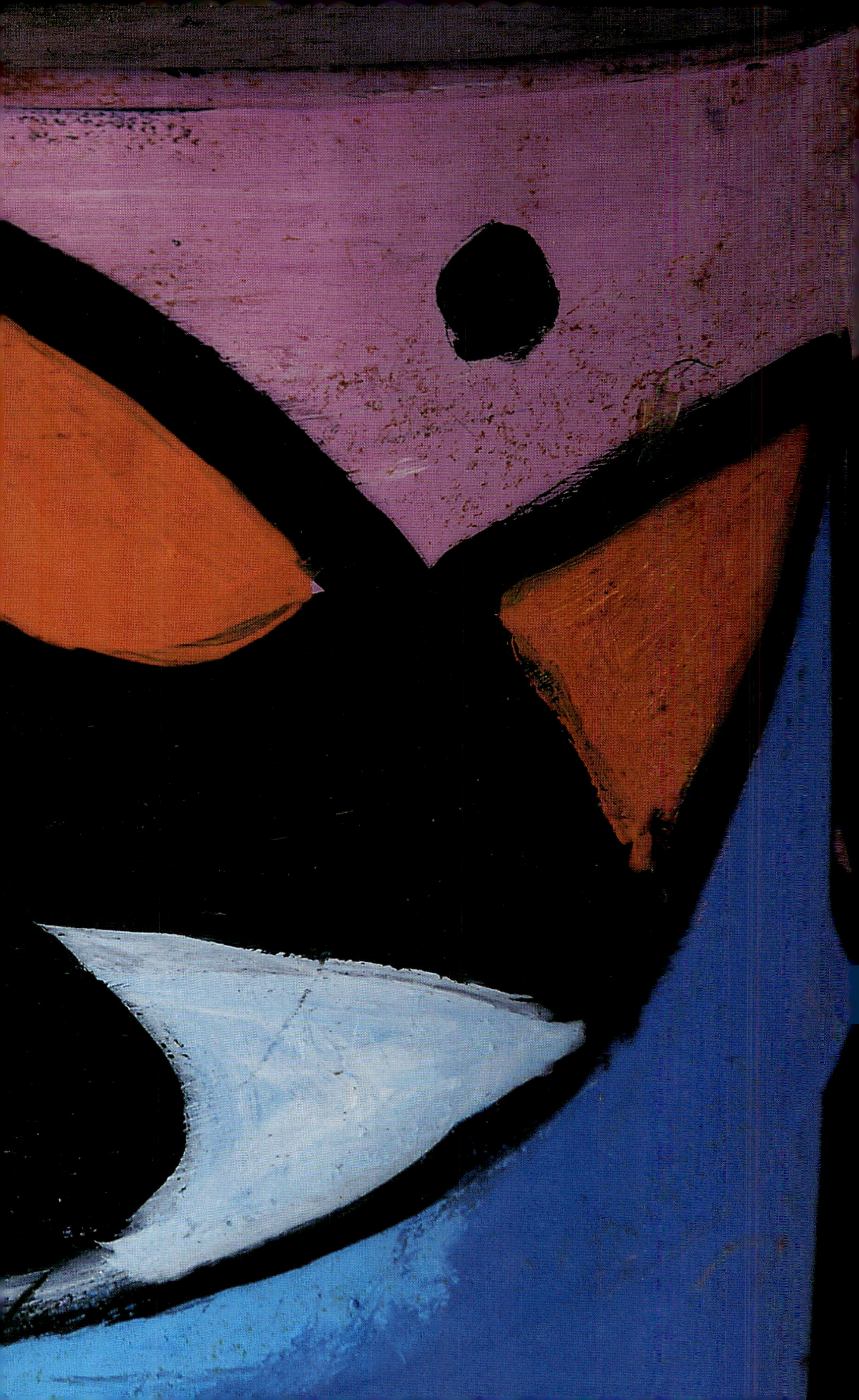

Cellule 5 étoiles avec terrasse s

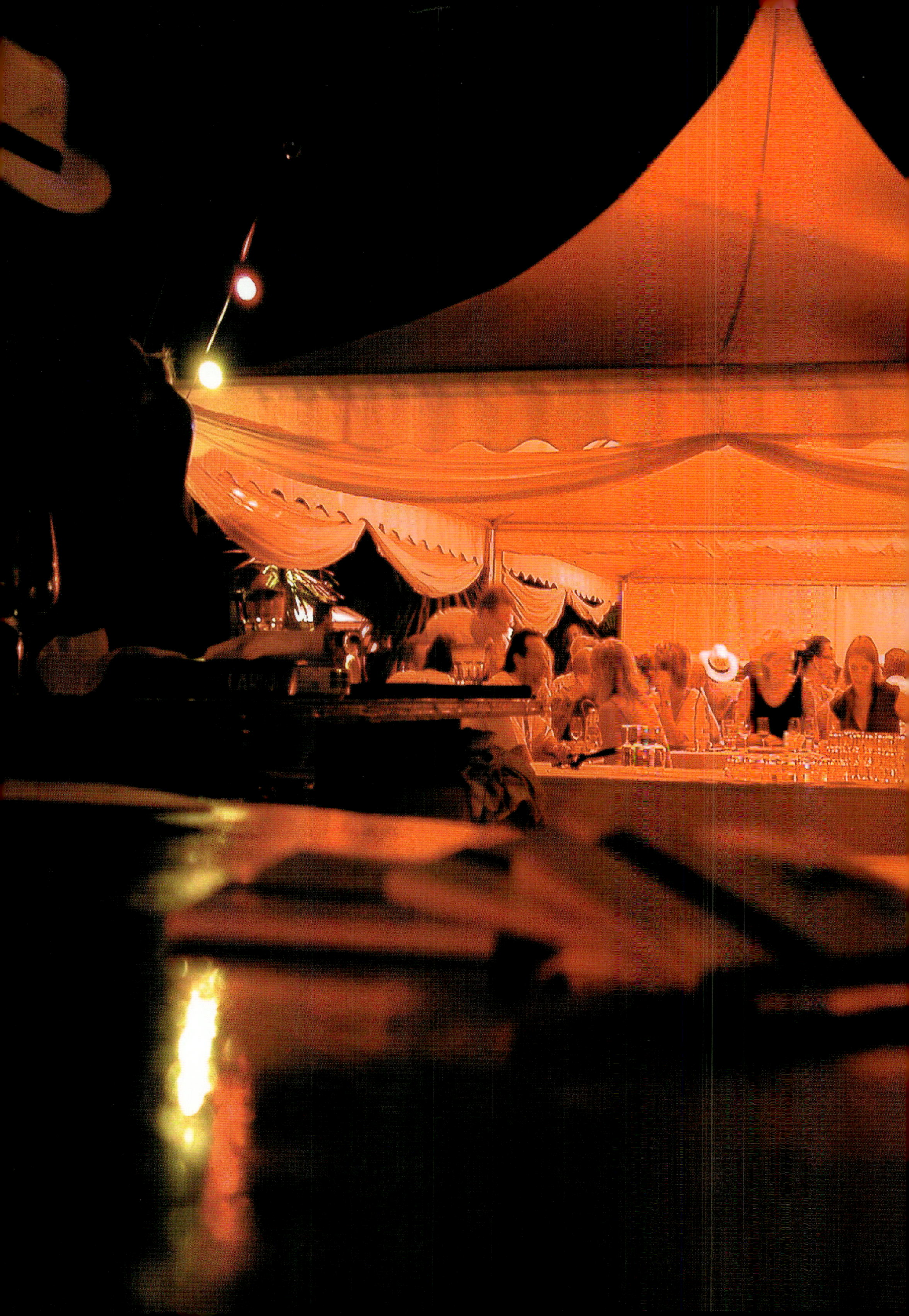

Franziskanerkirche in Trinidad/Kuba

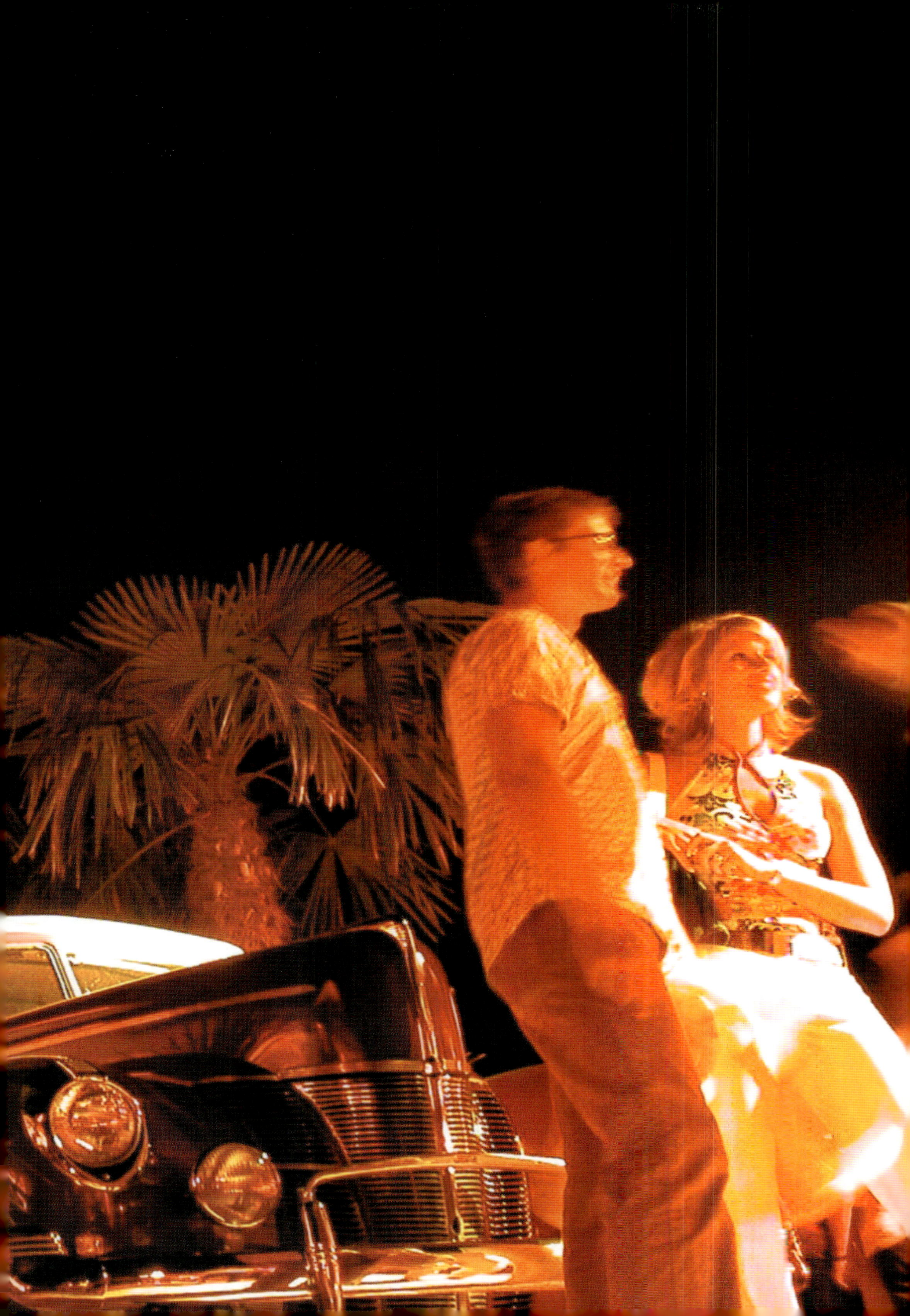

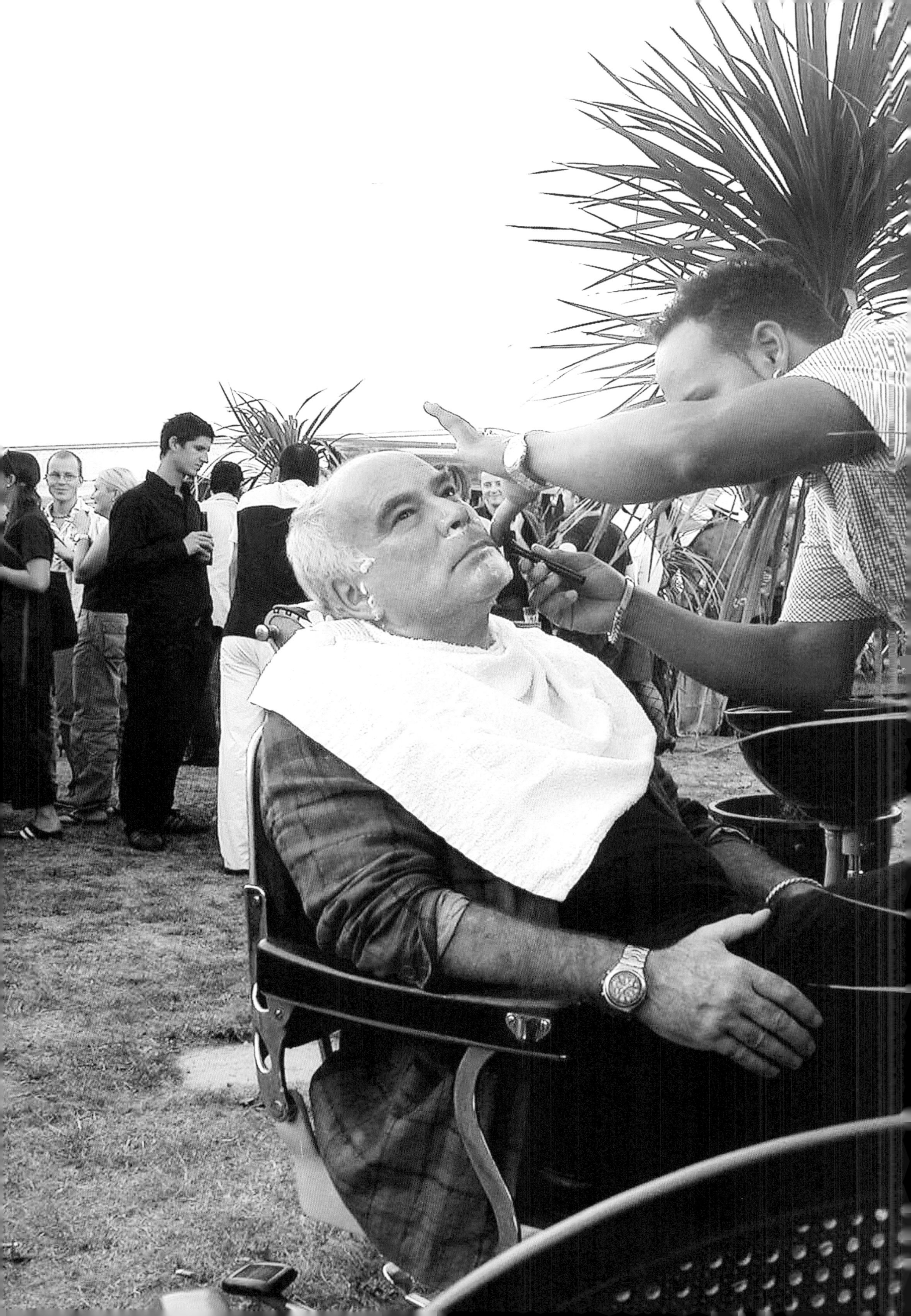

Cuba Libre

Der Name des Drinks entstand nach dem Ende des Spanisch-Amerikanischen Krieges 1898, als amerikanische Soldaten mit einer Kombination aus Coca-Cola, Rum und Limettensaft auf die Befreiung Kubas von der spanischen Kolonialherrschaft anstießen.

Der Drink gewann in Europa nach dem Ende des Zweiten Weltkrieges an Popularität, als der Gassenhauer «Rum and Coca-Cola» der Andrews Sisters im Radio gespielt wurde. Nach der kubanischen Revolution und der Flucht vieler kubanischer Gegner Fidel Castros nach Florida gewann die Kombination aufgrund ihres politische Assoziationen weckenden Namens wieder an Brisanz. In Anspielung auf das gegenwärtige Regierungssystem unter Fidel und Raúl Castro seit der Kubanischen Revolution wird das Getränk insbesondere von Exilkubanern auch Mentirita (spanisch für «kleine Lüge») genannt.

Sagenhafte **Ritterspiele** vor den **Toren Zürichs.**

Es war ein Ritter ohne Furcht, ein **Ritter** ohne Tadel, **sein Arm von Kraft,** sein Schwert von Stahl,

sein Herz von Adel.

Es freuen sich die Frouen
und Mannen von Plakanda Awi,
Euch zum disjährigen Fest
zu laden.

Ritterspie[l]

Am 29. Juni ab den Fünfen auf den [...]
Gockhausen
vor den Toren Zürichs. Für Sp[ys und]
Trank sei ges[orget.]
Freuet Euch über eine wund[erbare]
Zusammenkunft.

itter

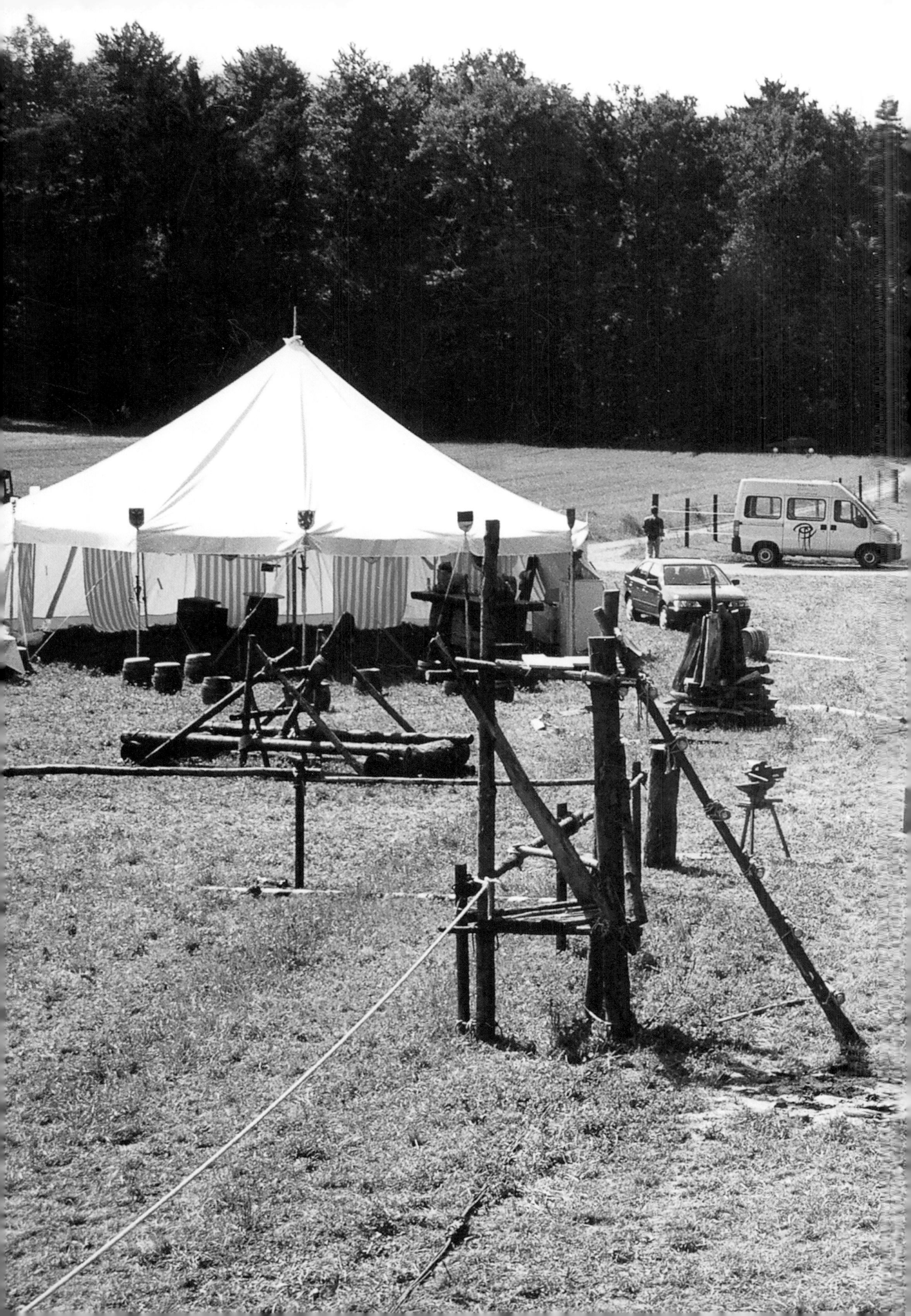

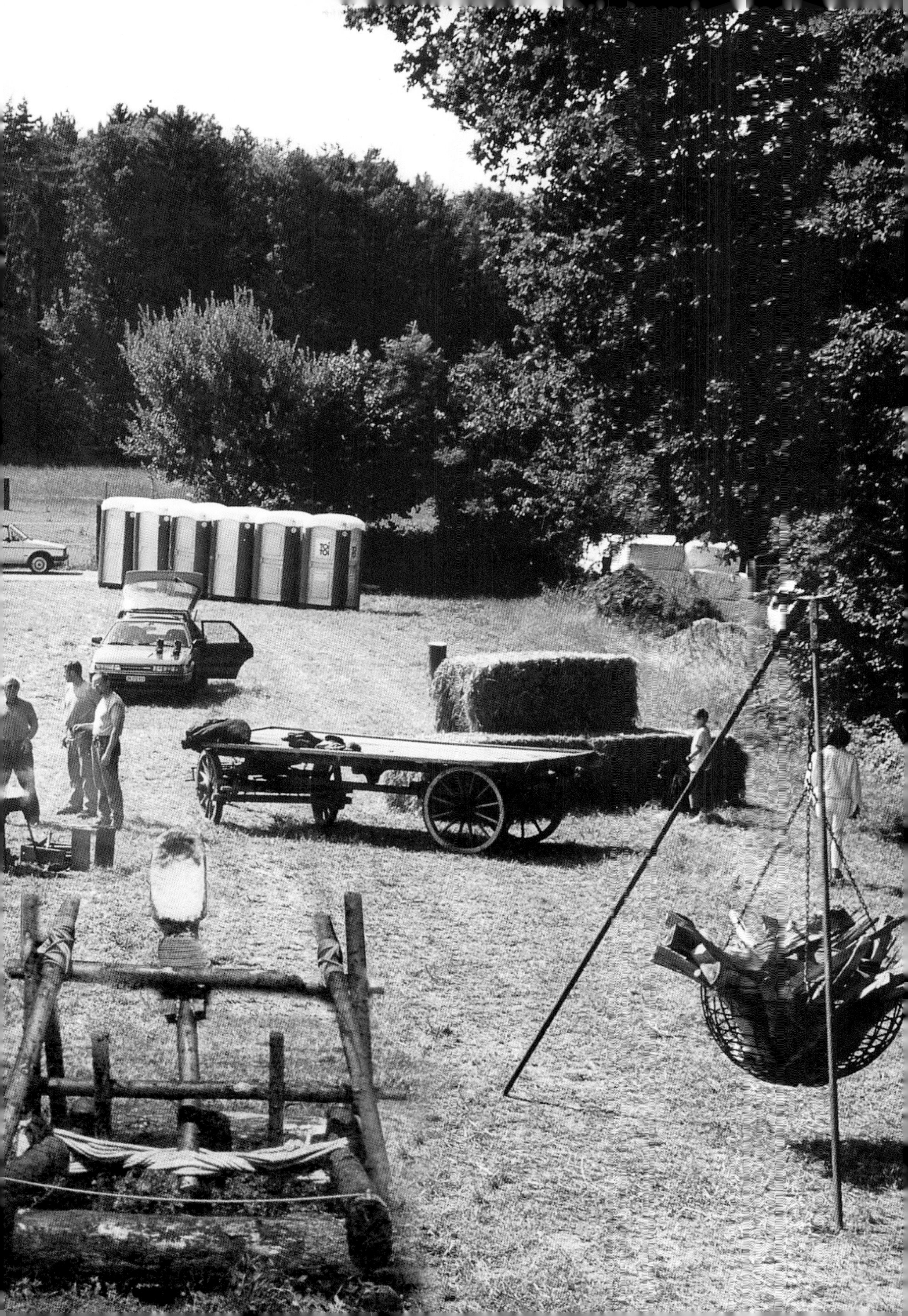

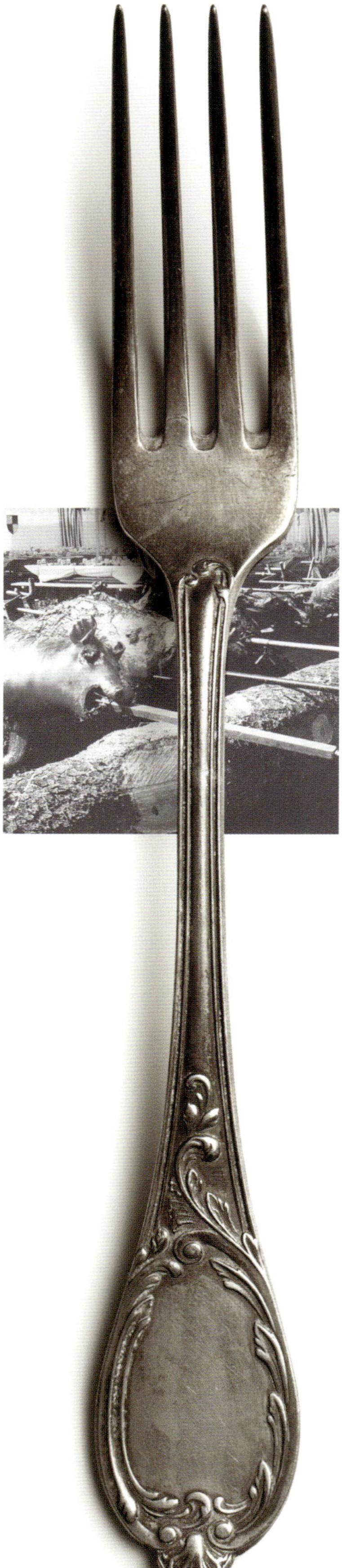

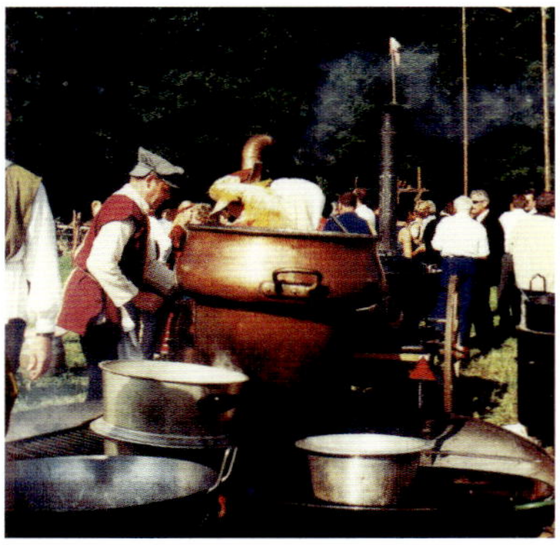

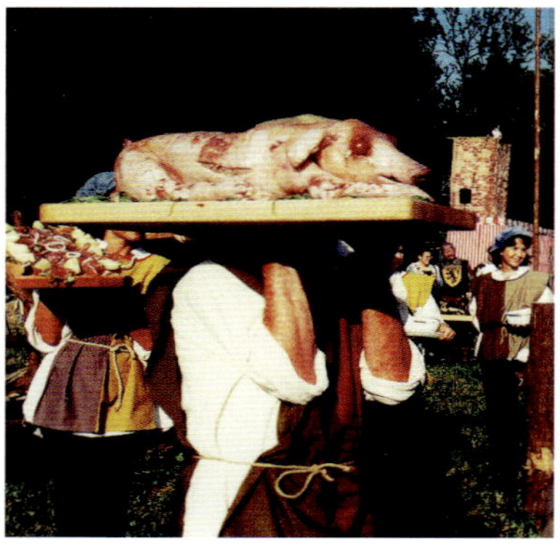

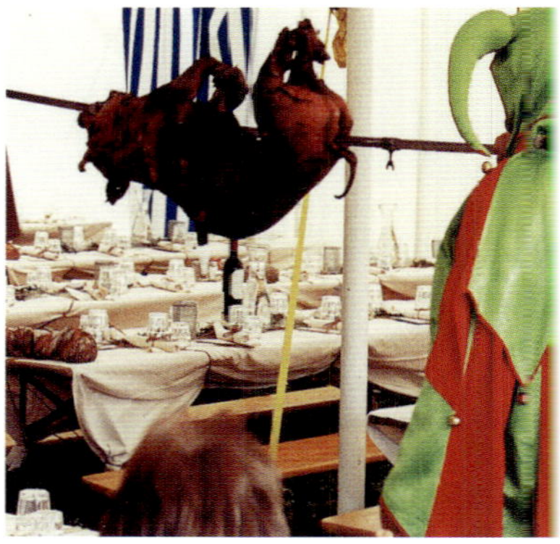

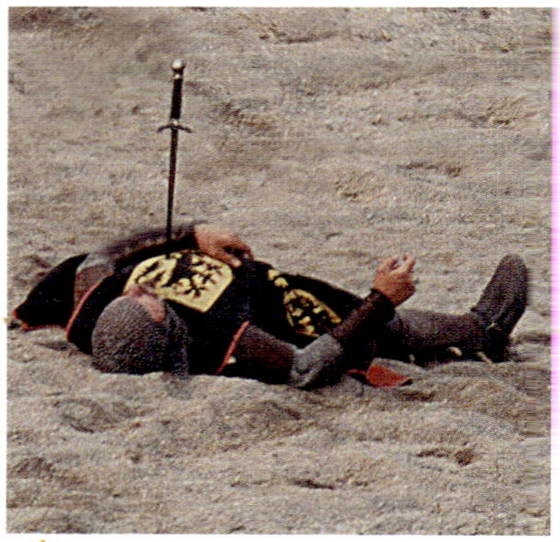

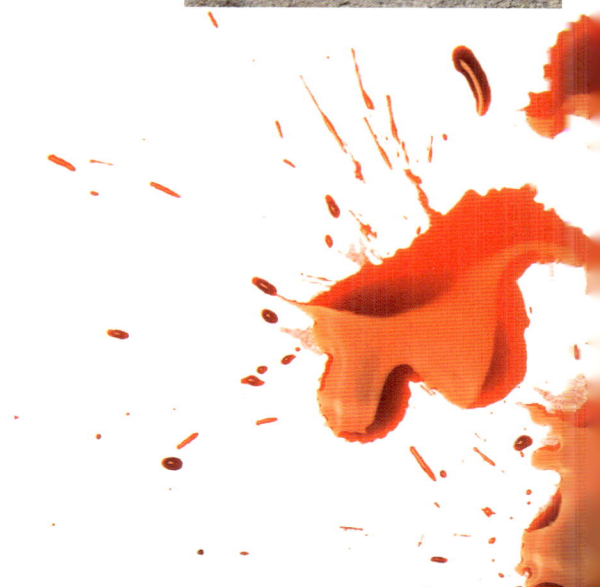

Artus' sagenhafte Tafelrunde

Arthur heiratet auf Anweisung seiner Ratsherren Guinever, die einen grossen Rundtisch mit in die Ehe bringt, der zu Tafelrunden einlädt. Für den Tisch muß eine Halle her, für die Halle eine Burg, also wird Camelot erbaut. Arthur ernennt seine treuesten Gefolgsmänner zu Rittern dieser Tafelrunde. Dann werden die Angeln und die Sachsen erfolgreich bekämpft und vertrieben, Aufstände kleinerer Fürsten niedergeschlagen, Drachen und Riesen getötet und Jungfrauen befreit. Dann ist Frieden in Logres. Merlin stirbt bzw. wird von der Nymphe Nimue mit einem Bannspruch belegt, was für ihn dem Tod gleichkommt. Mit Merlin verliert Arthur seinen wichtigsten Berater. Da nun Frieden herrscht, herrscht auch Langeweile. Während die Ritter versammelt an der Tafelrunde sitzen, erscheint plötzlich der Gral in einem grellen weissen Licht. Doch ebenso schnell, wie er aufgetaucht ist, verschwindet er auch wieder, und der König schickt seine Ritter auf die Hohe Suche nach dem Gral. Jahrelang suchen sie ihn, bis ihn drei Ritter finden, aber sie lassen ihn dort, wo er ist, da sie in seinem Besitz allein keinen Sinn mehr sehen.

Währenddessen begeht Guinever mit dem Ritter Lancelot Ehebruch, aber Arthur verzeiht ihr. Die Ehe von König und Königin ist kinderlos, also munkelt man, dass Arthurs Neffe (und Sohn) Mordred einmal seine Nachfolge antreten wird. Doch Mordred ist ehrgeizig und will alle Macht für sich. Ihm wird die Regentschaft über Camelot und Logres anvertraut, während Arthur selber in Broceliande, auf dem Kontinent, ist. Mordred stellt ein eigenes Heer auf und begeht Verrat an Arthur. Es kommt zum Krieg zwischen den beiden. Letztendlich fällt Mordred in der Schlacht von Camlann durch Arthurs Hand, aber er selber verwundet auch Arthur tödlich. Der sterbende König bittet seinen Freund Bedwyr, das Schwert Excalibur in den See zu werfen. Bedwyr befolgt die Anweisung, und als er Excalibur über das Wasser schleudert, taucht eine Hand aus dem See auf und ergreift das Schwert. Die Nymphen des Sees haben sich ihr Schwert wiedergeholt. Dann erscheint eine Barke, die den sterbenden Arthur nach Avalon bringt, wo er von seiner Schwester Morgaine gepflegt wird. Eines Tages soll er von dort aus wieder in die Welt der Sterblichen zurückkehren.
Nach dem Tod des Königs zerfällt Logres. Kurzfristig regiert ein entfernter Verwandter von Arthur das Land, doch dann kehren die Sachsen und Angeln zurück und übernehmen die Macht im heutigen England.

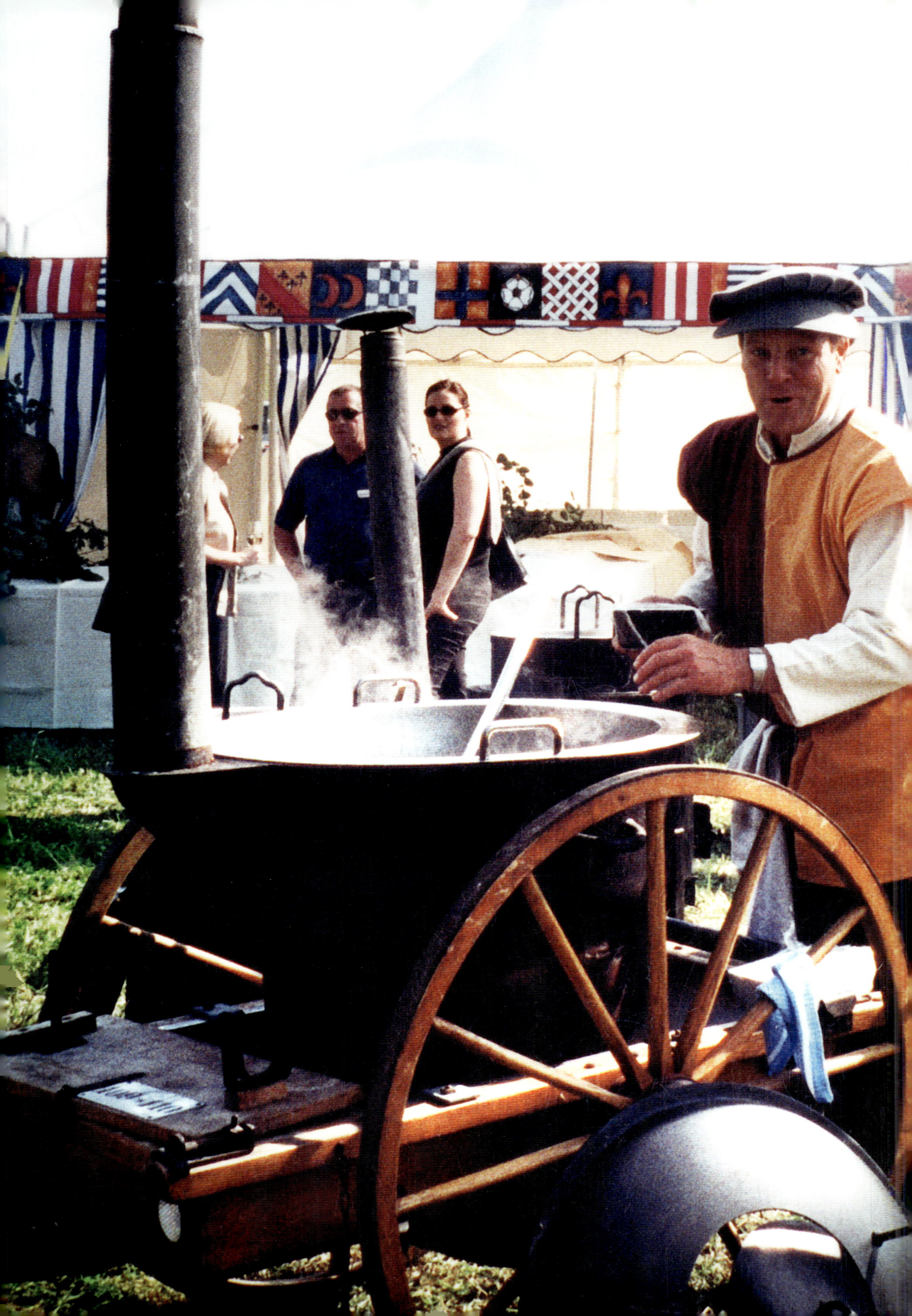

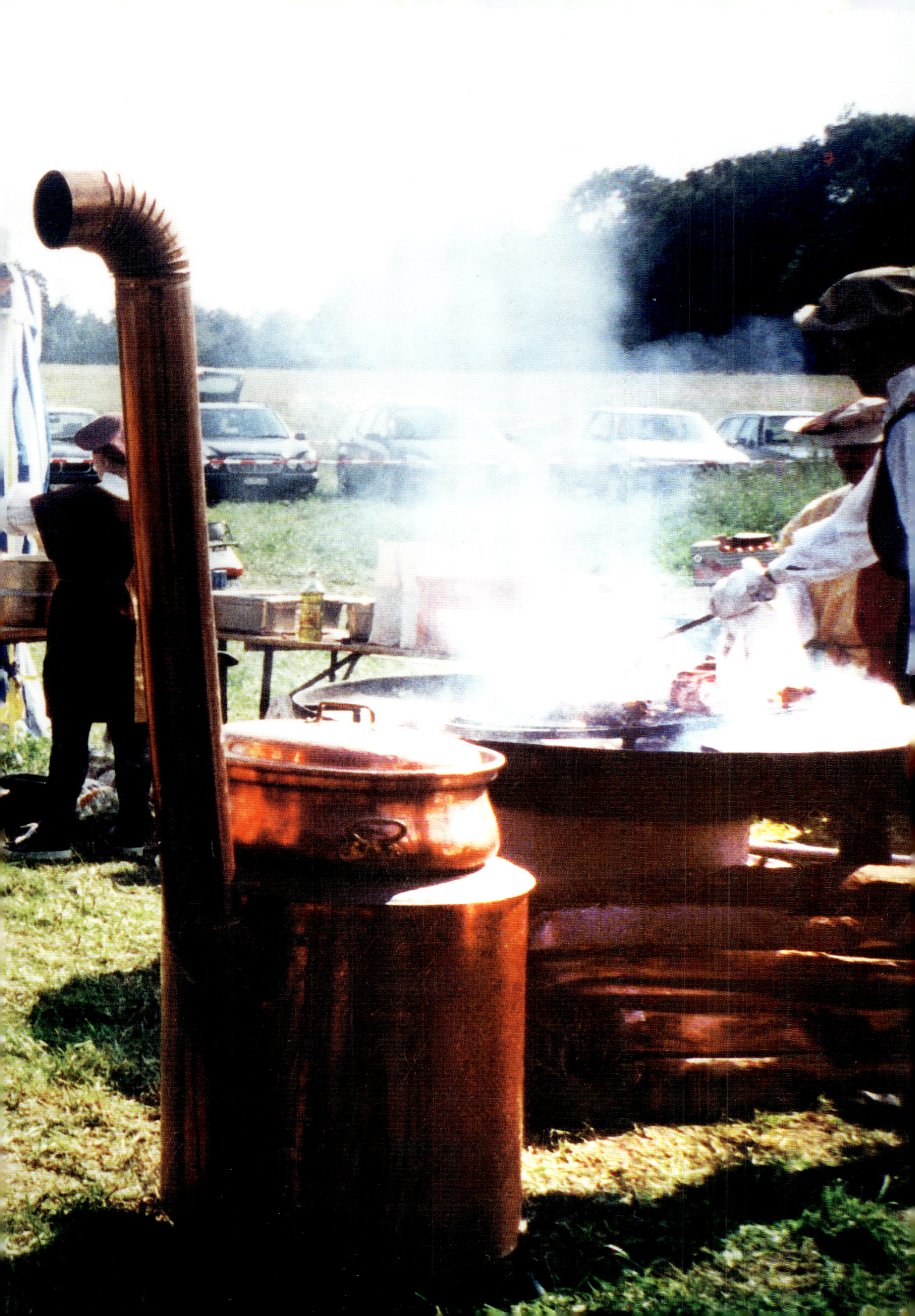

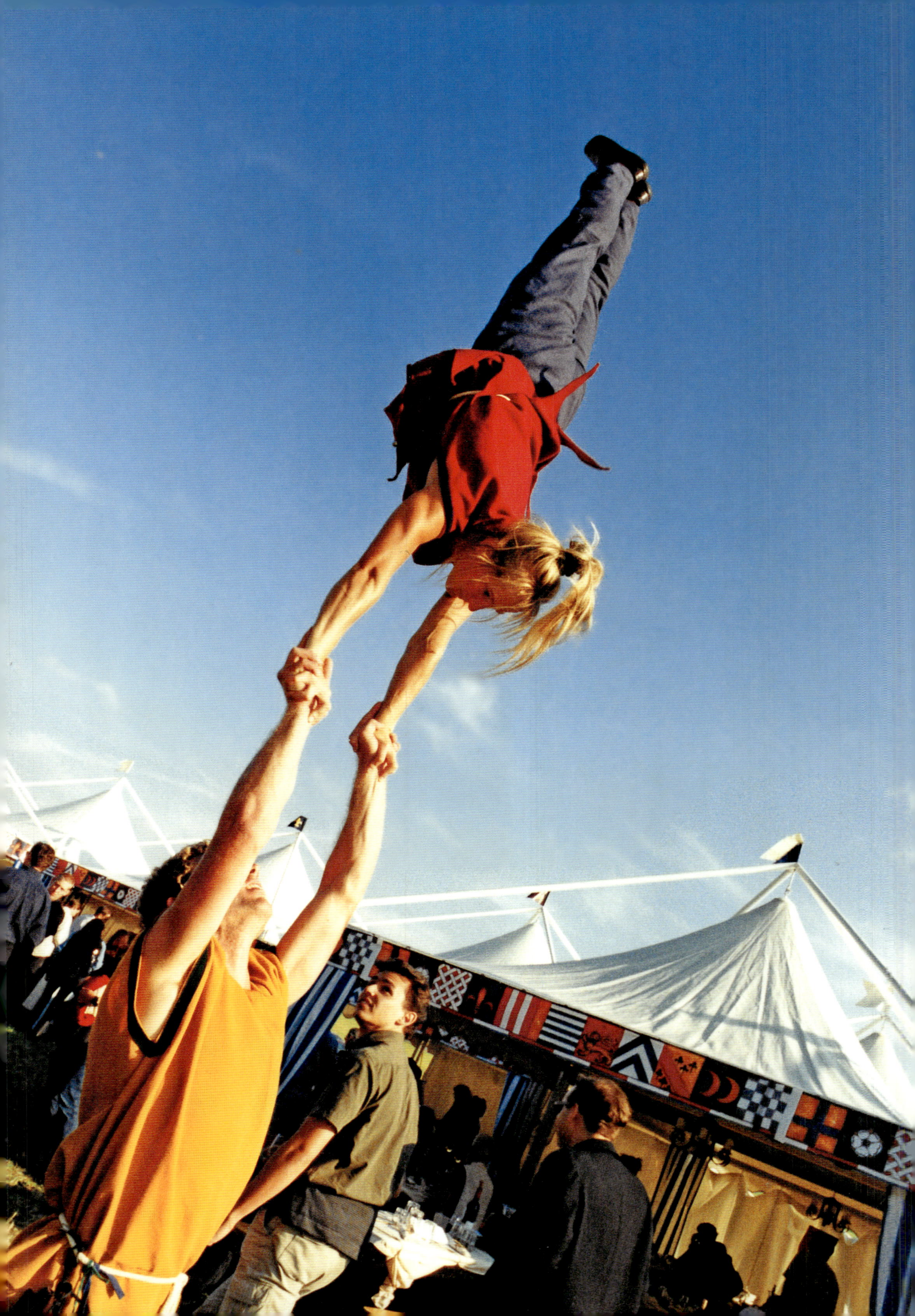

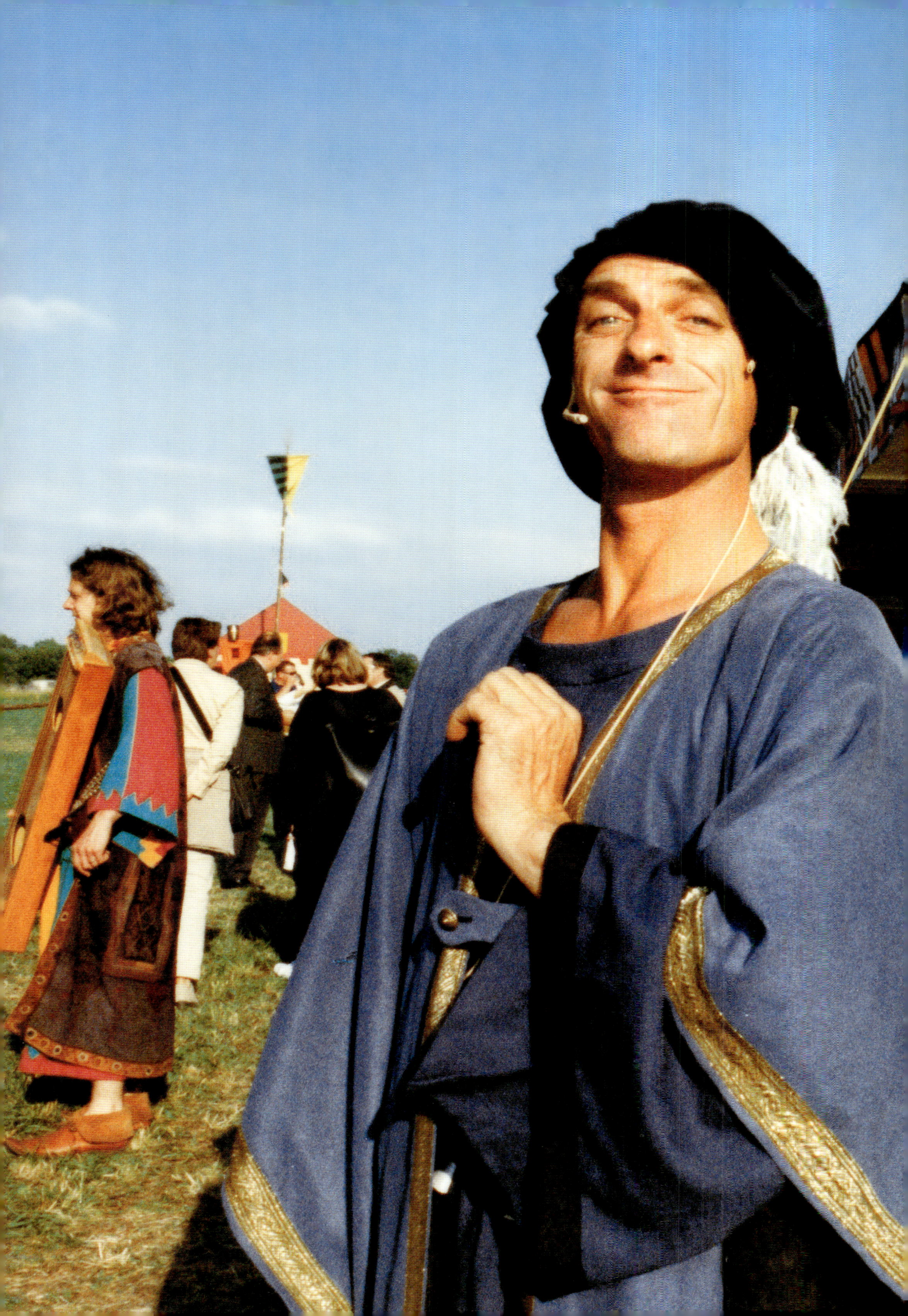

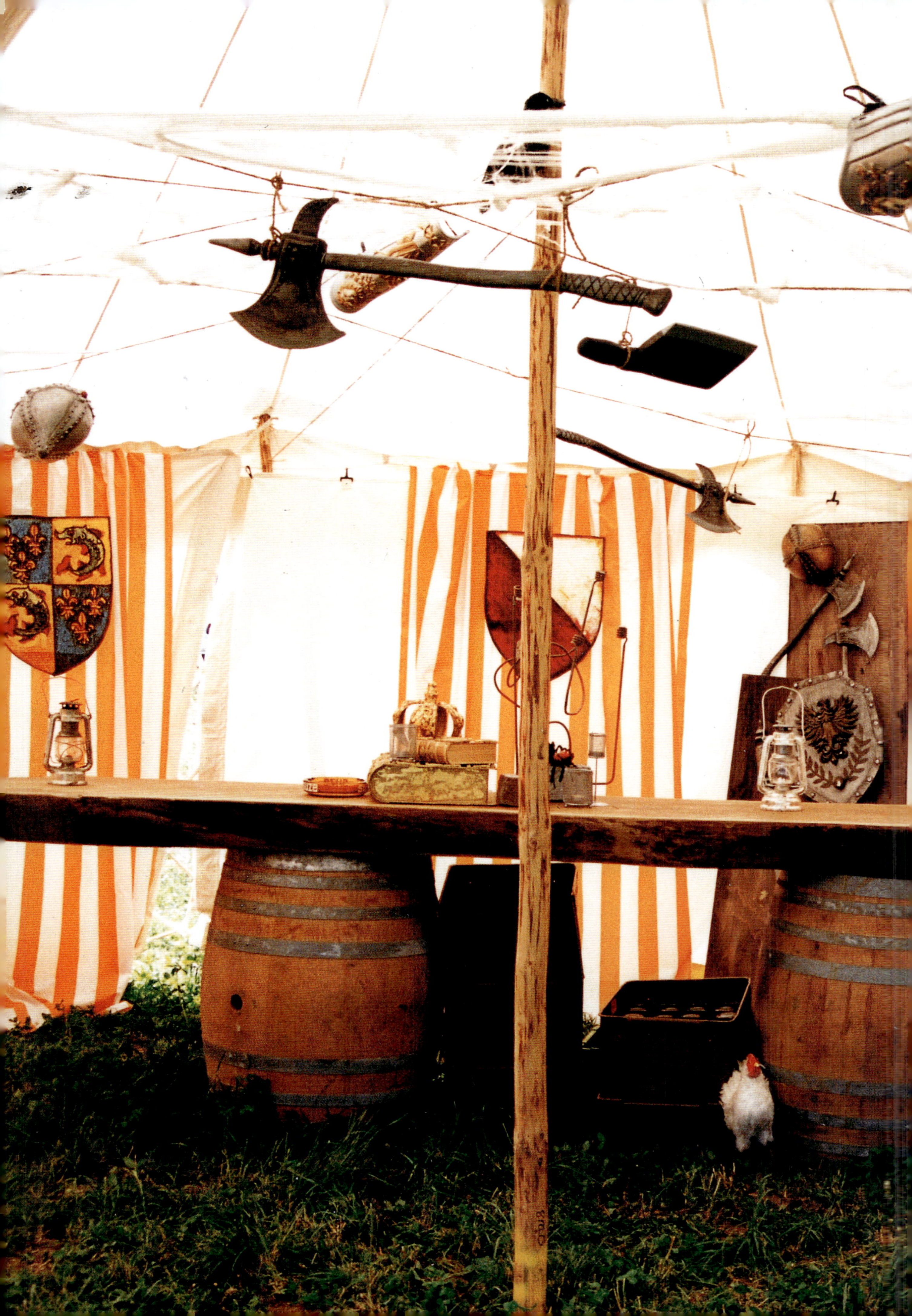

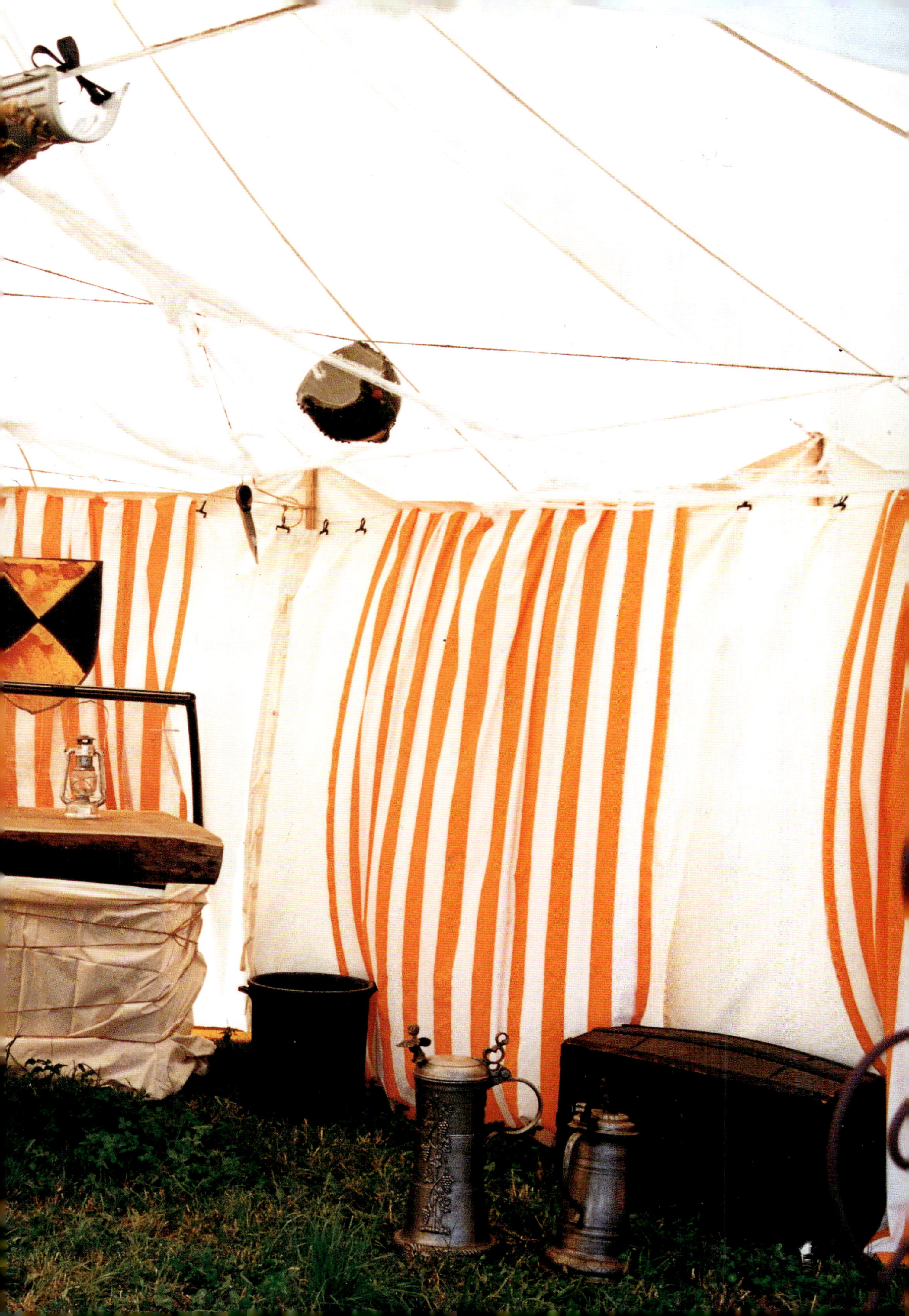

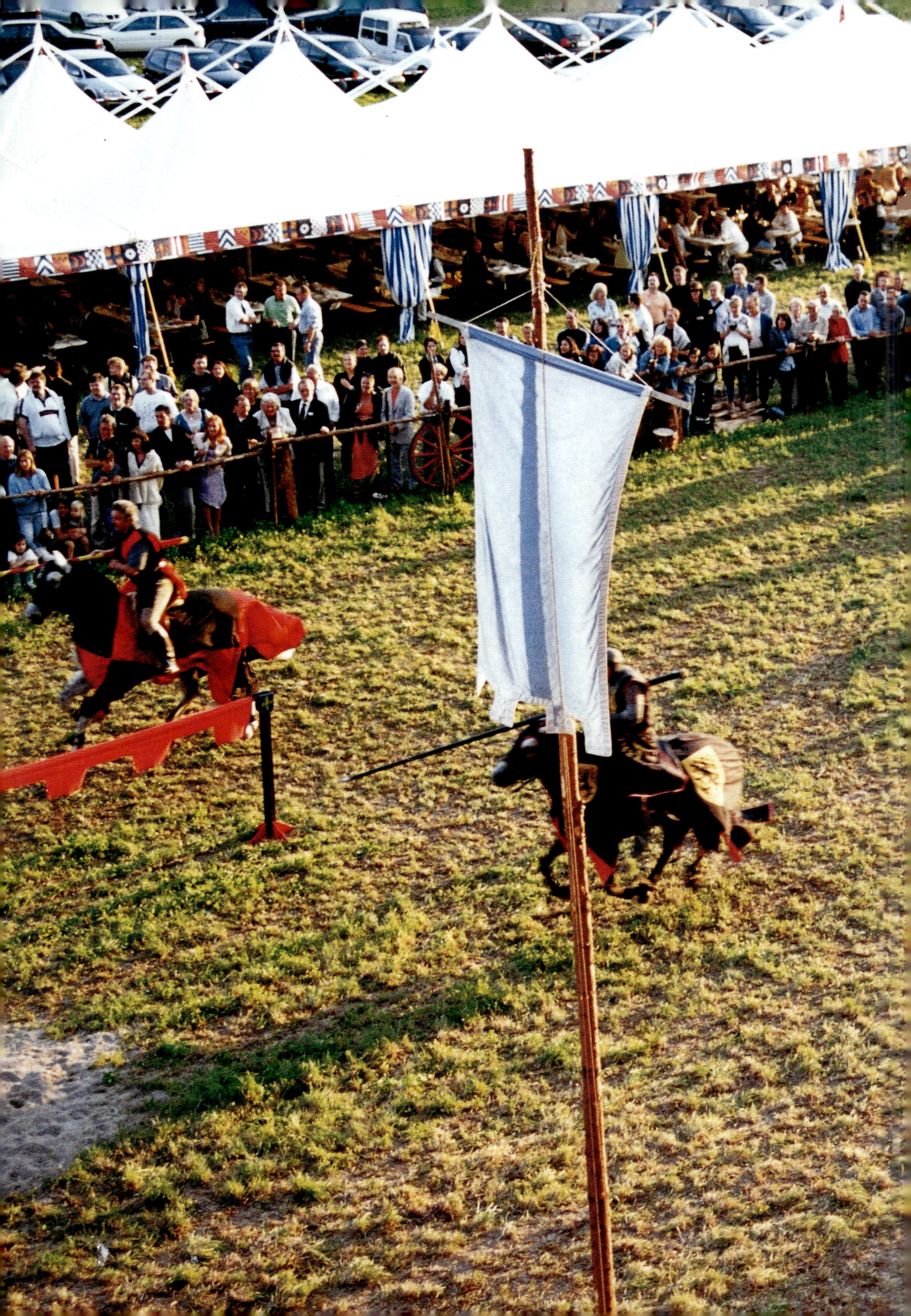

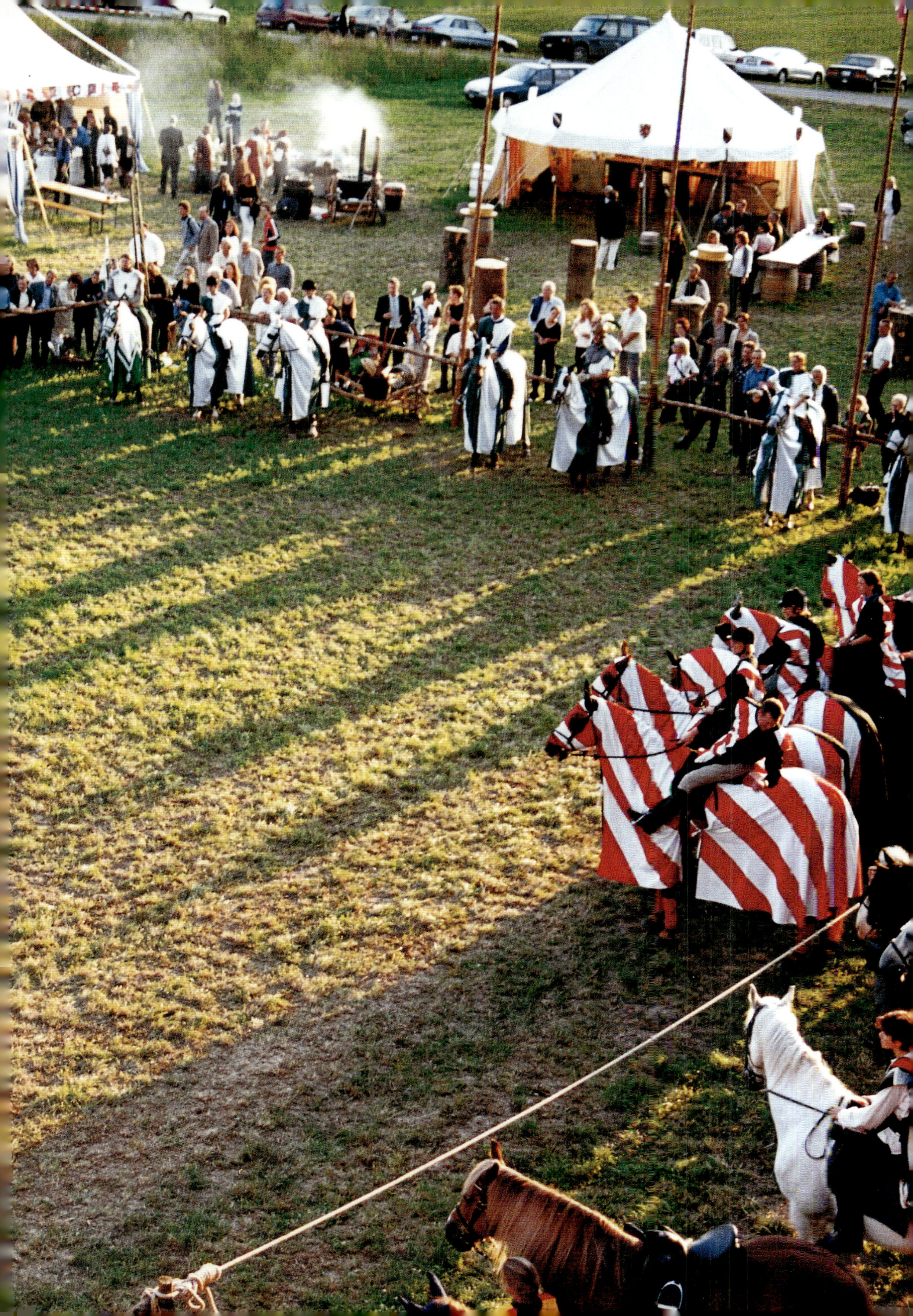

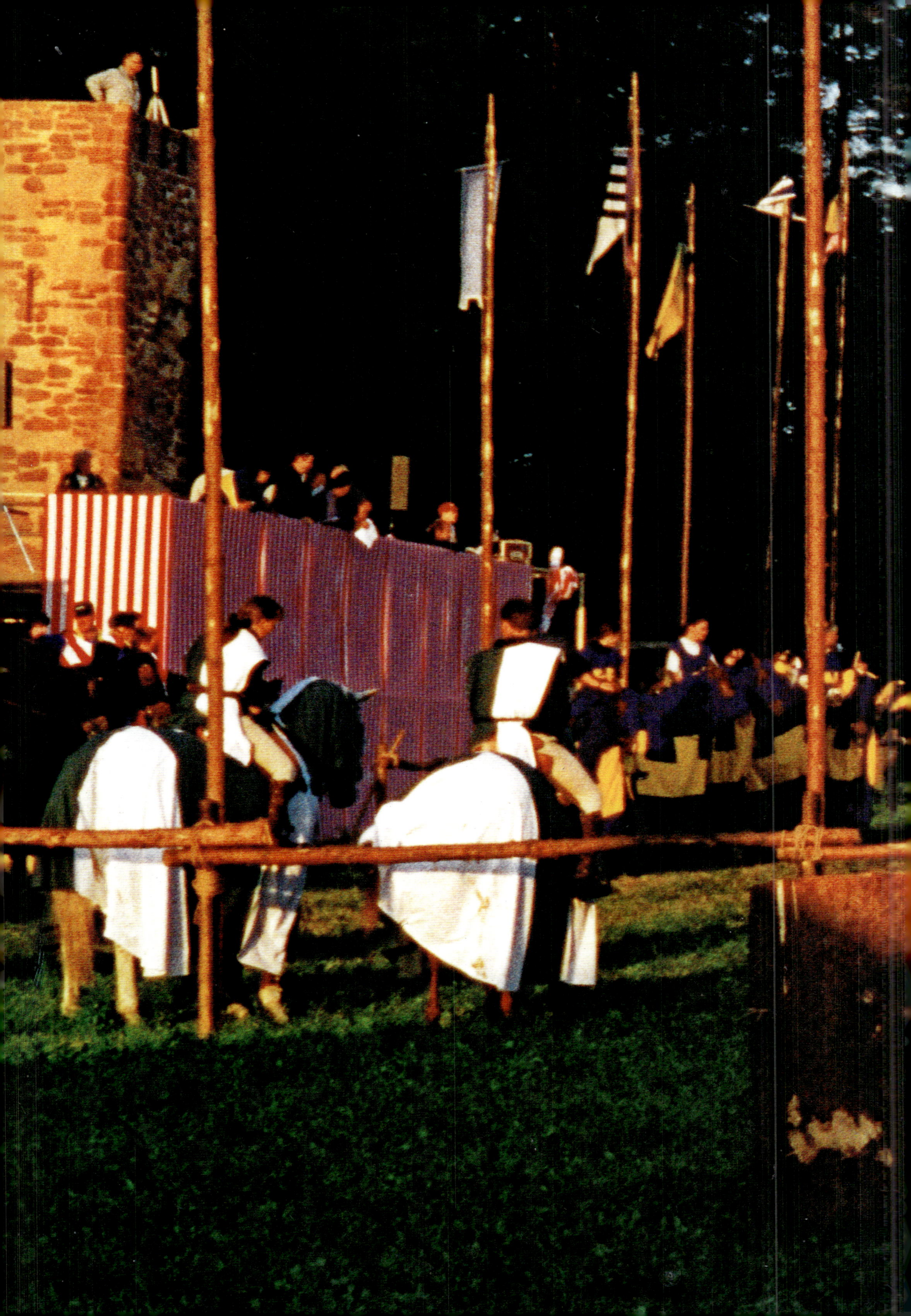

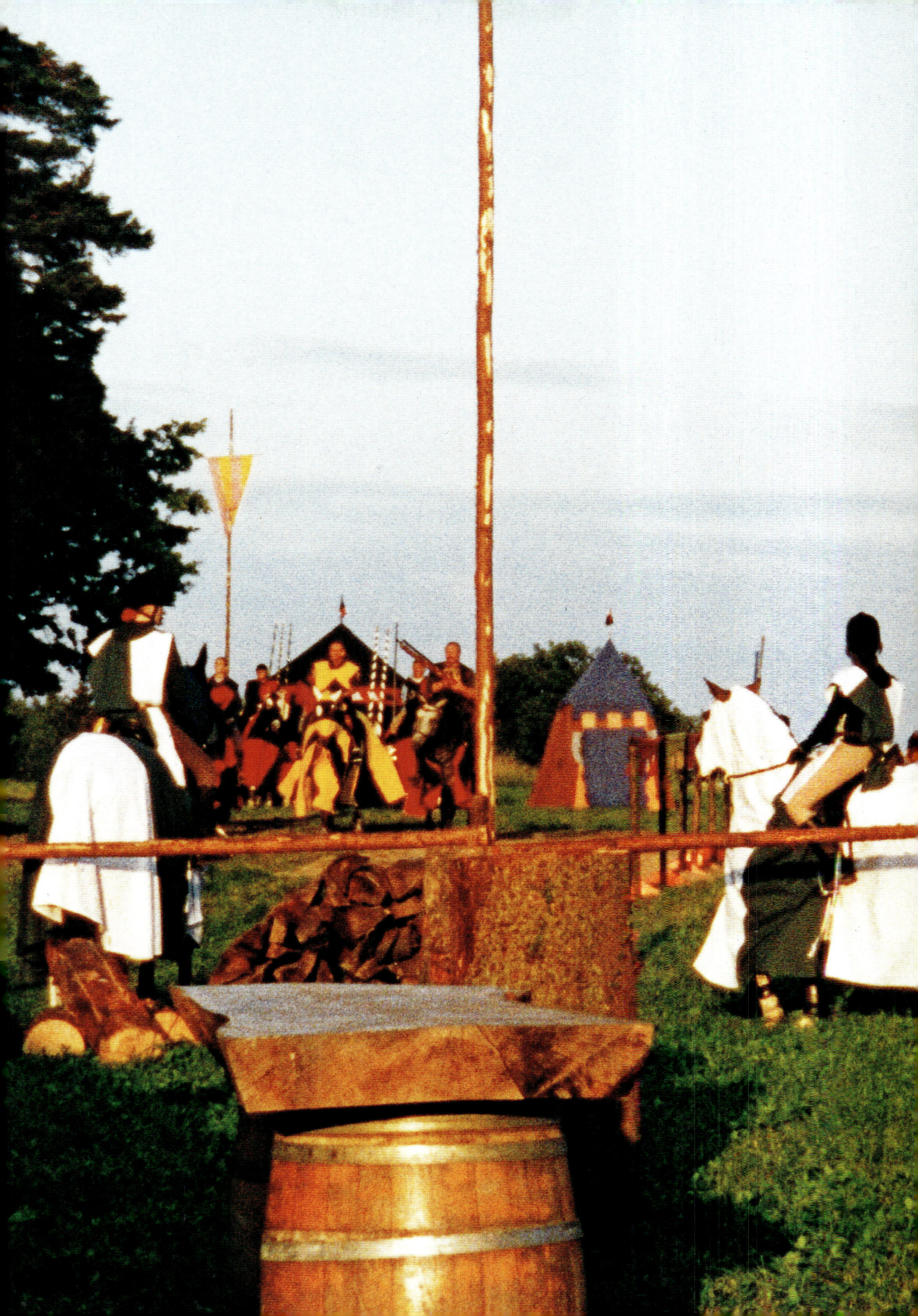

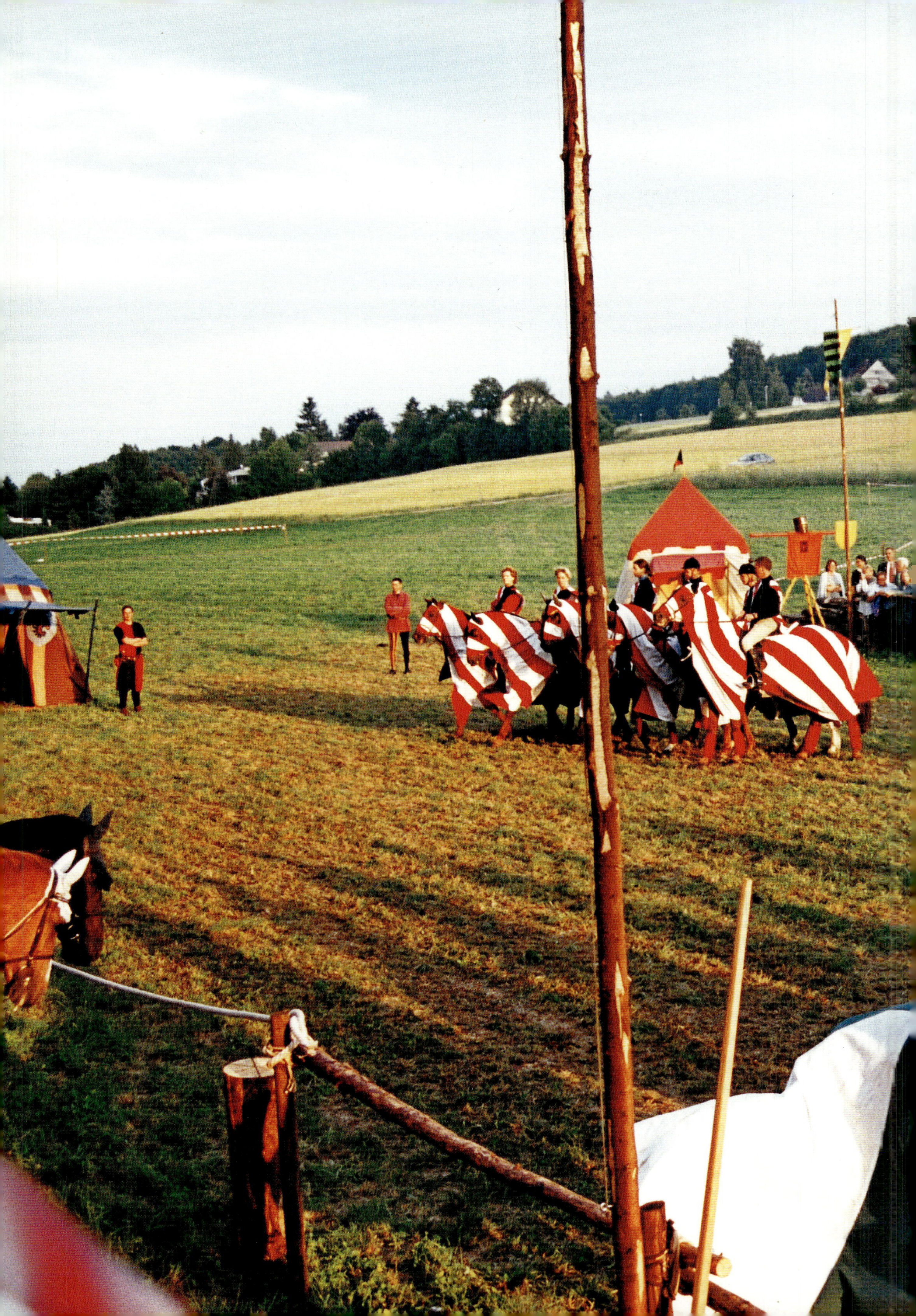

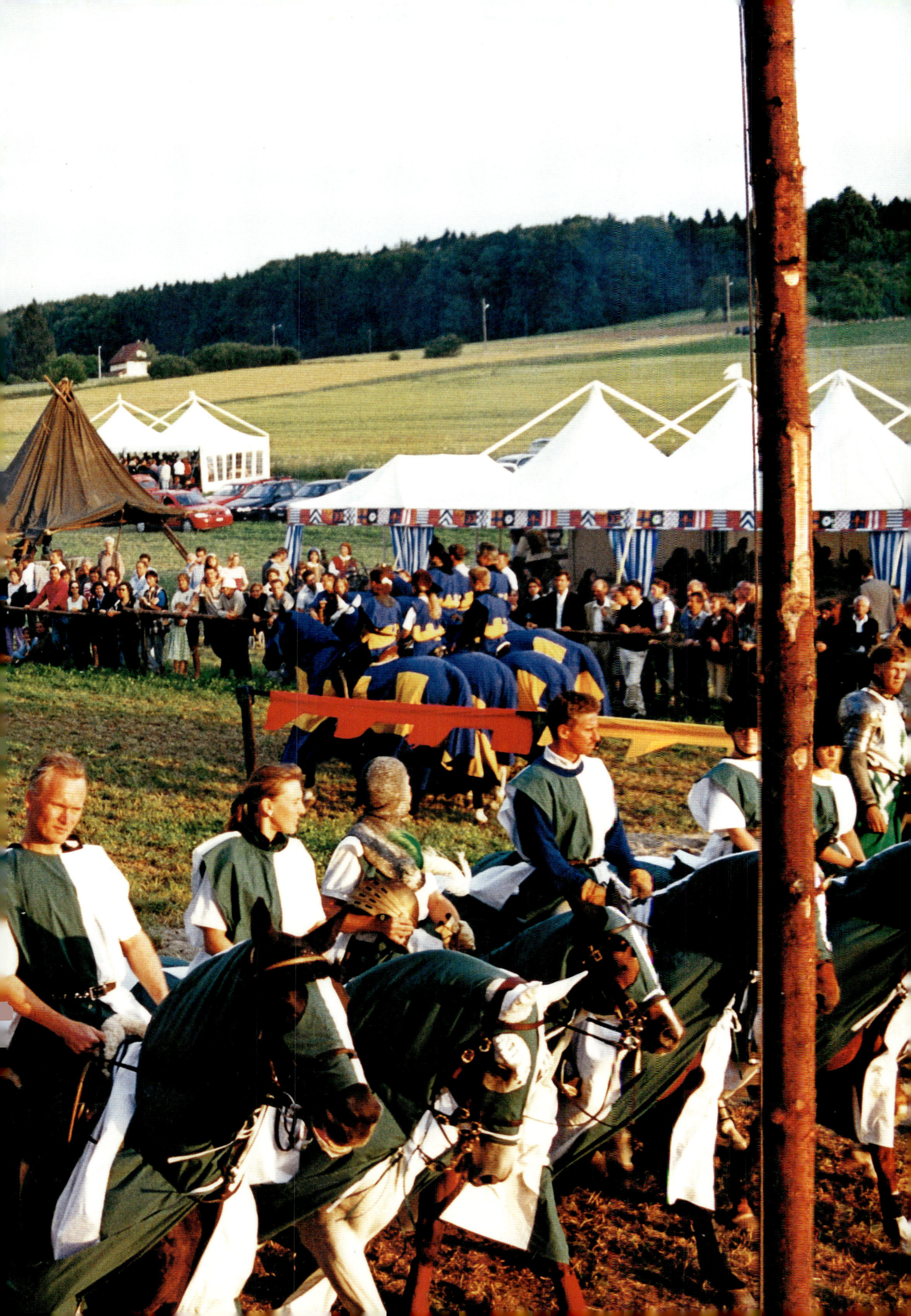

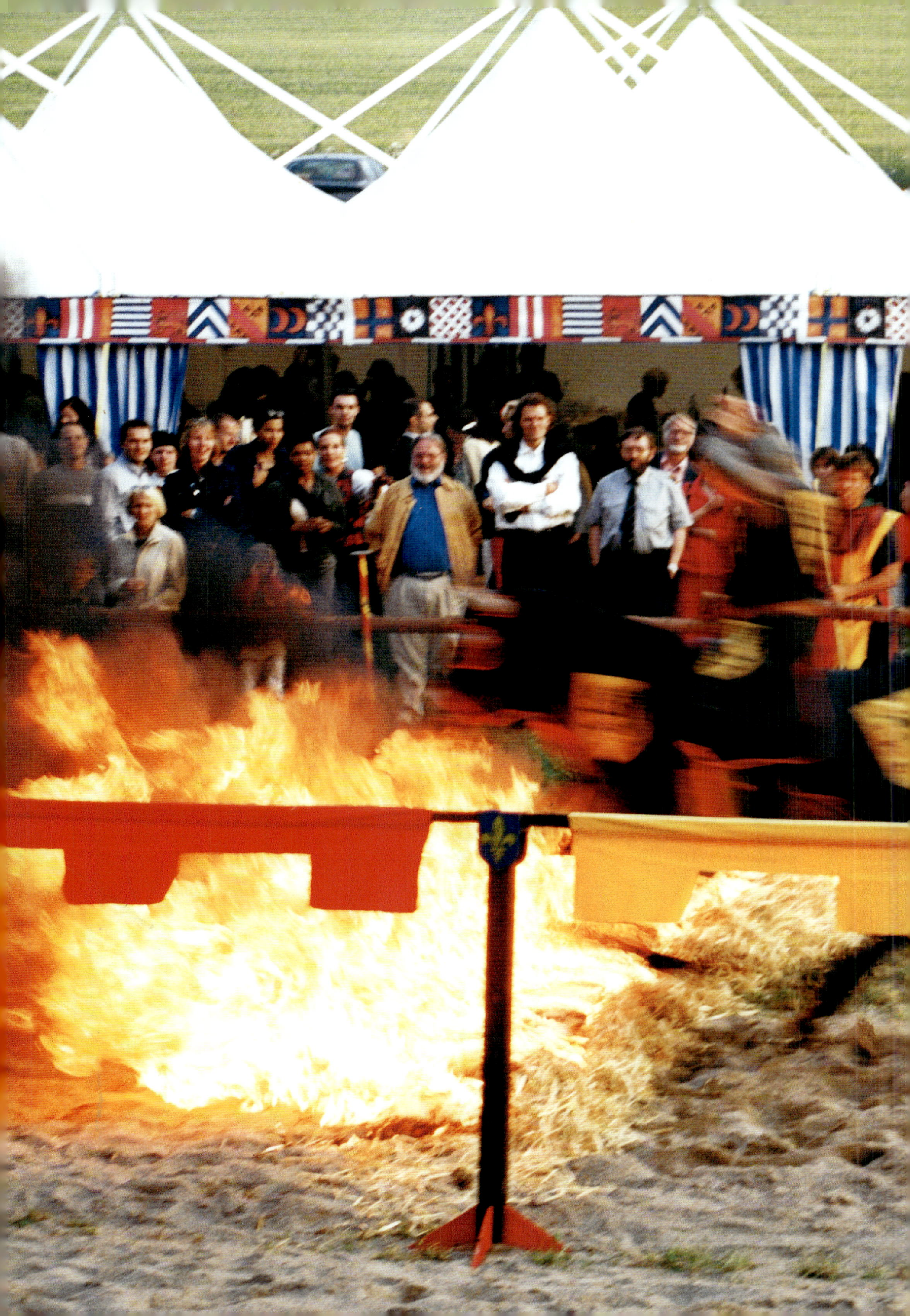

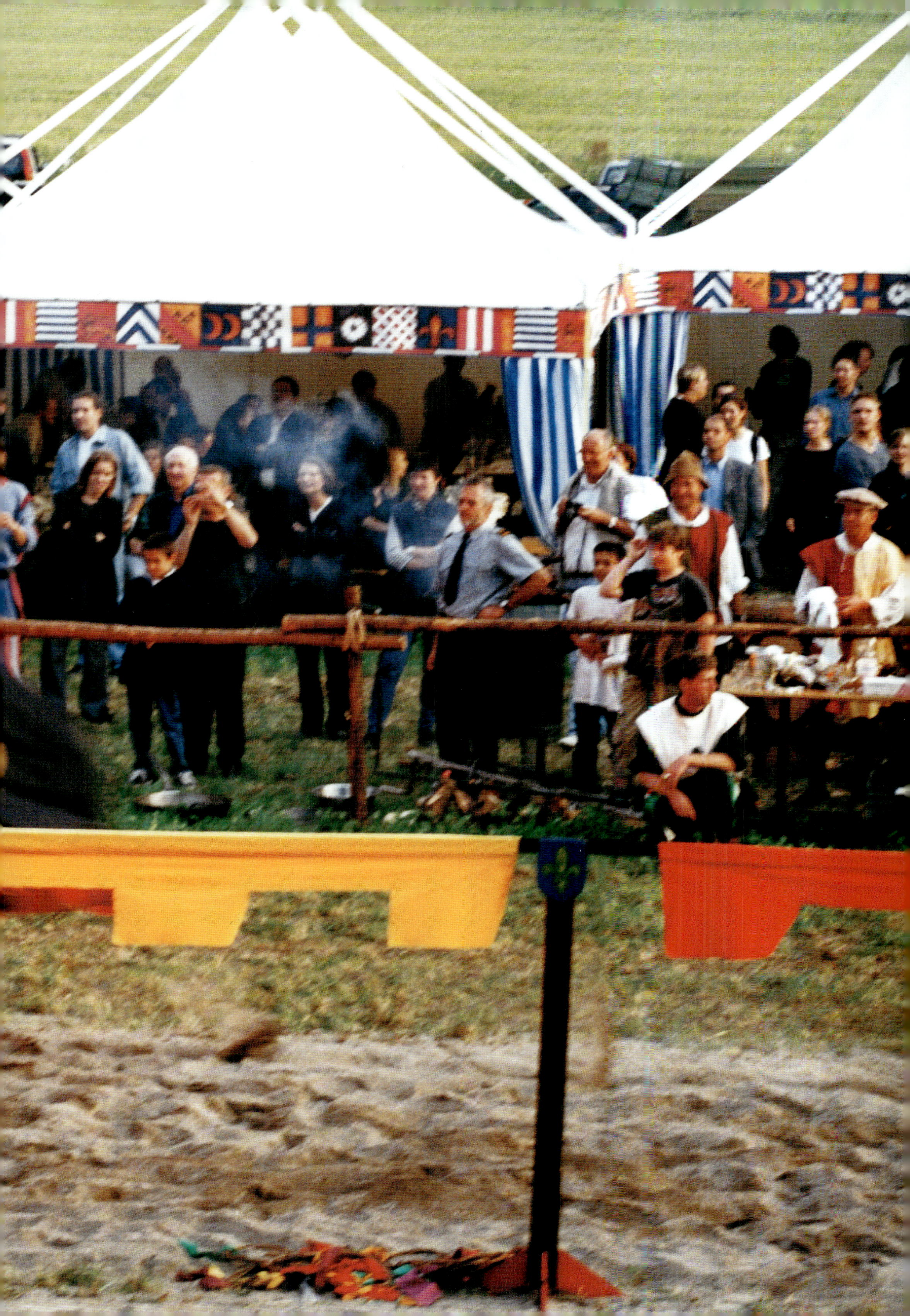

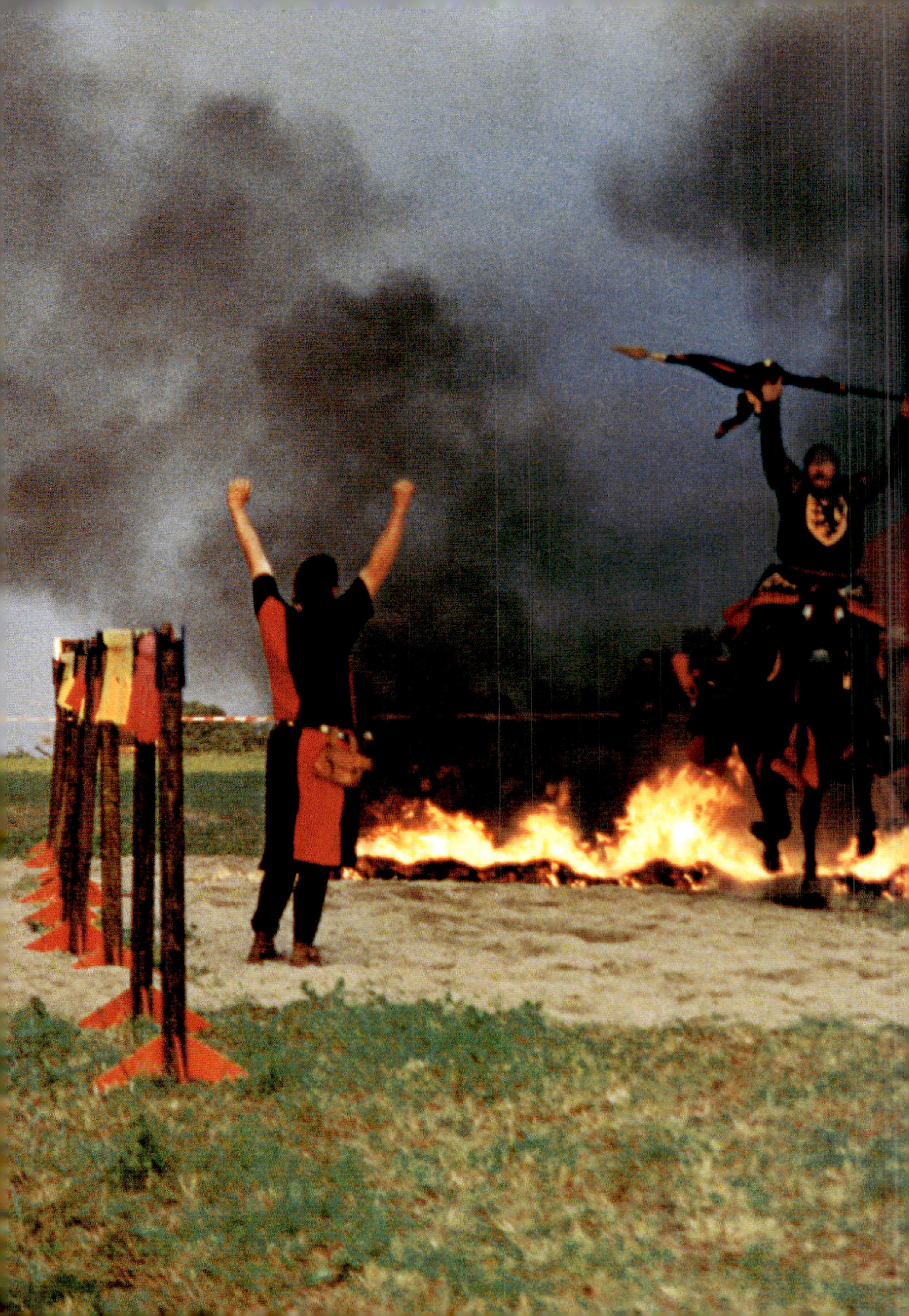

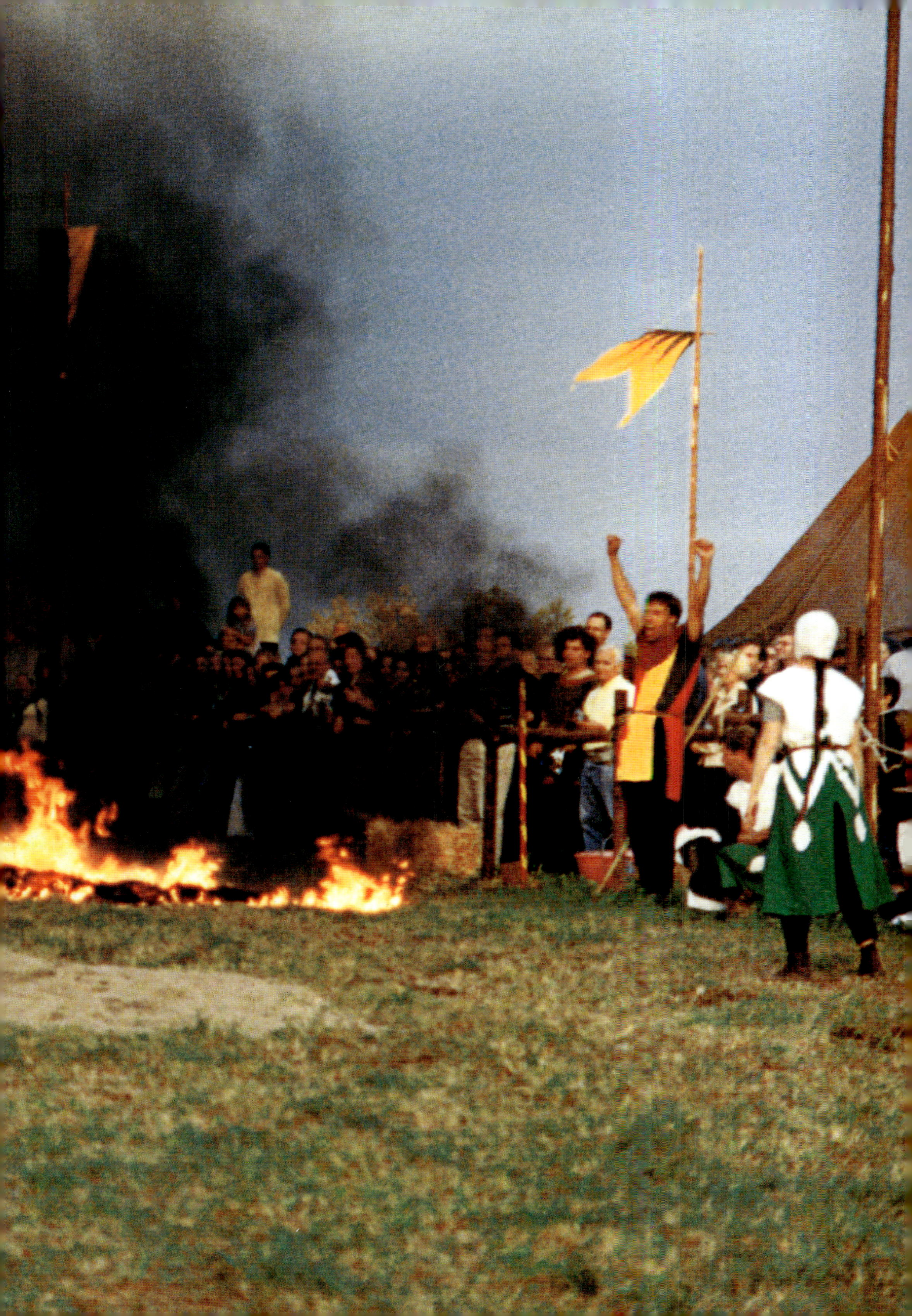

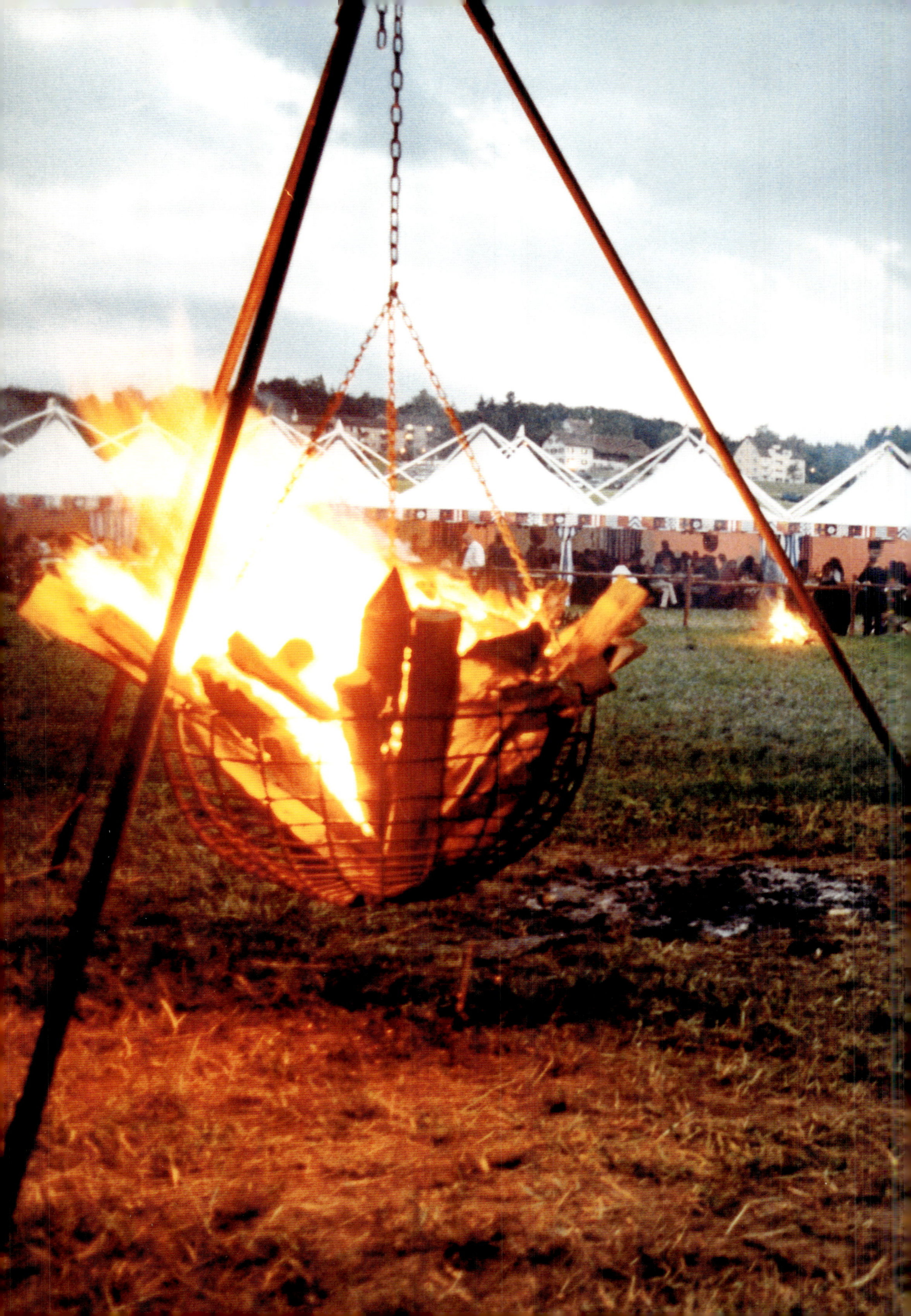

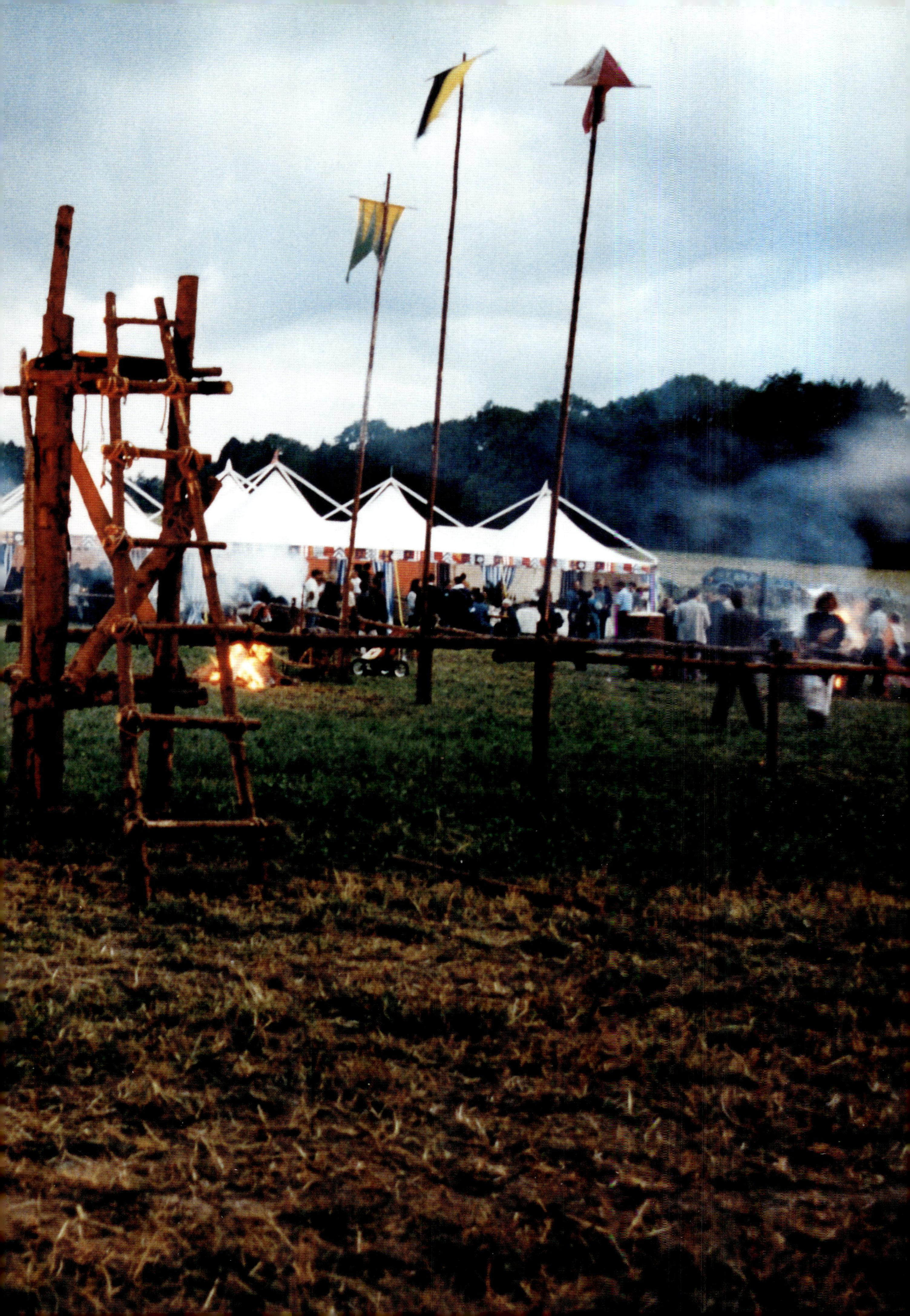

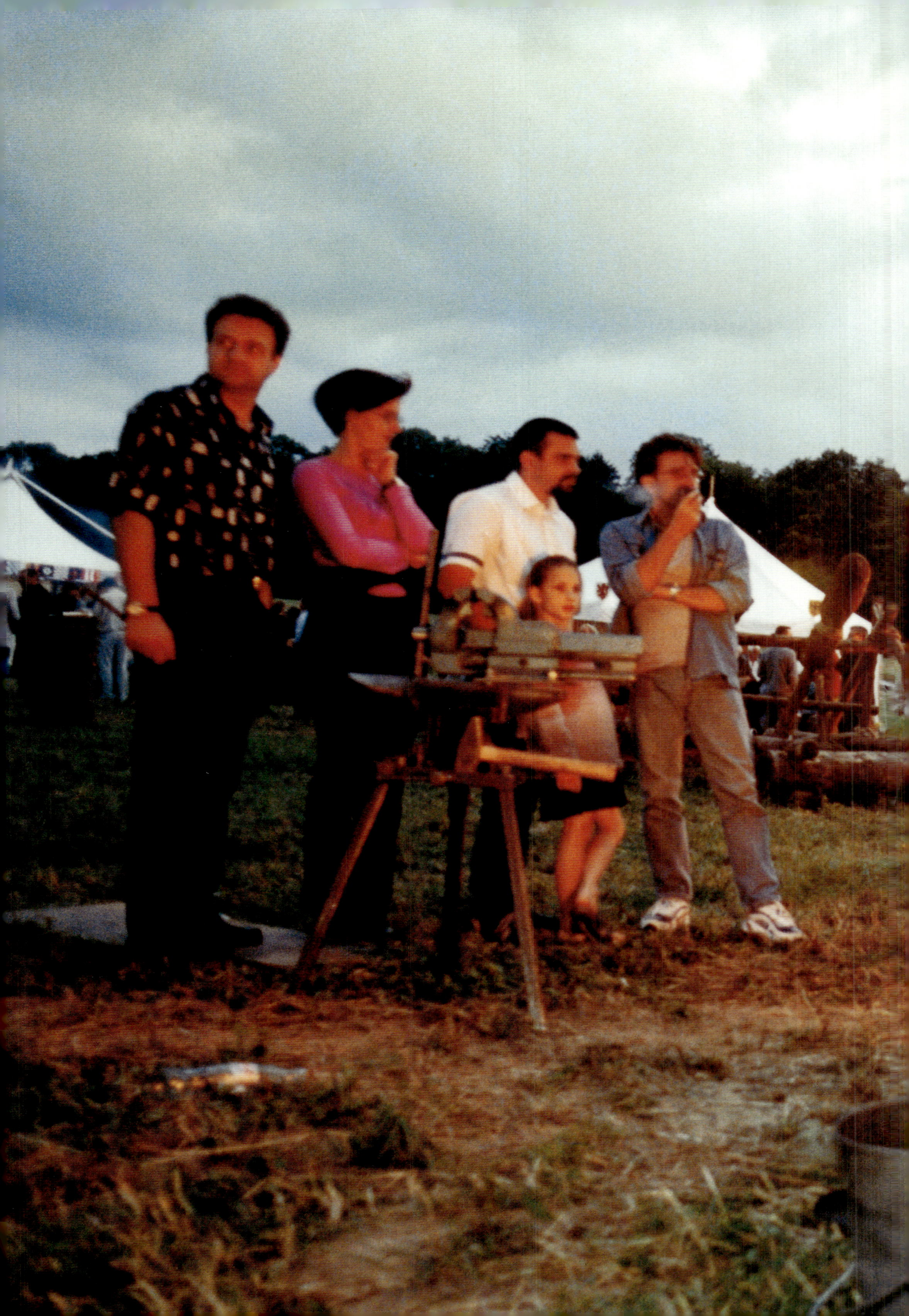

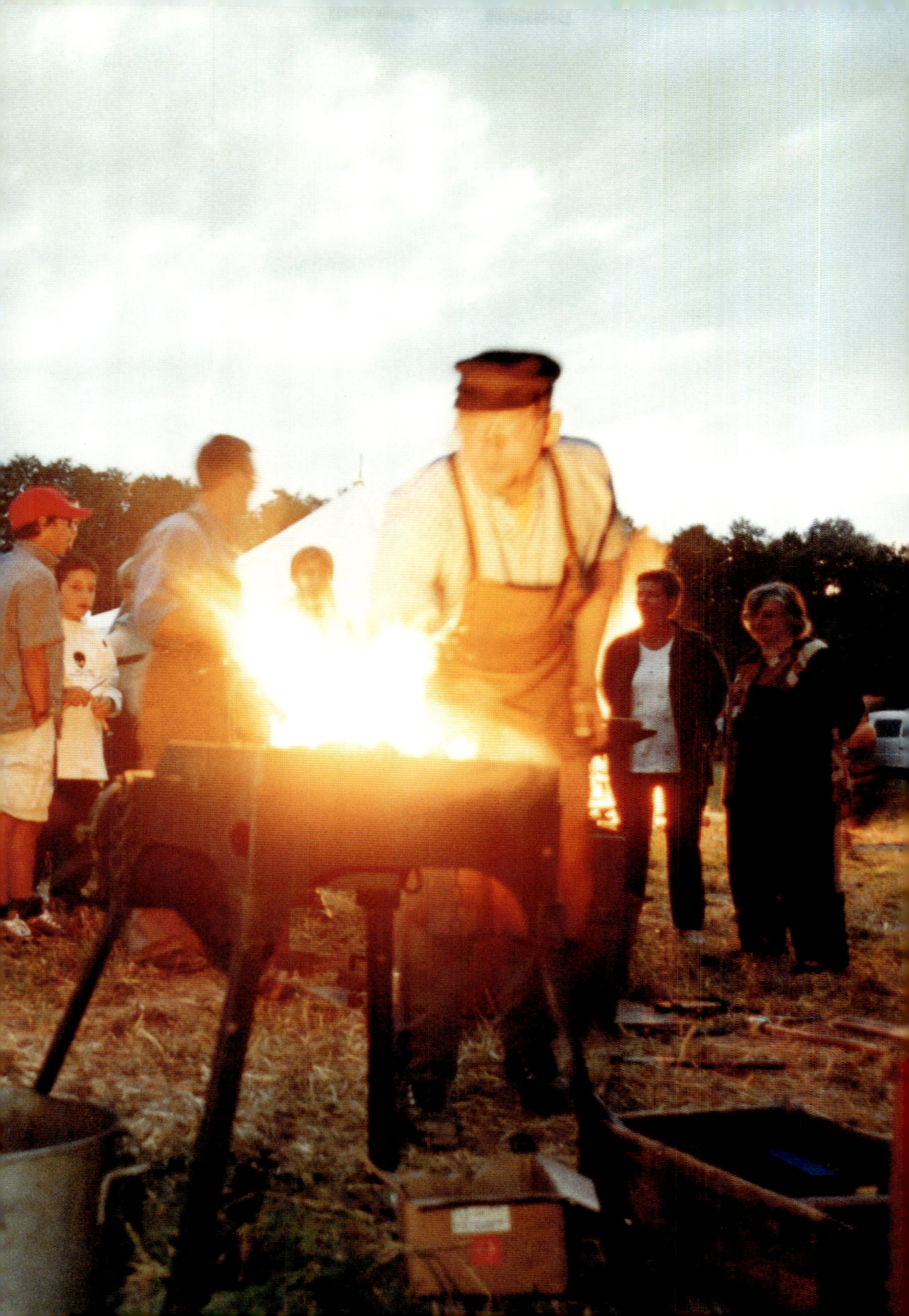

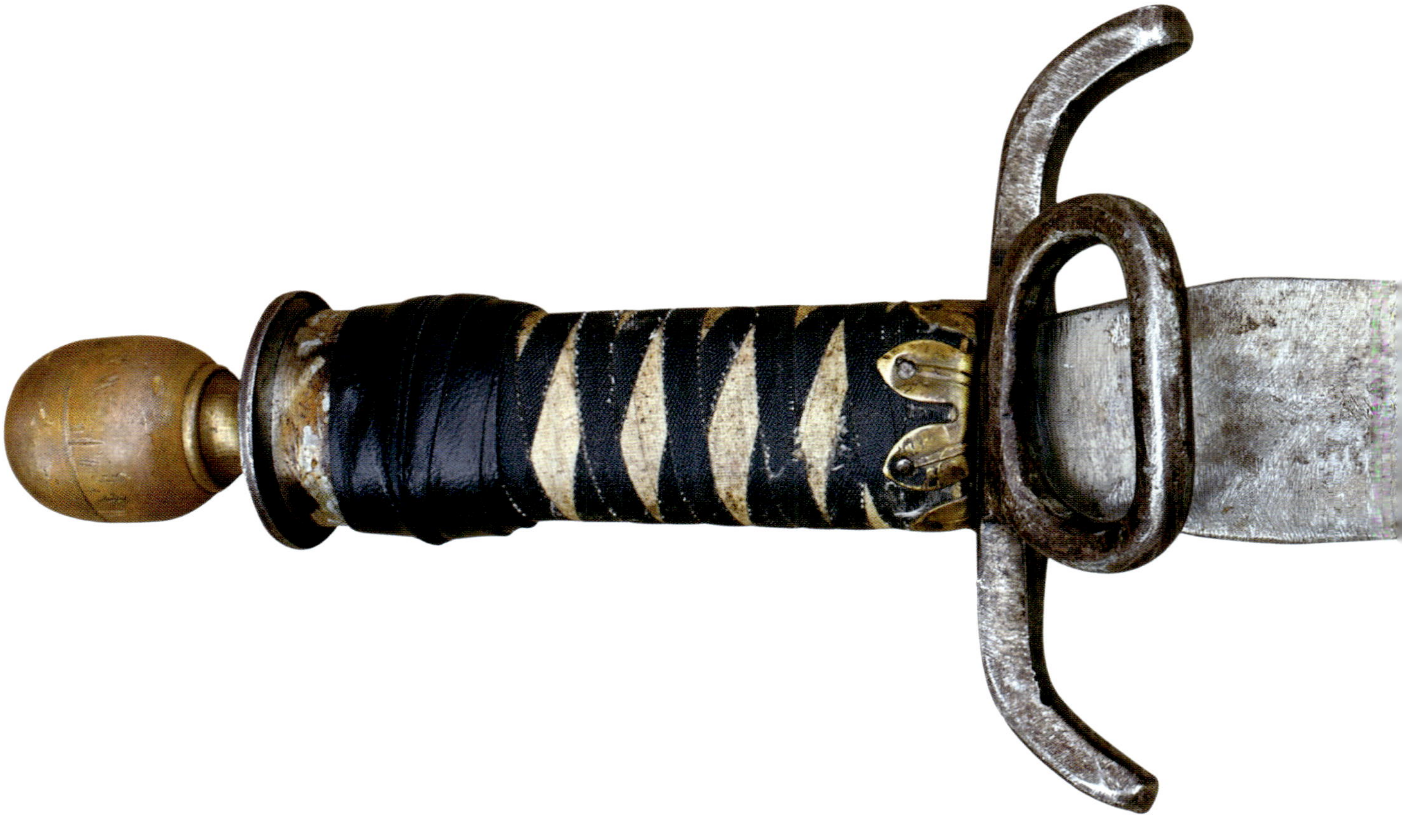

Der Ritter sprach: «Mein Arm! Mein Schwert! Dem **König** weh' ich's immer!

Es starb die Maid, die ich geliebt, eine andre lieb'

ich nimmer!

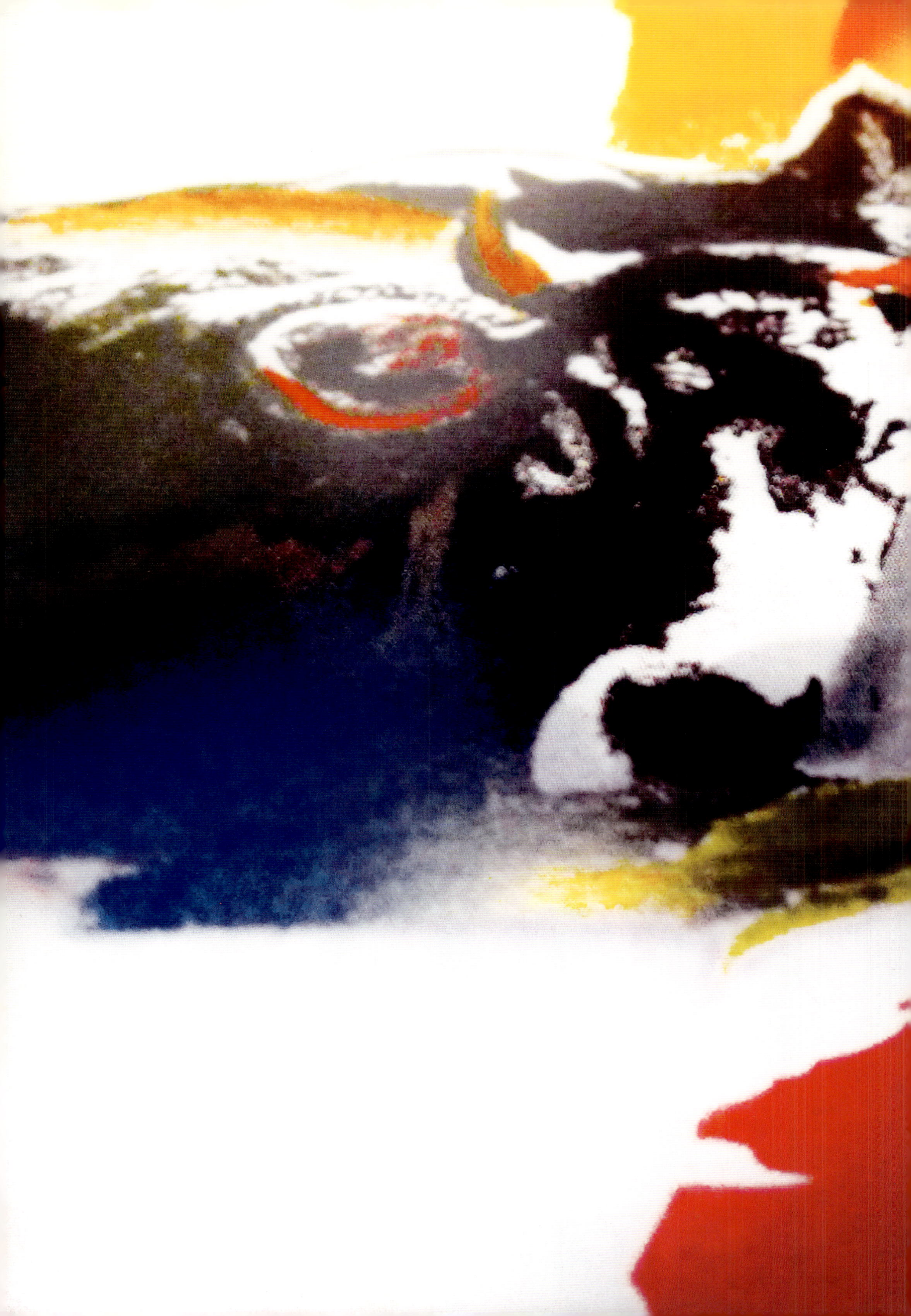

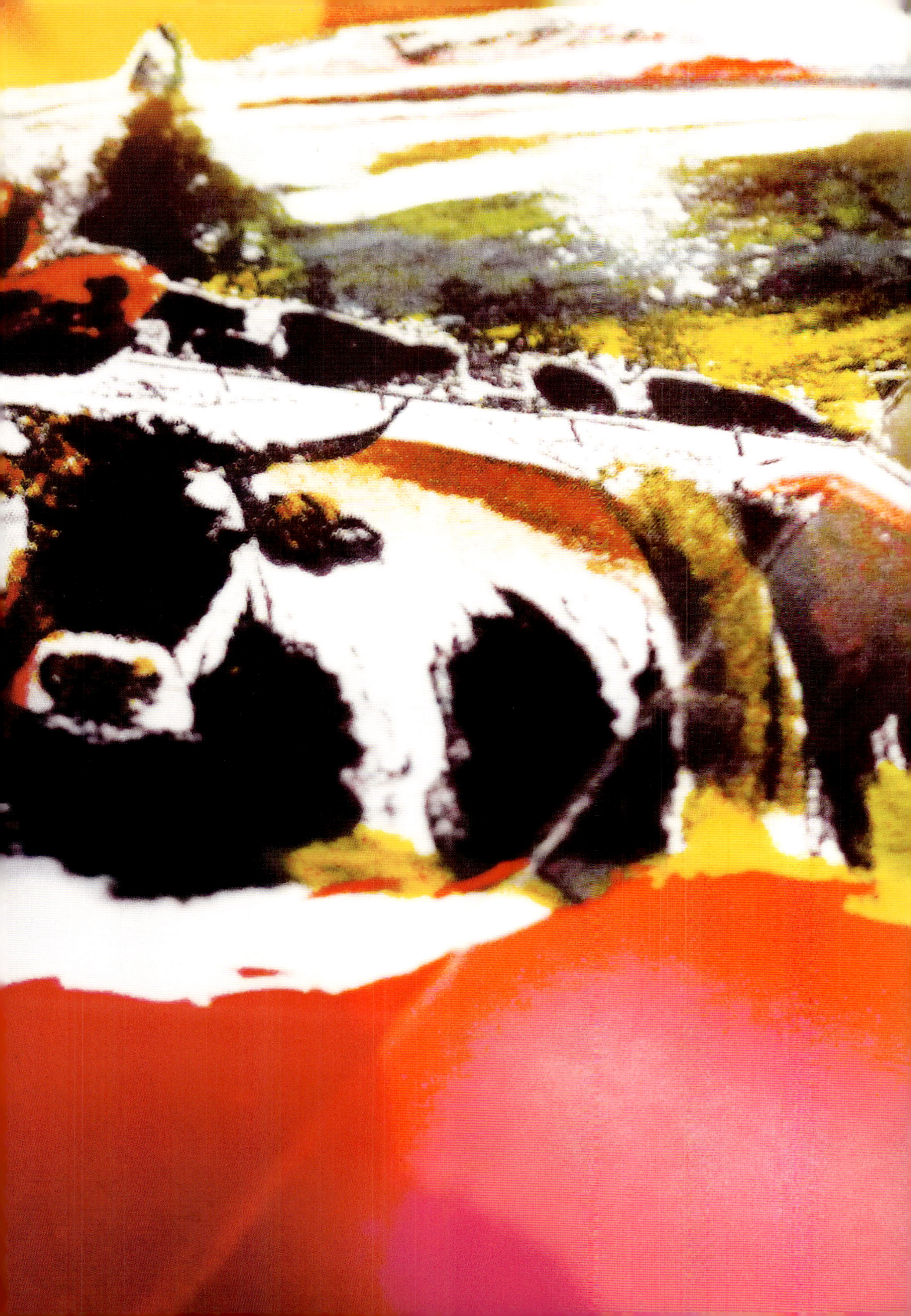

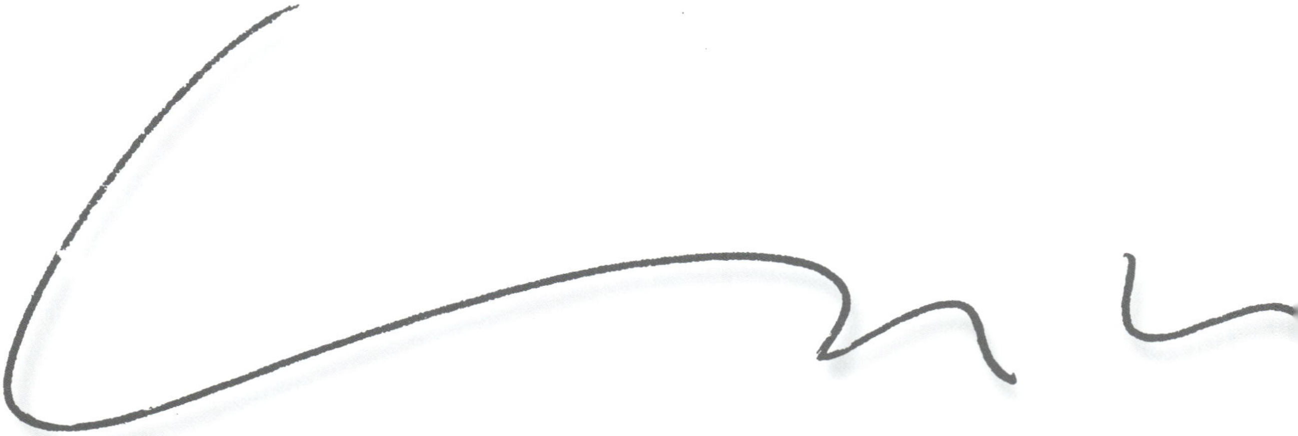

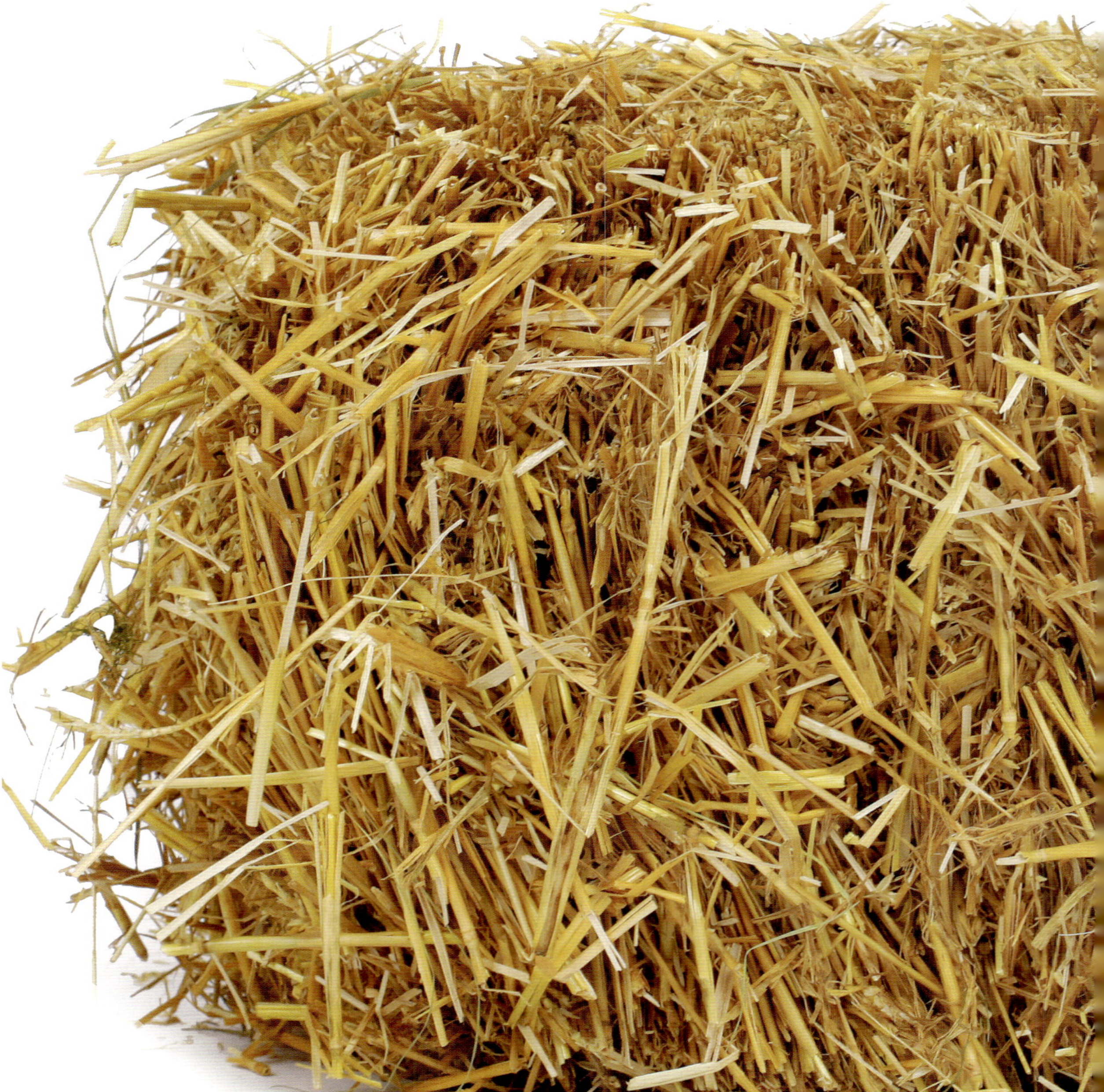

alpa

Dem Alltag entfliehen, **Ueli dr Chnächt** treffen, Chüschtiges und Gluschtiges vom **Holzherd** geniessen: Guggisbärg oder die **Kontaktchancen** im Kuhstall.

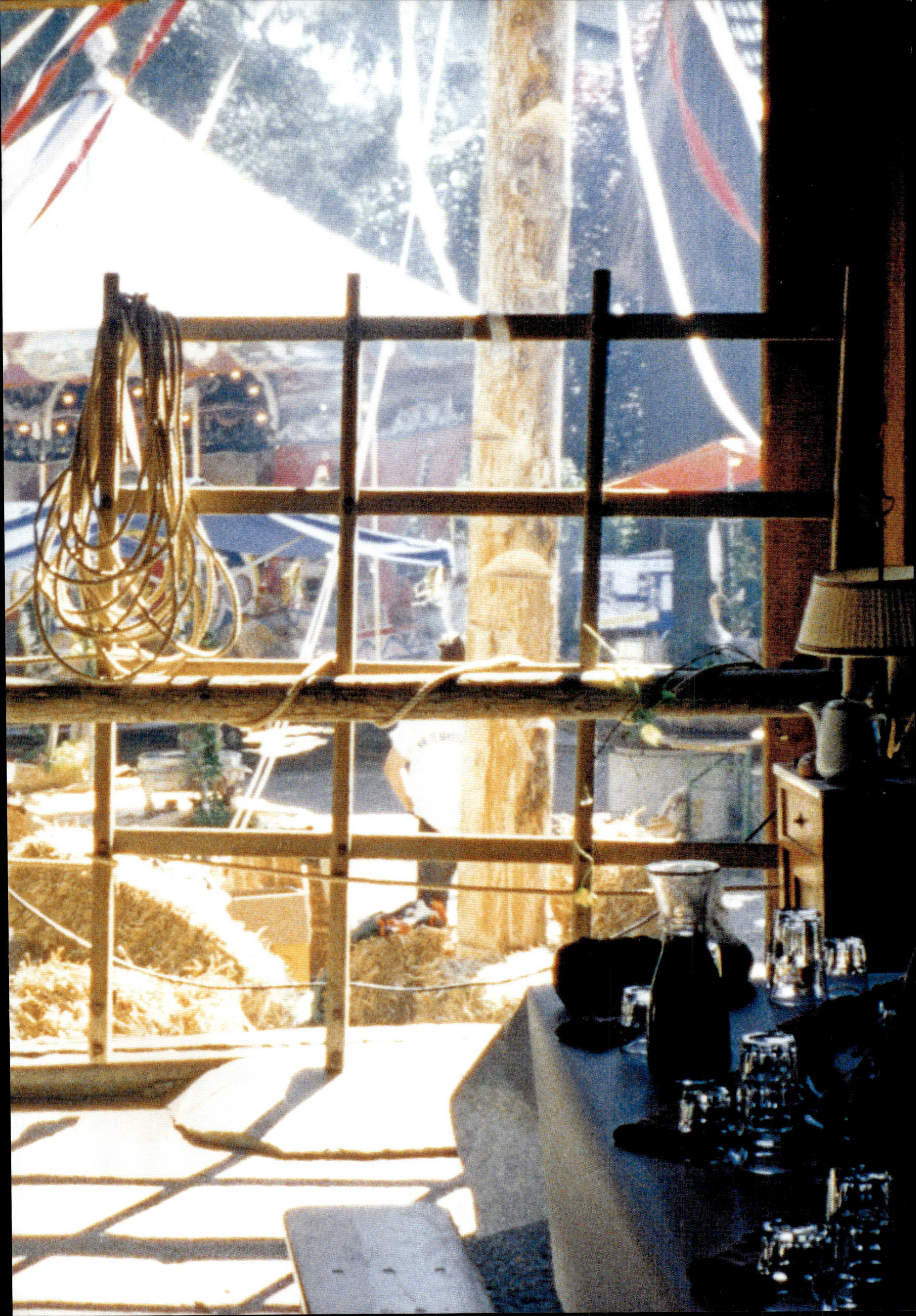

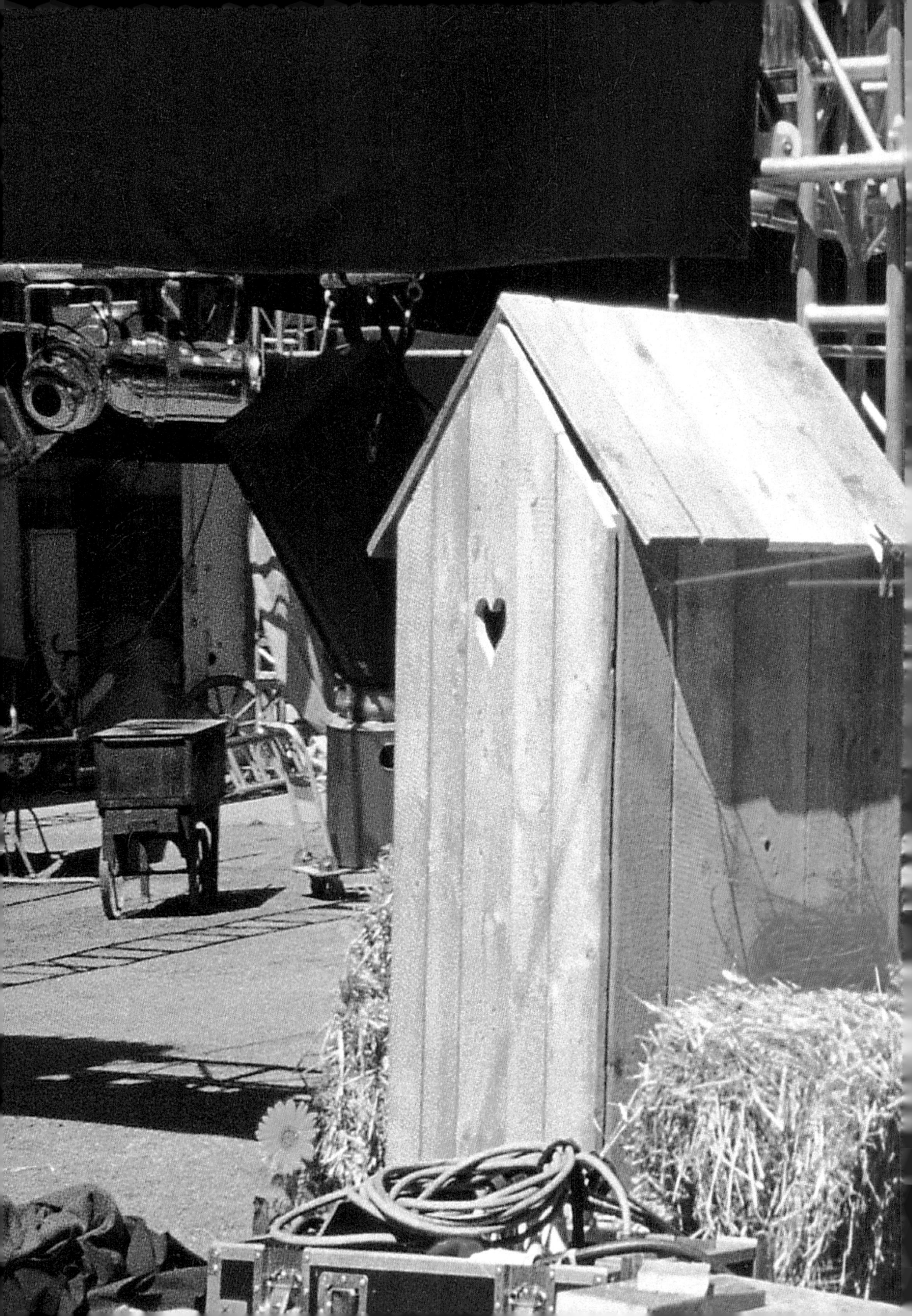

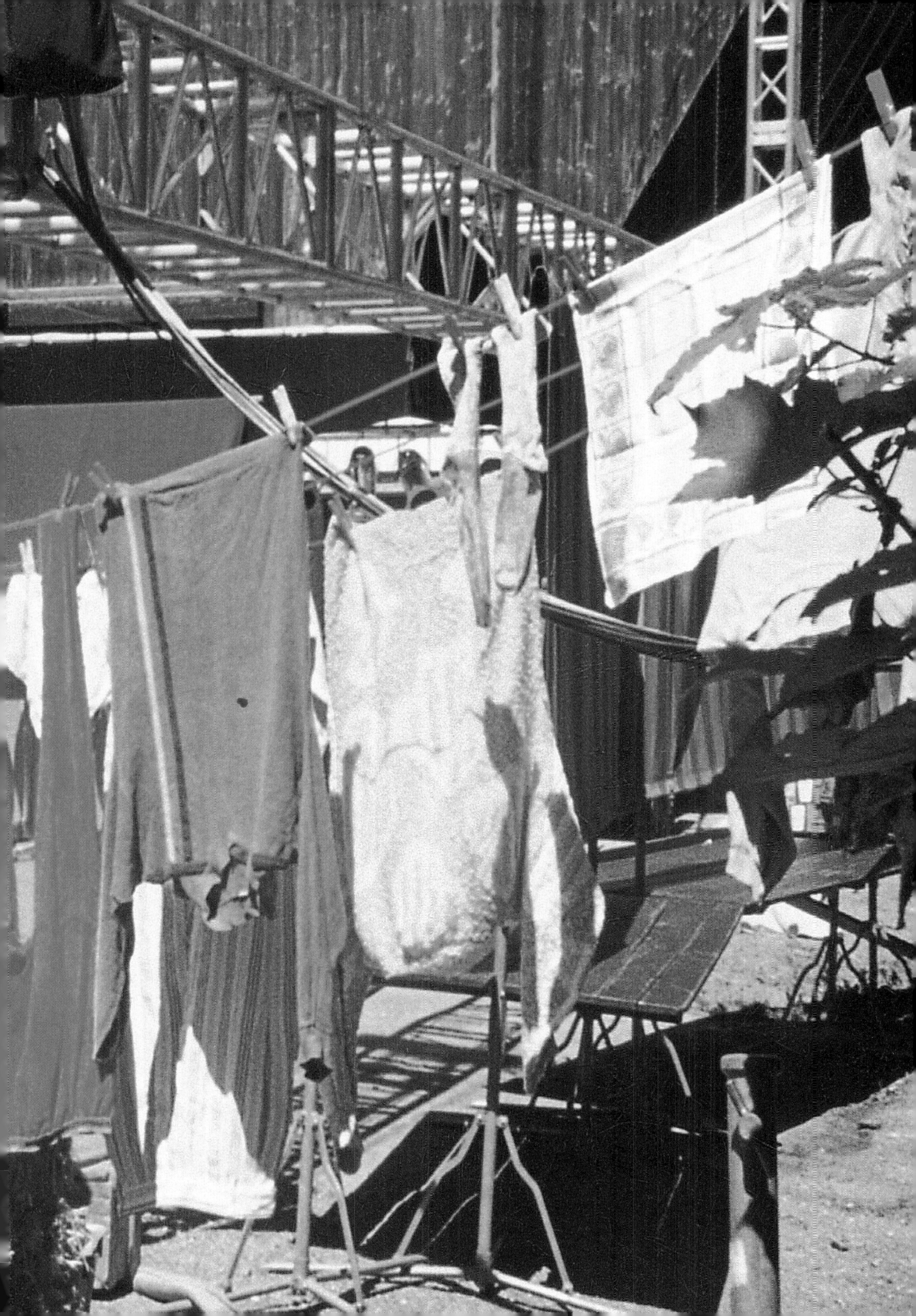

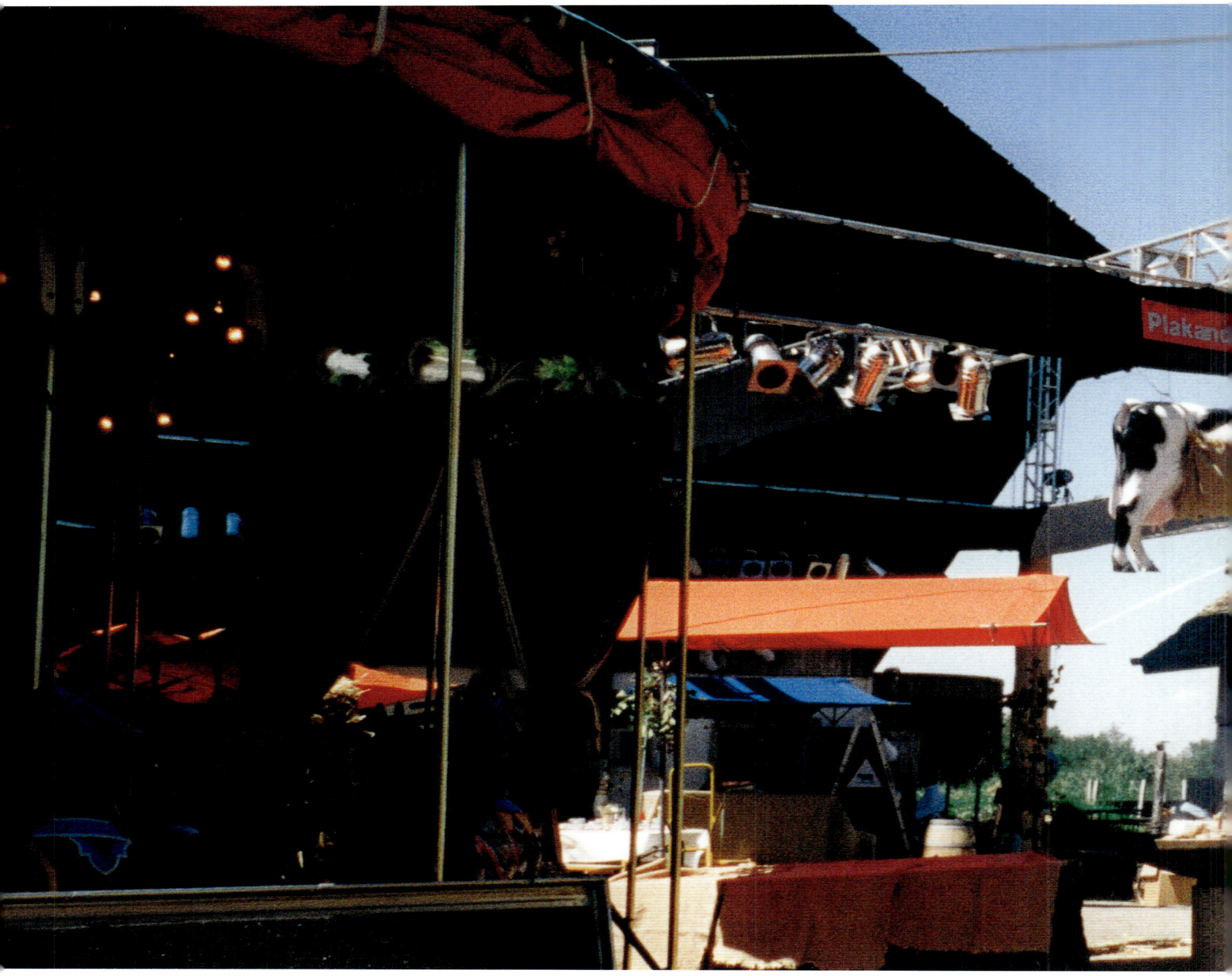
Plakano

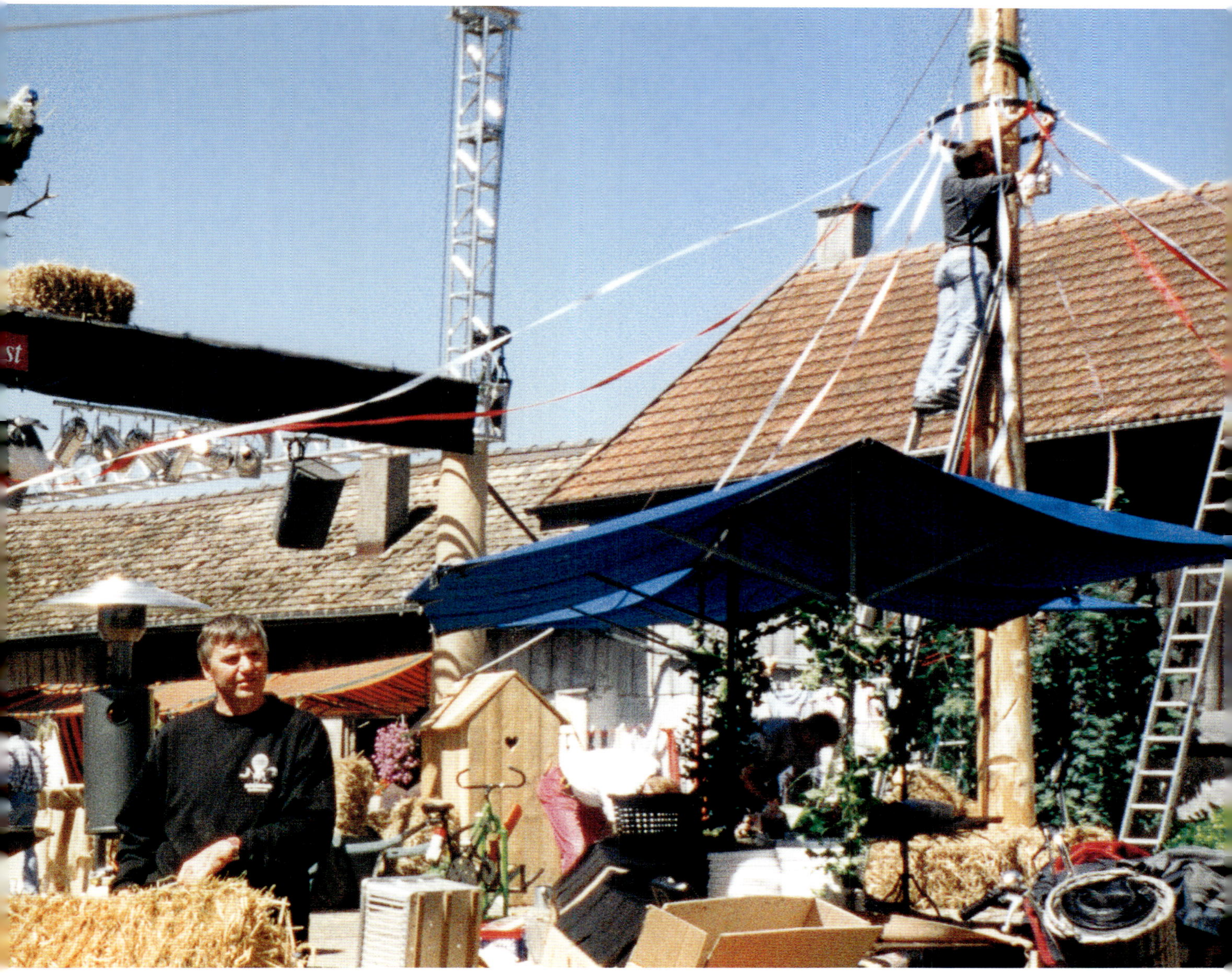
st

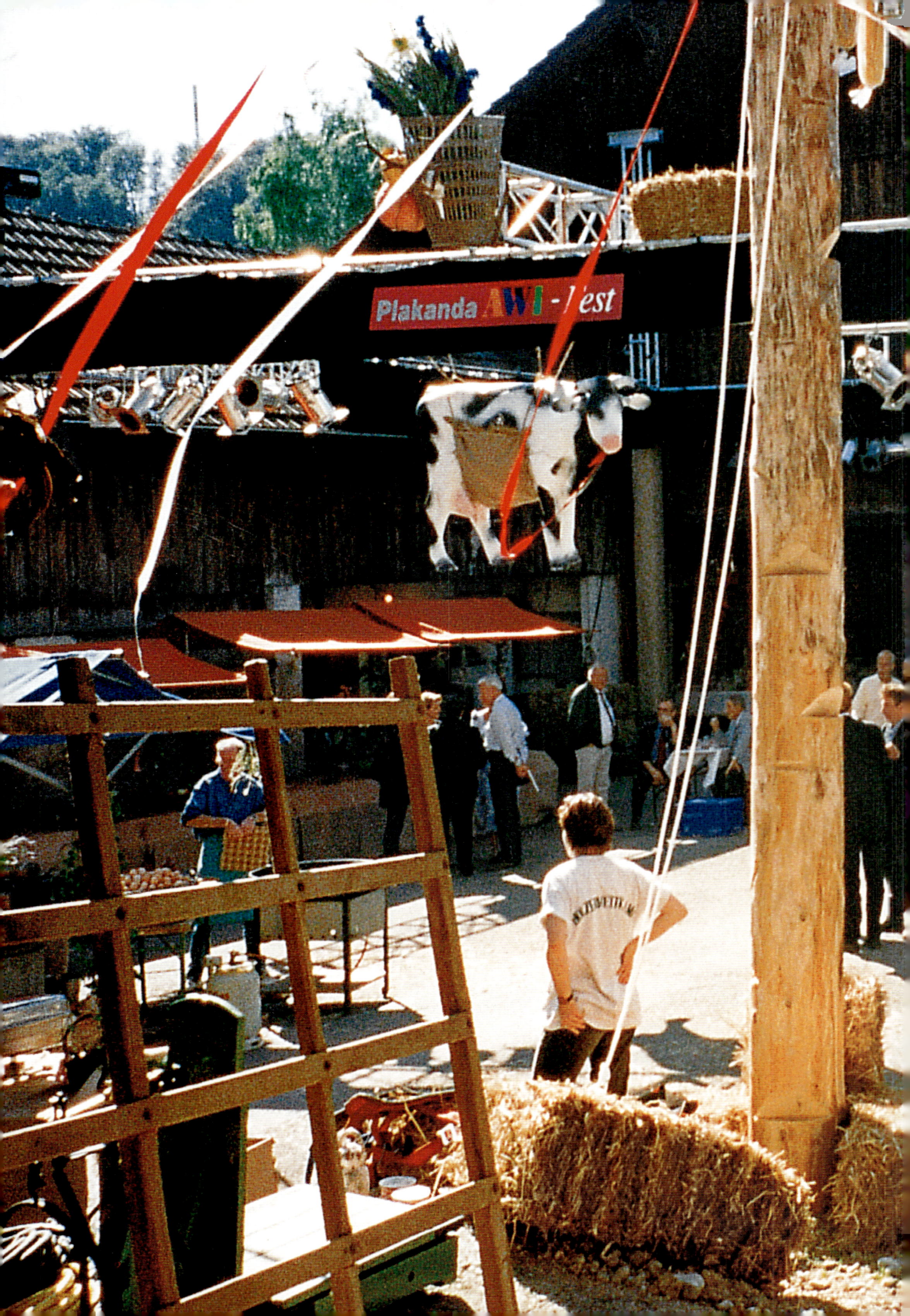
Plakanda AWI -Fest

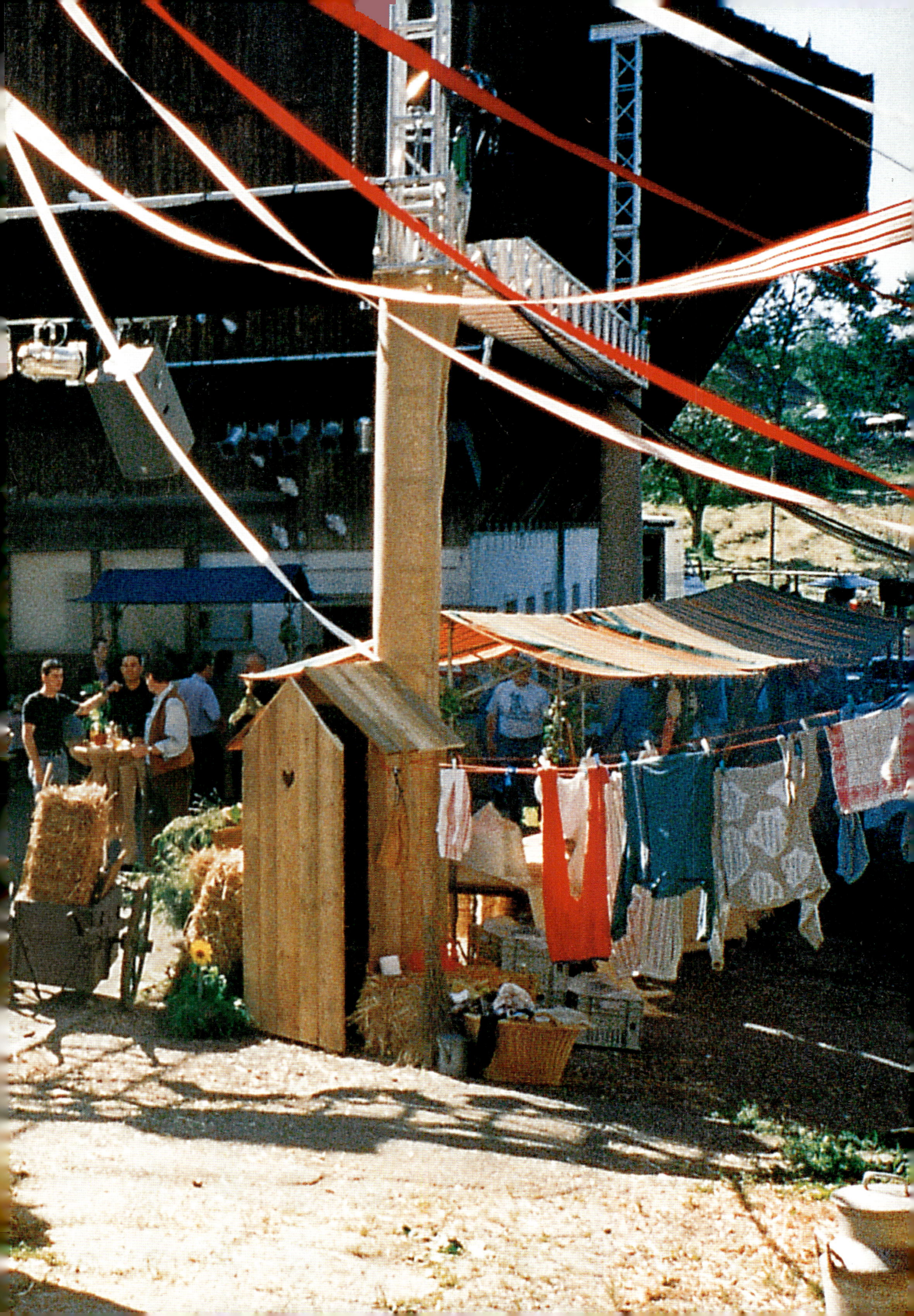

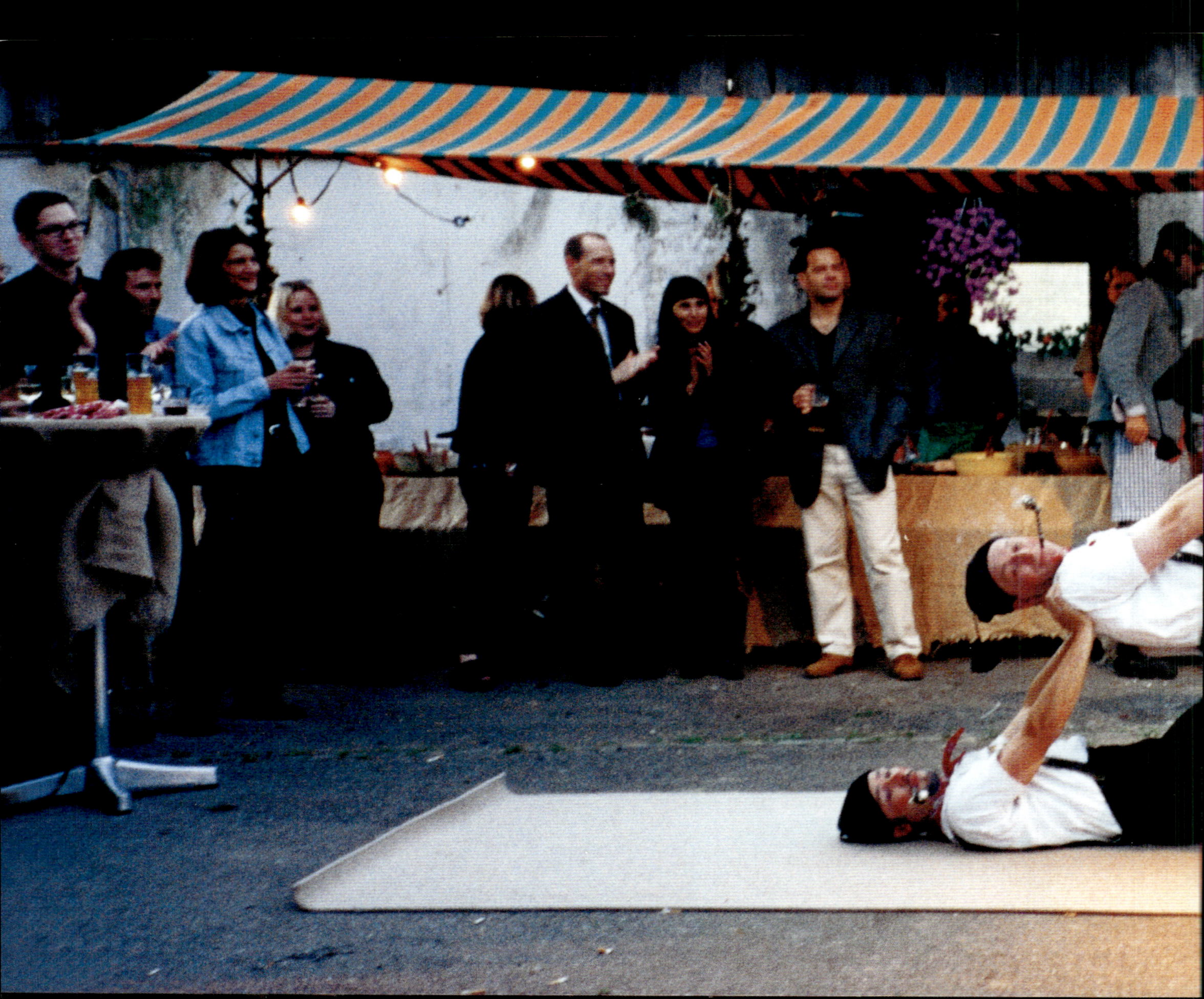

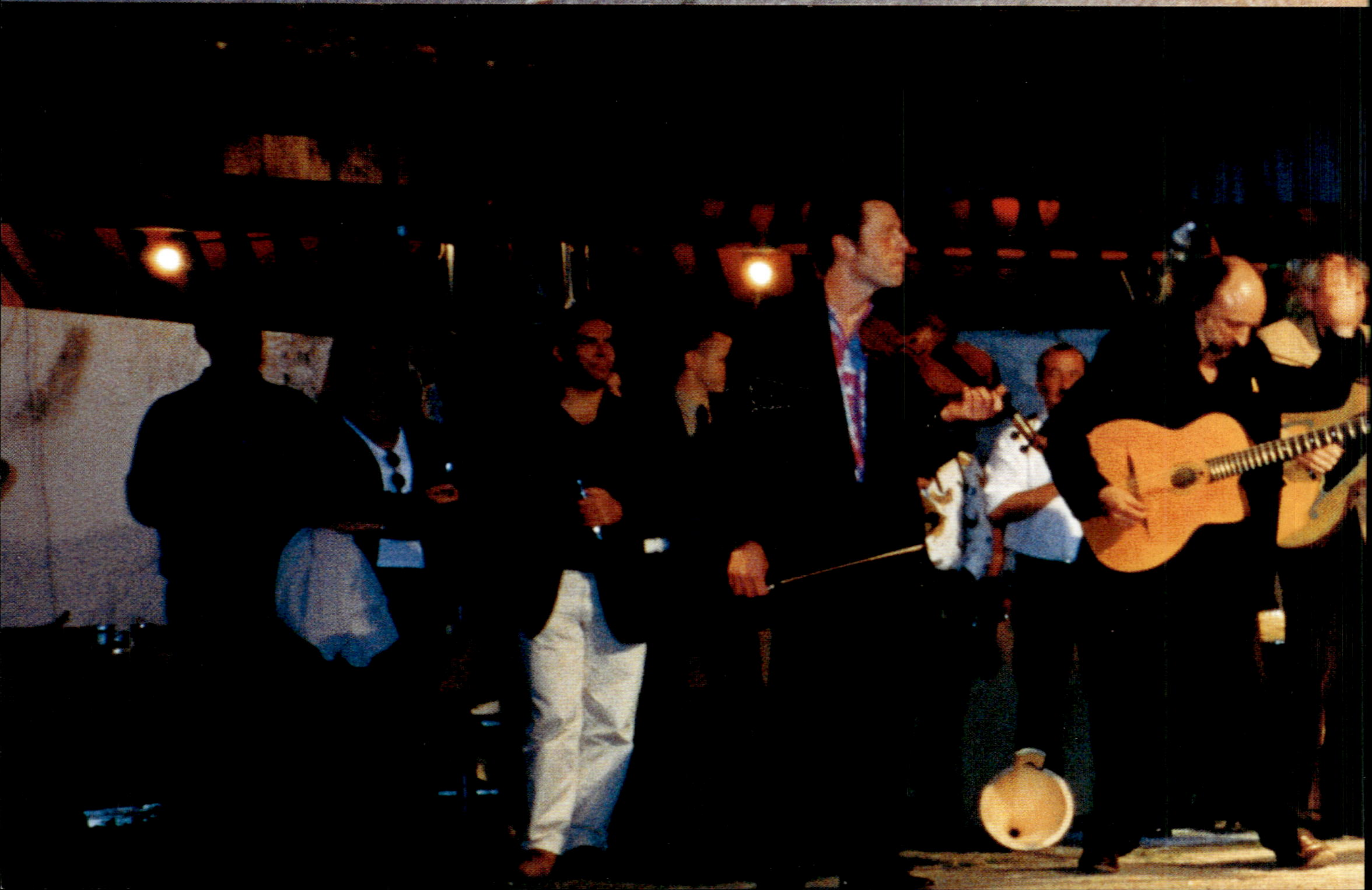

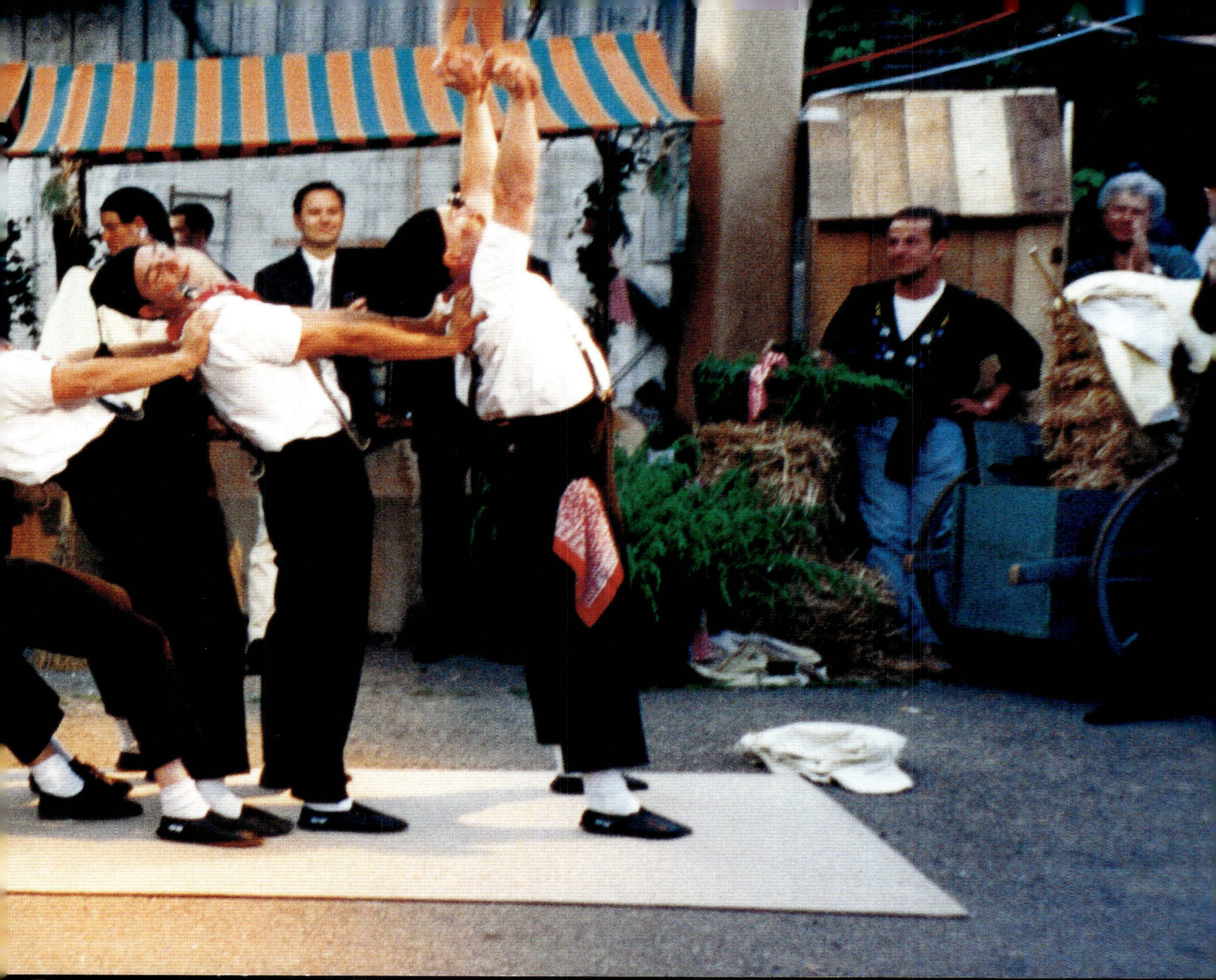

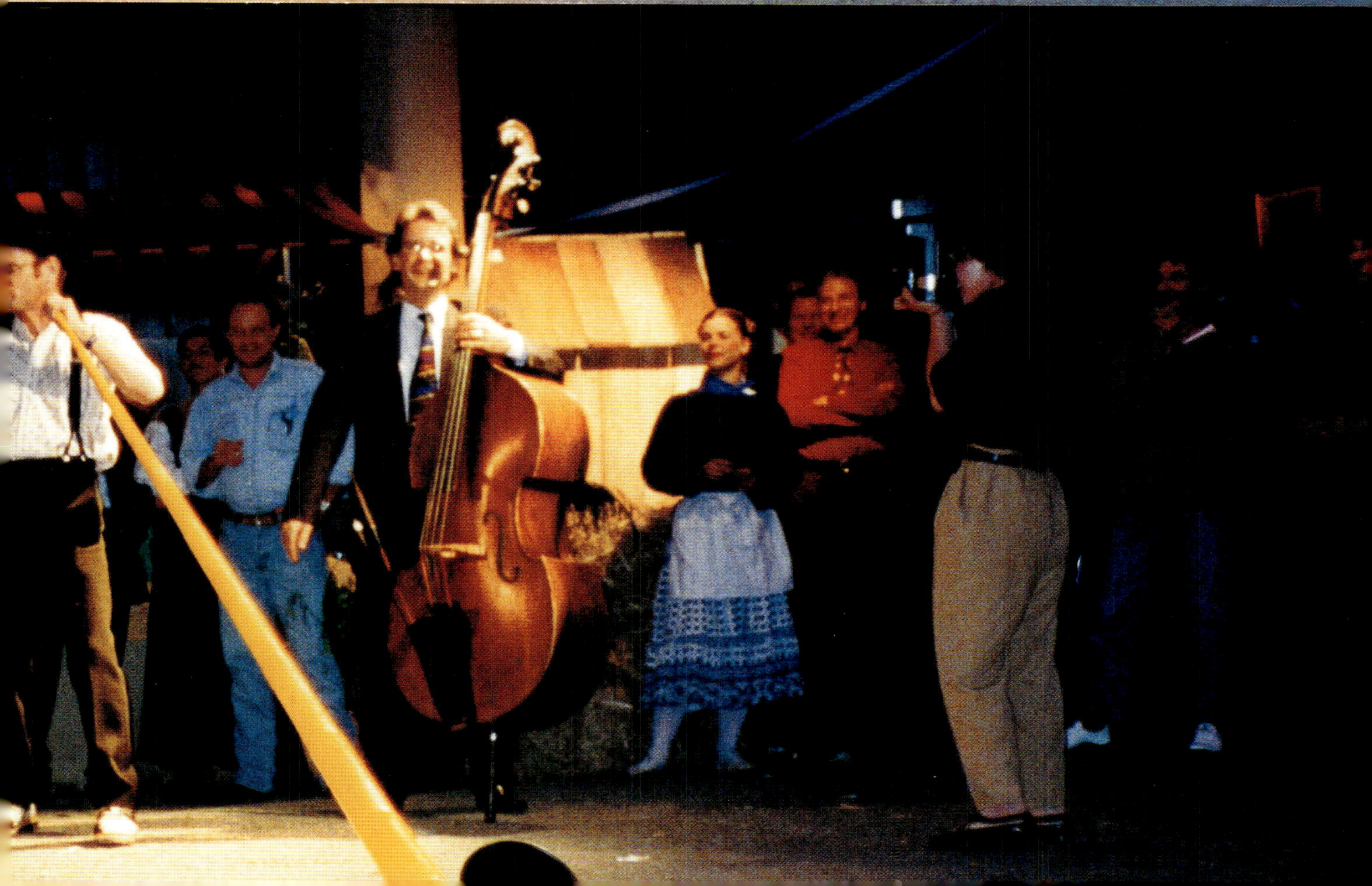

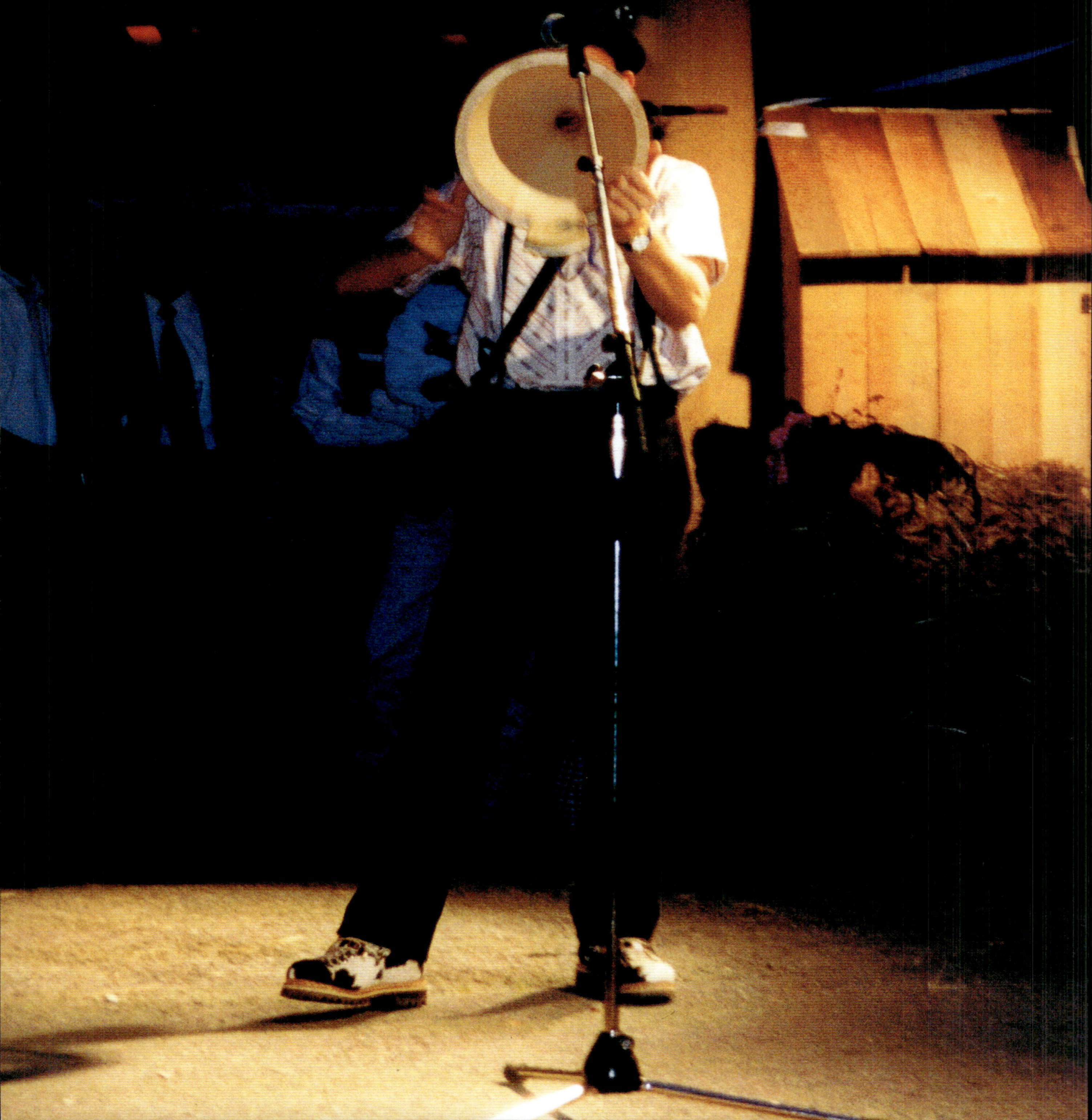

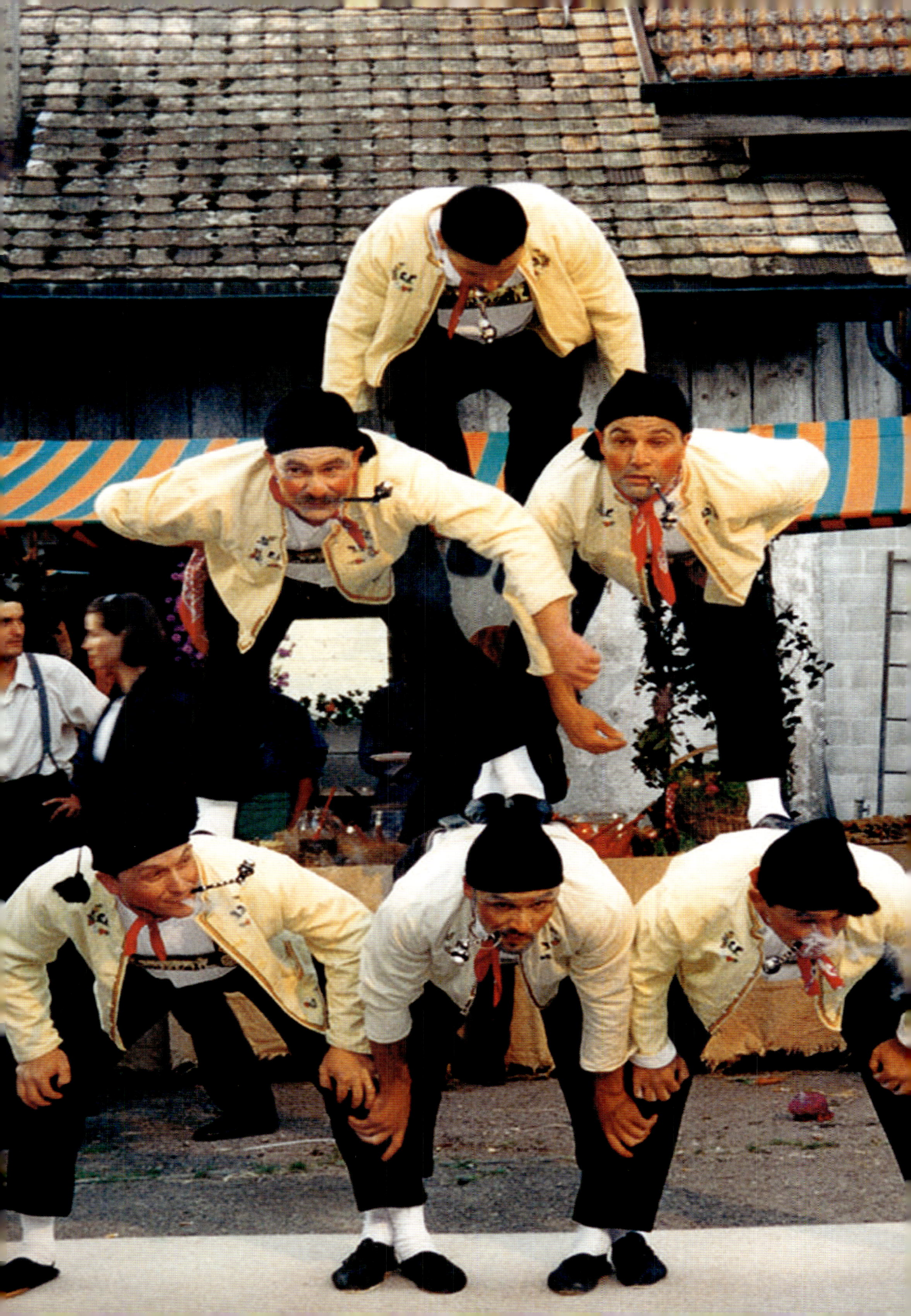

Vreneli ab em Guggisberg

's isch äben e Mönsch uf Ärde -
Simelibärg! Und ds Vreneli ab
em Guggisbärg und ds Simes
Hans-Joggeli änet dem Bärg -
's isch äben e Mönsch uf Ärde,
dass i möcht bi-n-ihm si.
Und mah-n-er mir nit wärde,
vor Chummer stirben-i.
U stirben-i vor Chummer,
so leit me mi i ds Grab.
I mines Büelis Garte
da stah zweu Bäumeli.
Das eini treit Muschgate,
das andri Nägeli.
Muschgate, die si süessi
und d'Nägeli si räss,
I gab's mim Lieb z' versueche
dass 's miner nit vergäss.
Ha di no nie vergässe,
ha immer a di dänkt.
Es si numeh zweu Jahre,
dass mi han a di ghänkt.
Dört unden i der Tiefi
da steit es Mülirad,
Das mahlet nüt as Liebi
die Nacht und ou de Tag.
Das Mühlirad isch broche,
my Liebi hat es Änd,

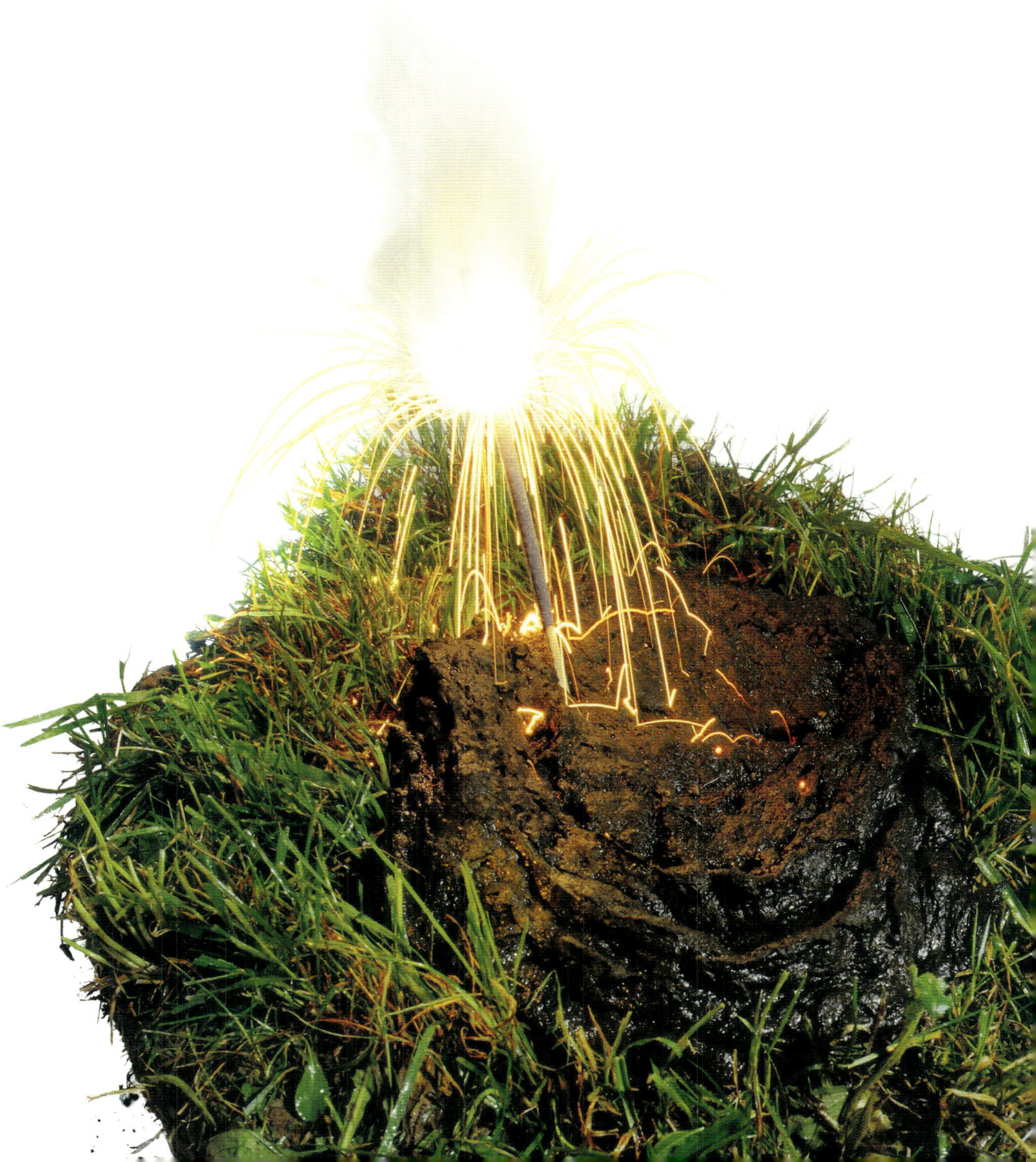

... riechen wie Cappuccino in einer dickwandigen Tasse.

Viva

Inspiration TV-Spot – Dallmayr Prodomo  *Caffè Florian, Markusplatz Venedig*

Isola di S. Giorgio Maggiore

Italia

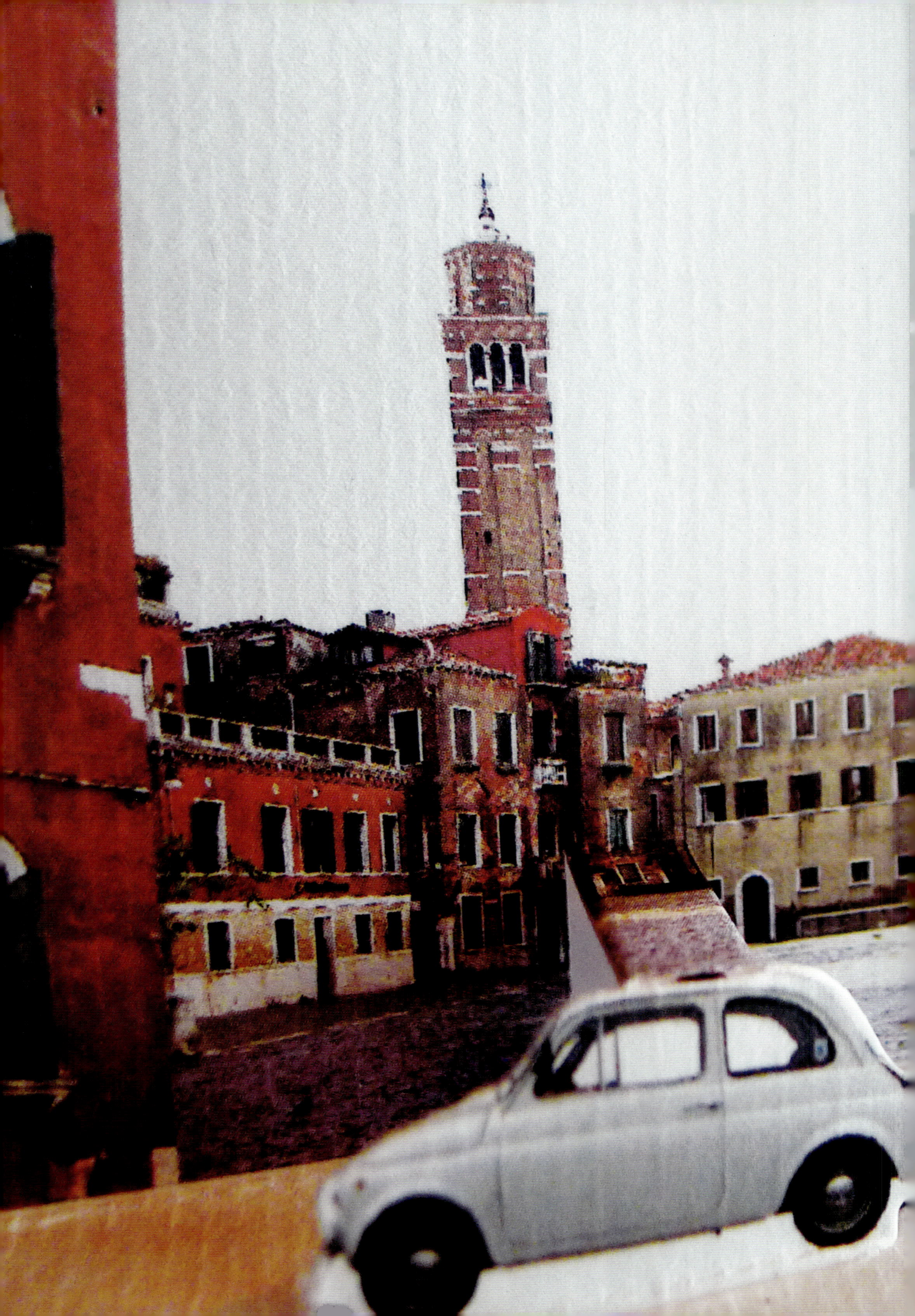

perché ne sono fiero

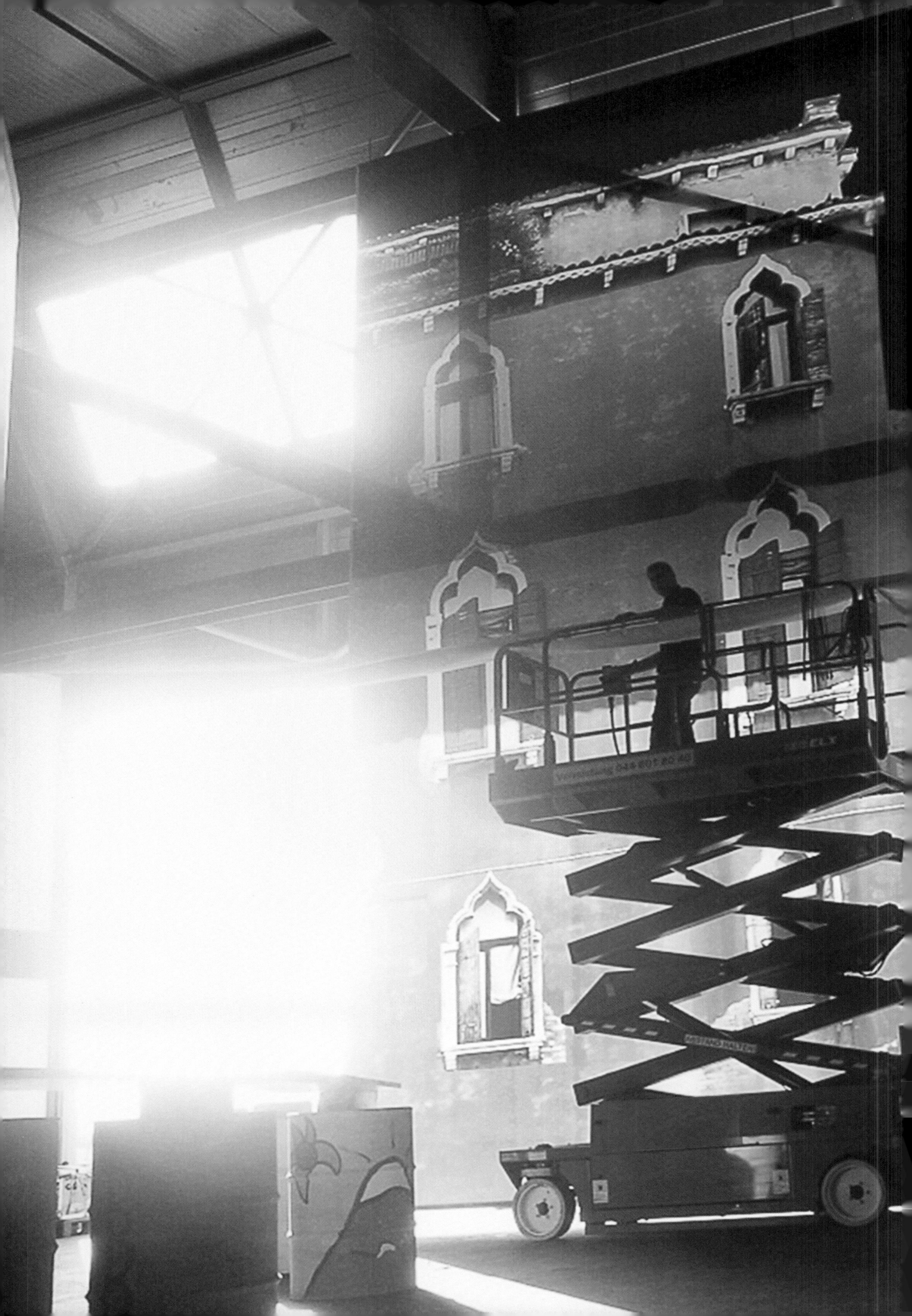

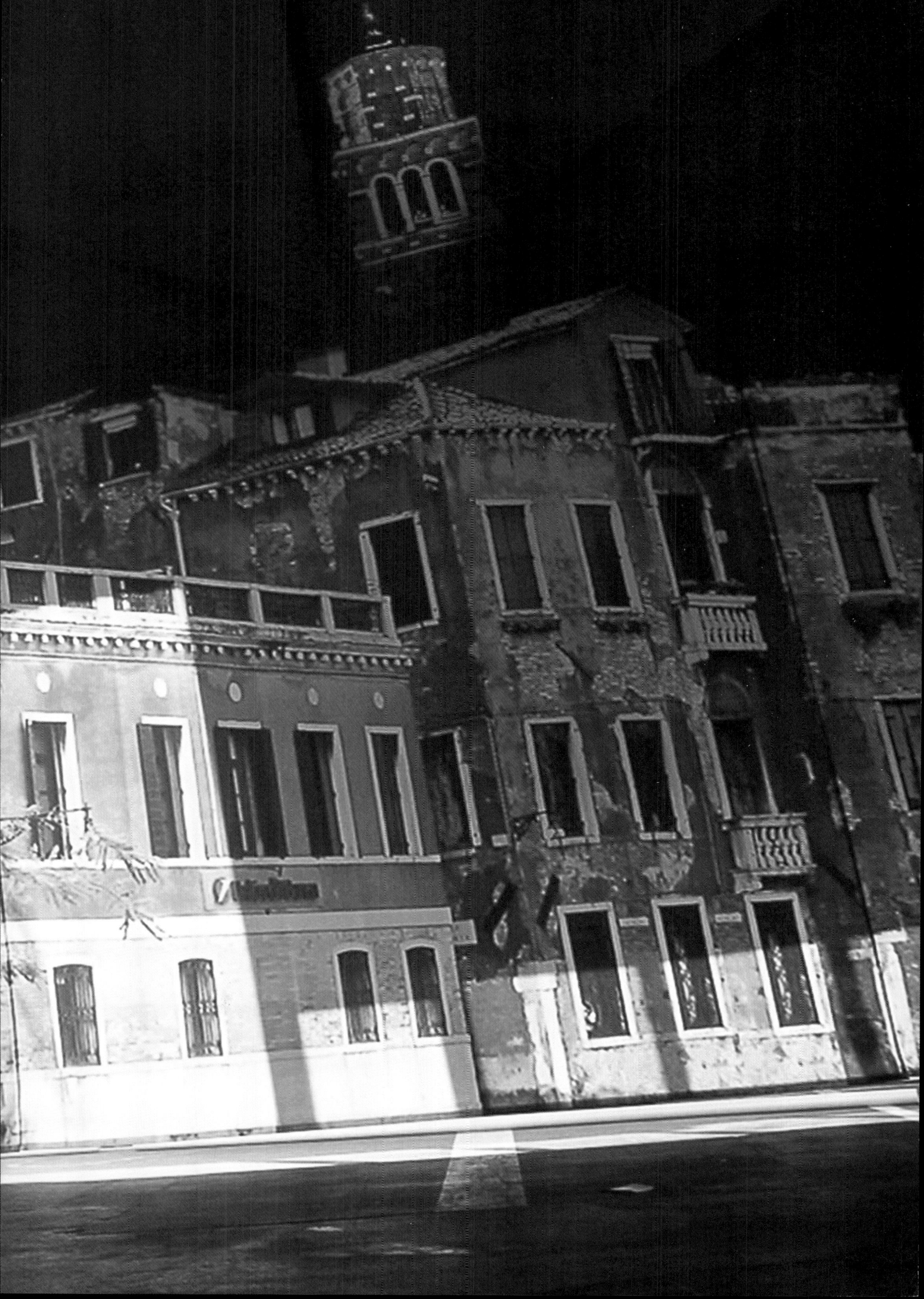

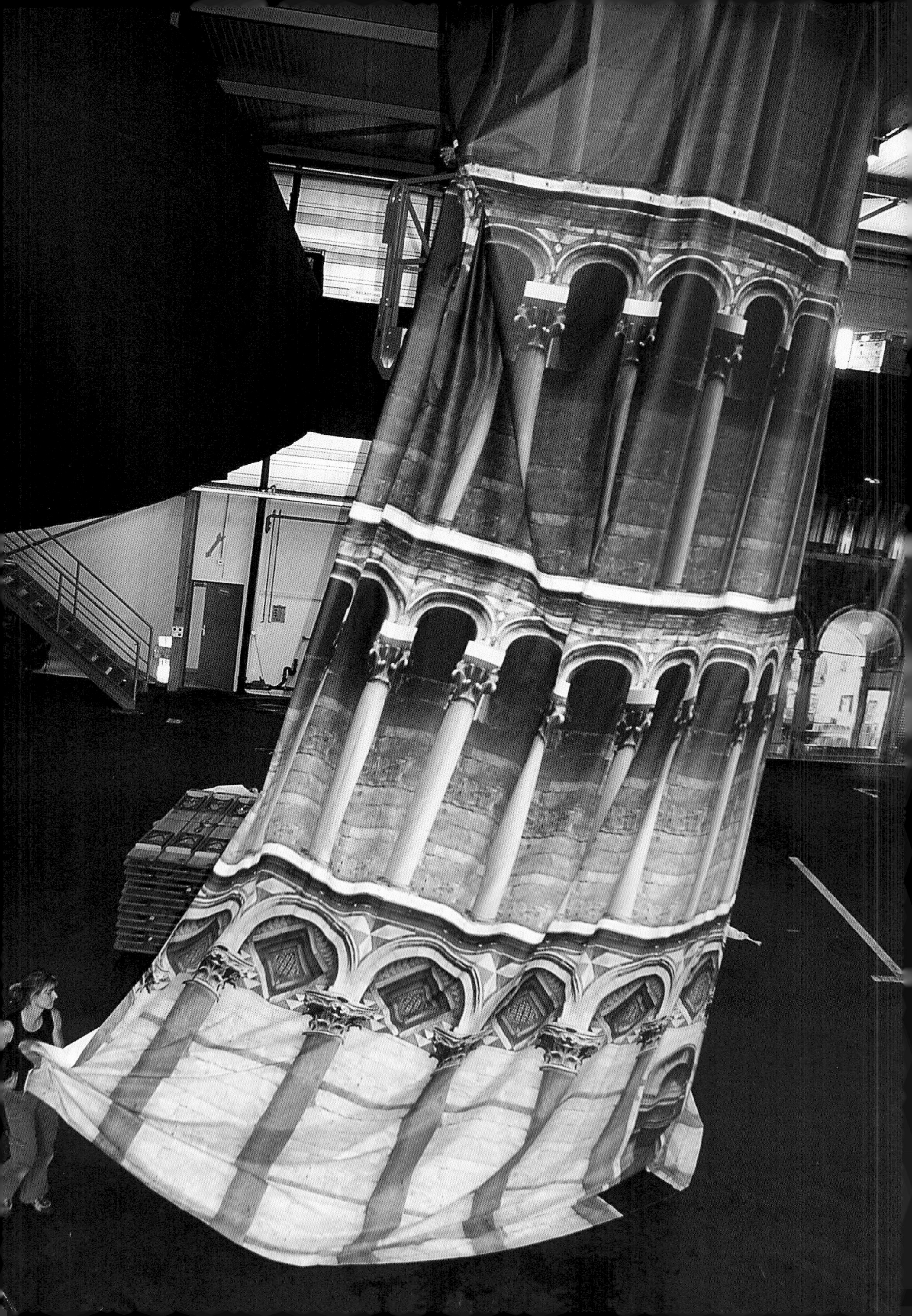

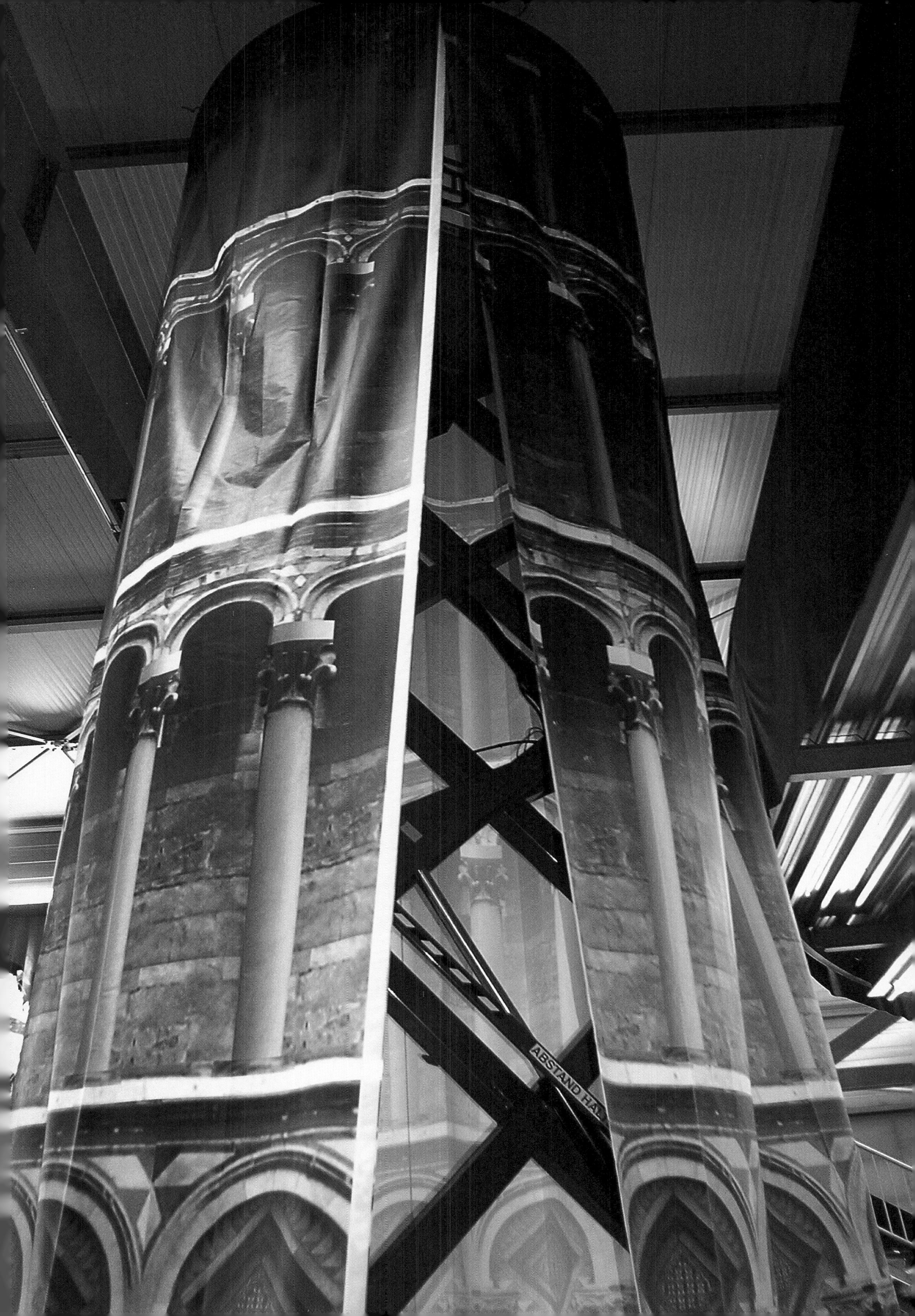
ABSTAND

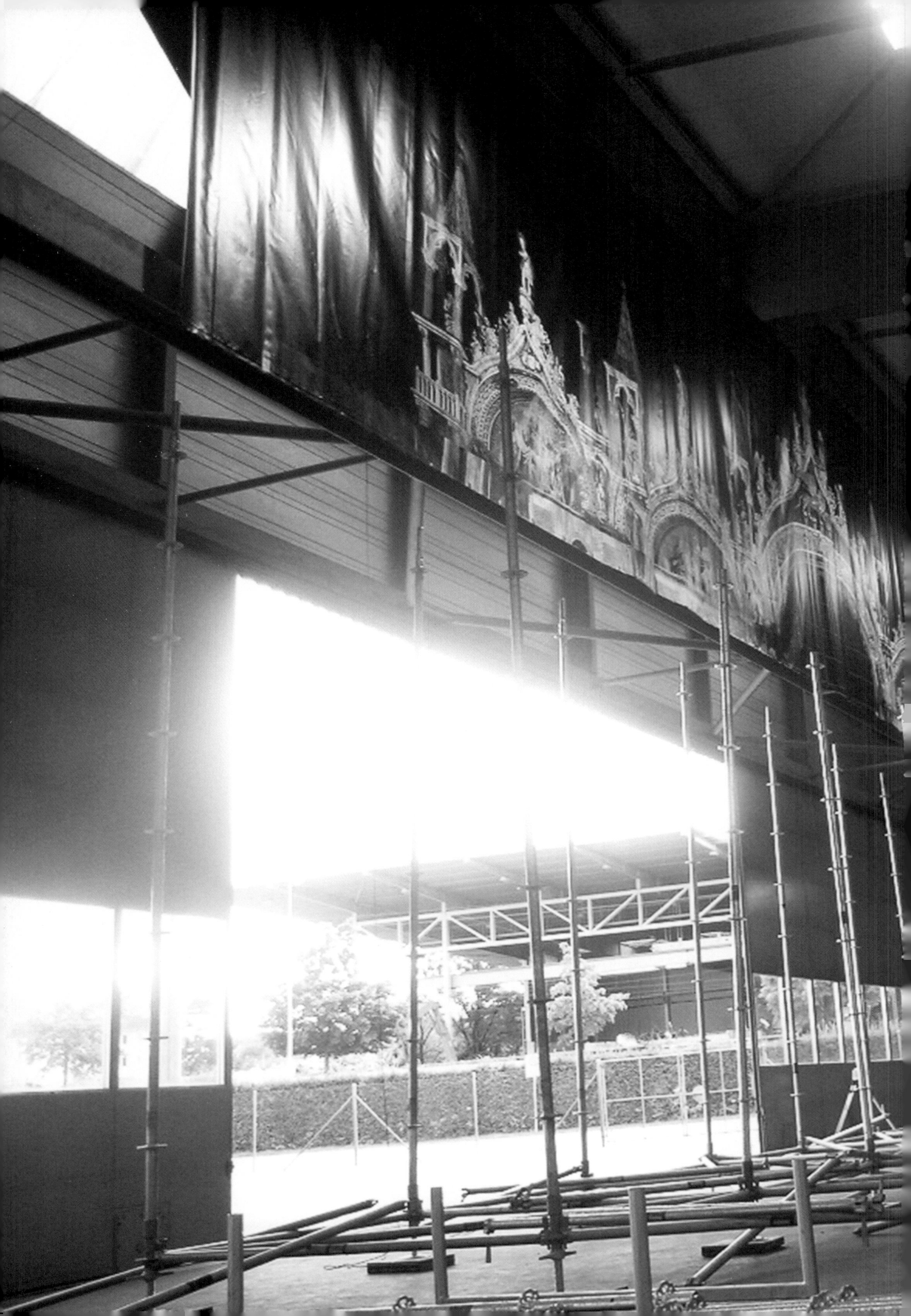

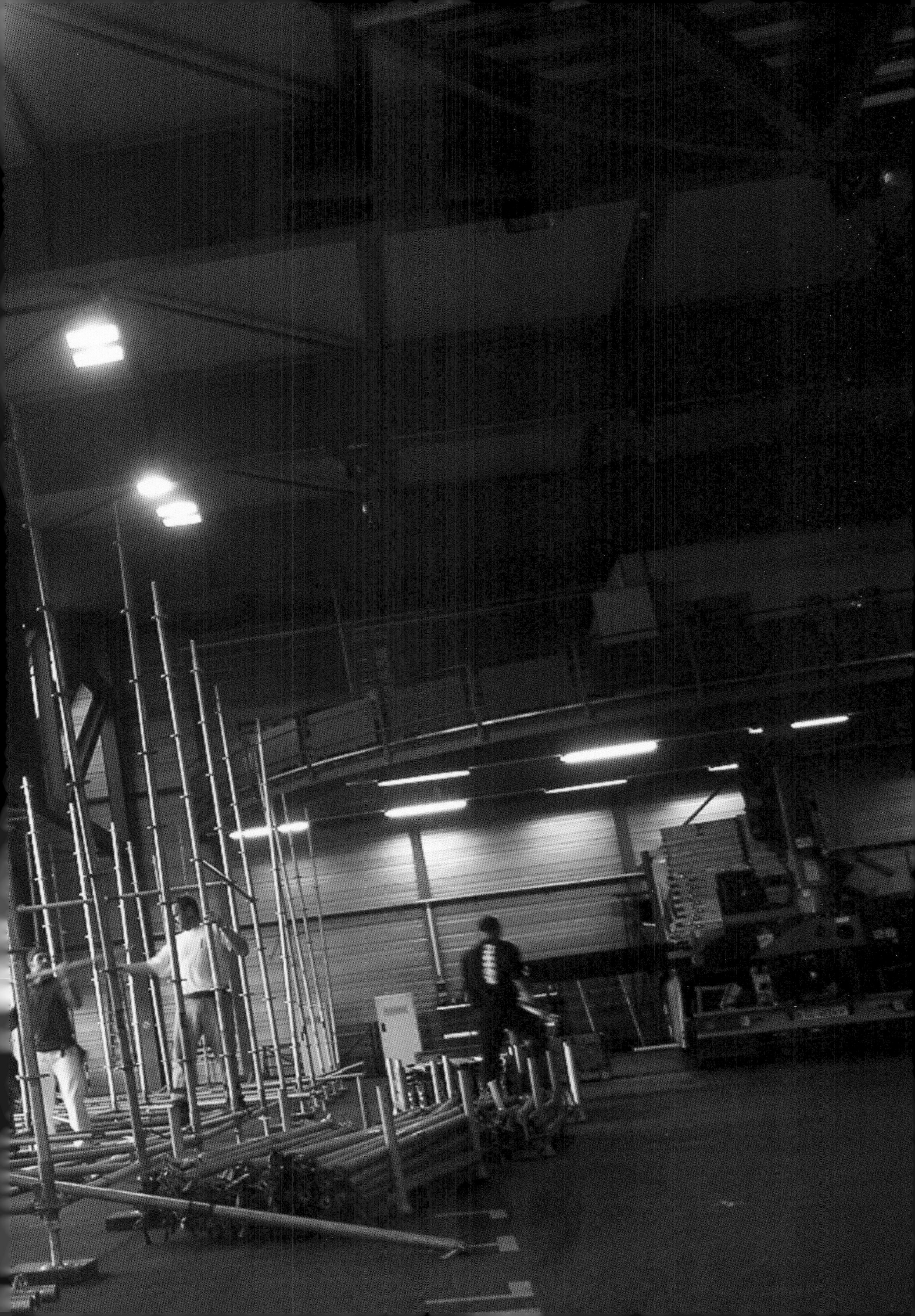

La Basilica di San Marco, Venedig

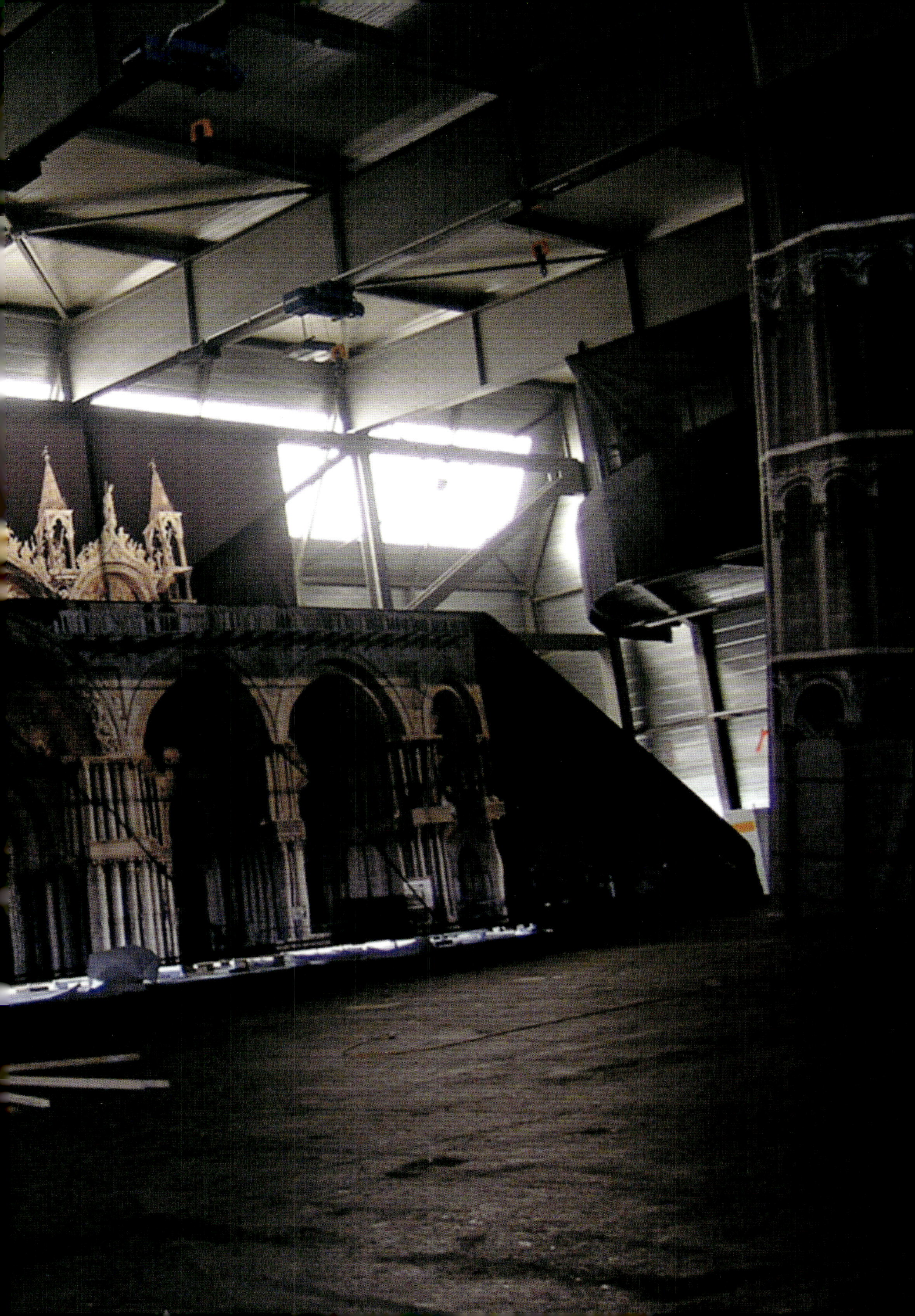

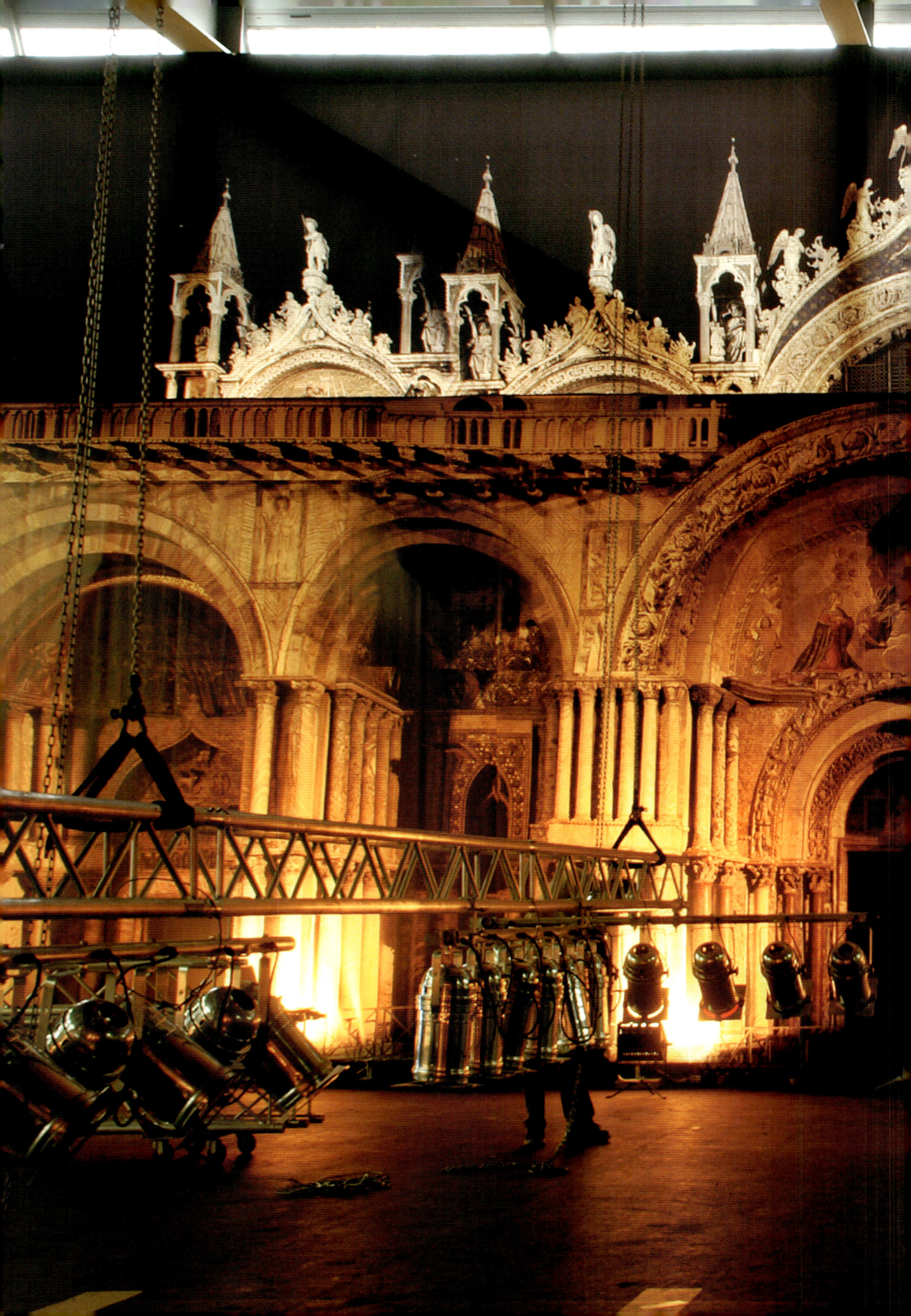

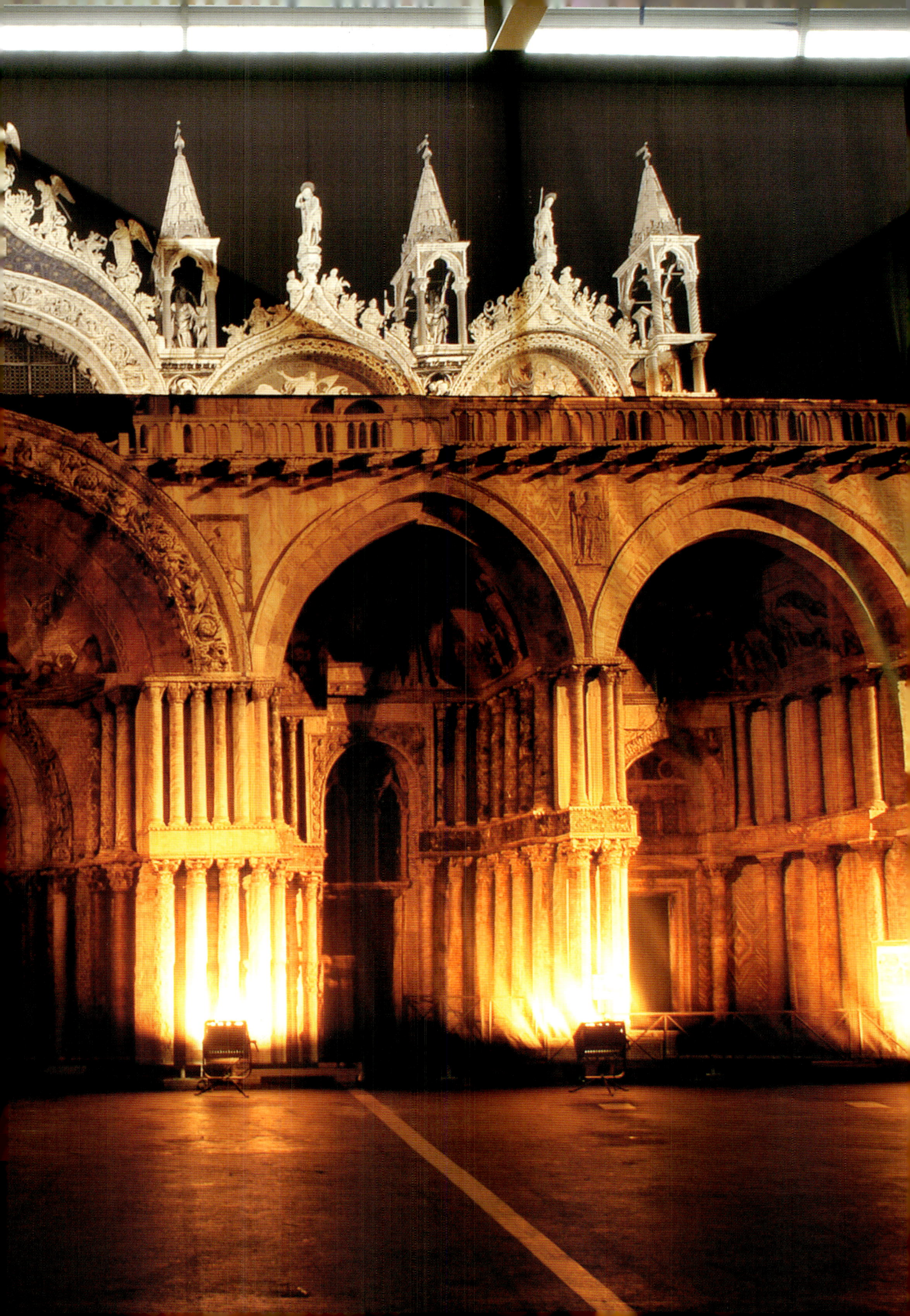

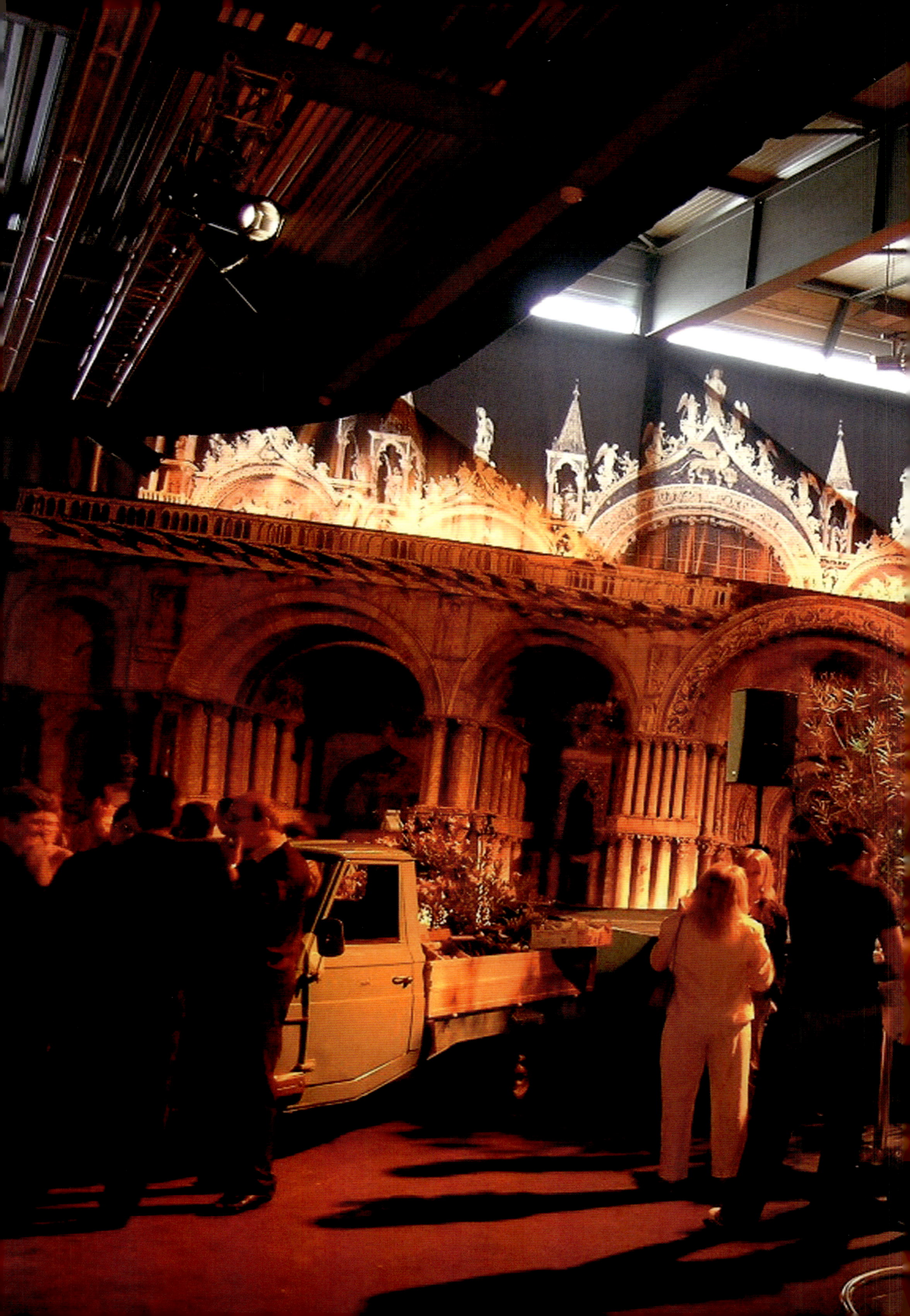

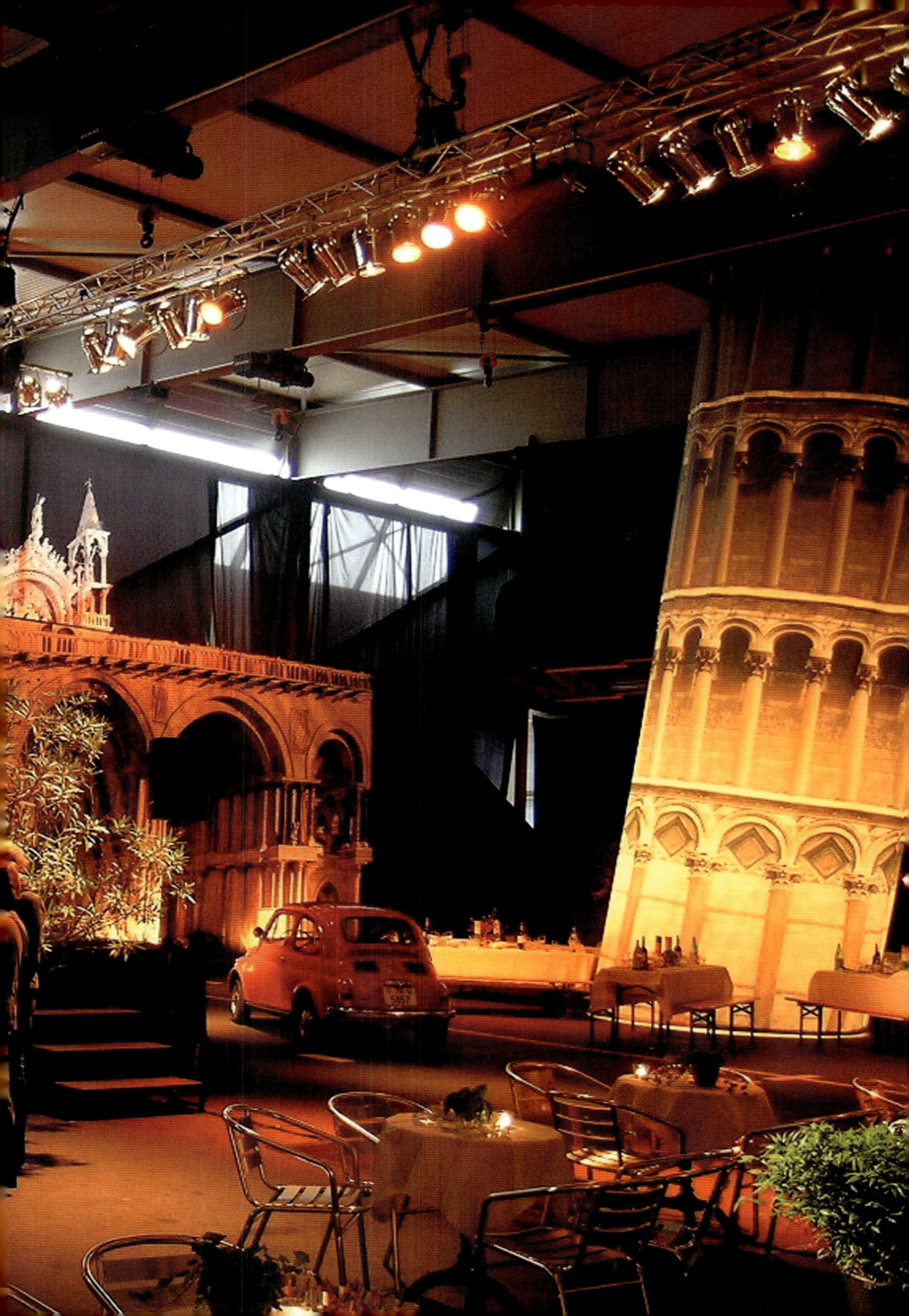

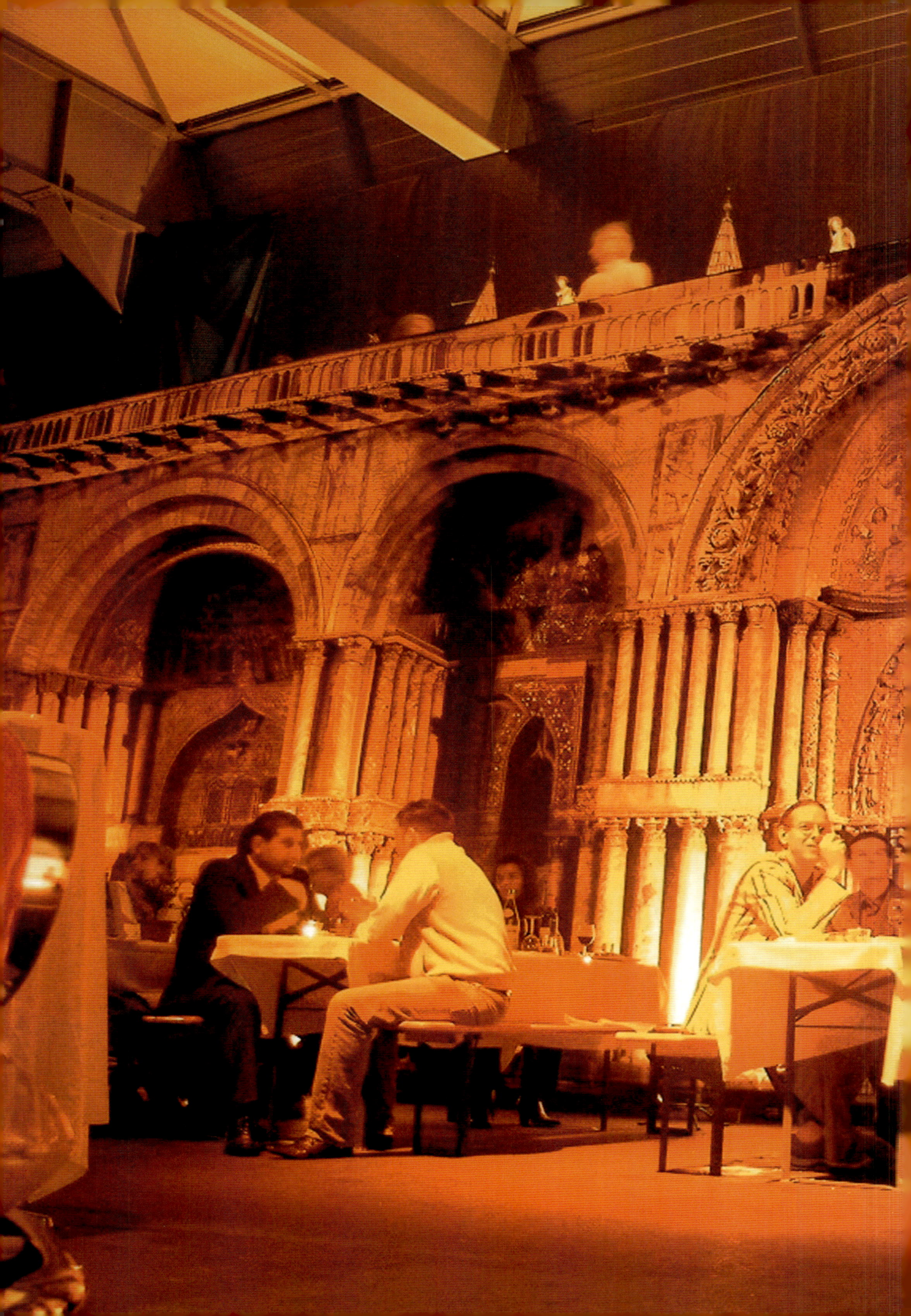

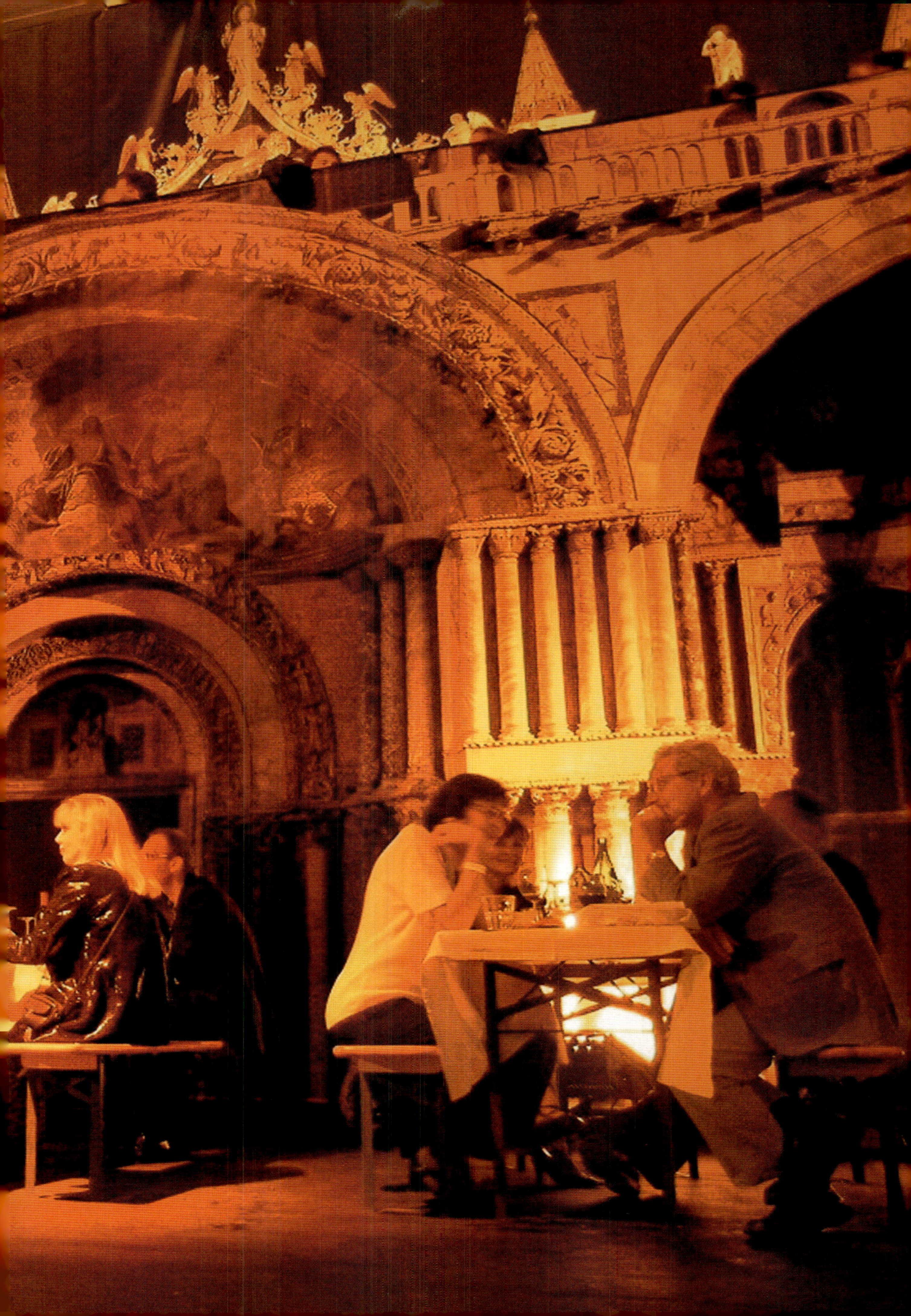

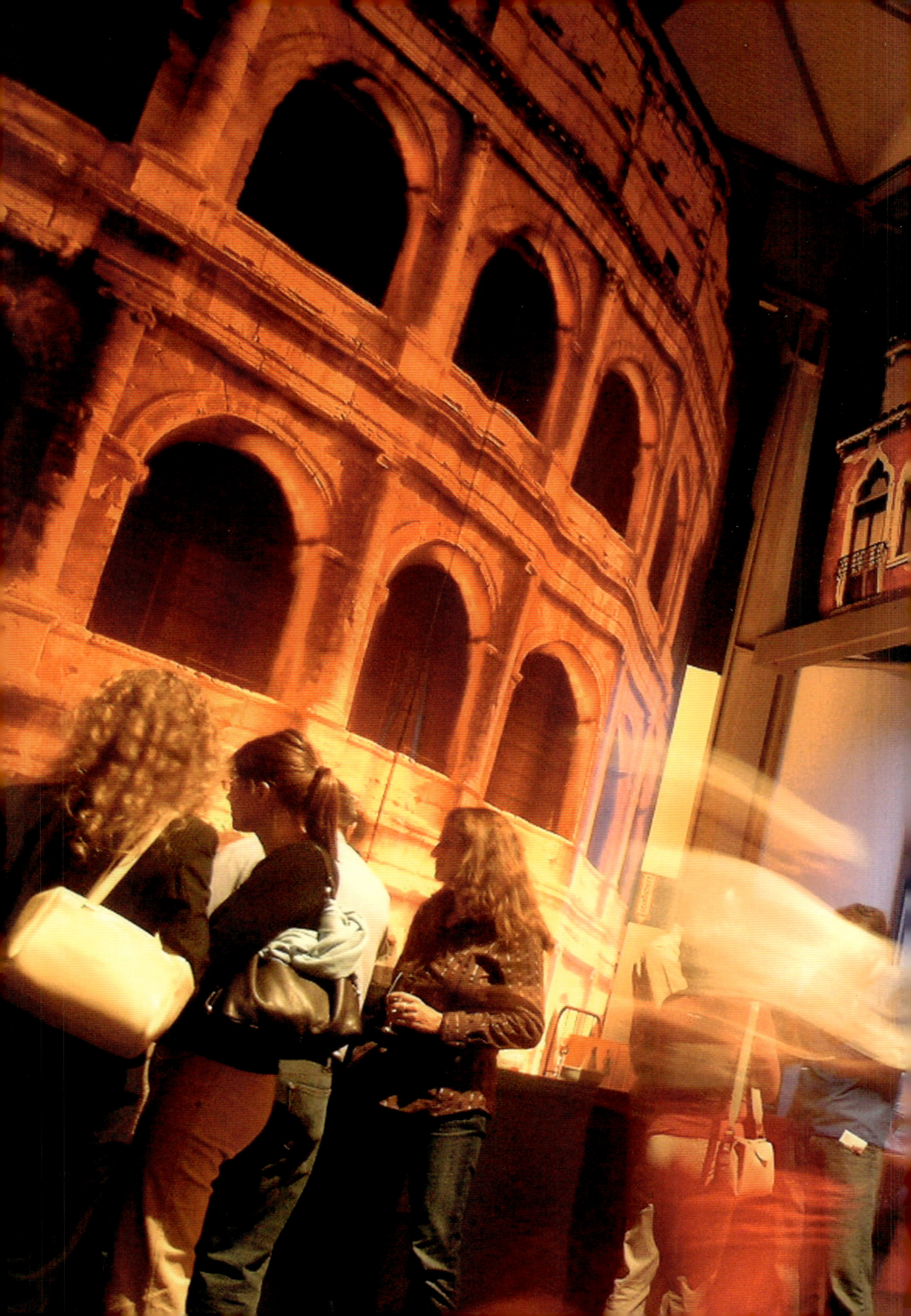

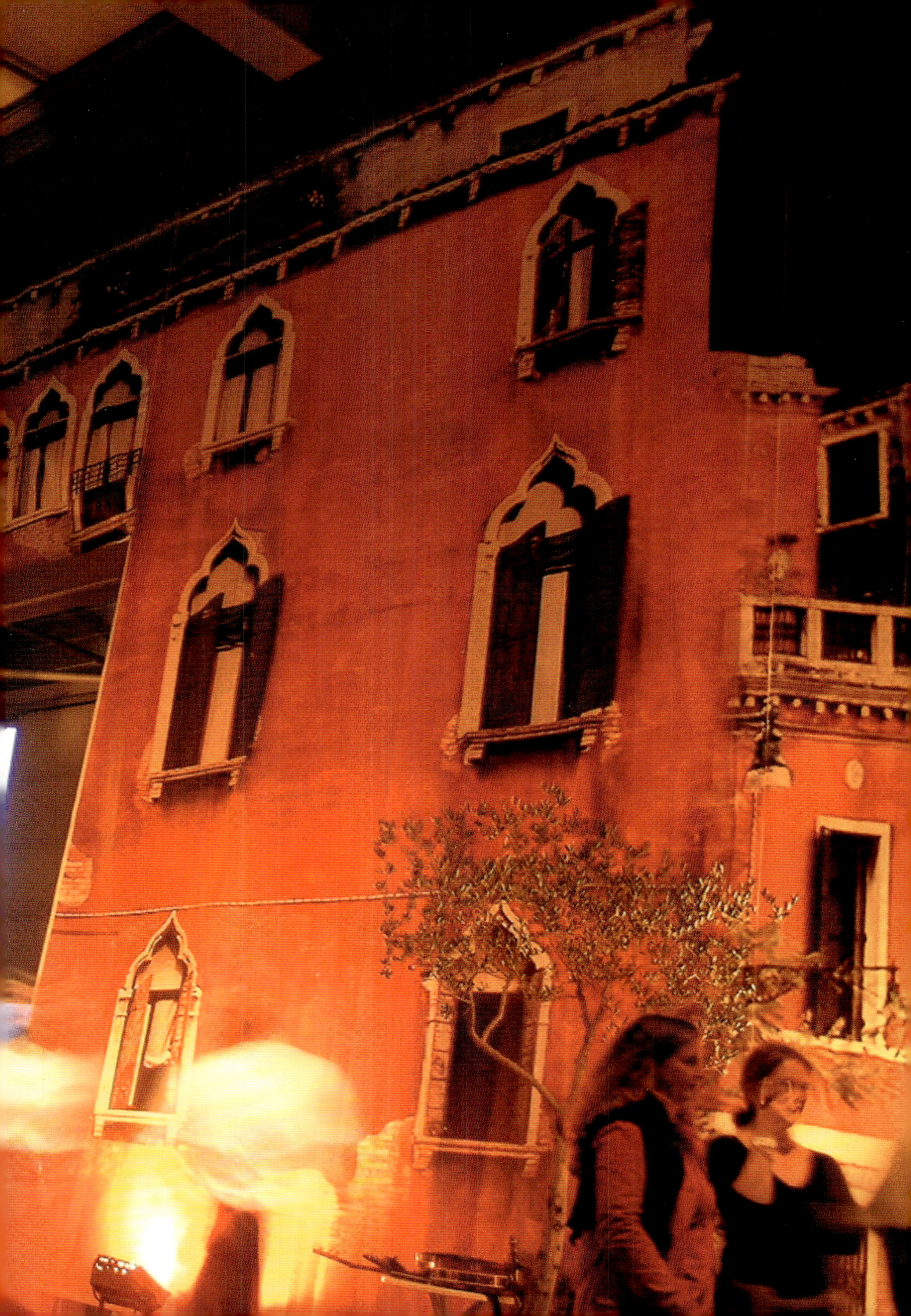

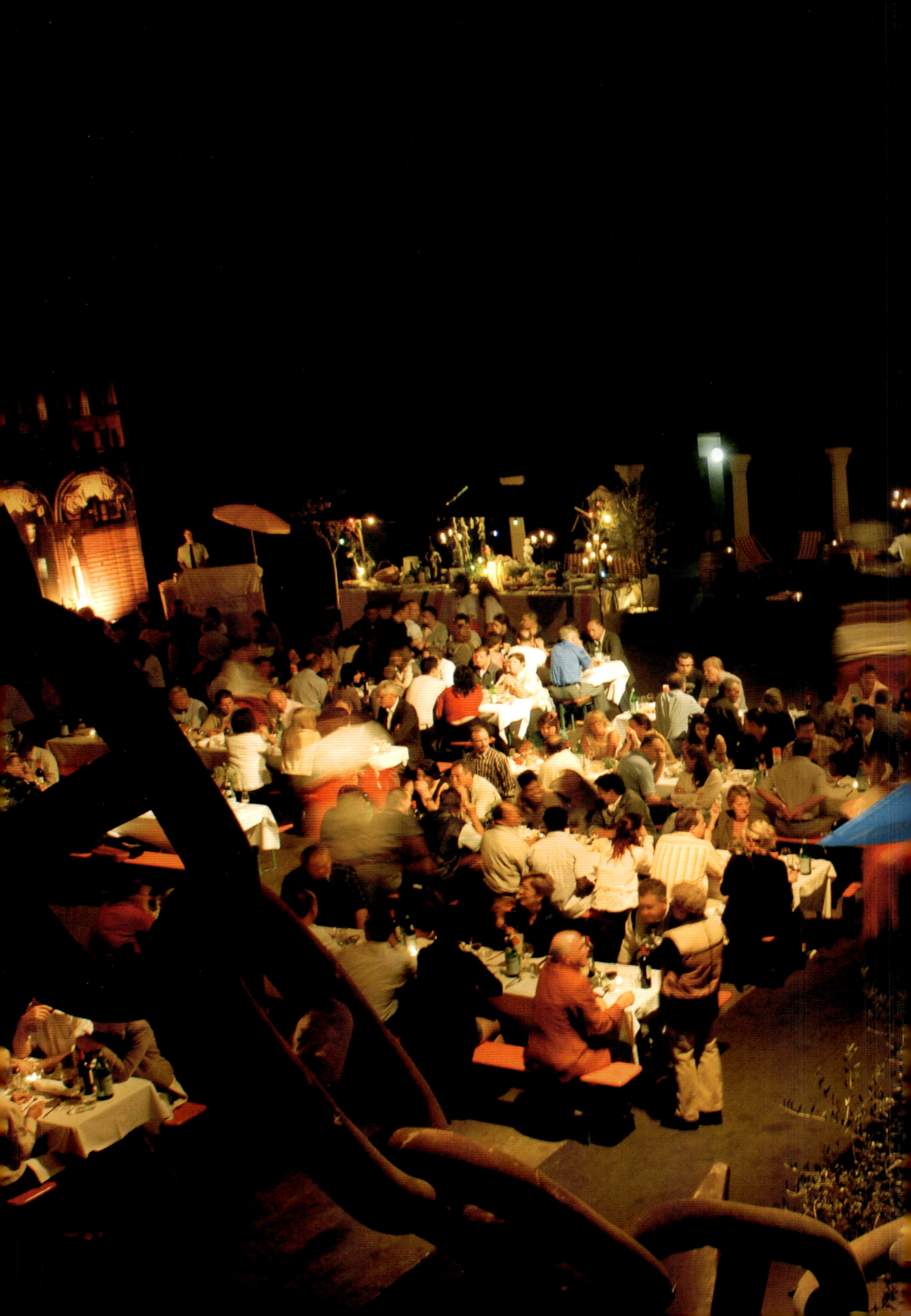

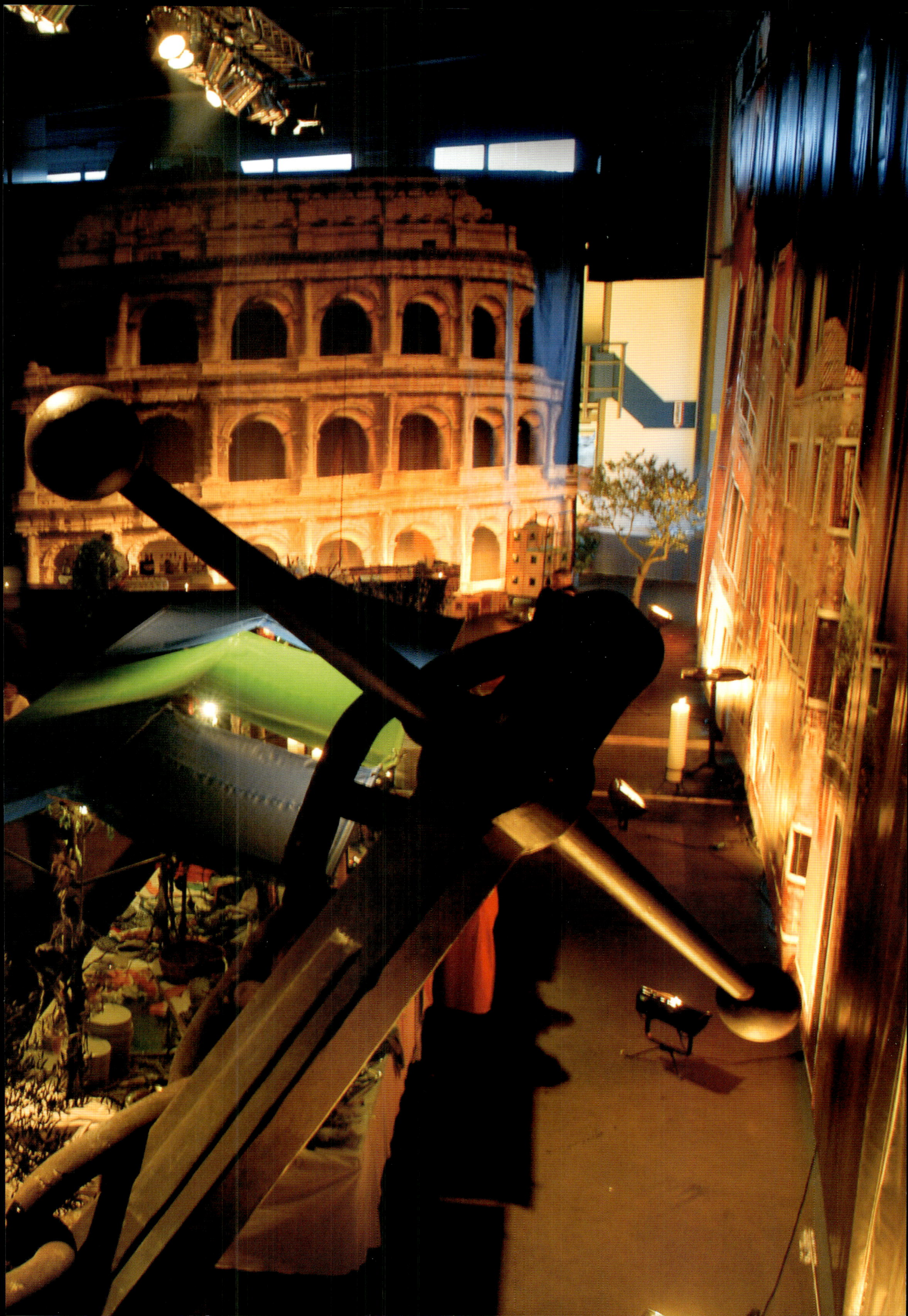

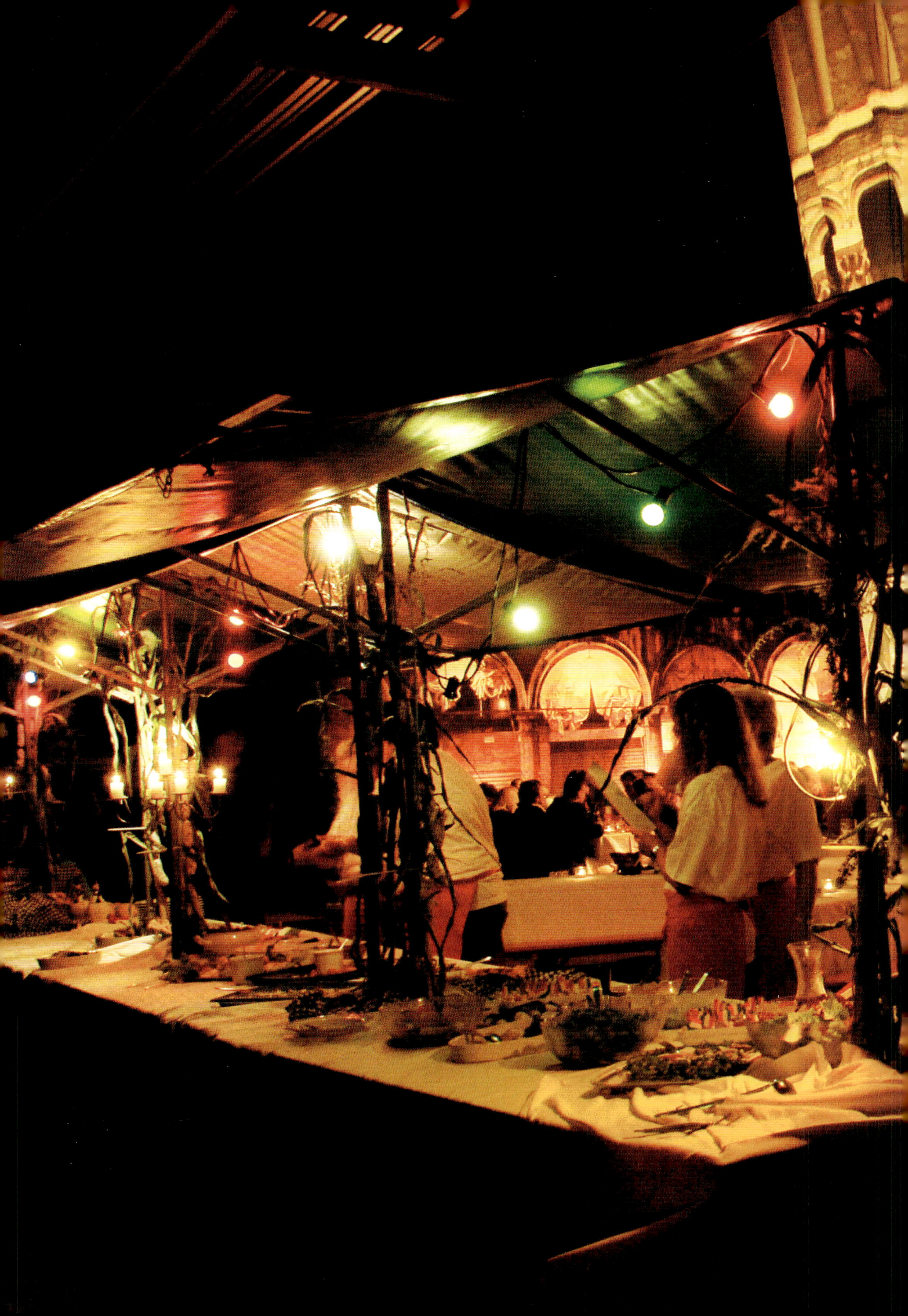

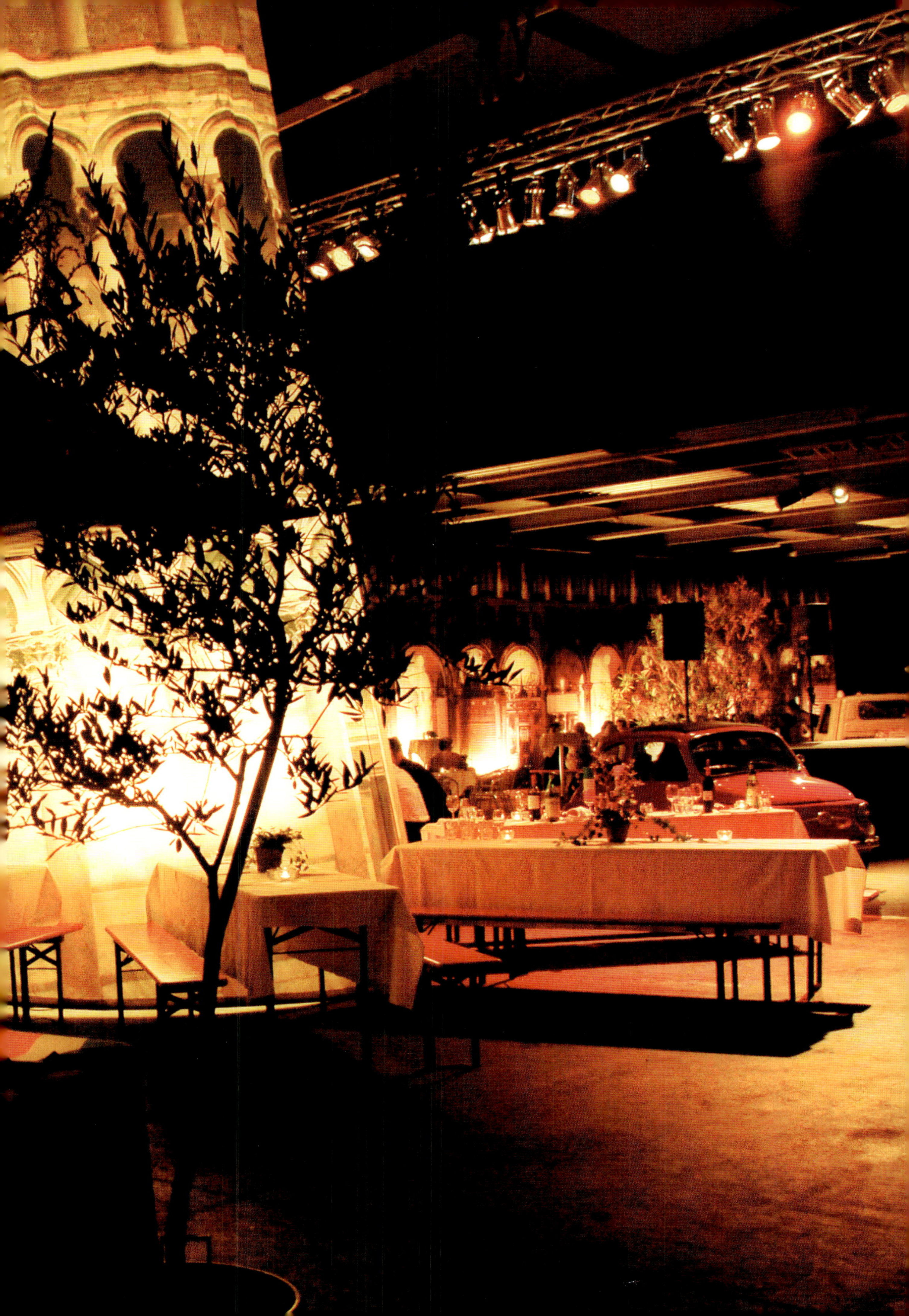

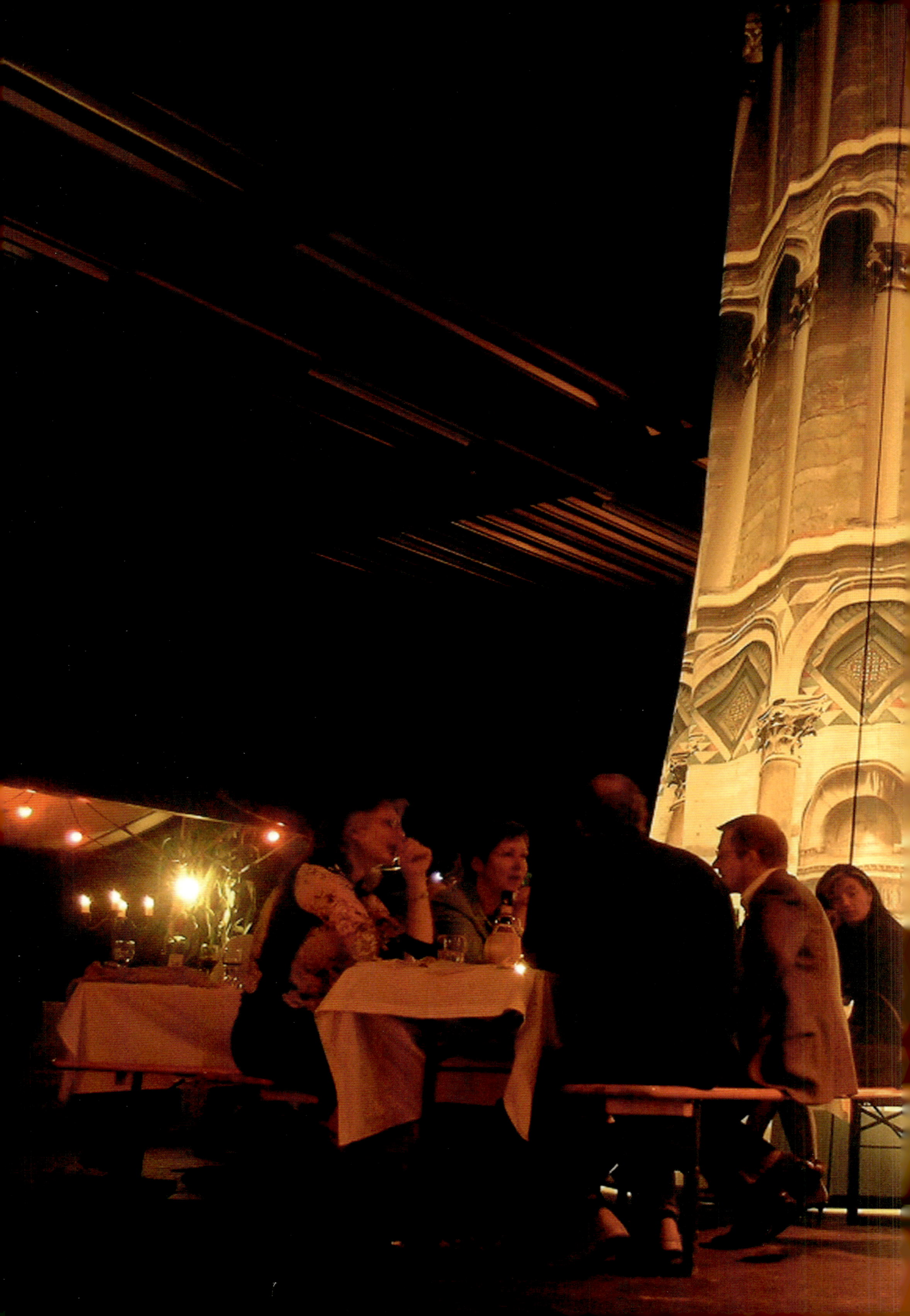

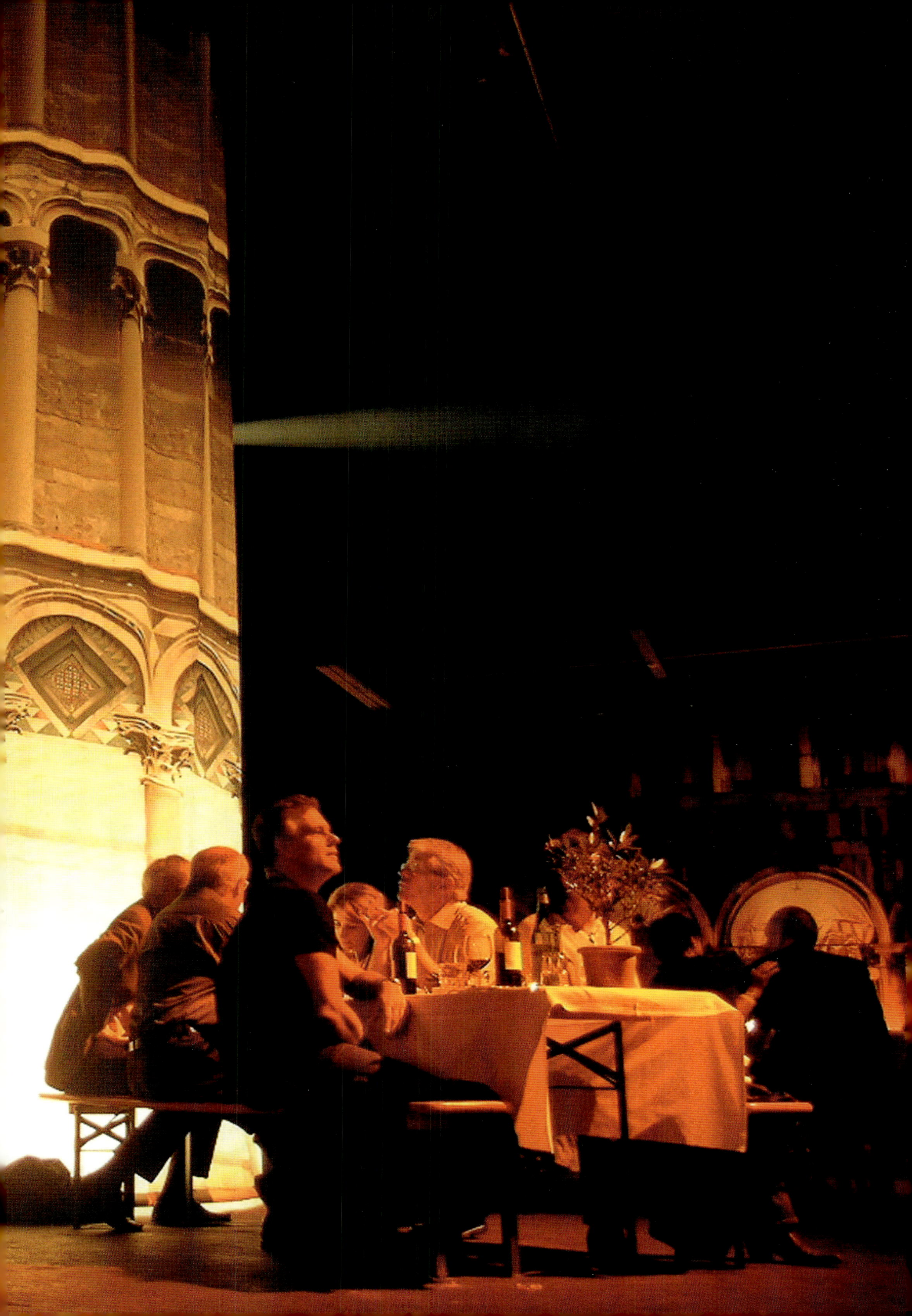

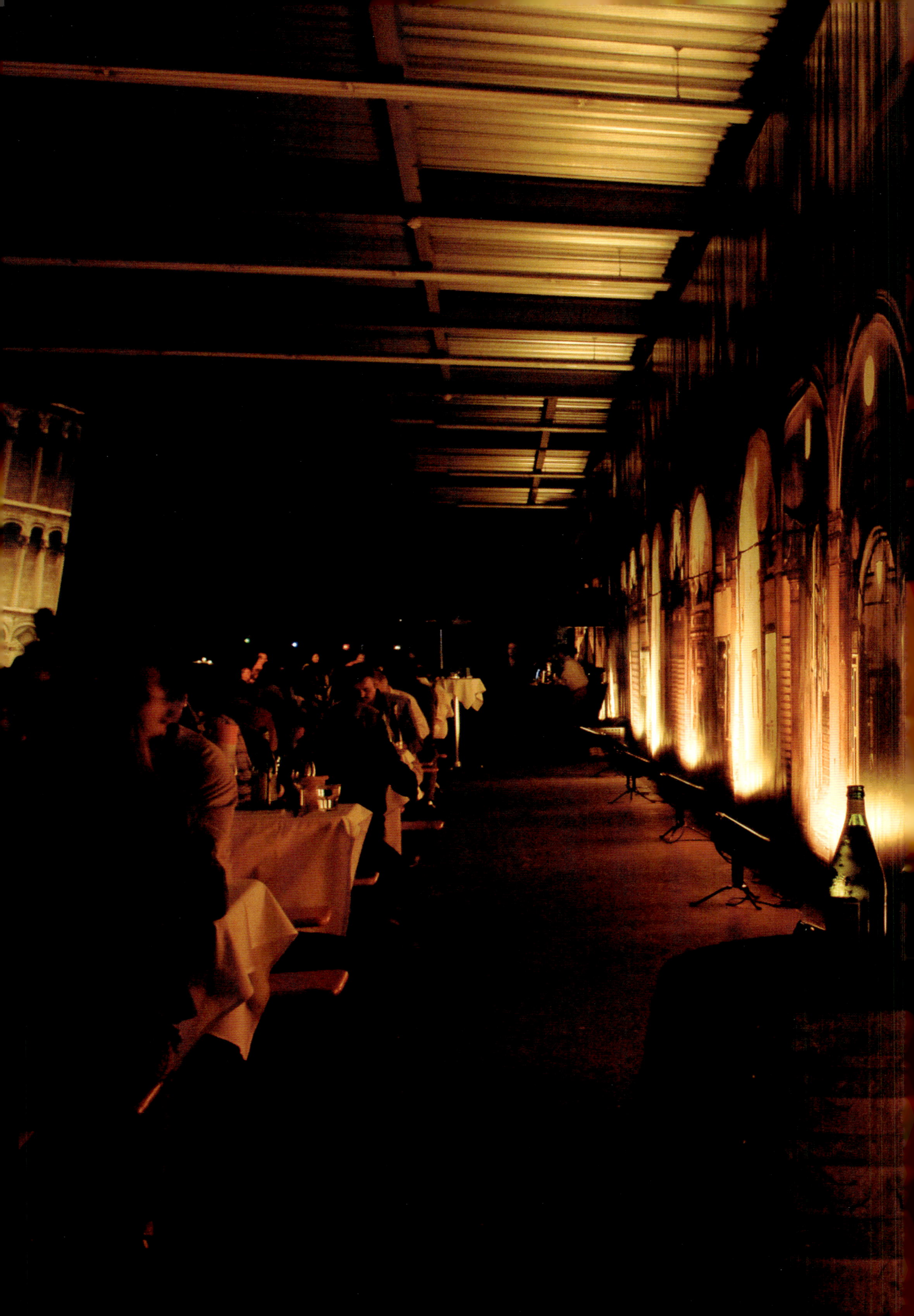

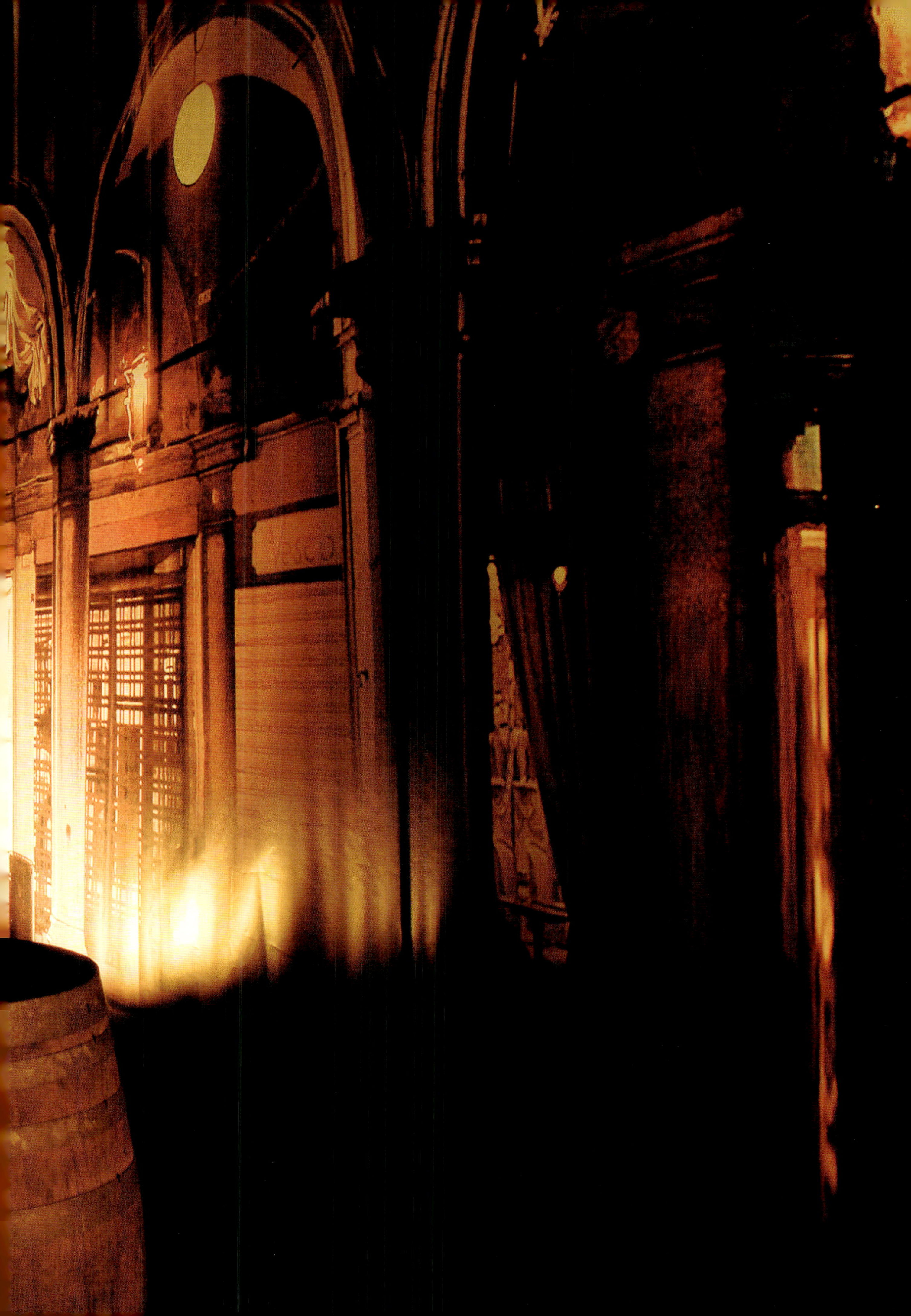

Dogana Chiasso – Zöllner am Klavier mit «Fratelli d'Italia»

Aus einer brennenden Kirche gerettet oder gestohlen worden: «La bella regina»

10 years of **Media Markt** in Switzerland – dive into the world of Hardrocks and live the **legends.**

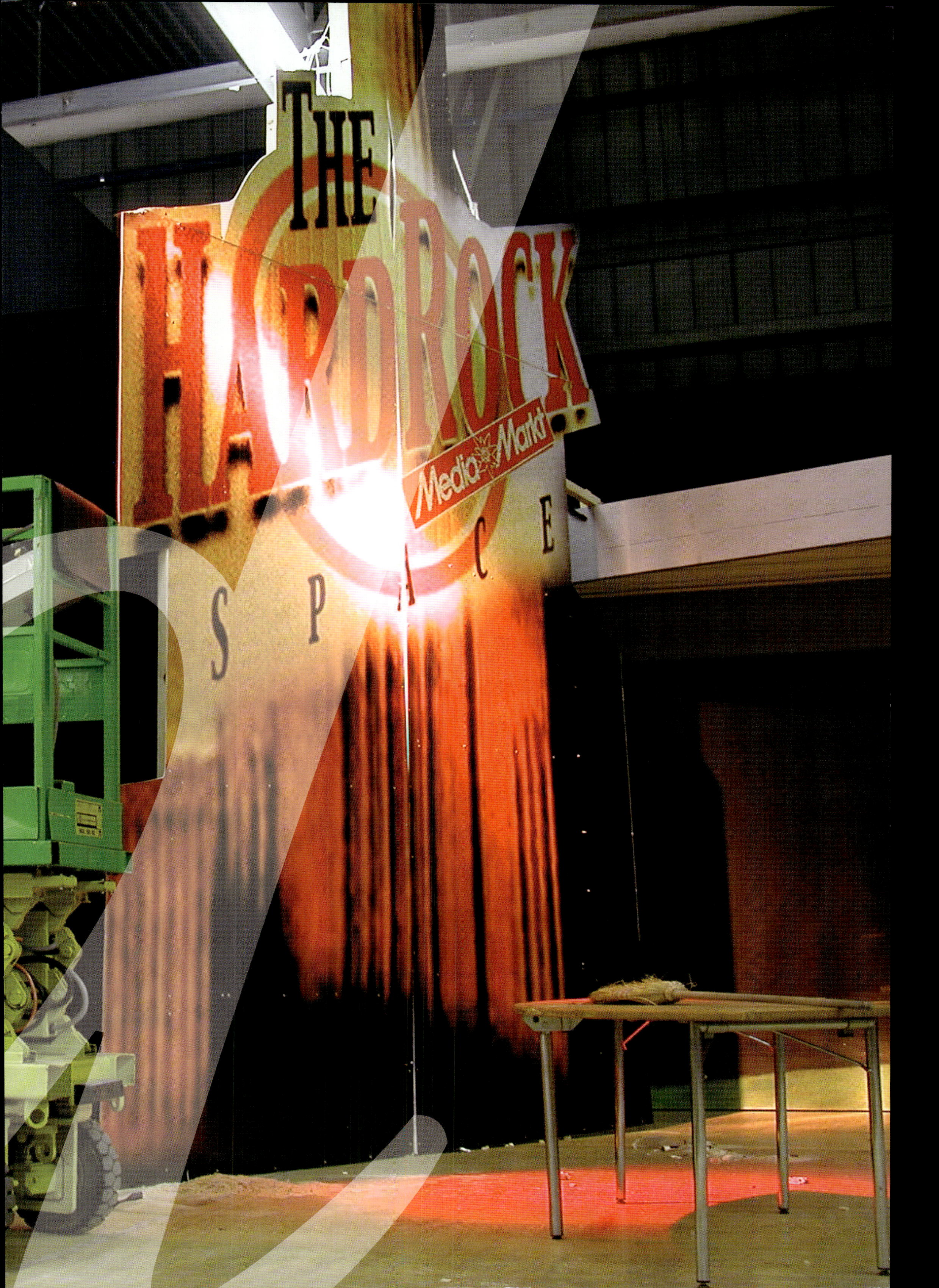
THE HARDROCK
Media Markt
SPACE

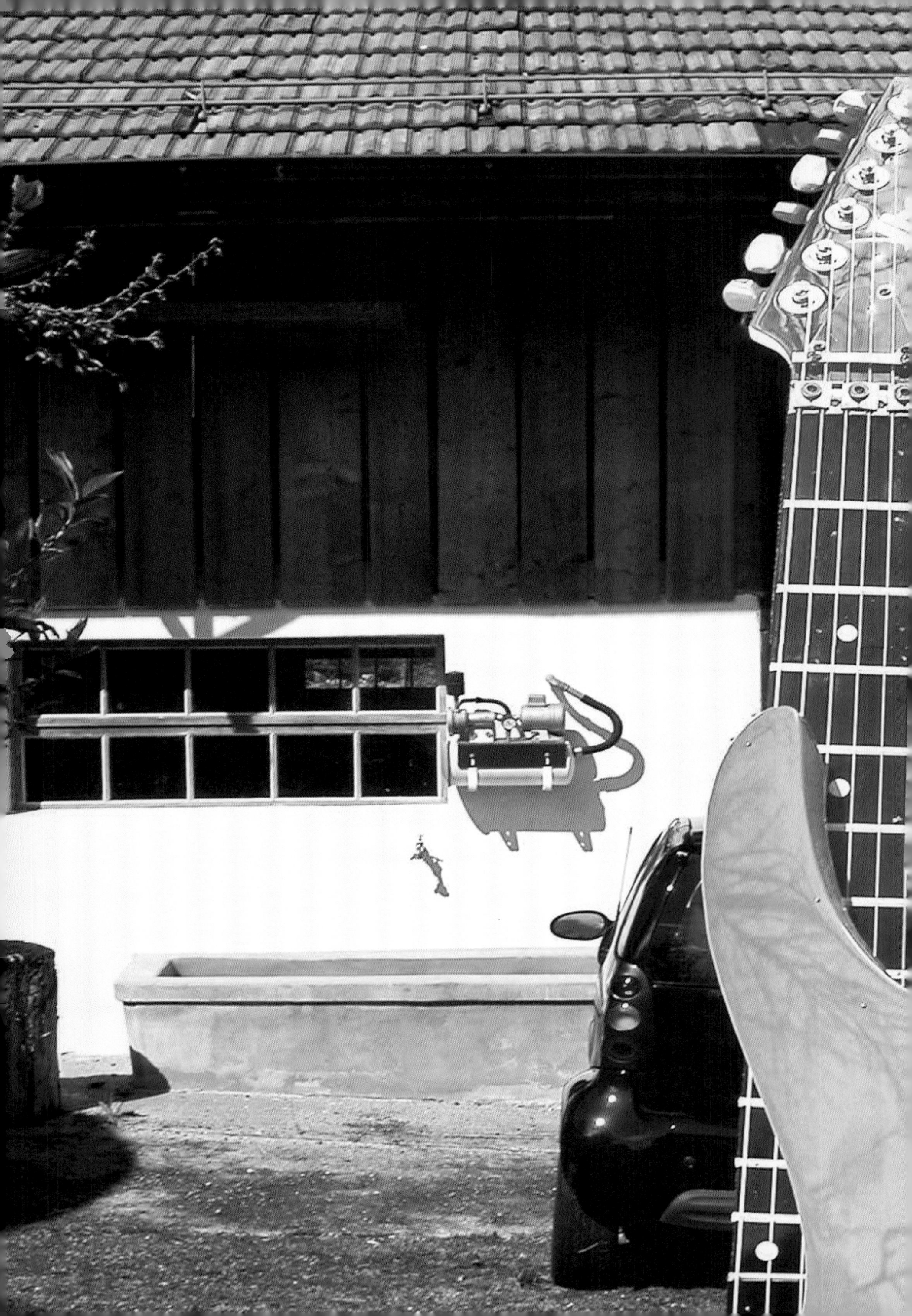

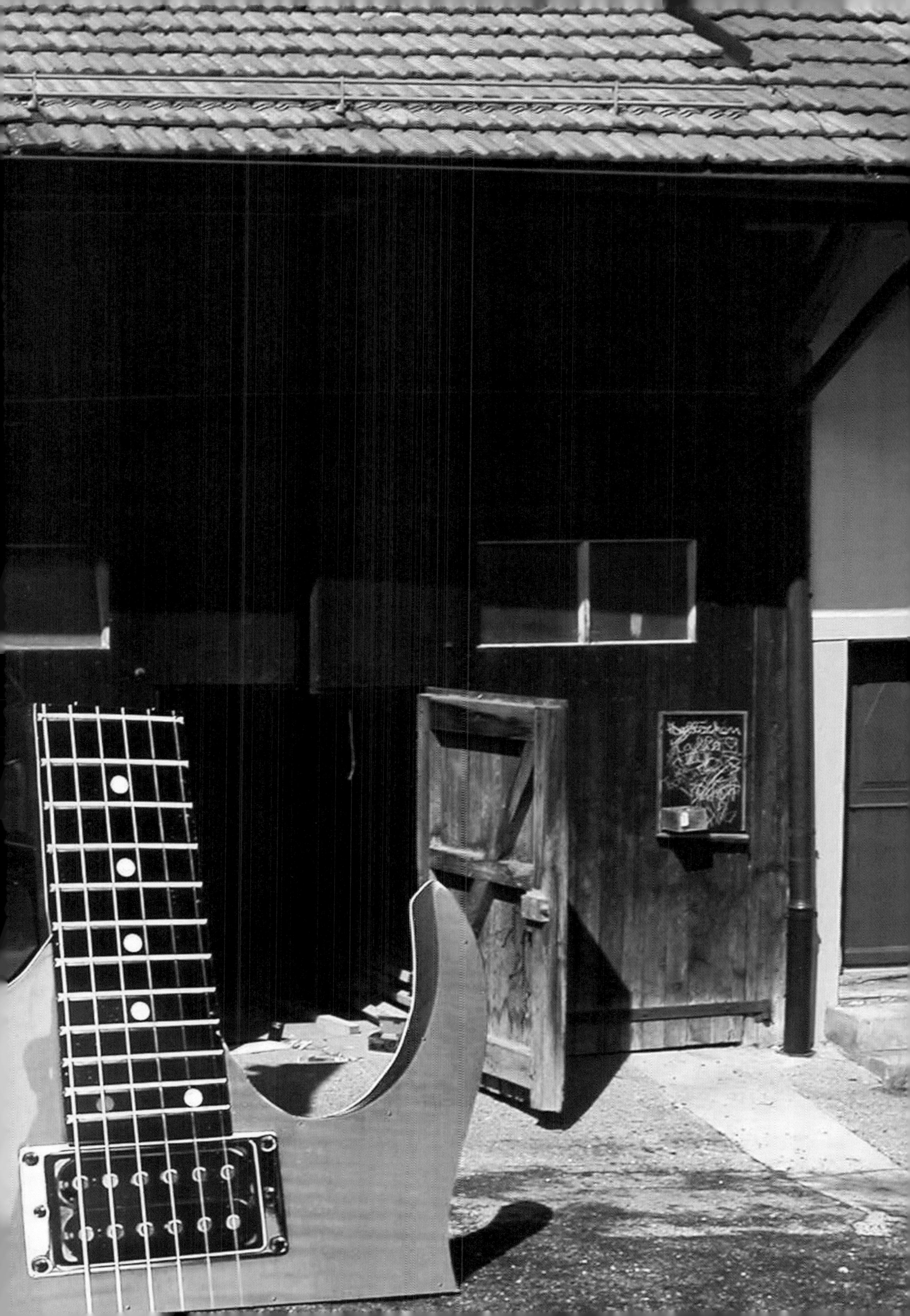

Hardrock-Café auf 2 Etagen / Spinnihalle Baar ZG, Juni 2004

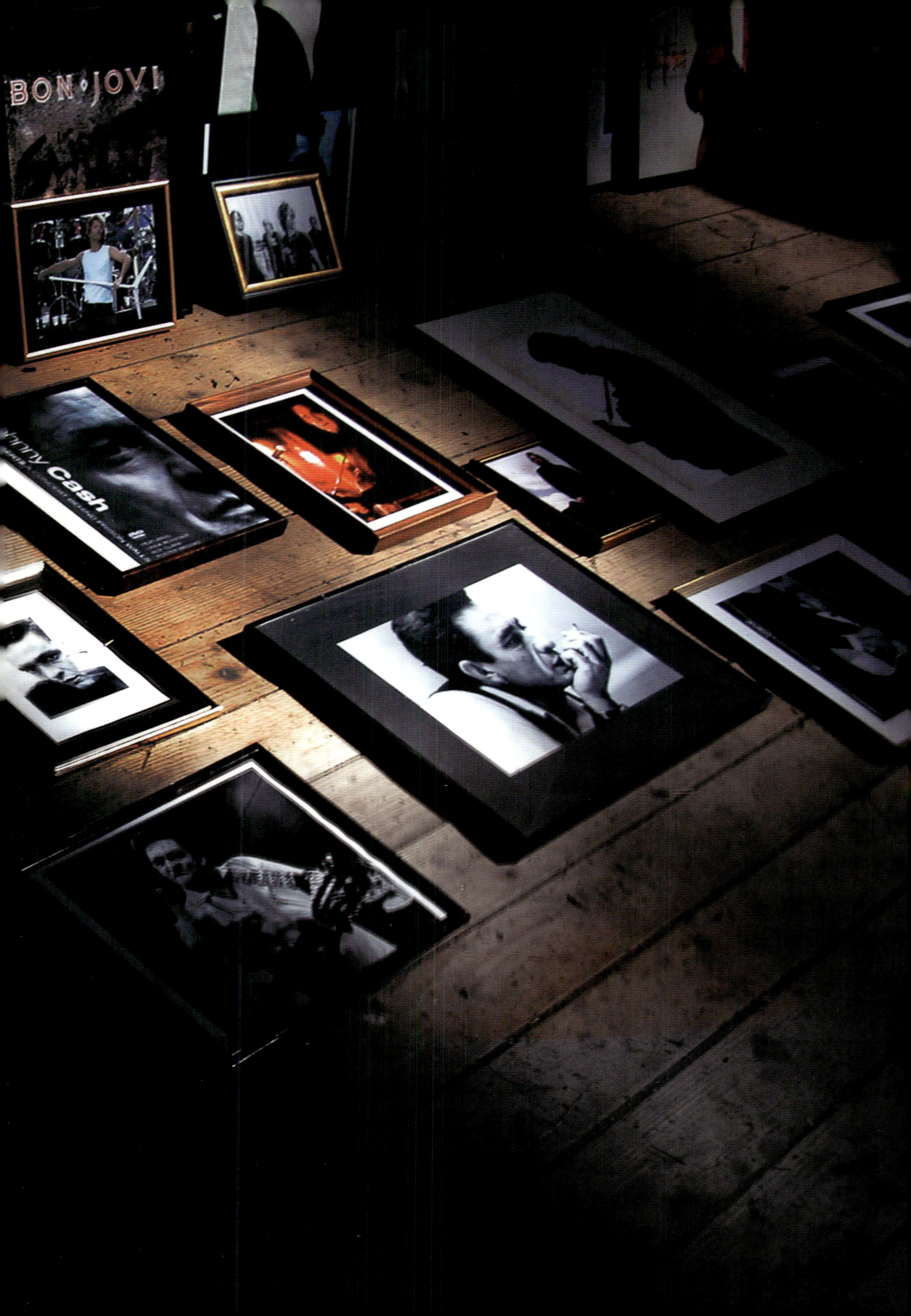
BON JOVI
Cash

«Nighthawks» von Edward Hopper, neu interpretiert, 2'000 x 300 cm

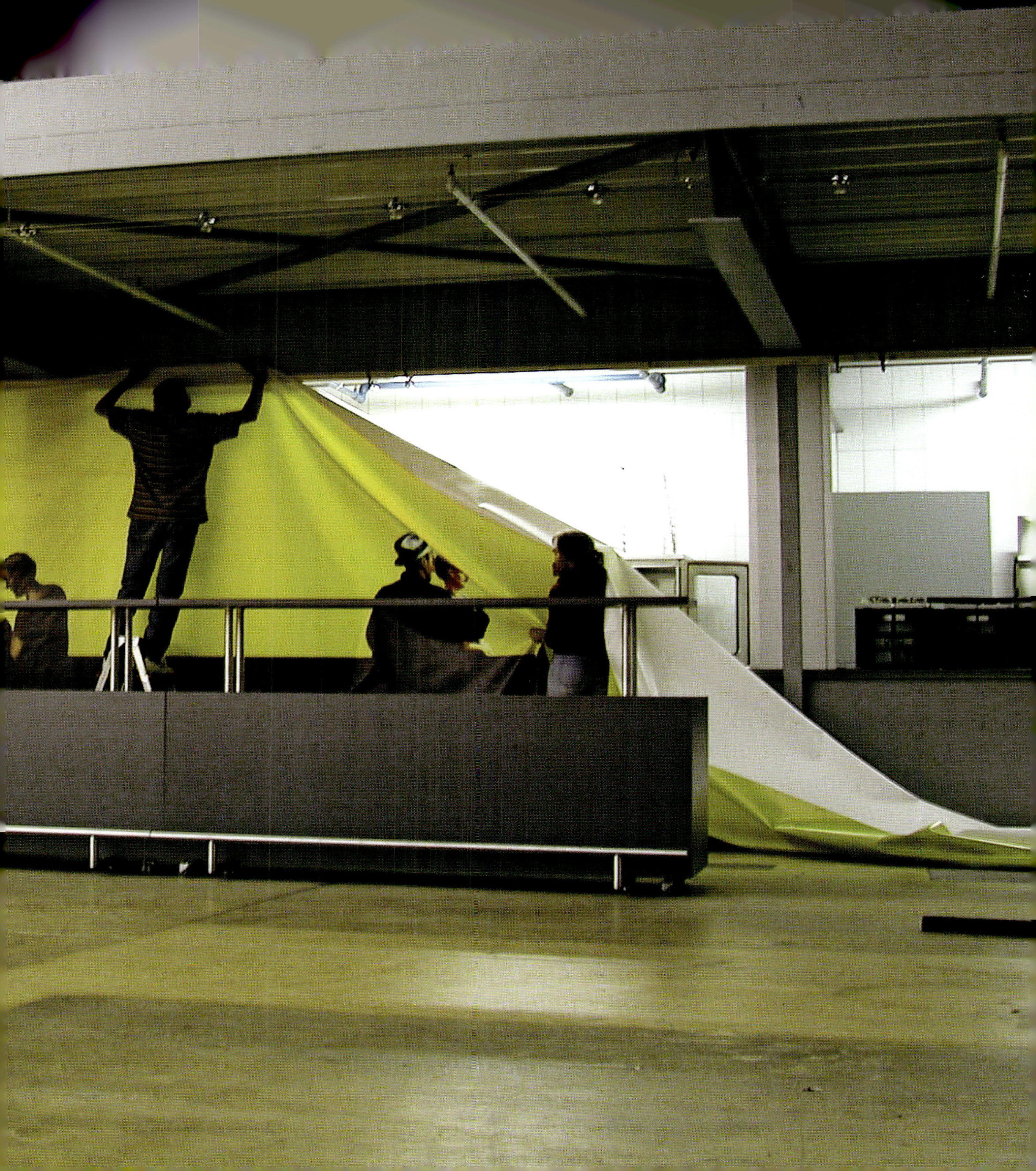

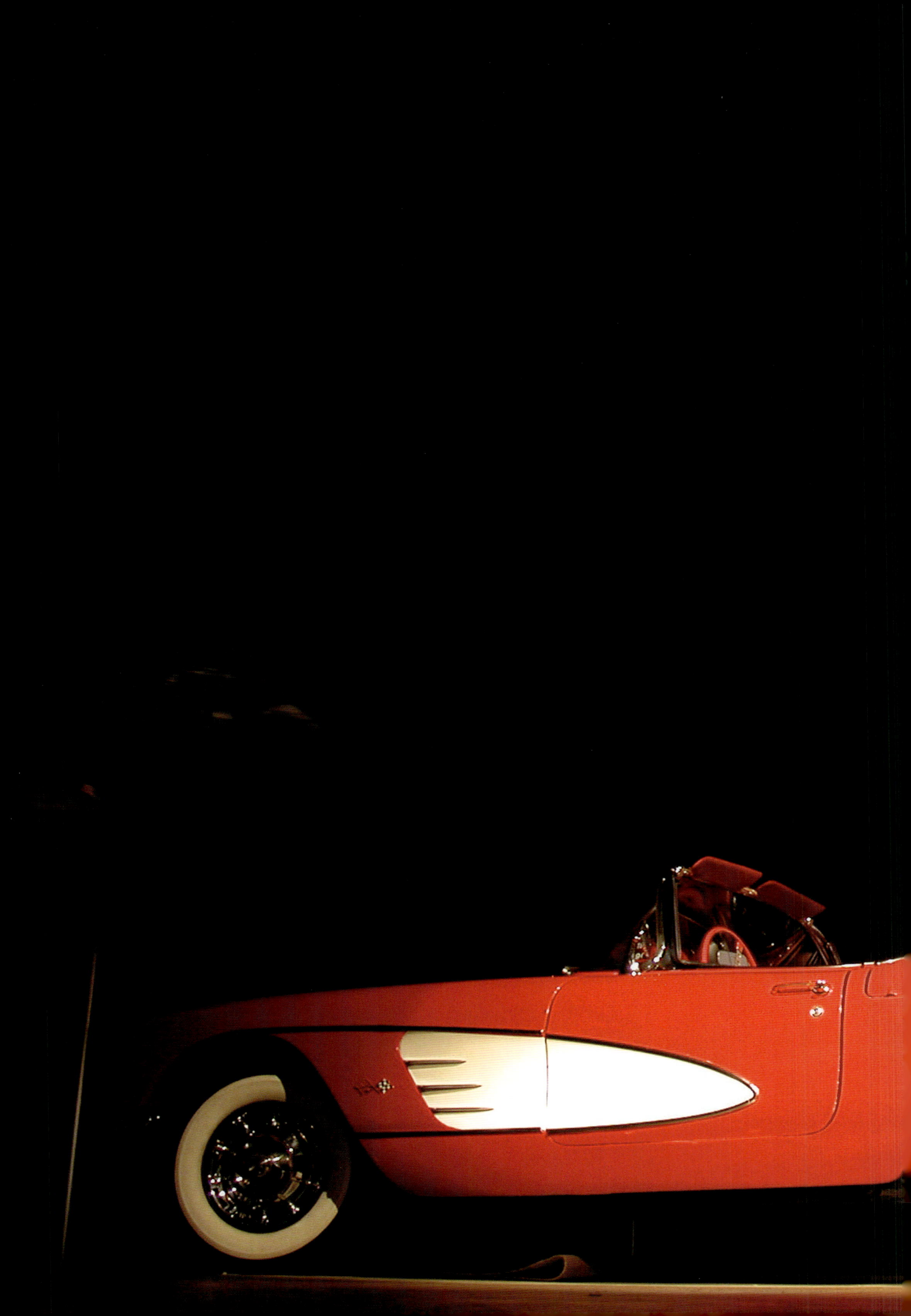

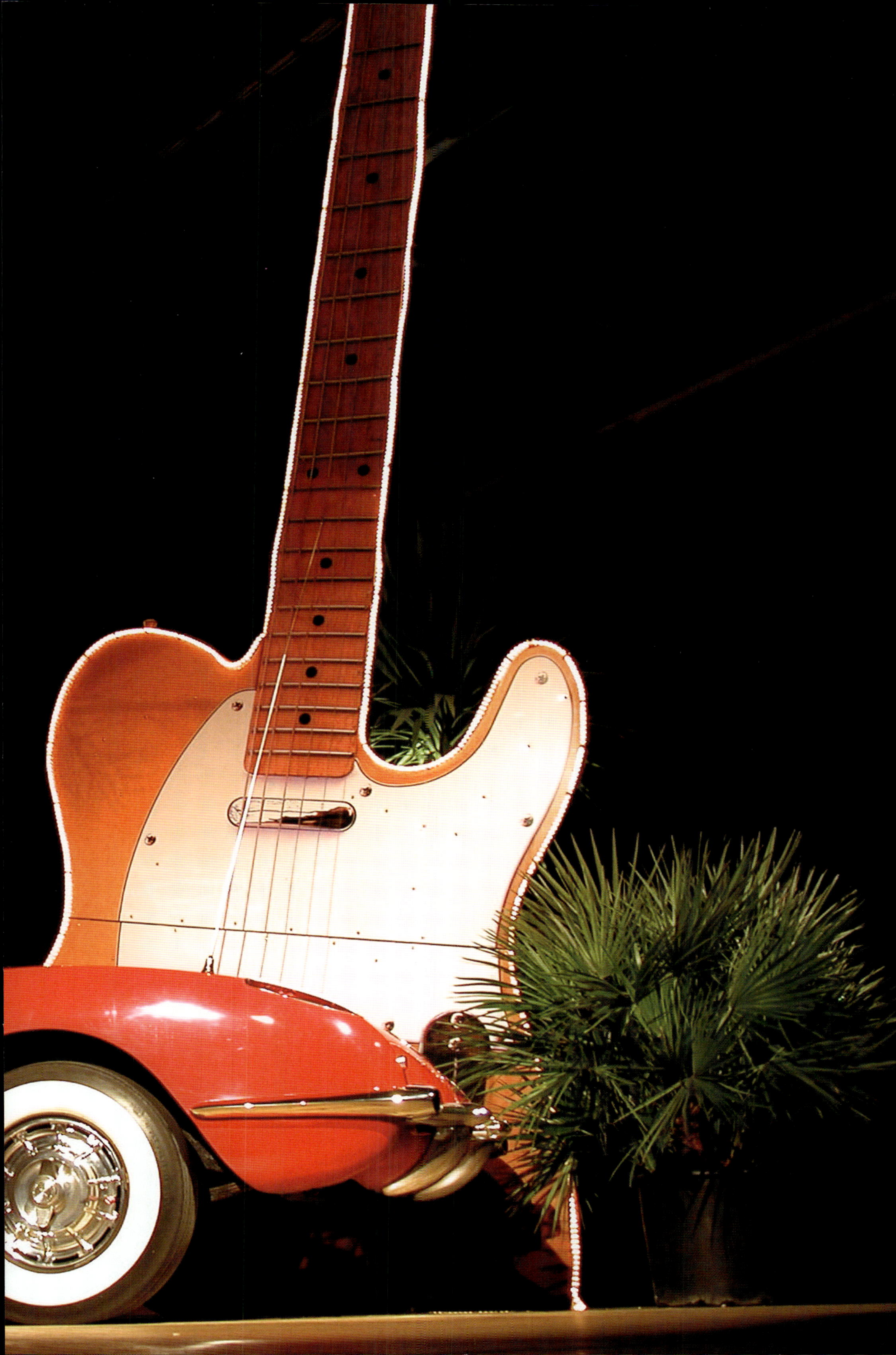

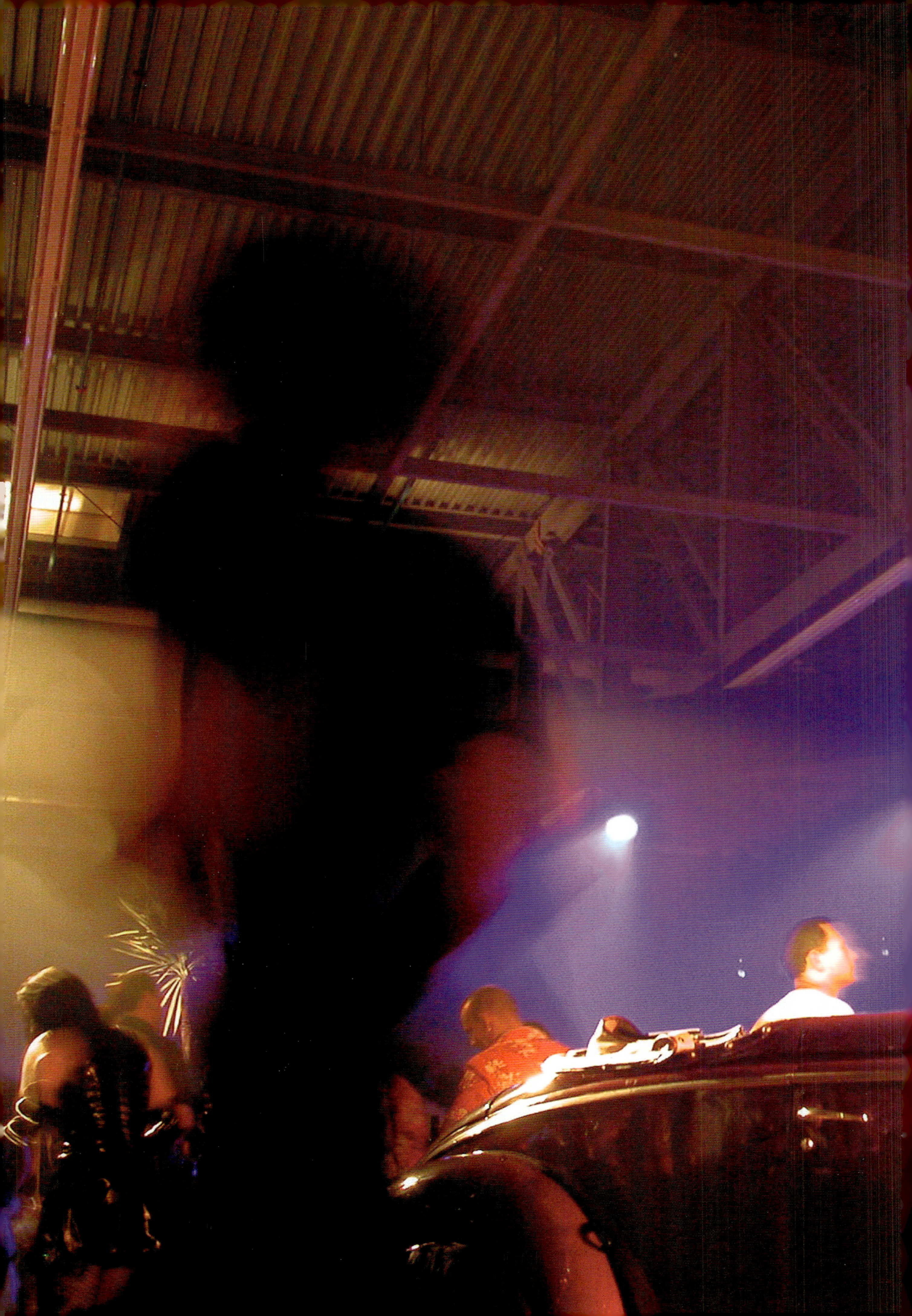

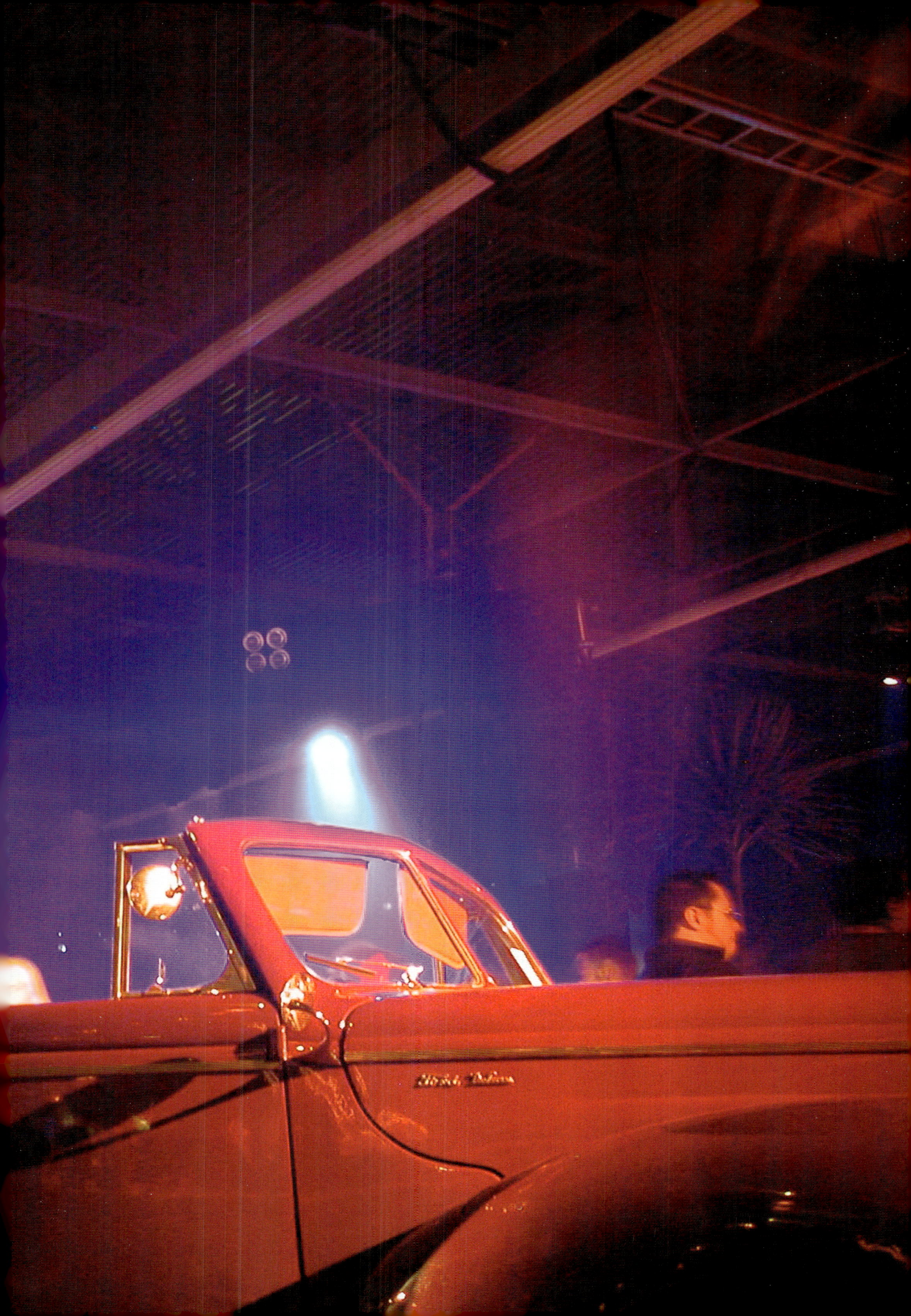

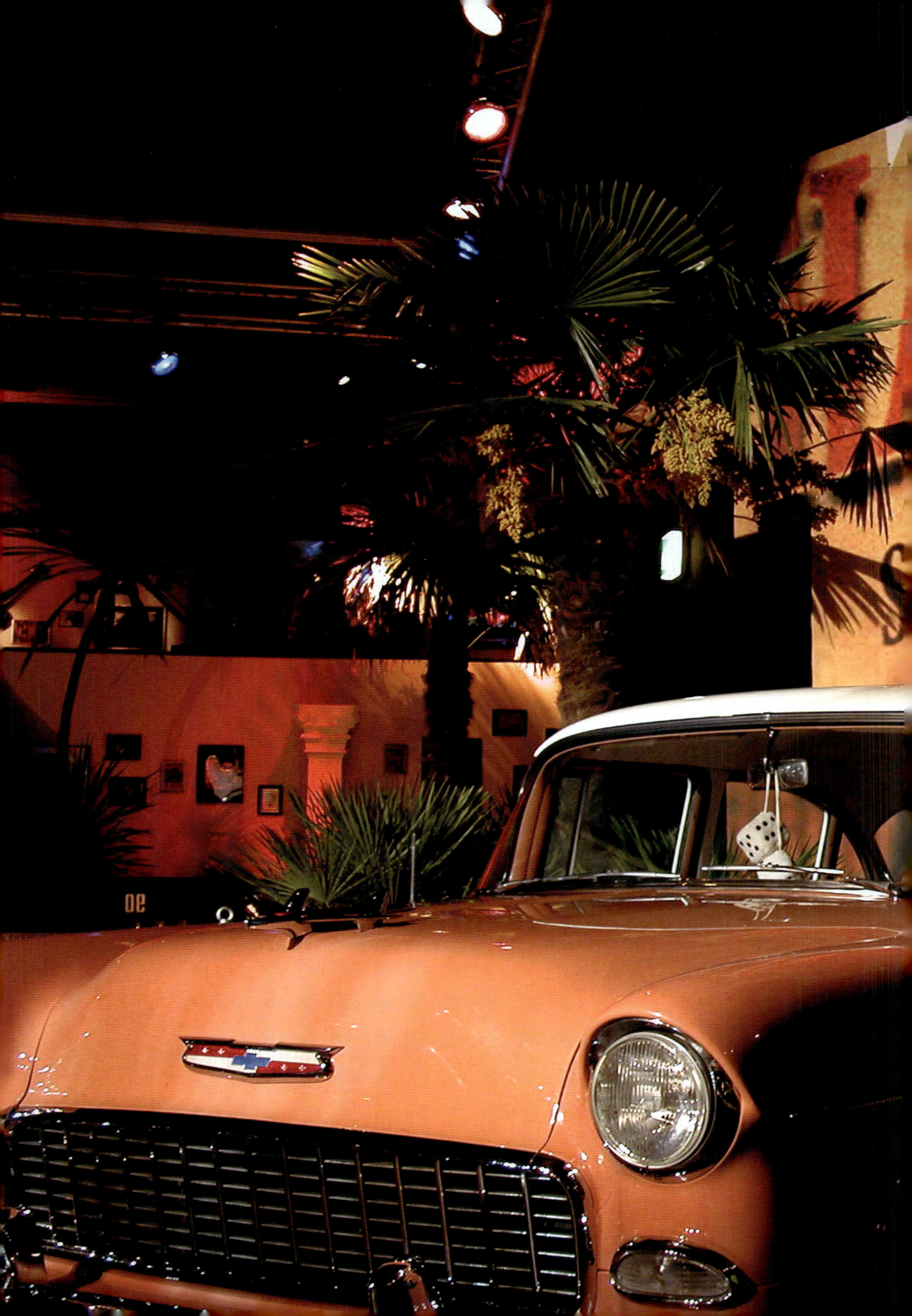

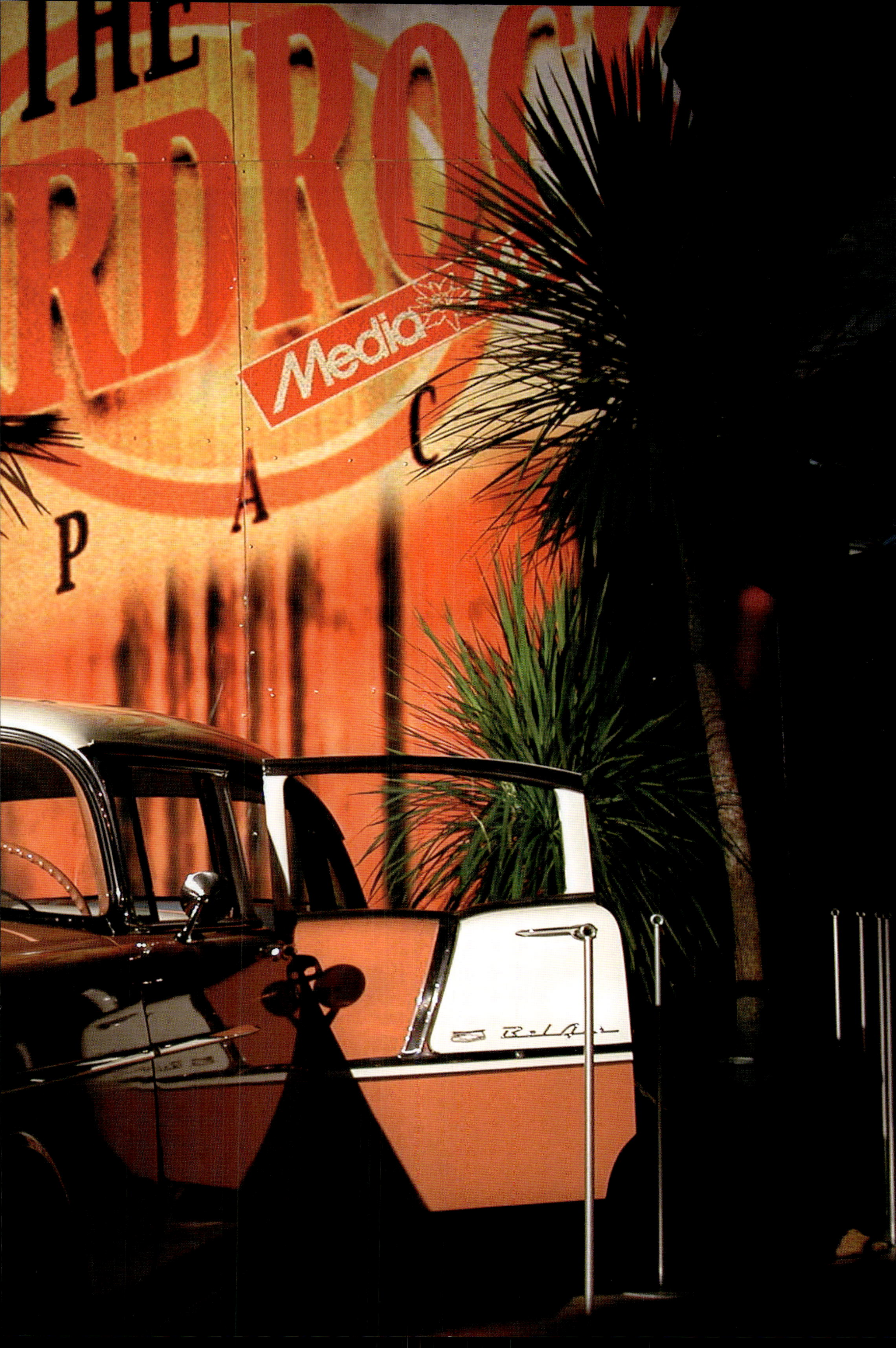
Media

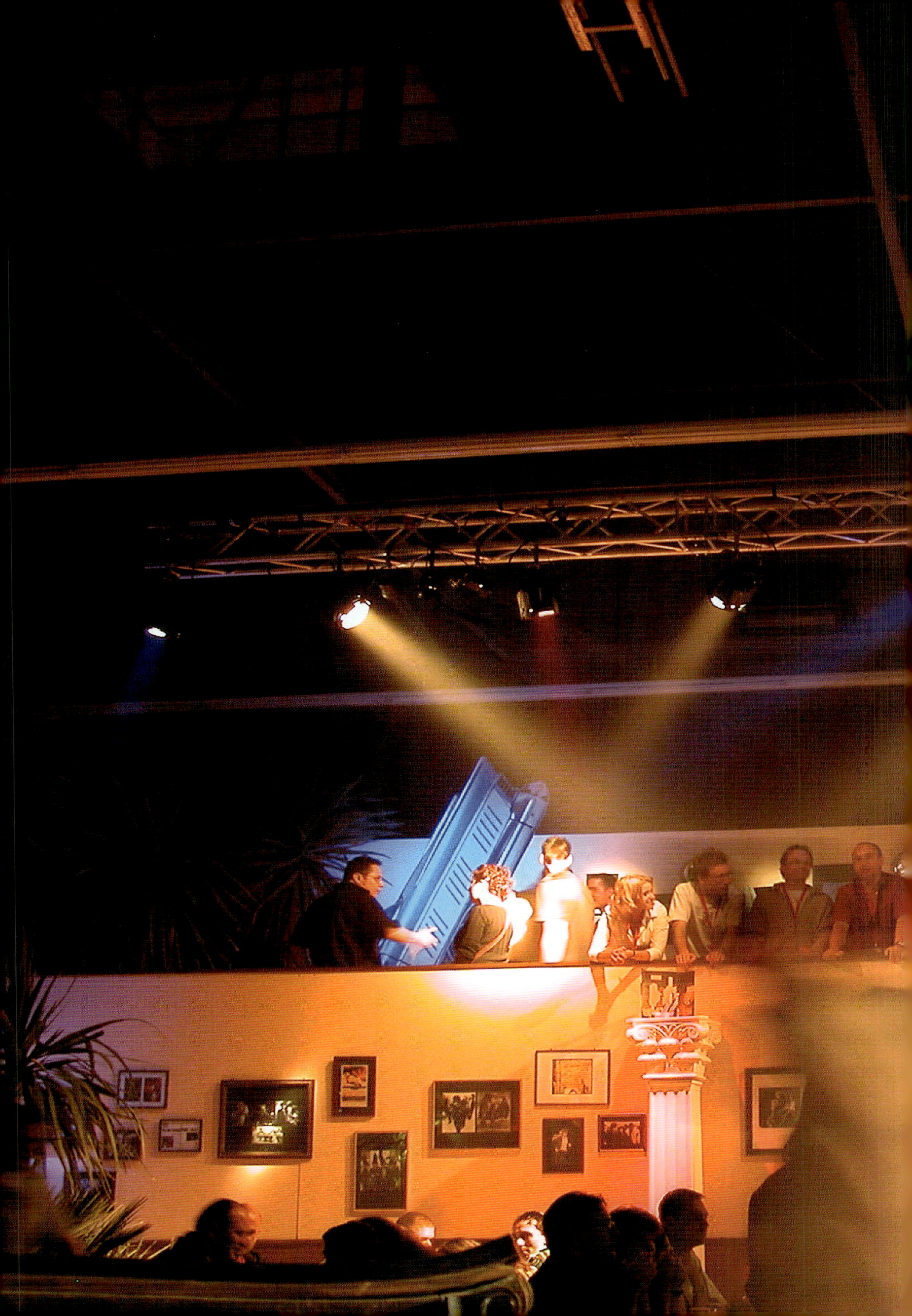

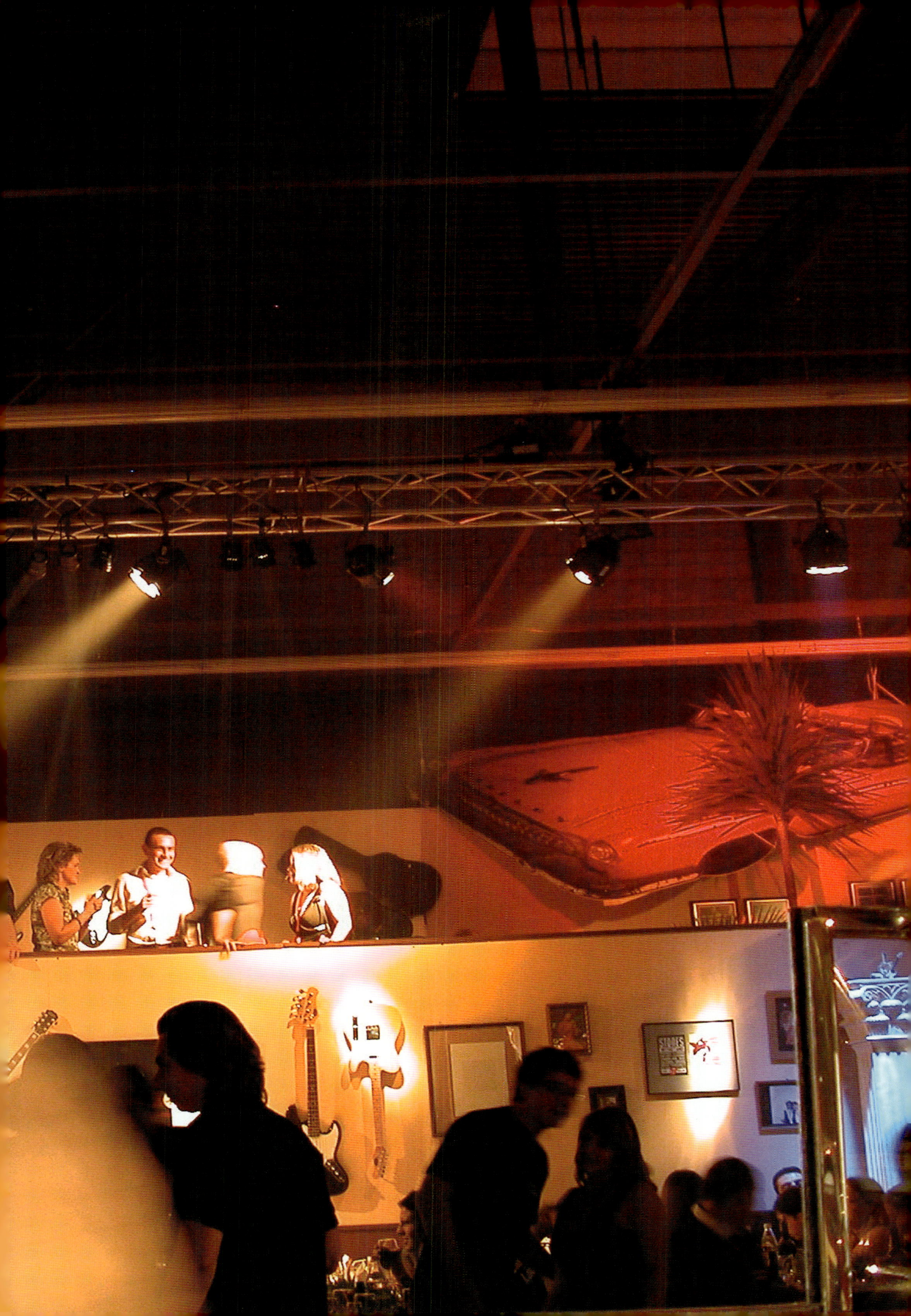

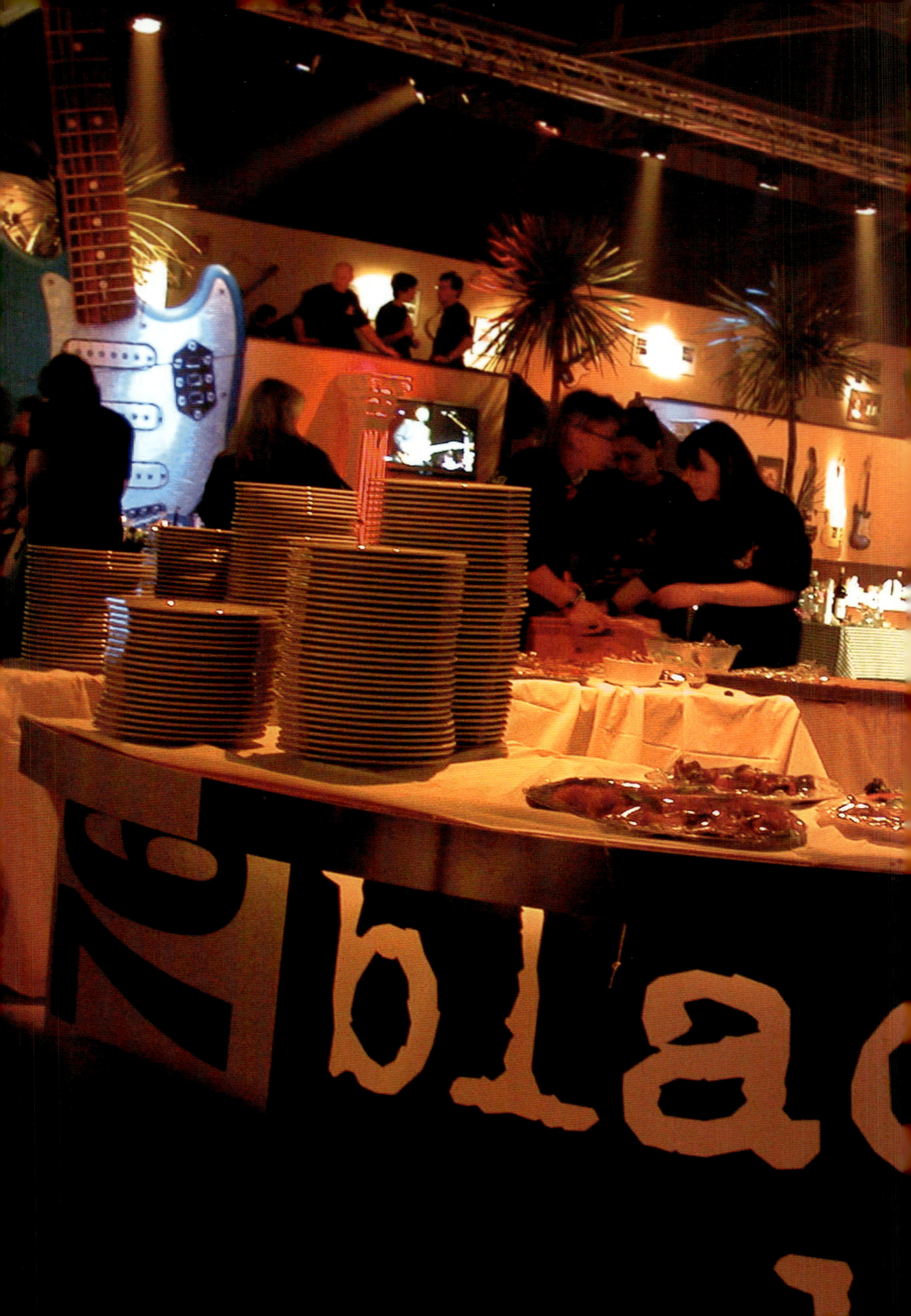

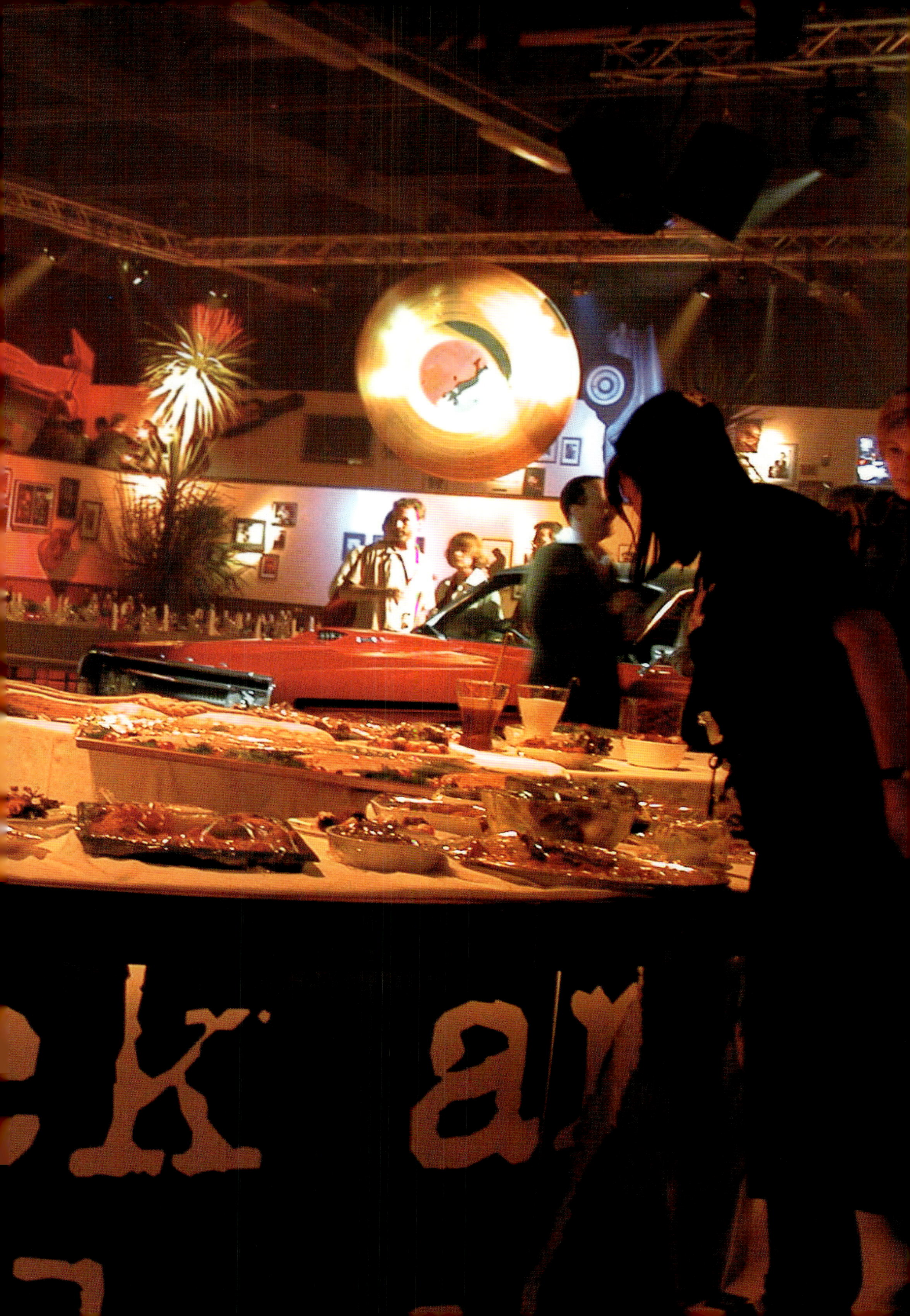

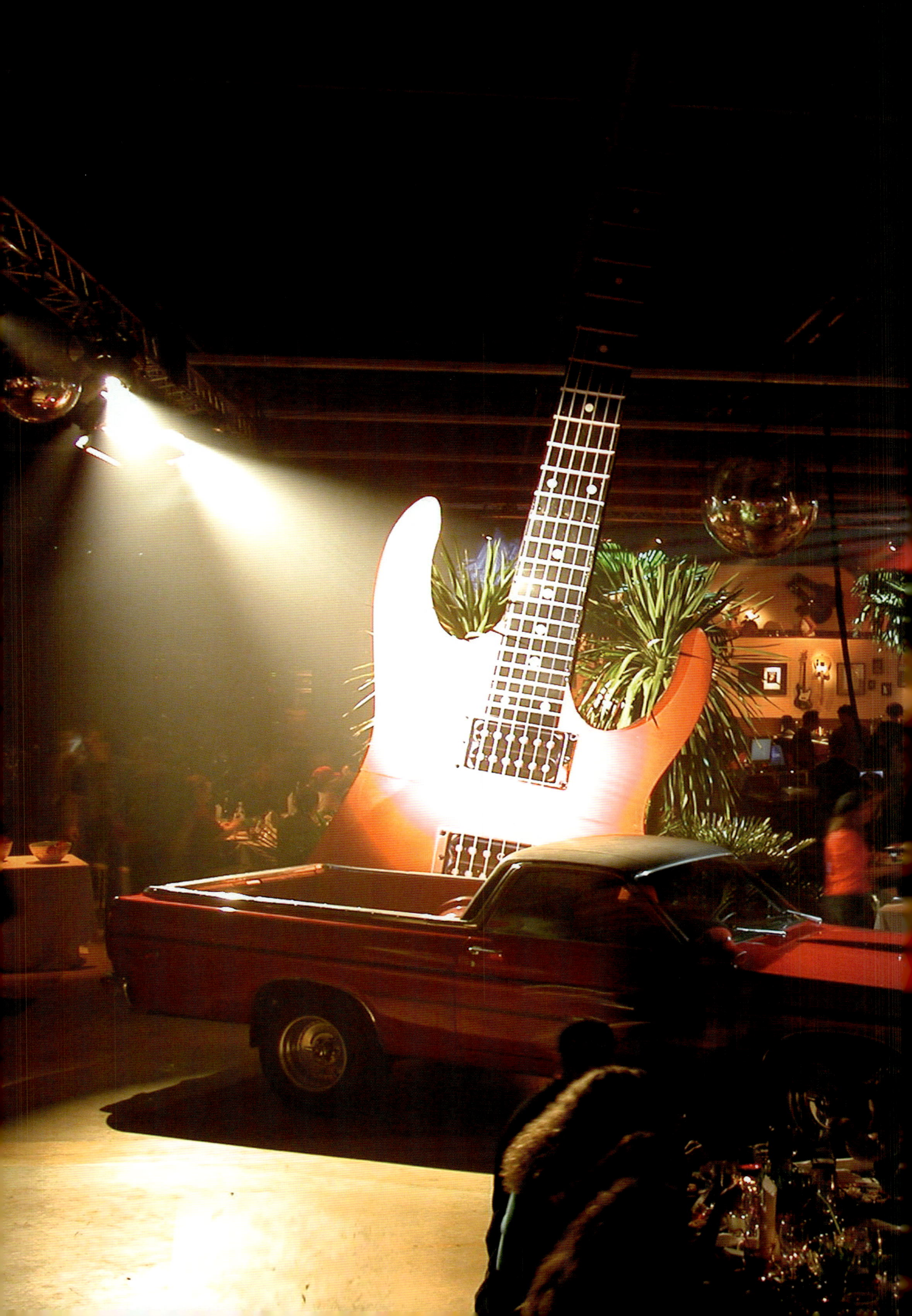

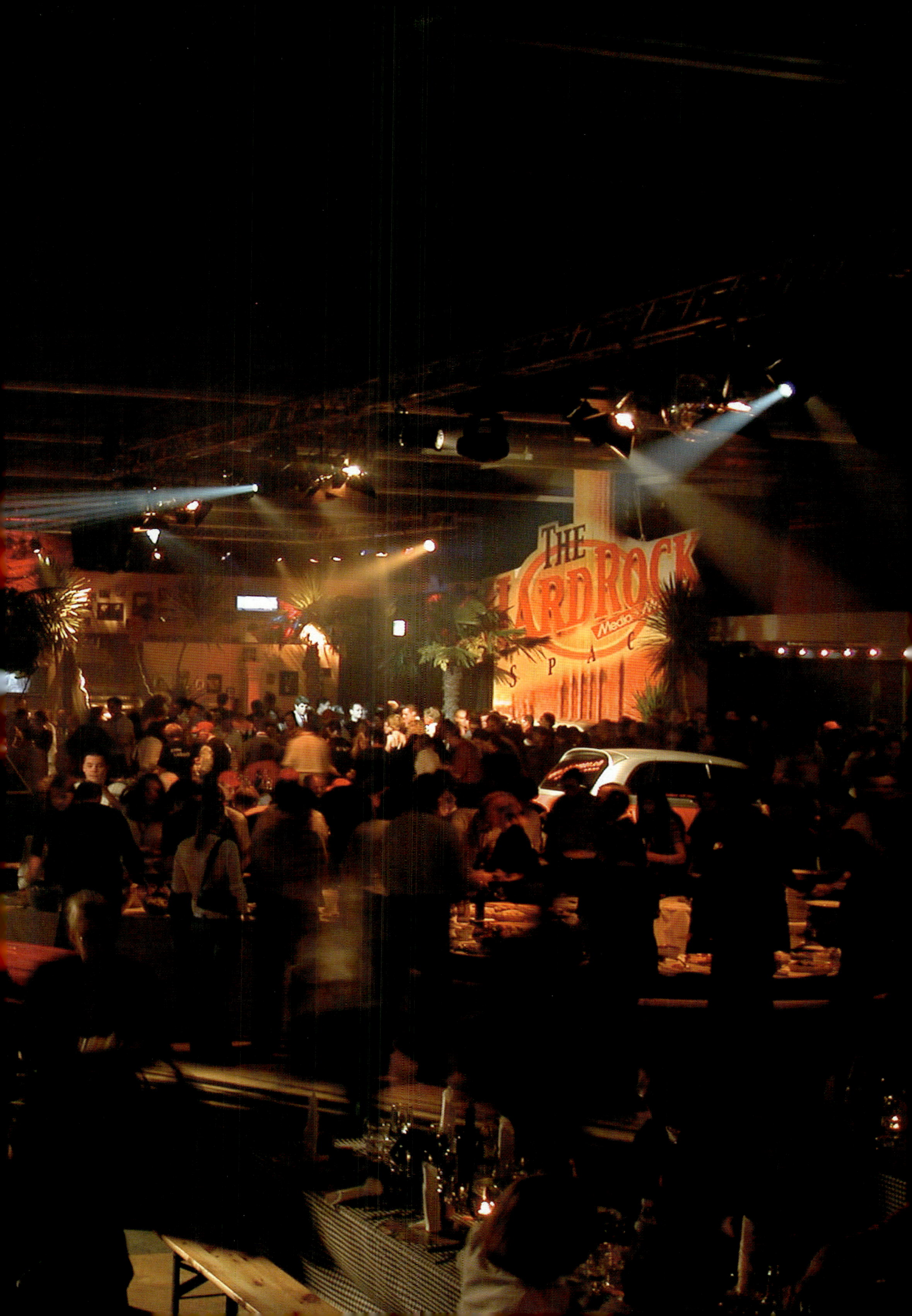
THE
Media

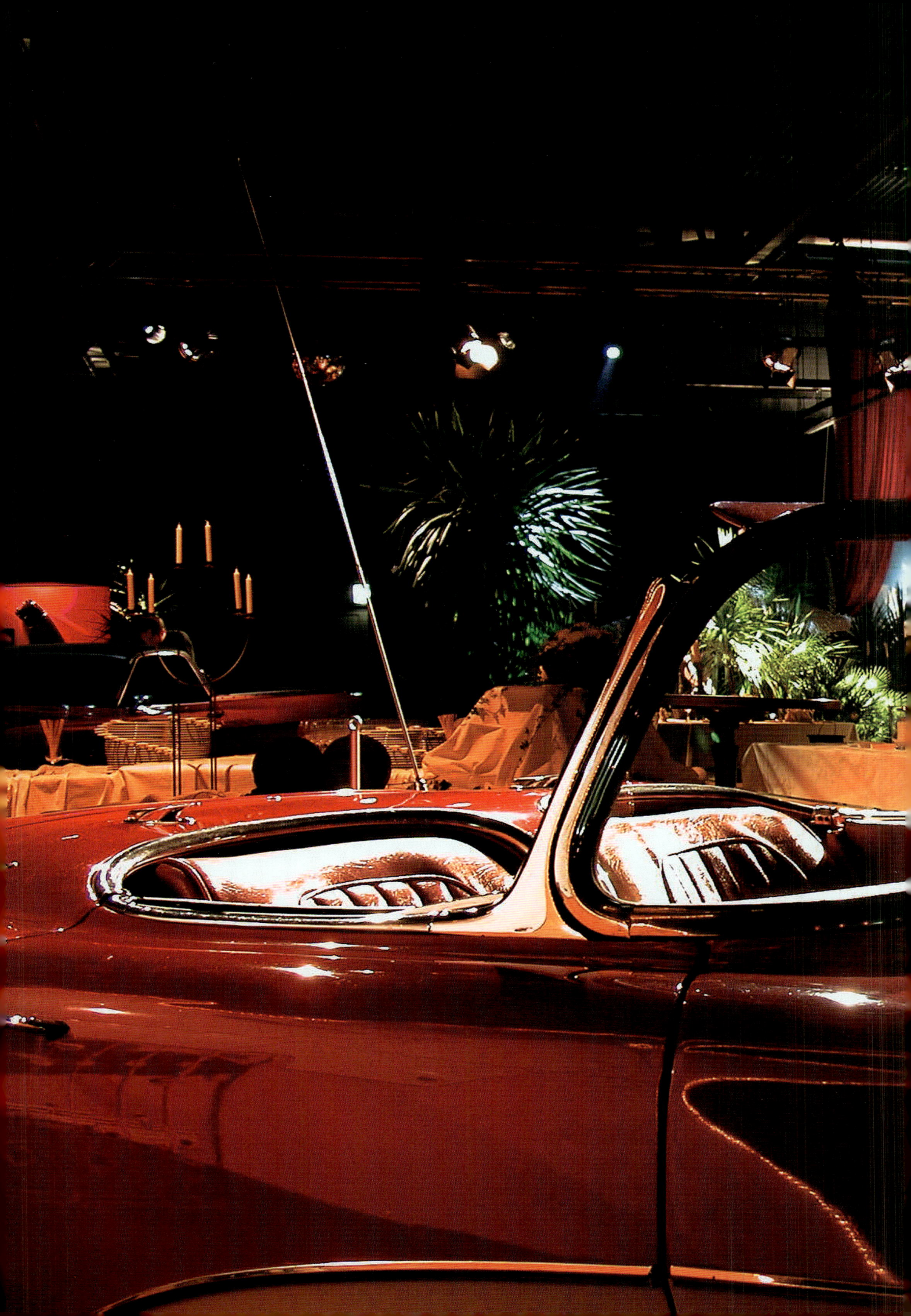

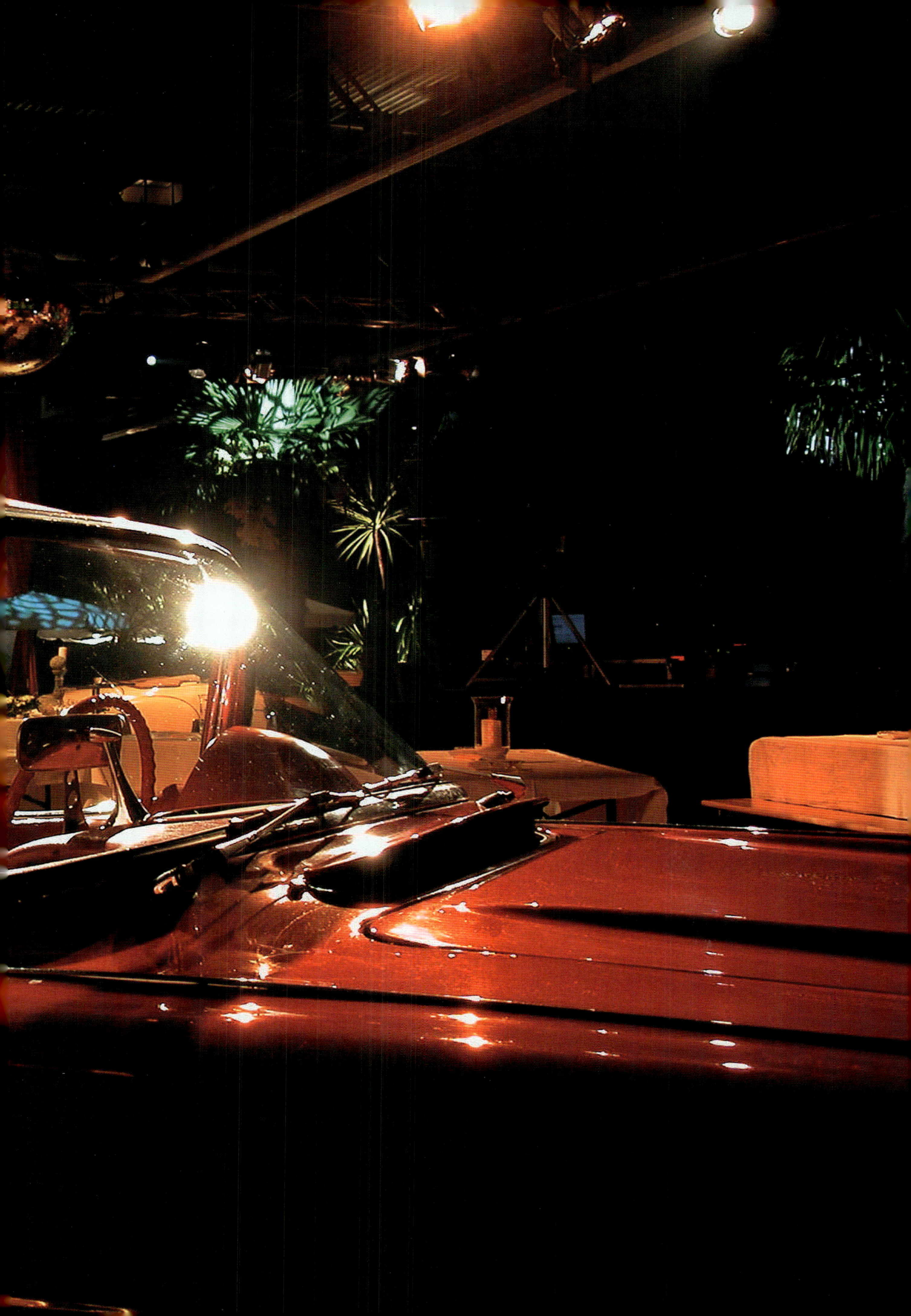

One life, one soul – «Gotthard» live

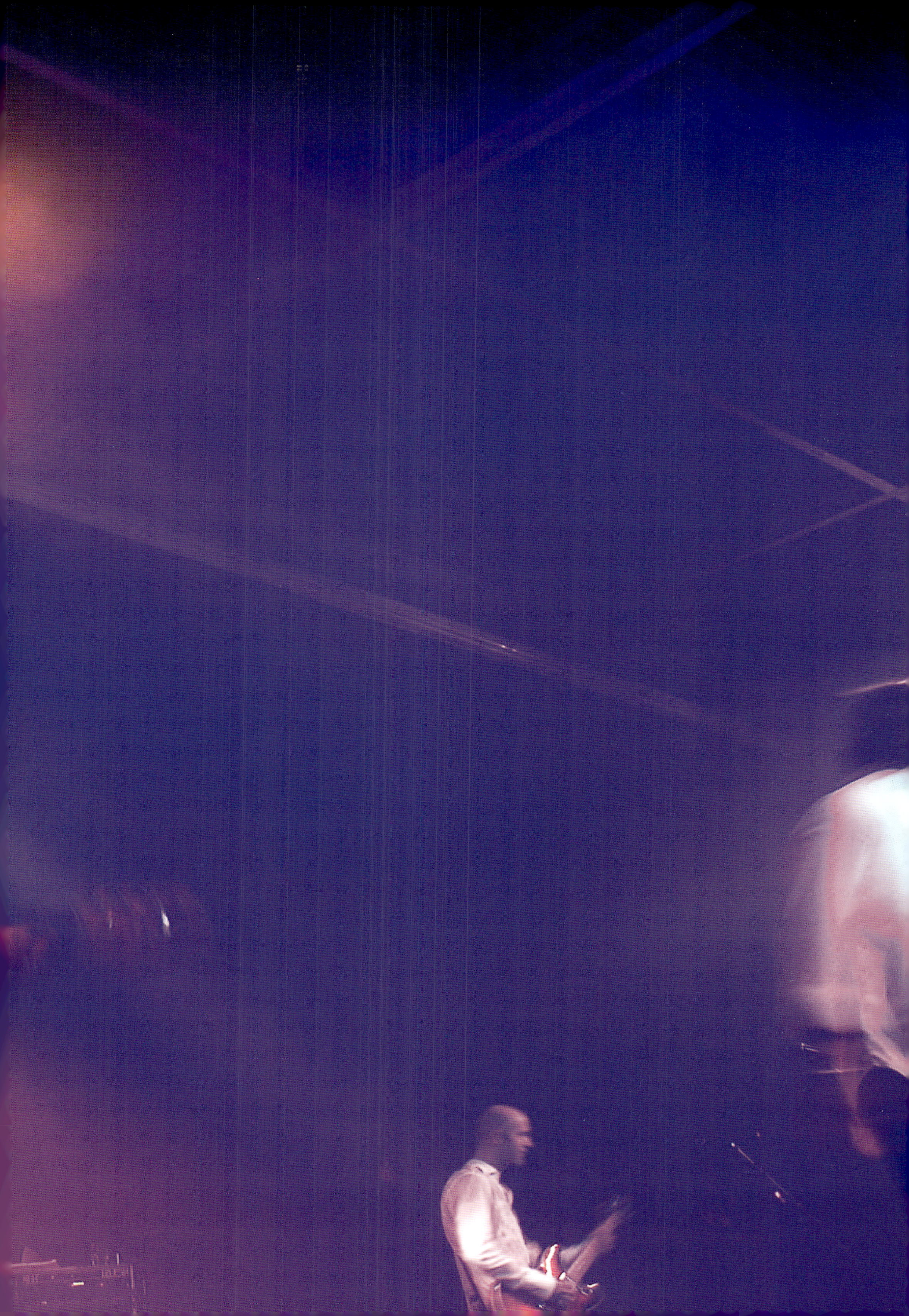

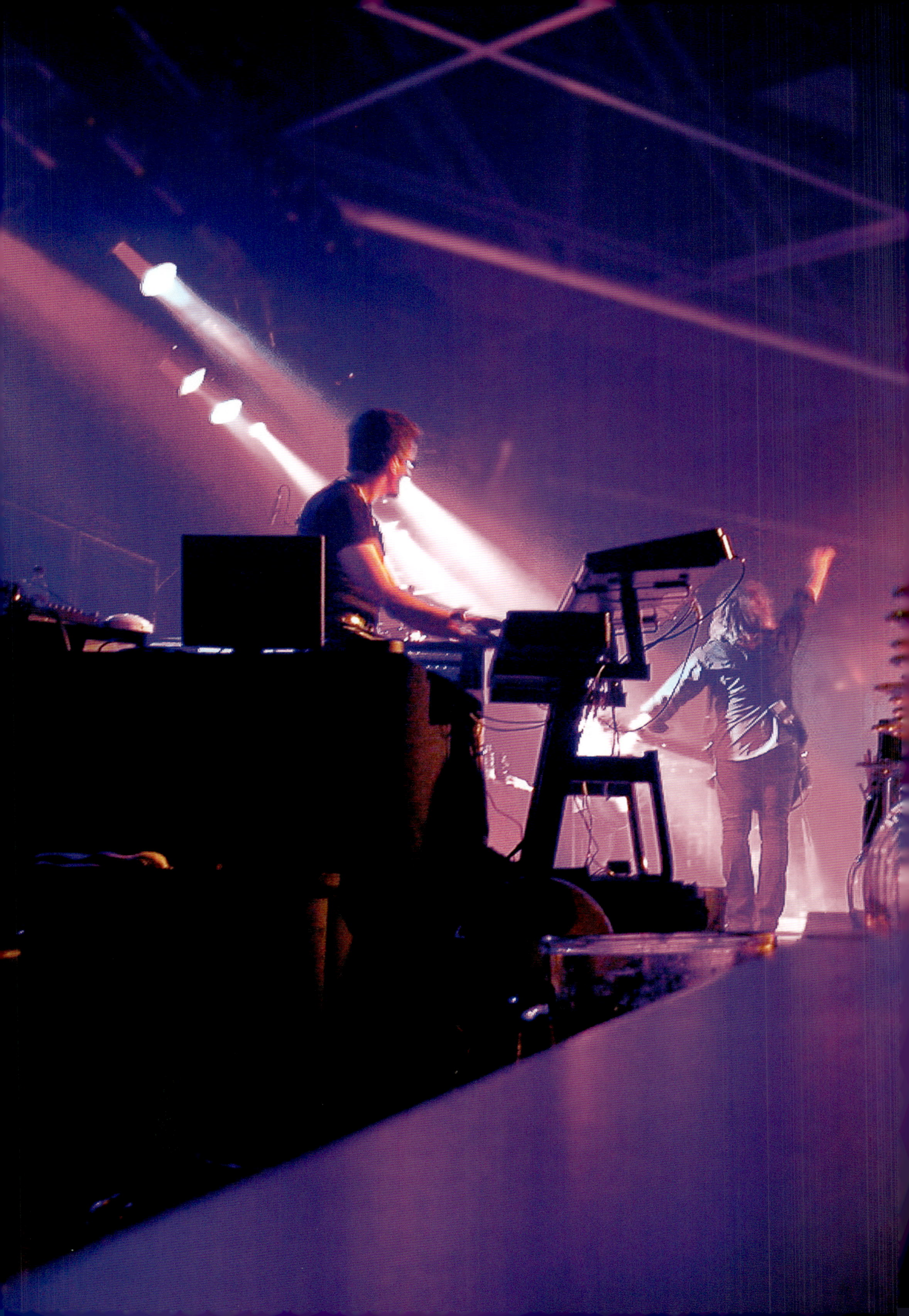

Steve Lee

1963 - 2010

Midso

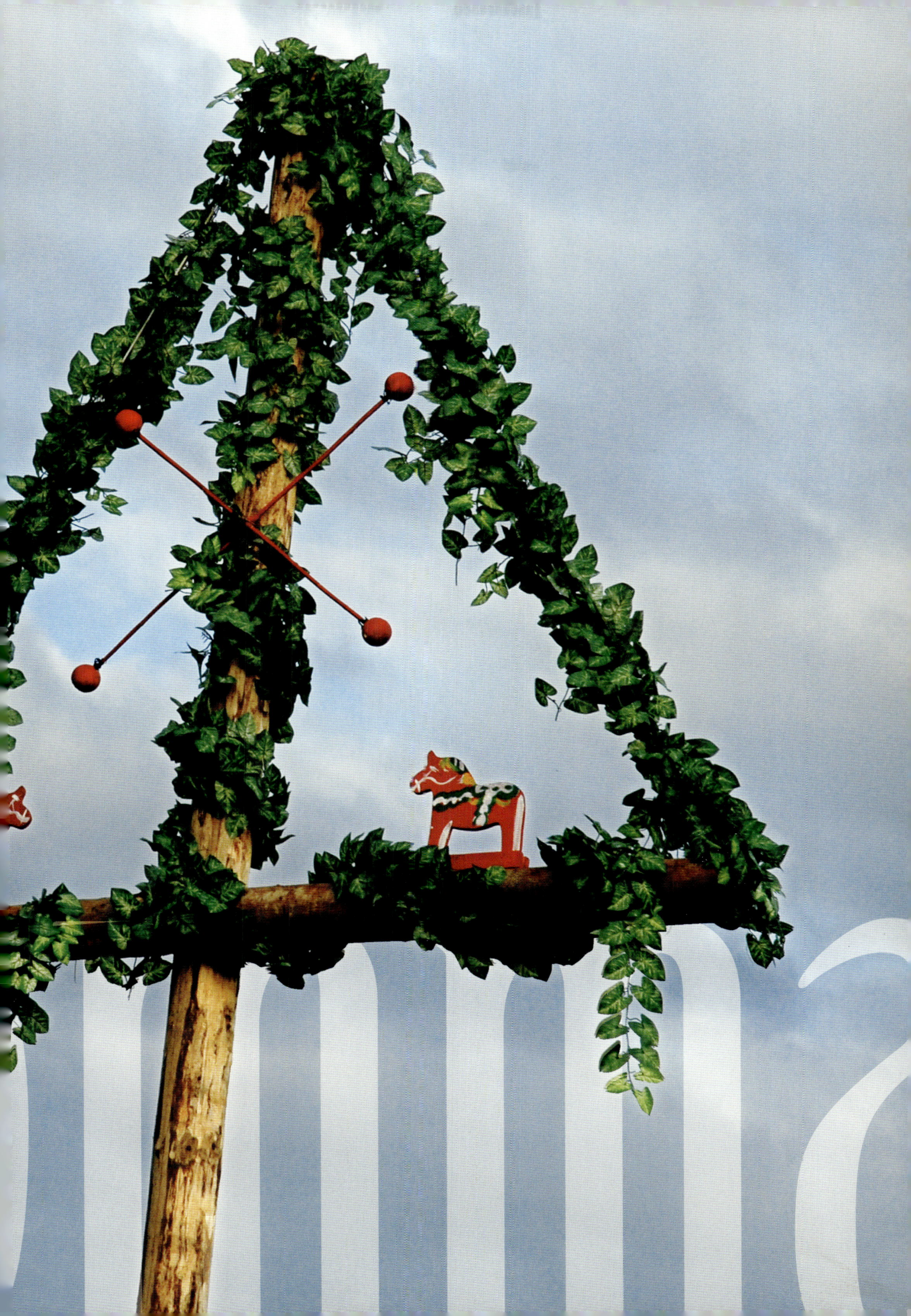

Knuspriges Klischee – typische Speisen

Sett ur astronomisk synvinkel är en närliggande dag till dagens midsommardag det dygn som har den längsta dagen, sommarsolståndet.

På de nordligaste breddgraderna, det vill säga norr om norra polcirkeln, går solen inte ens ner under horisonten och det är ljust dygnet runt.

Dalarnapferd – begehrtes Souvenir, für einmal riesengross

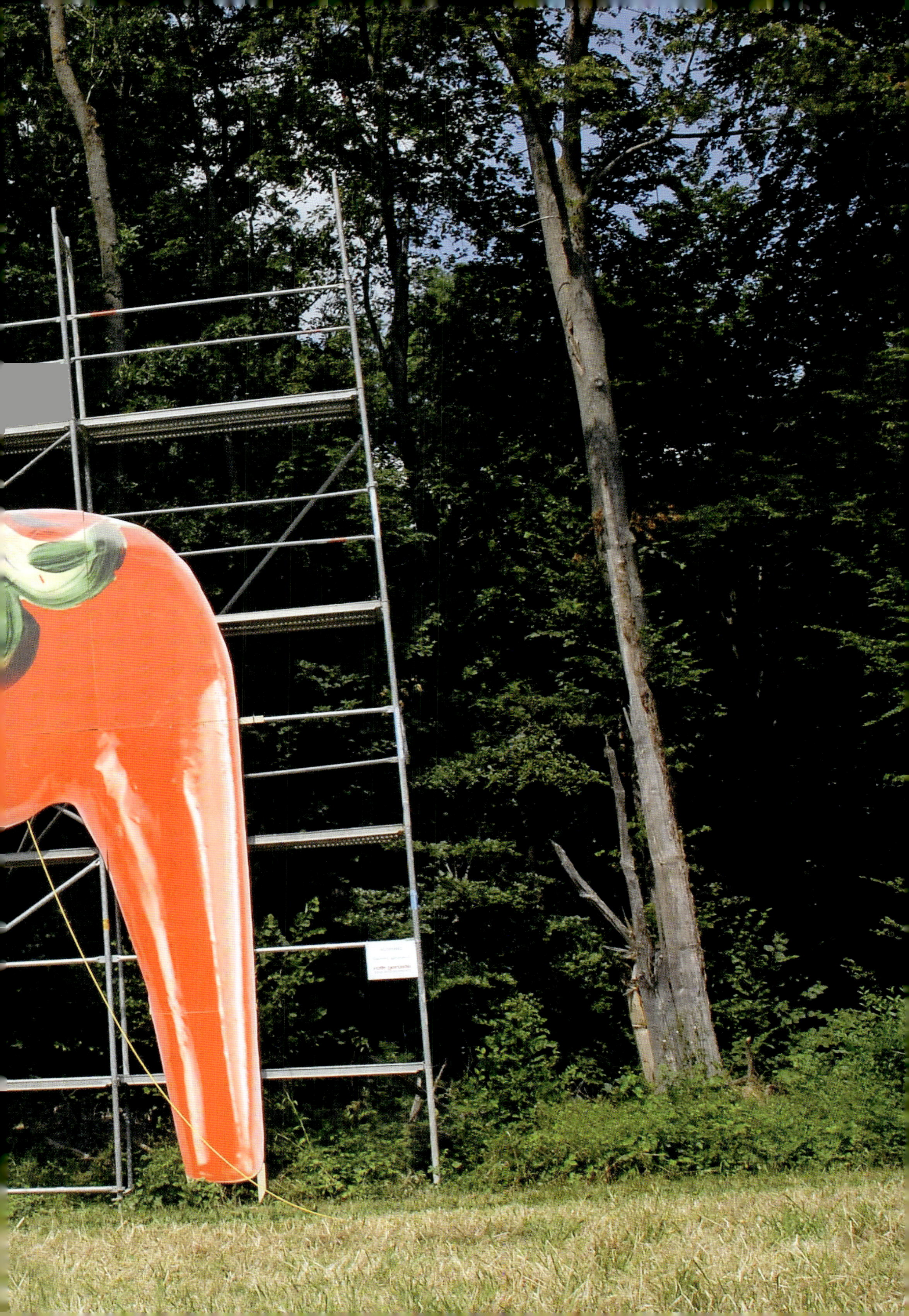

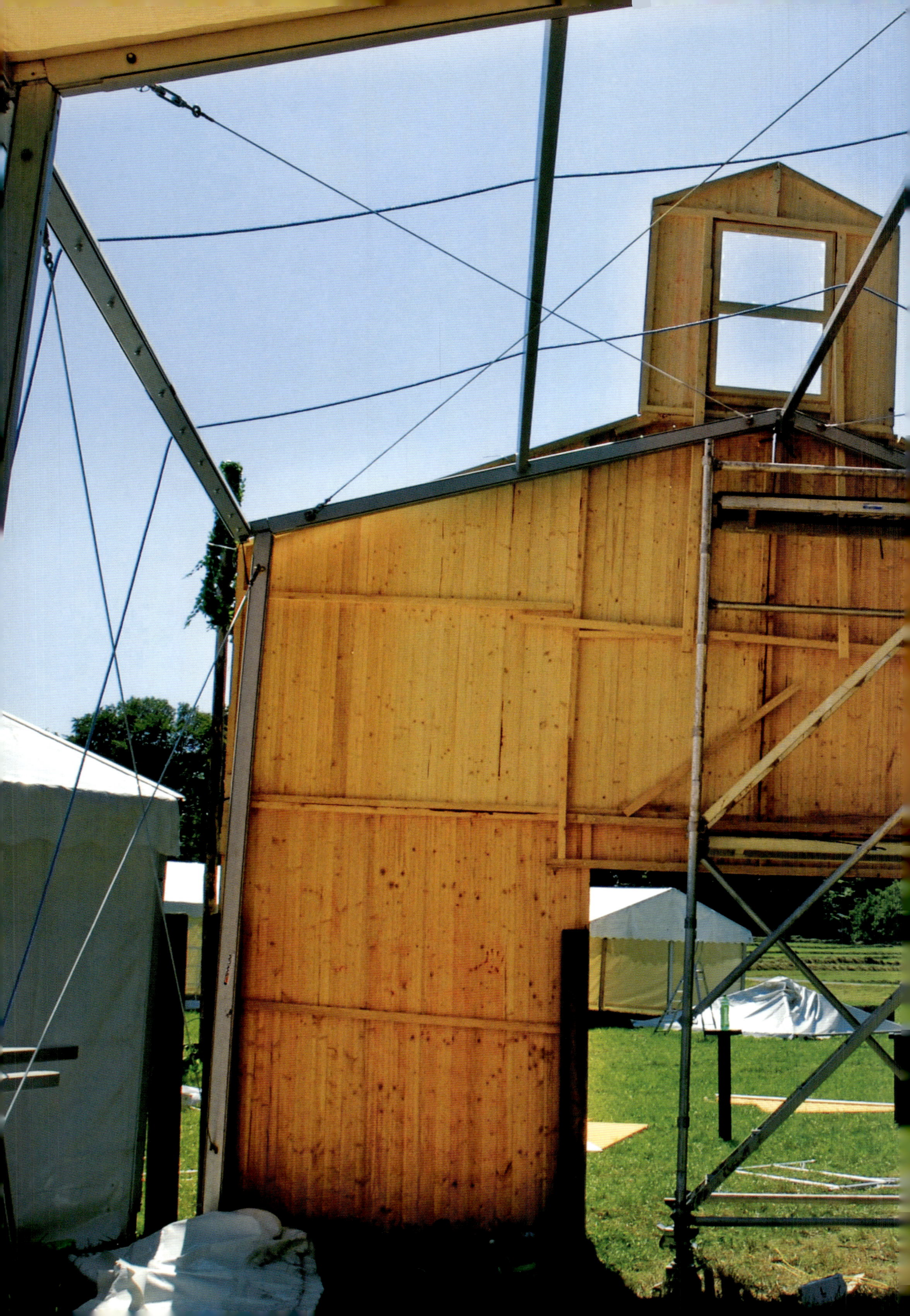

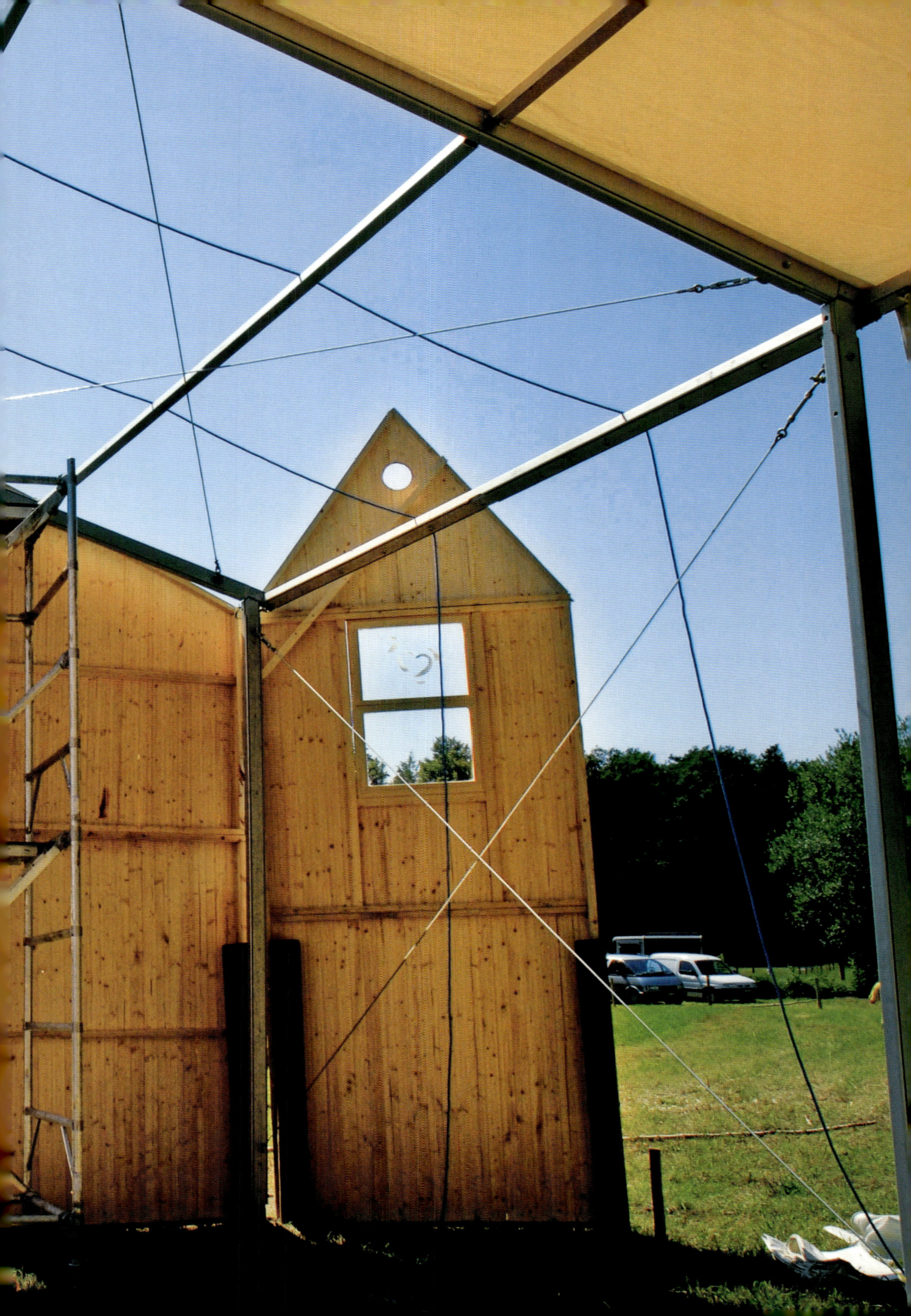

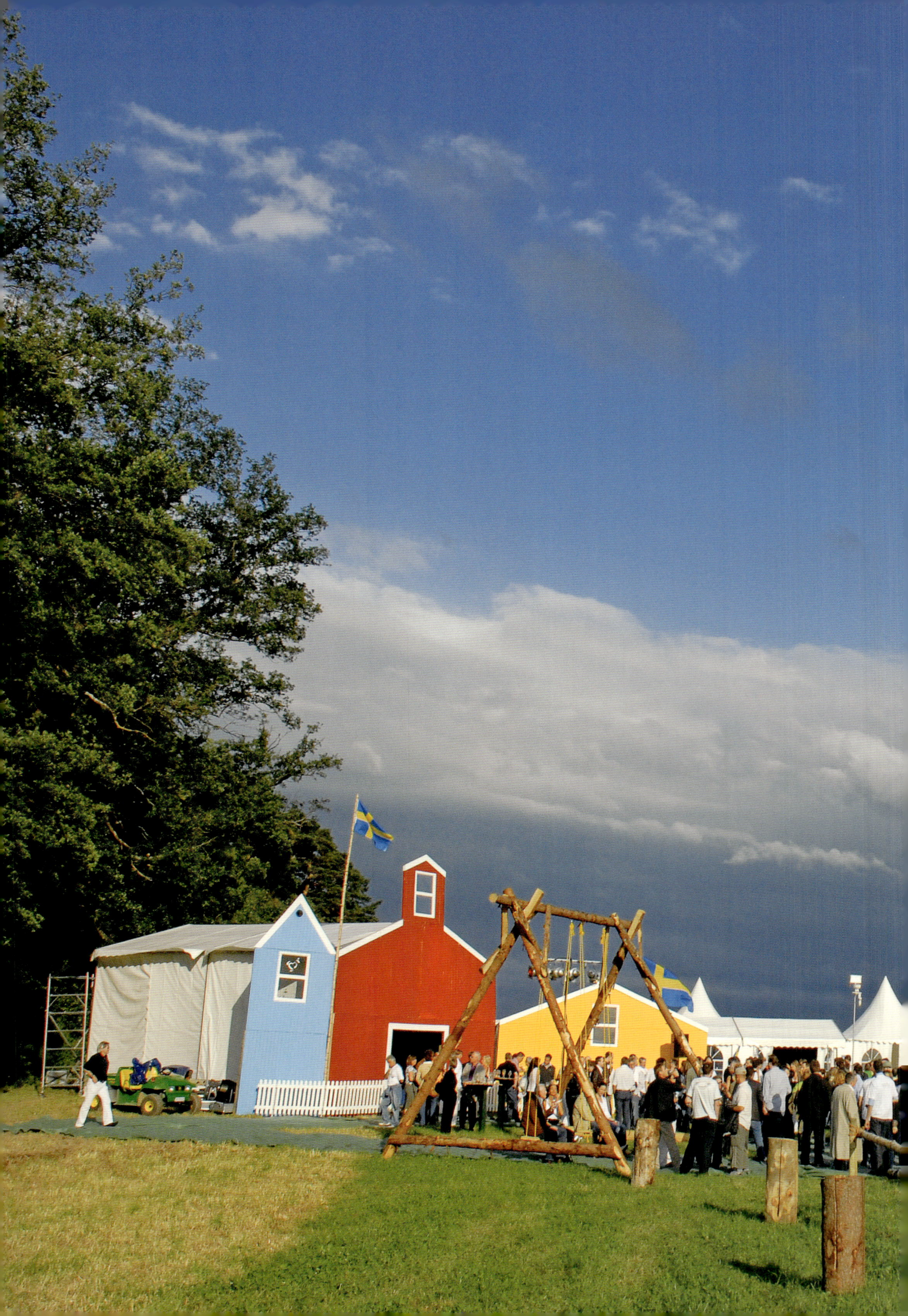

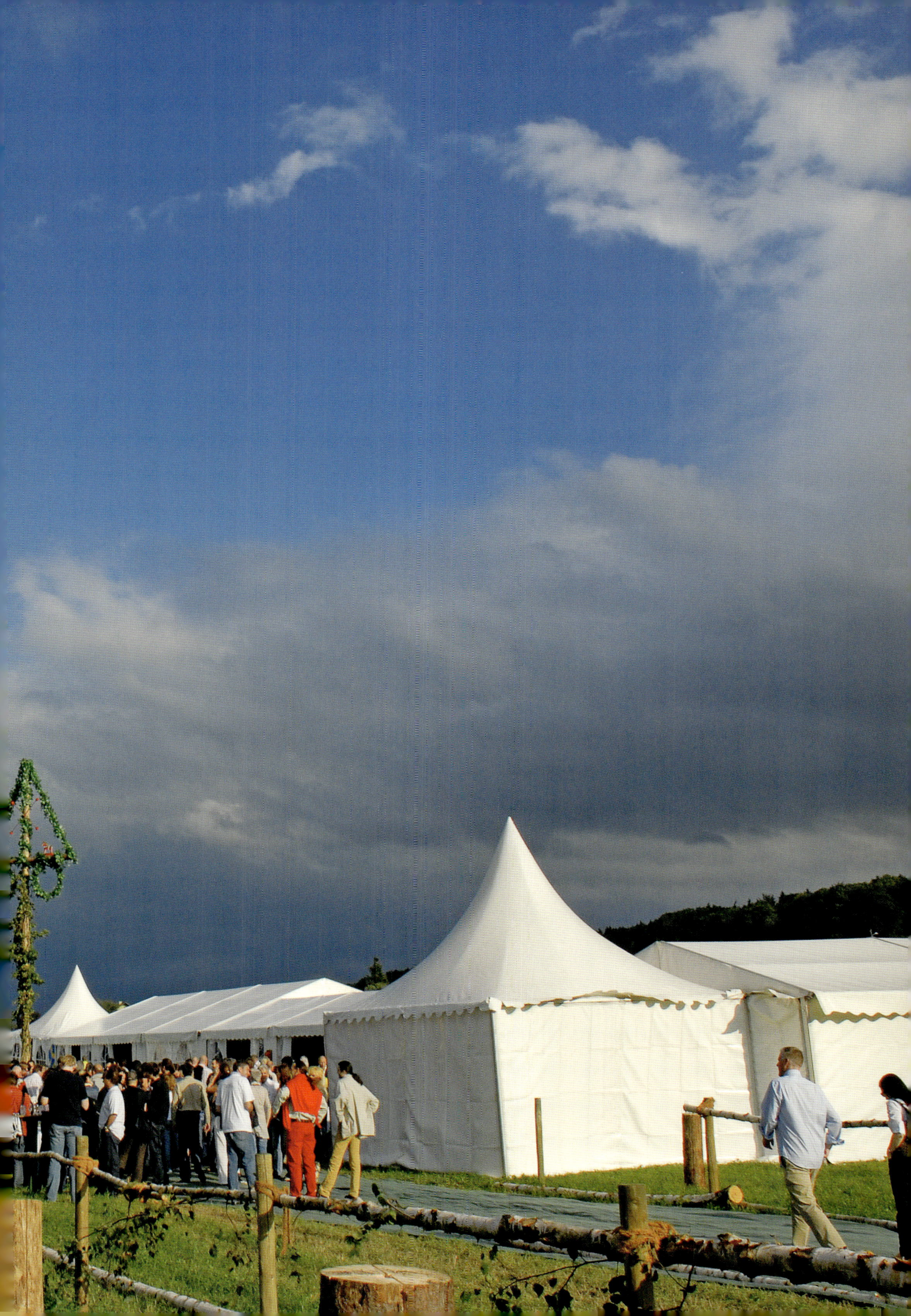

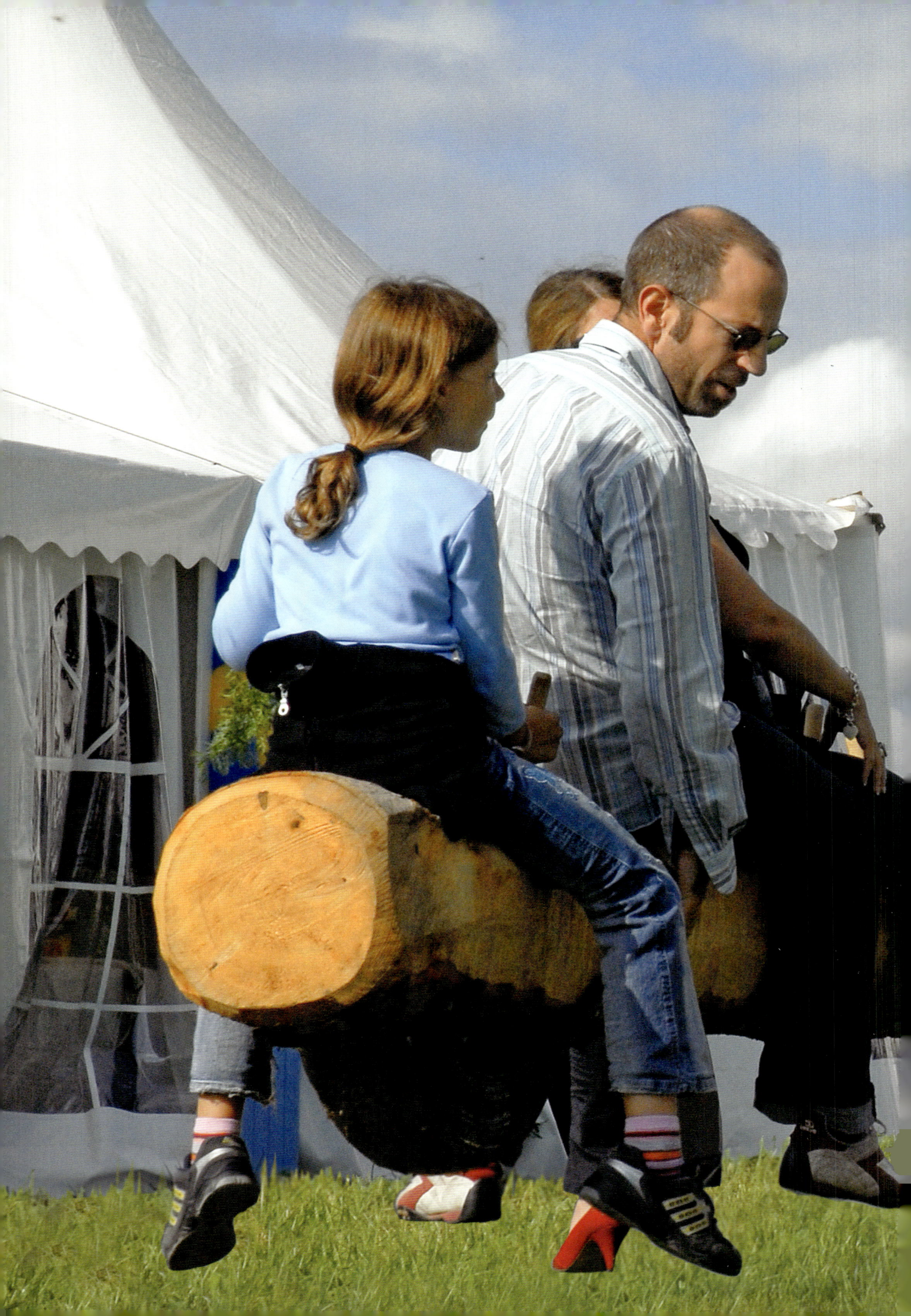

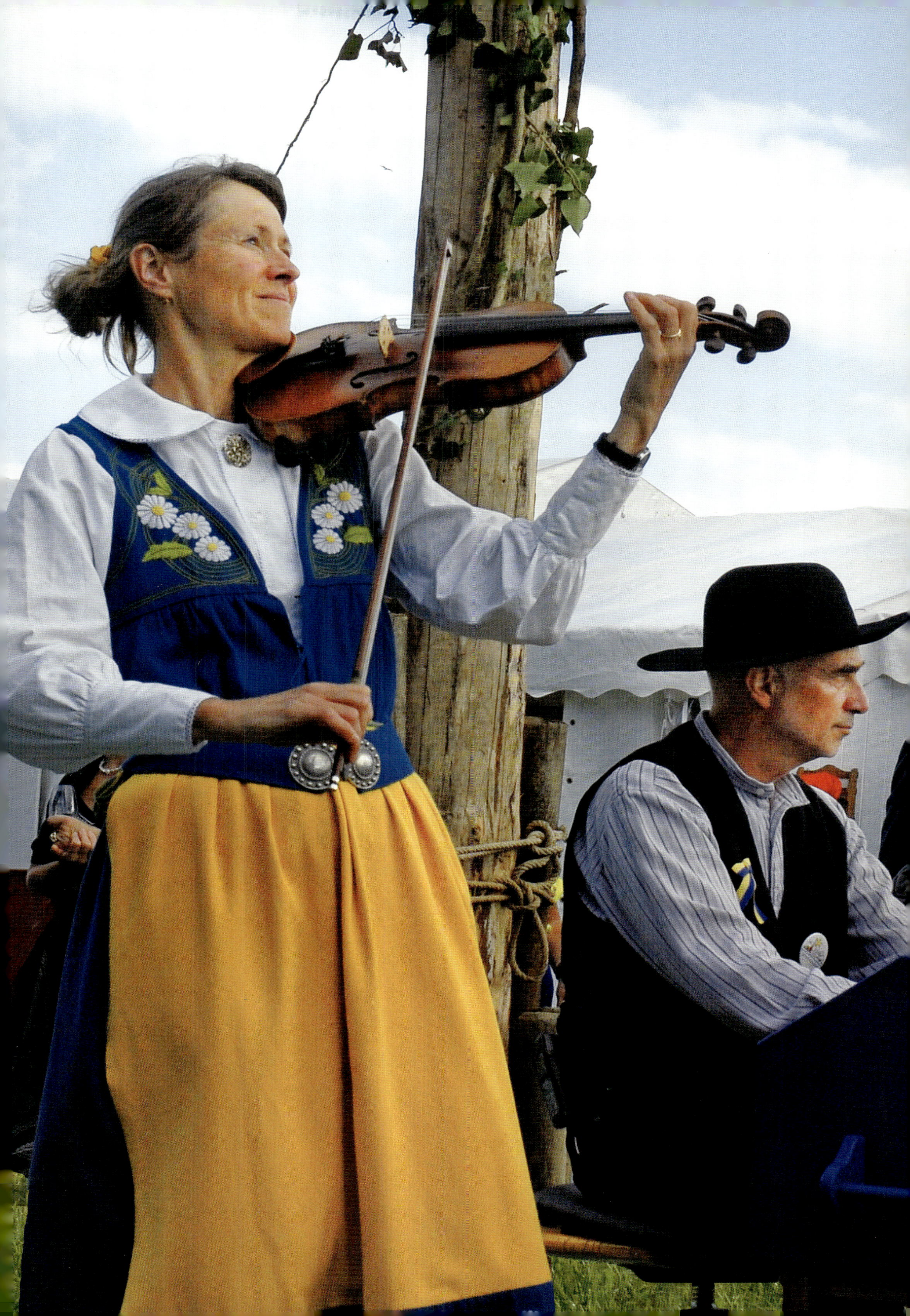

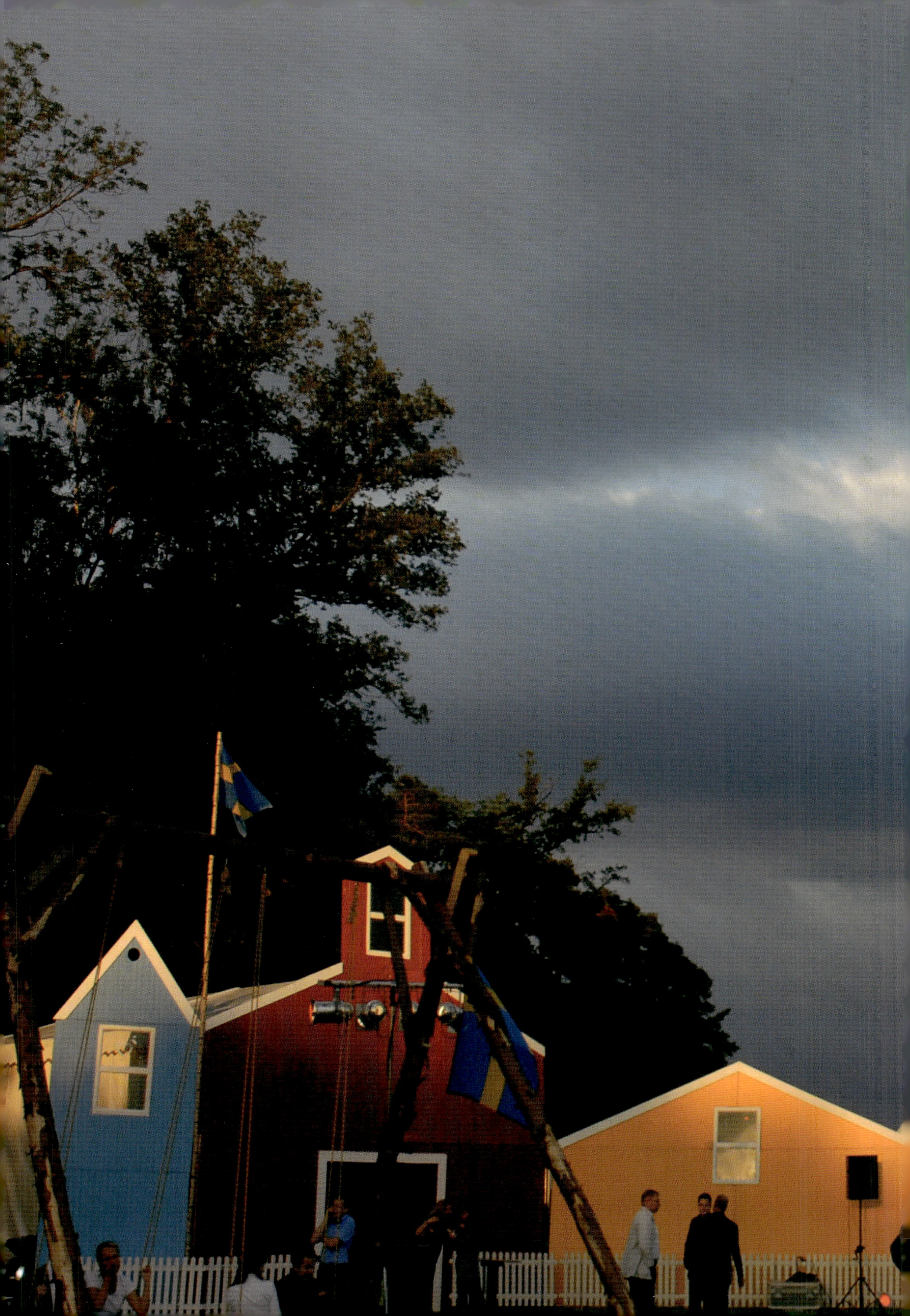

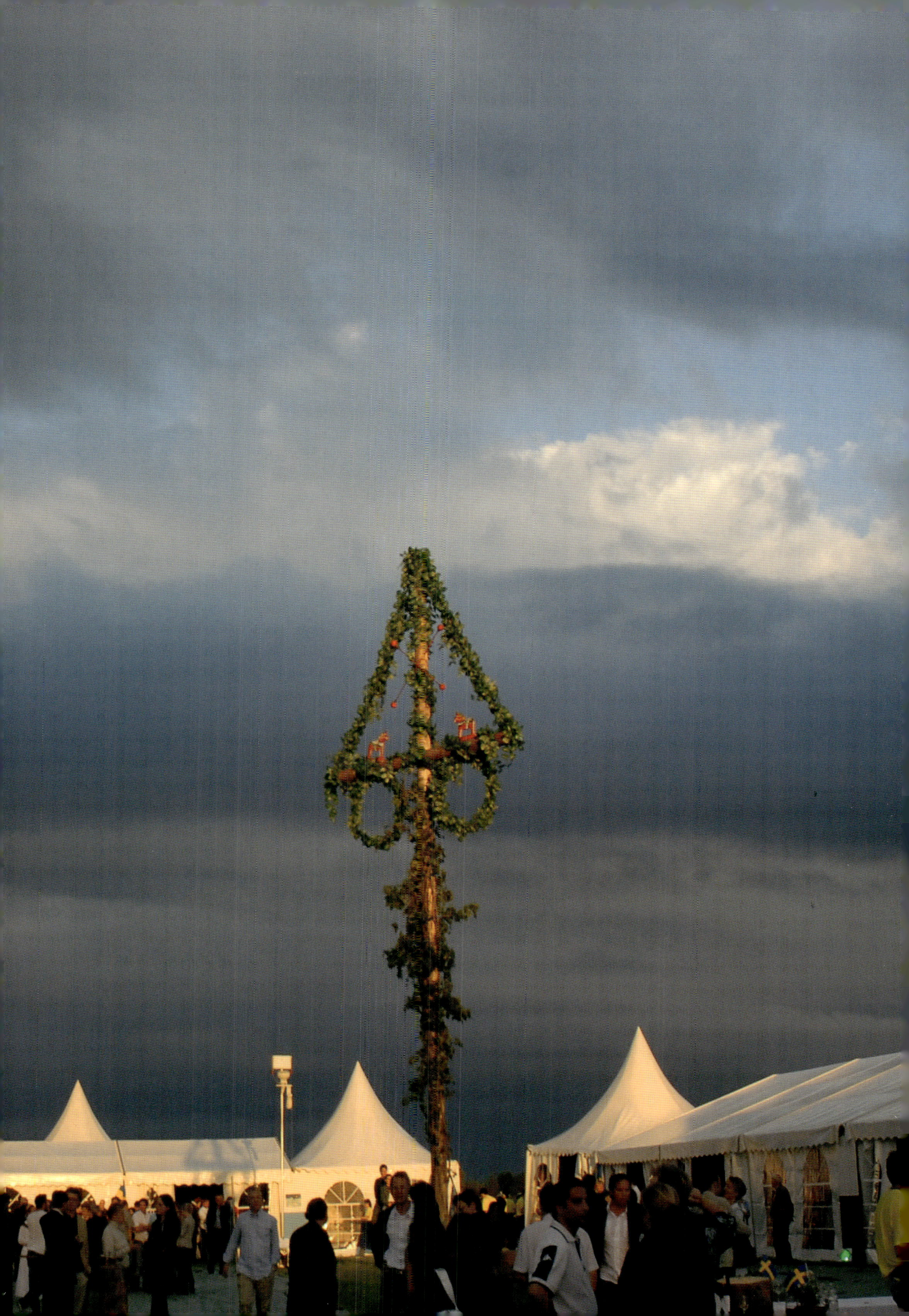

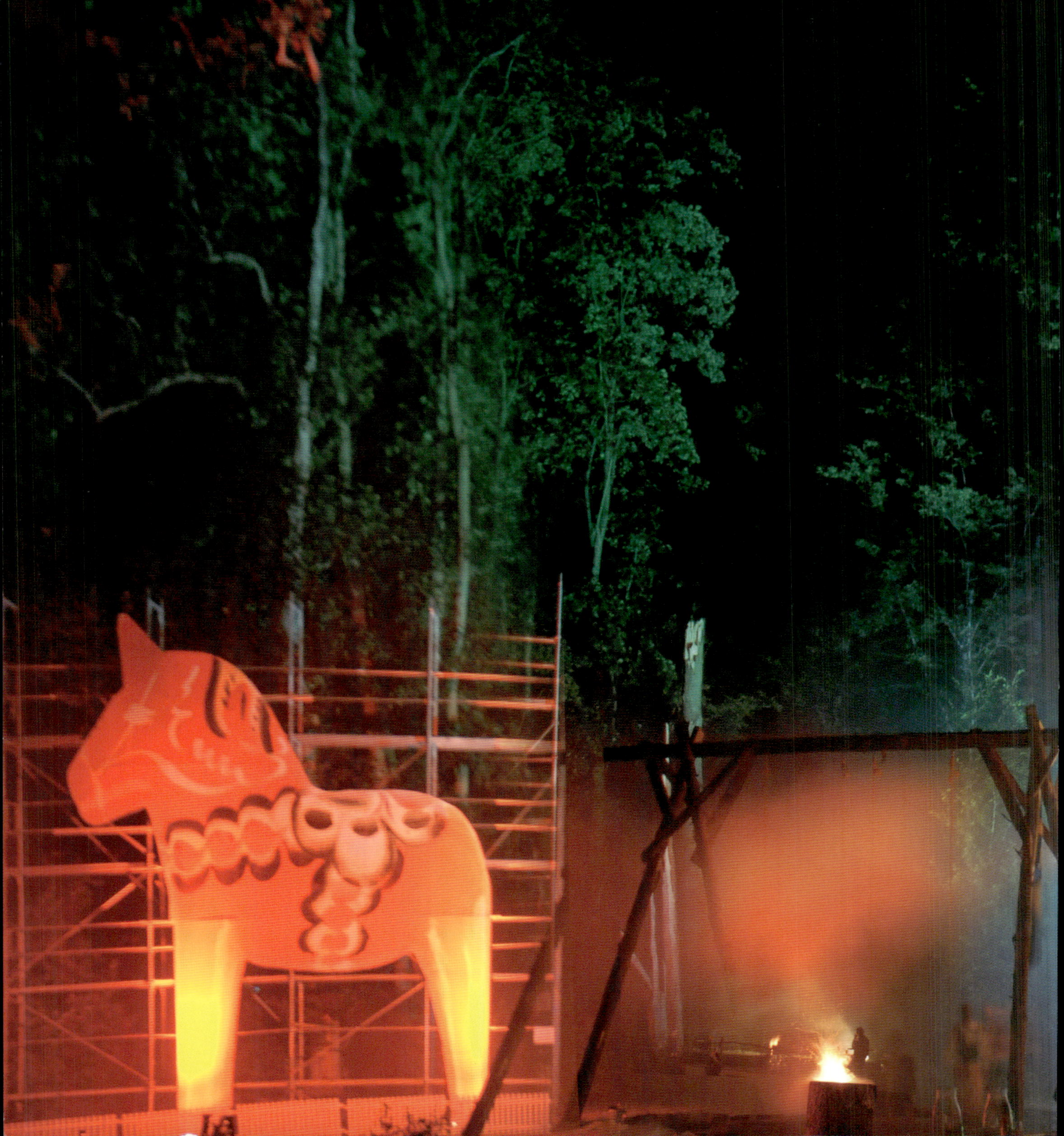

Jag får då genast den ljuva känslan av sjunde

immelens härlighet. Av sjunde himlen, ... skål!

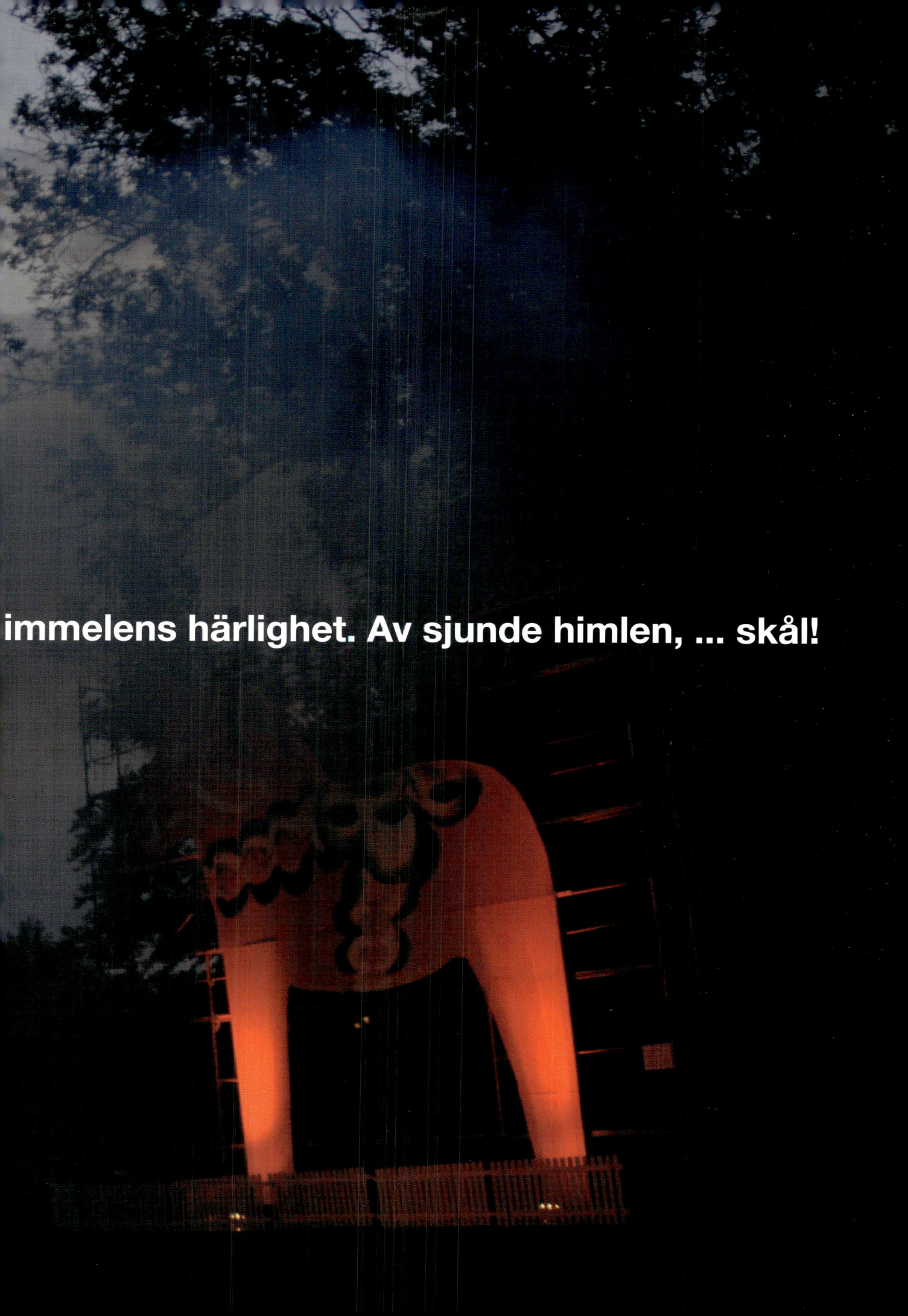

fish ar jumping

Sommer

Ständiger Begleiter vor dem grossen Einsatz

Flower-Power in Variationen

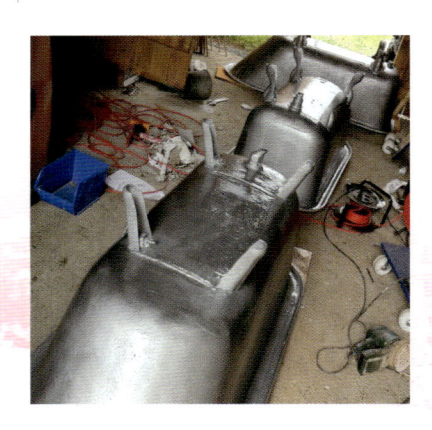

The cotton is
Oh your daddy
Your mama's
I said hush li

asy

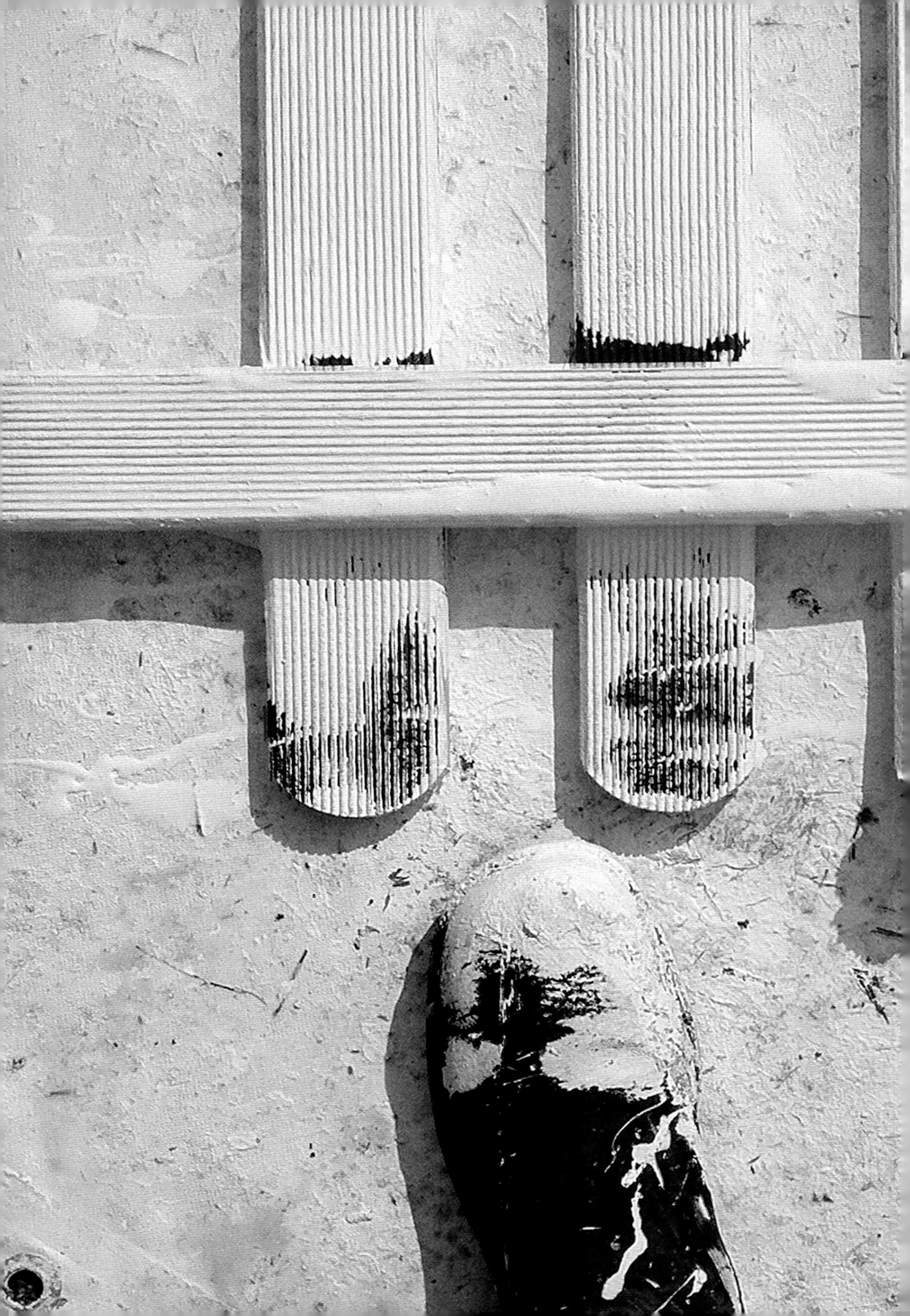

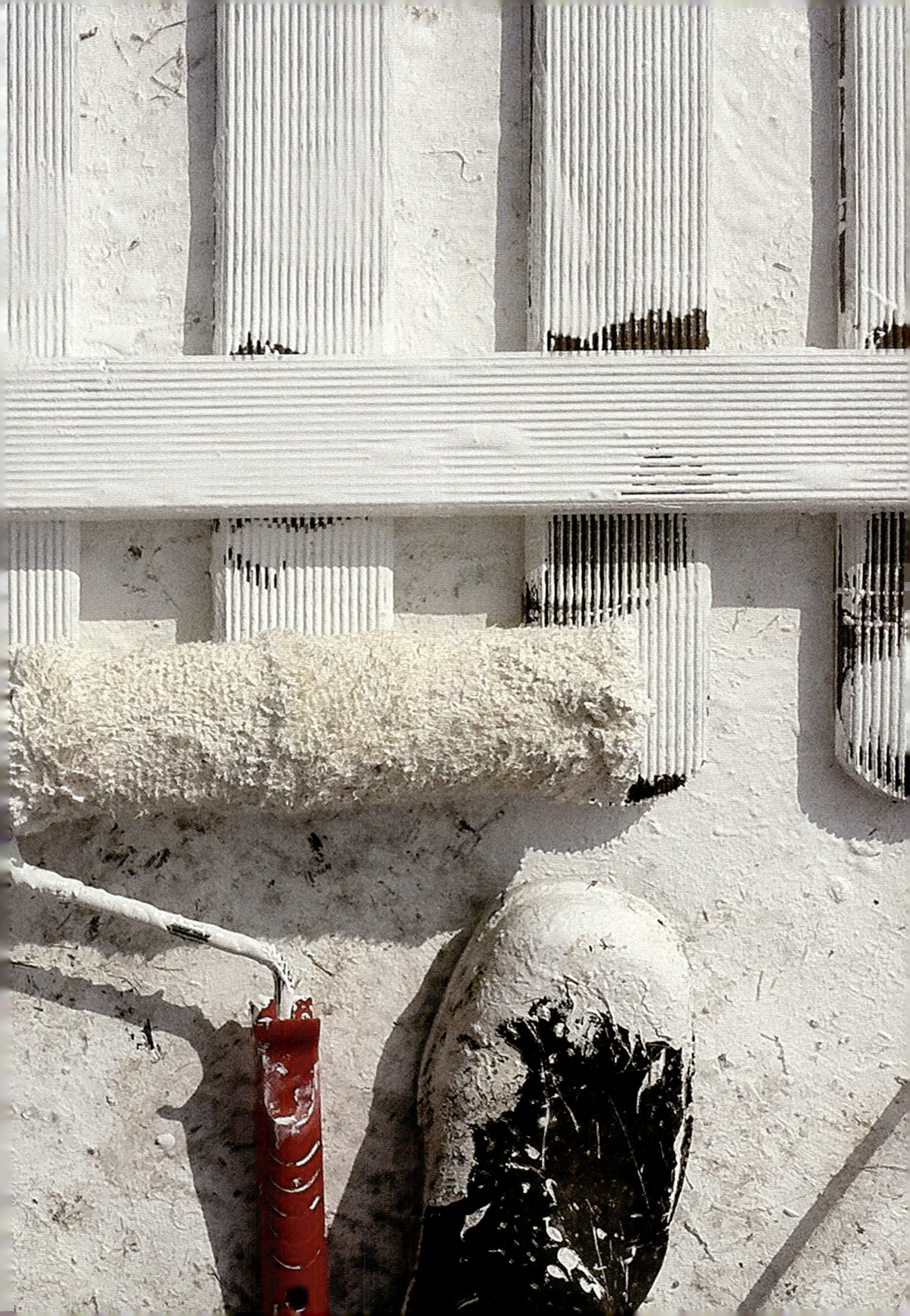

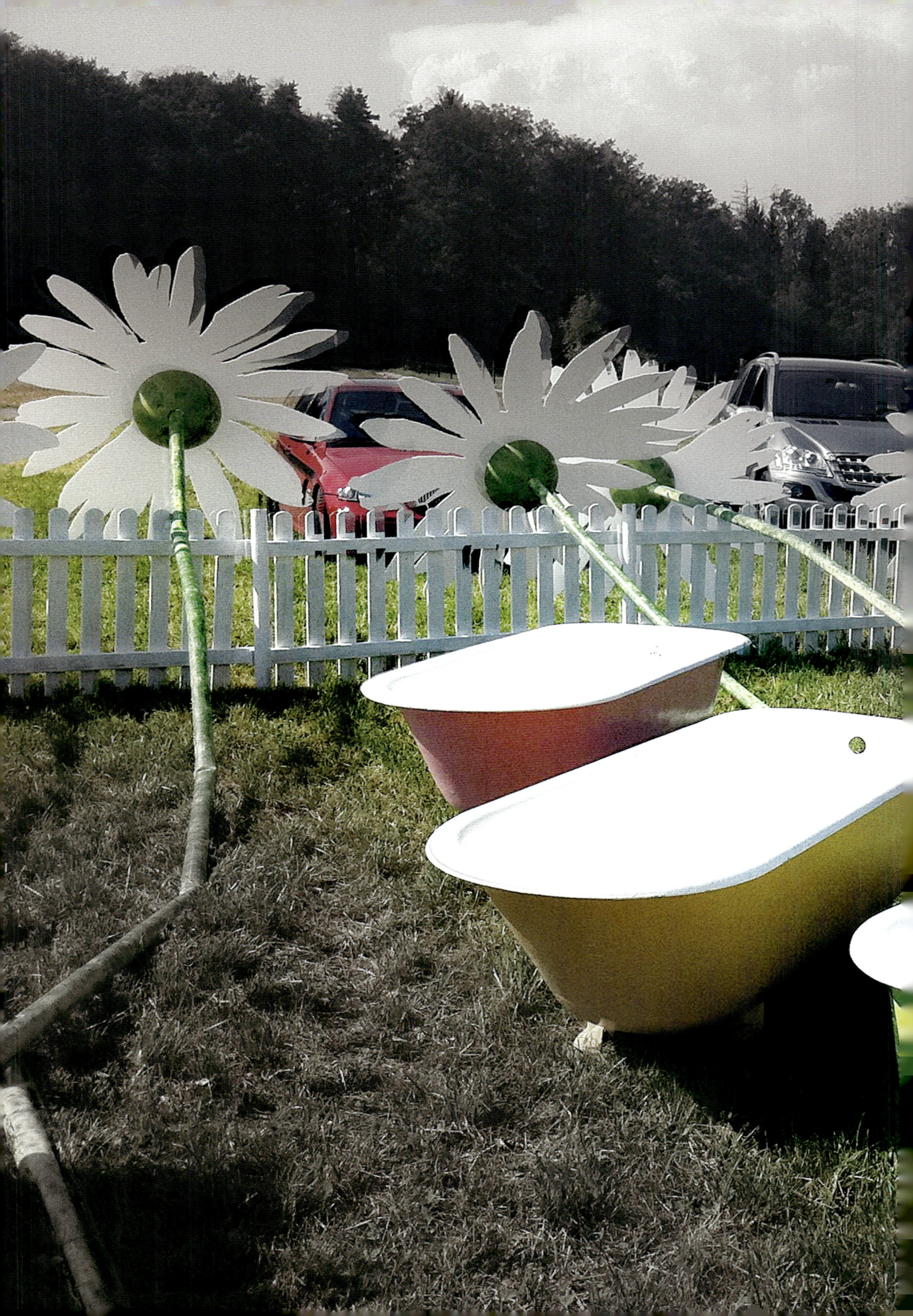

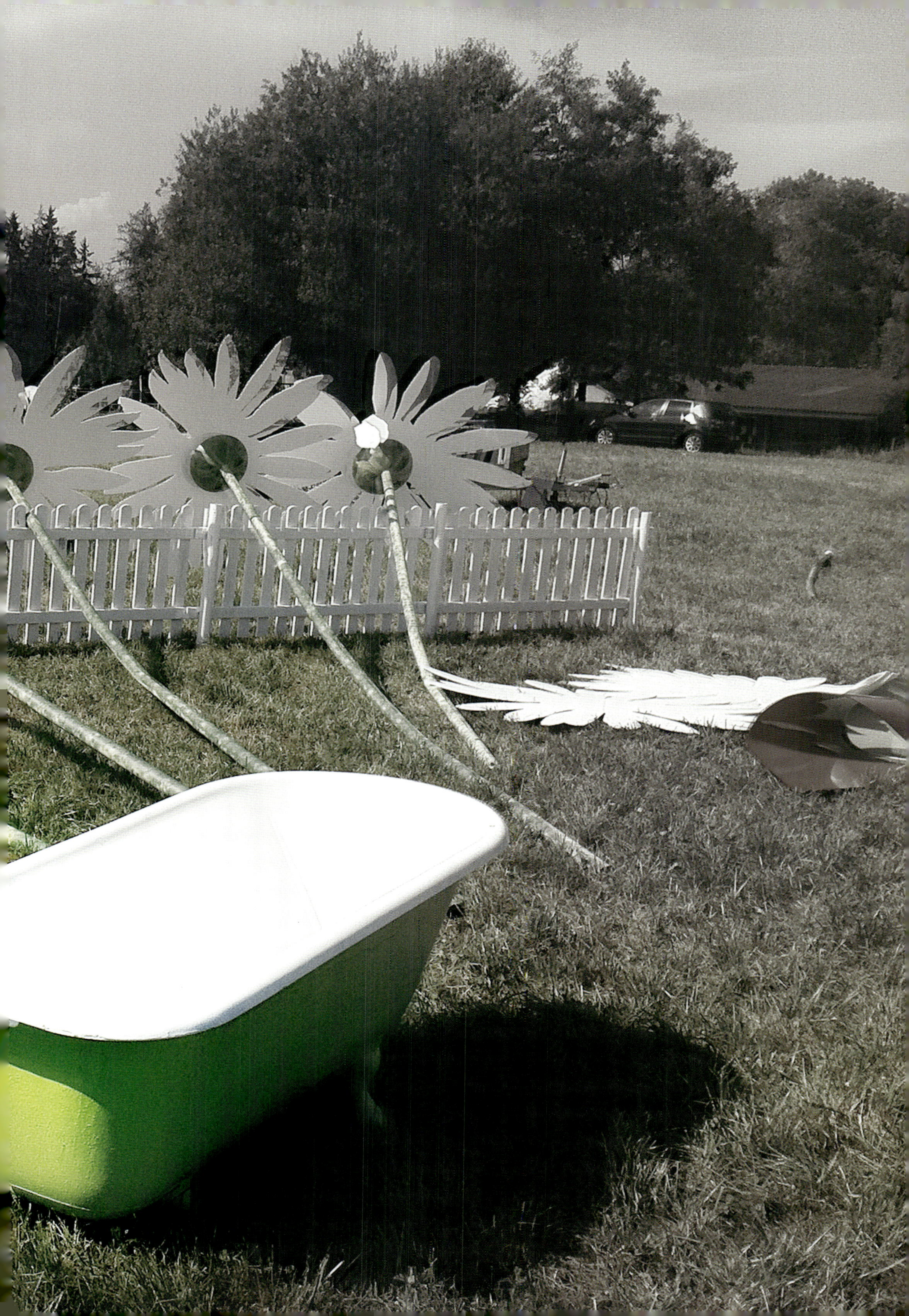

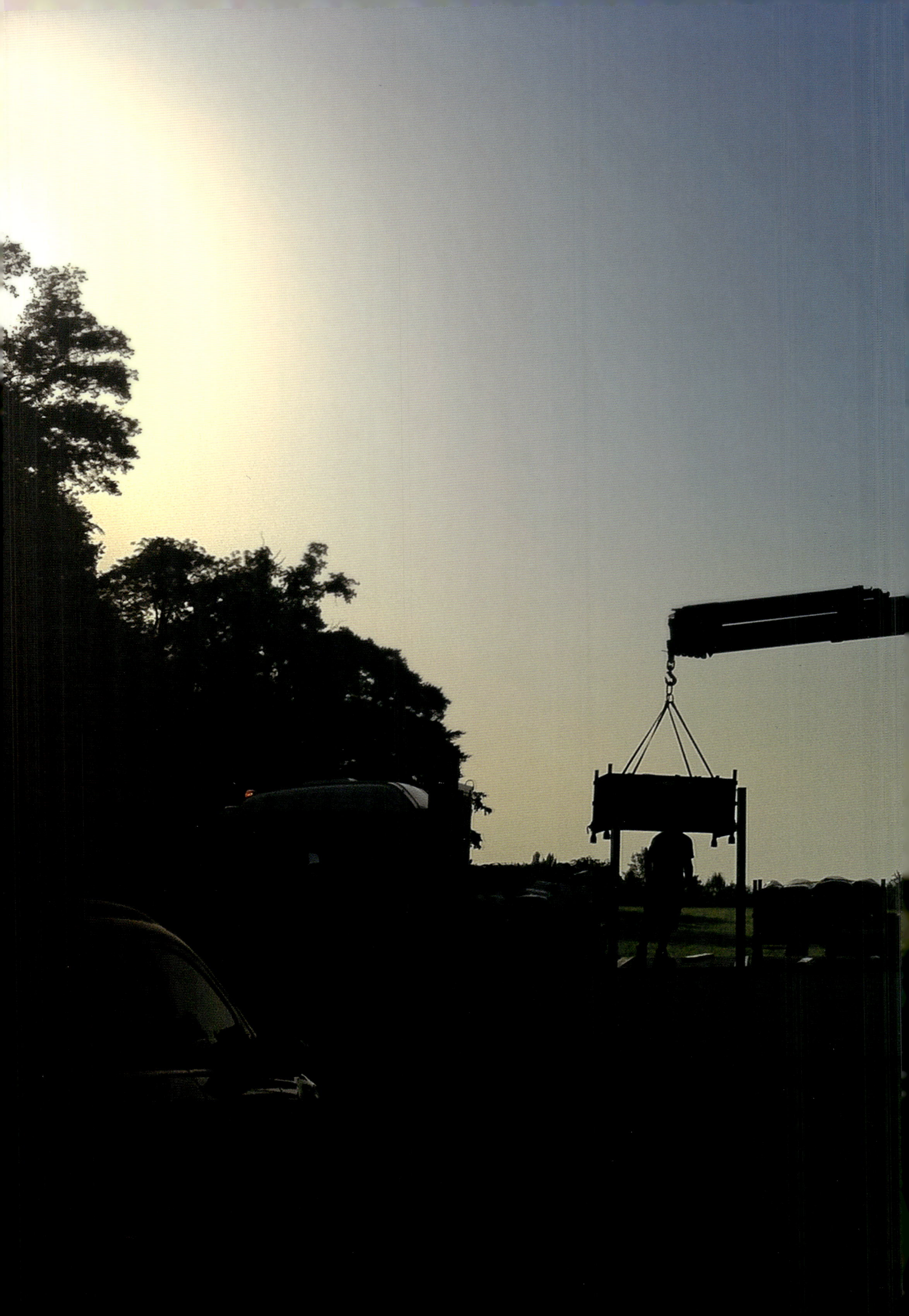

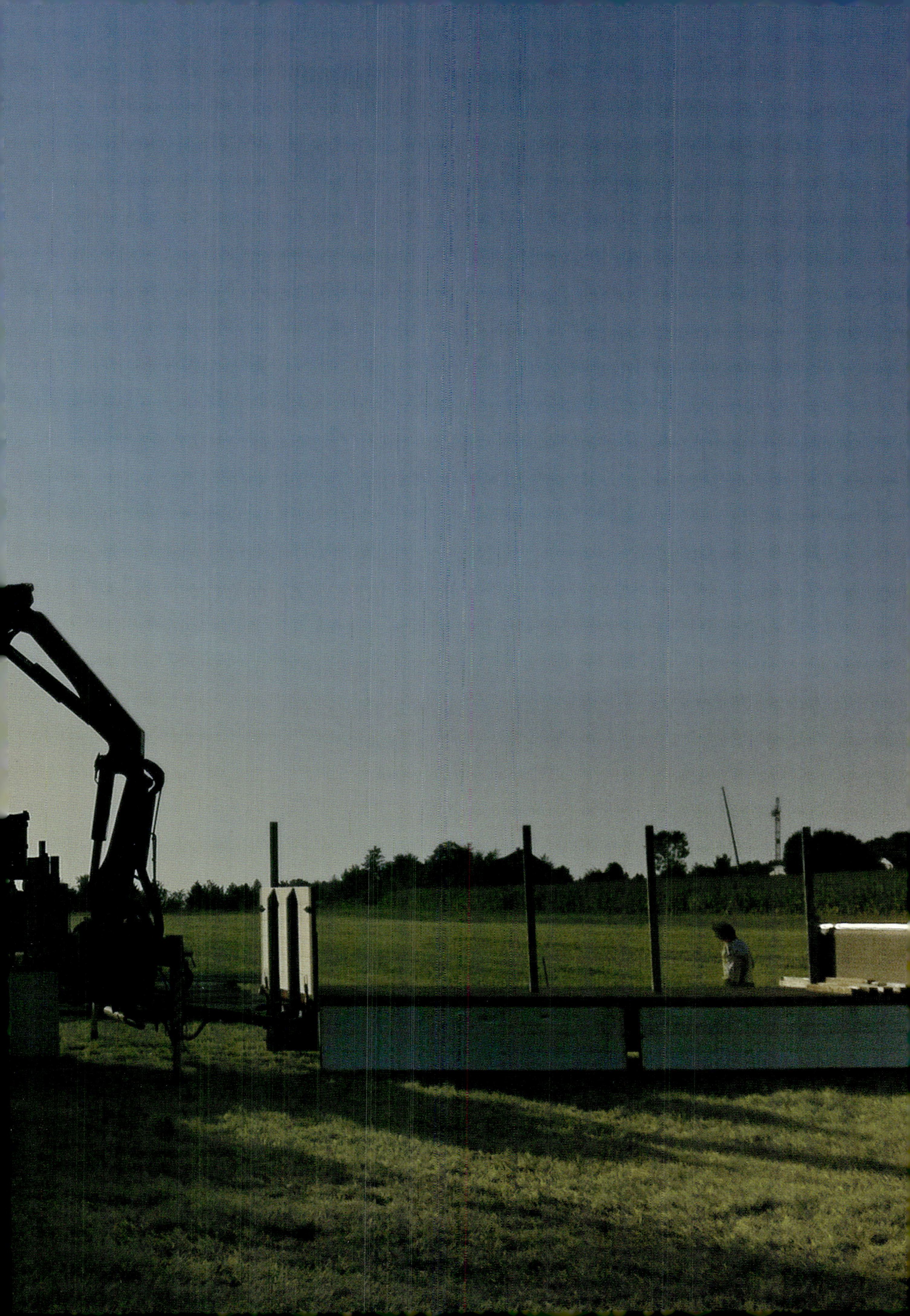

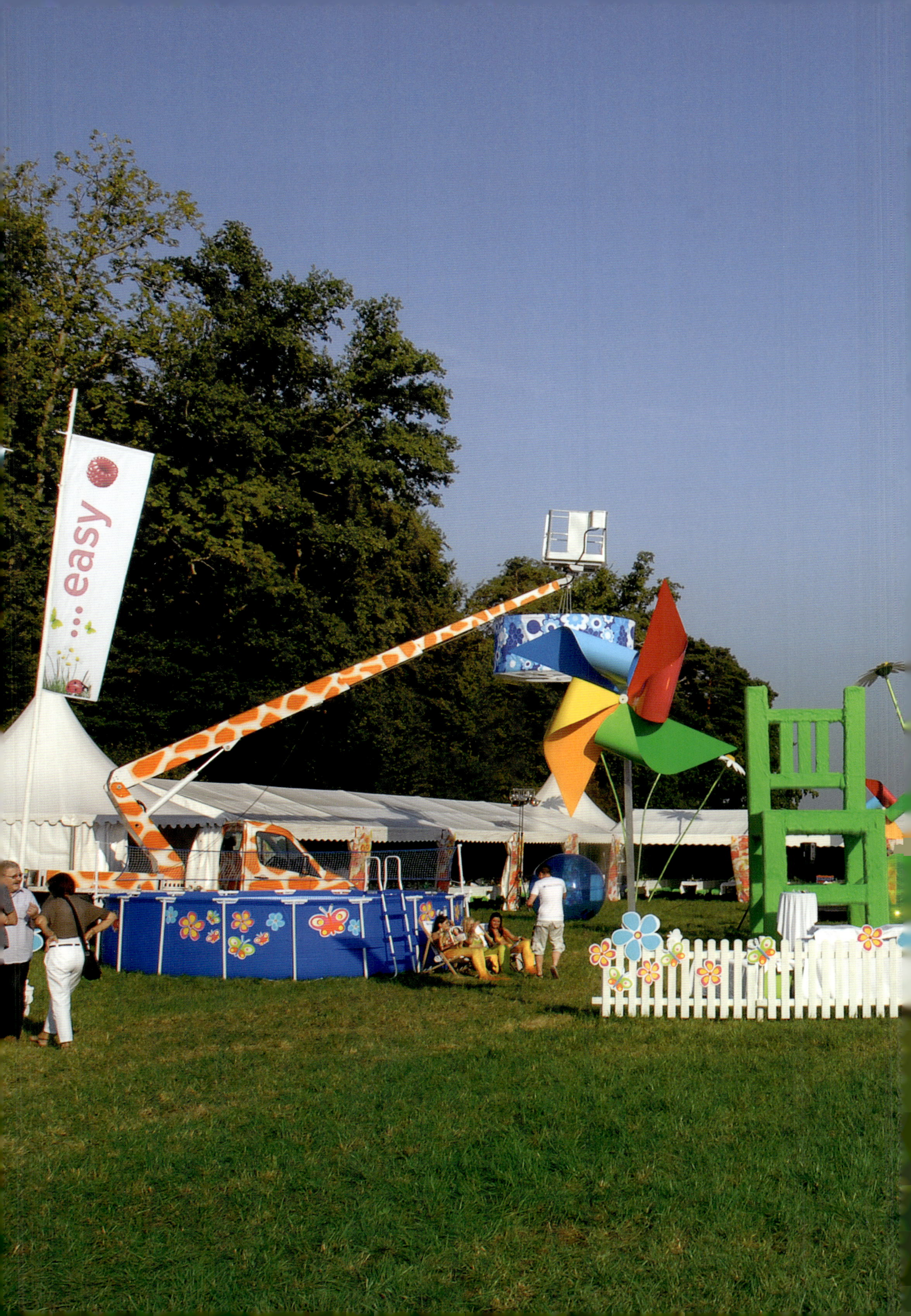
easy

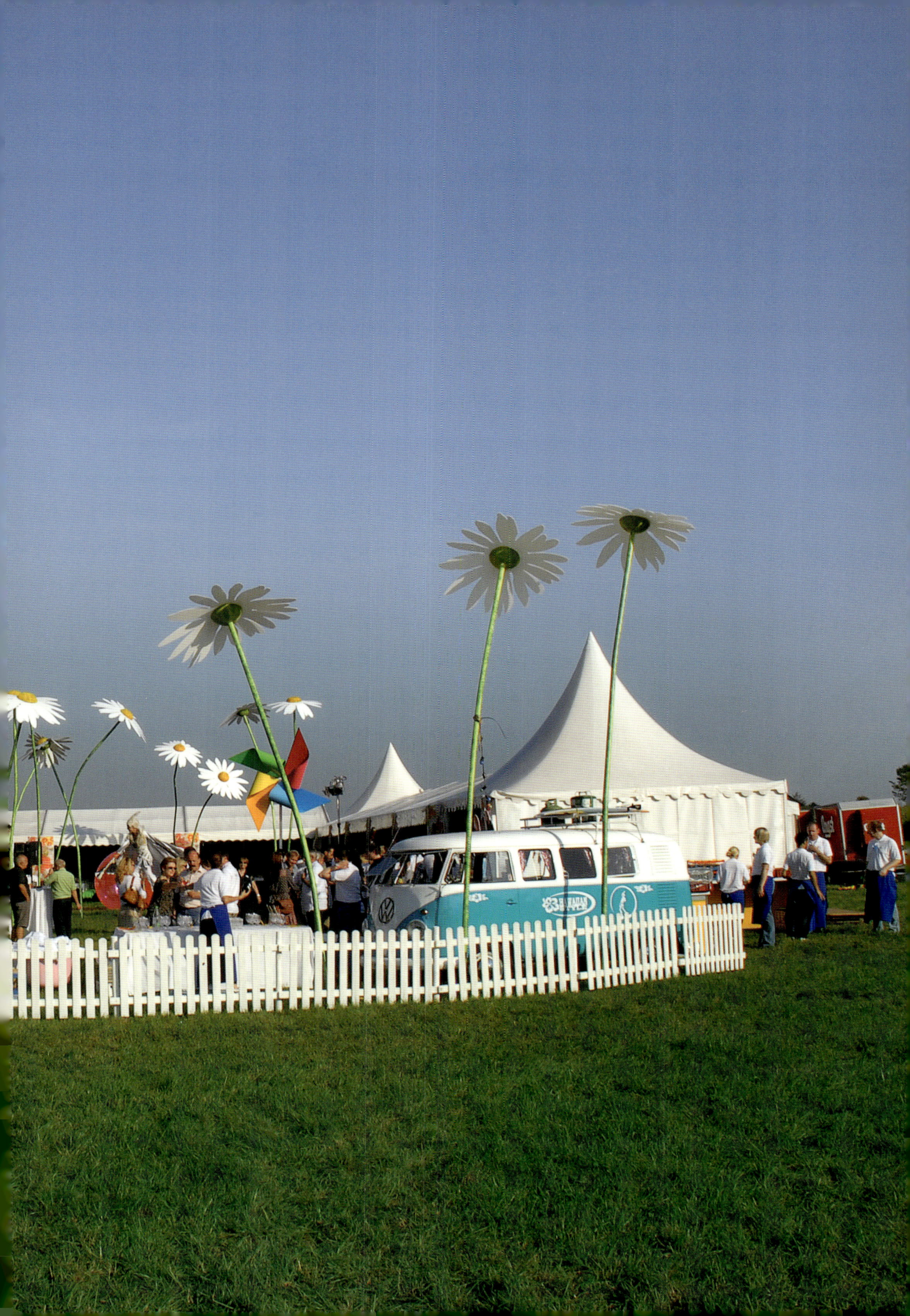

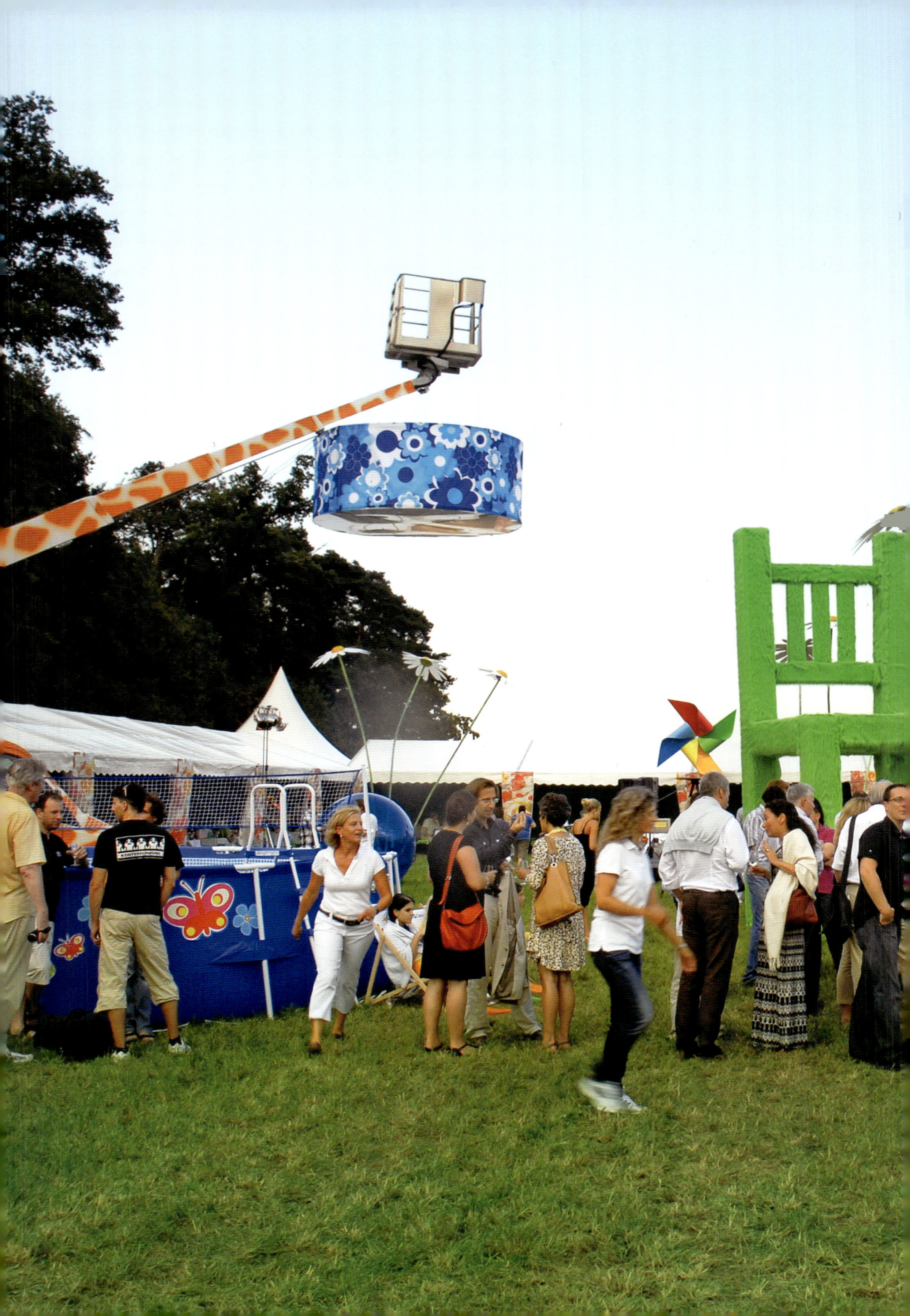

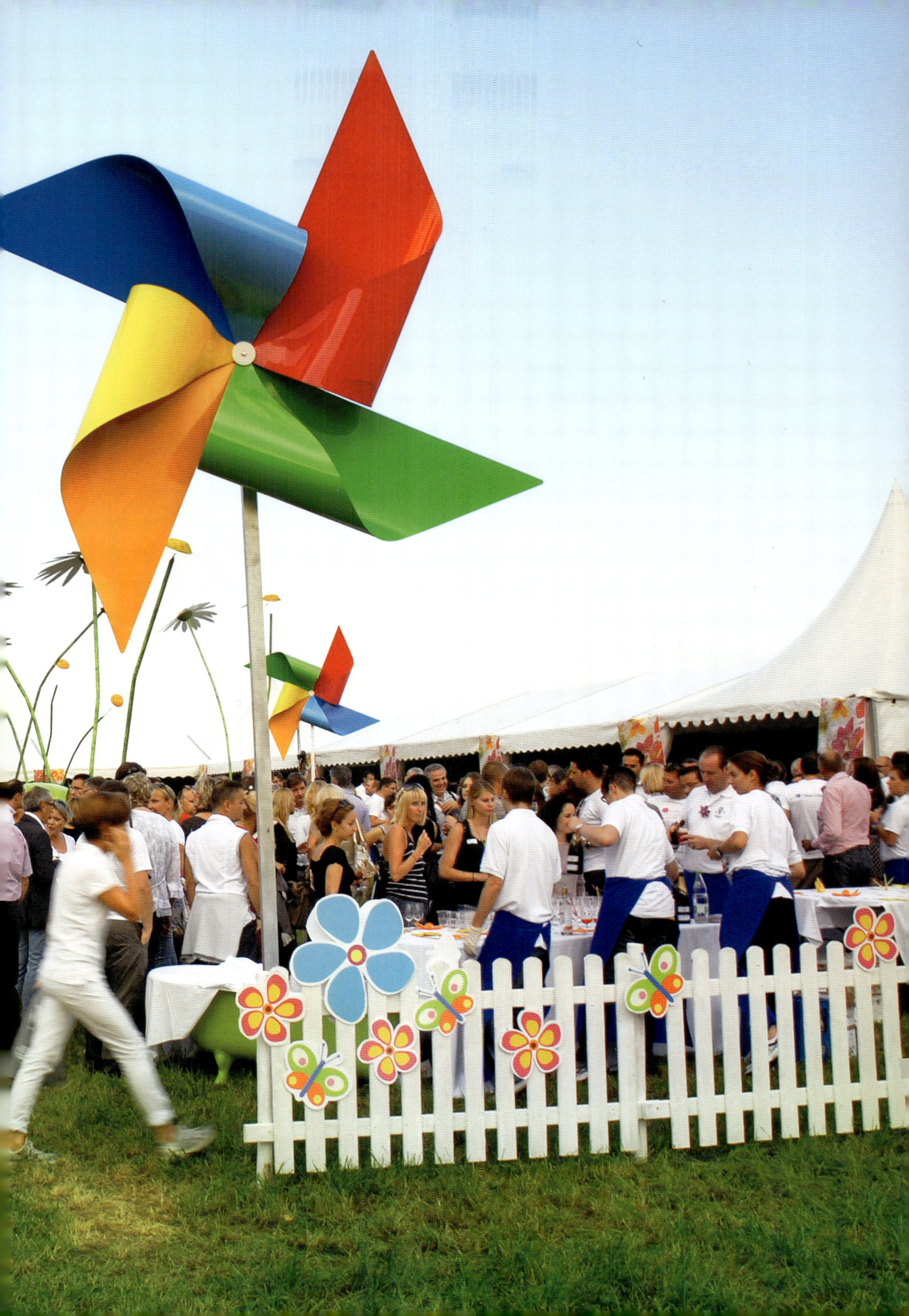

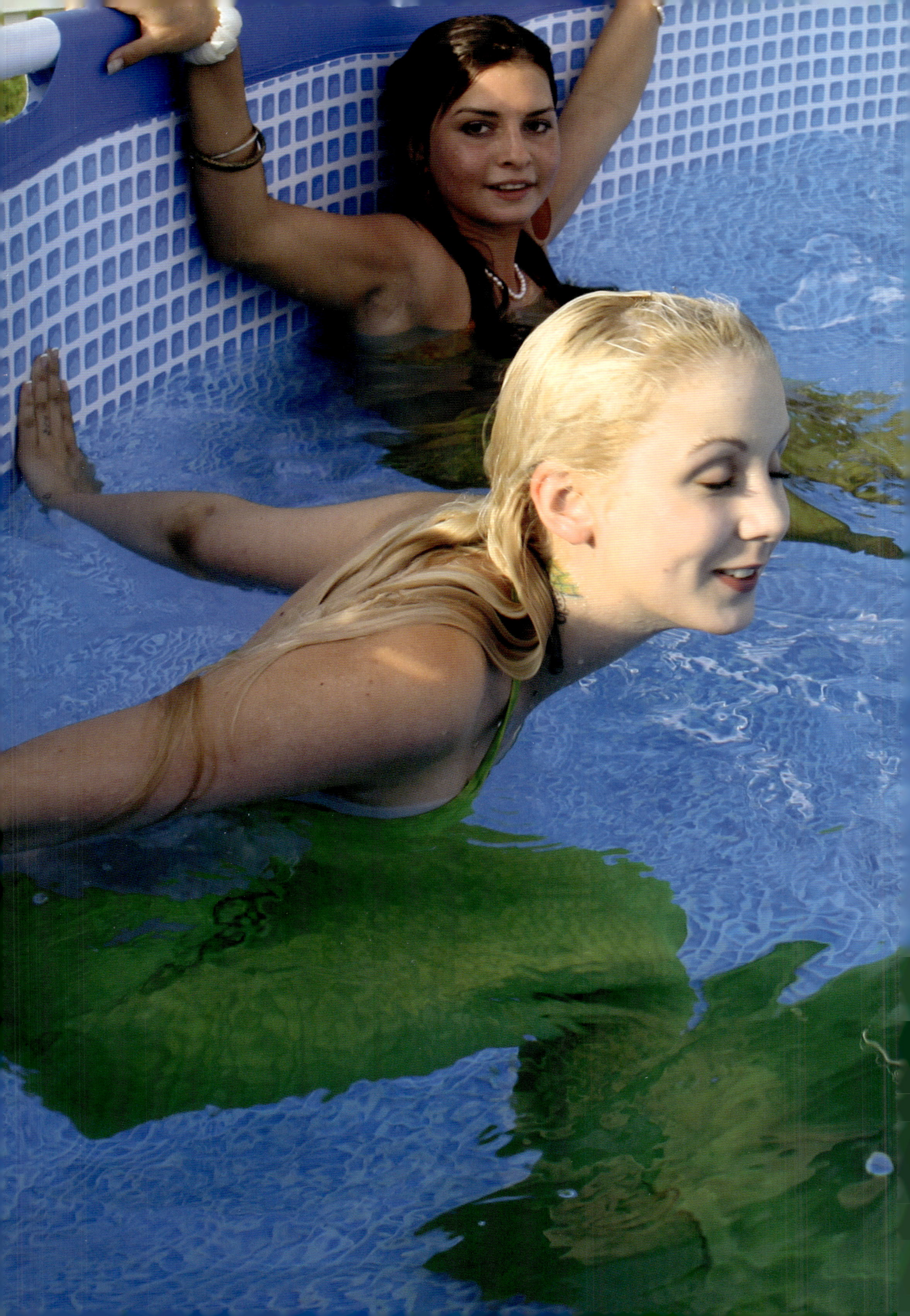

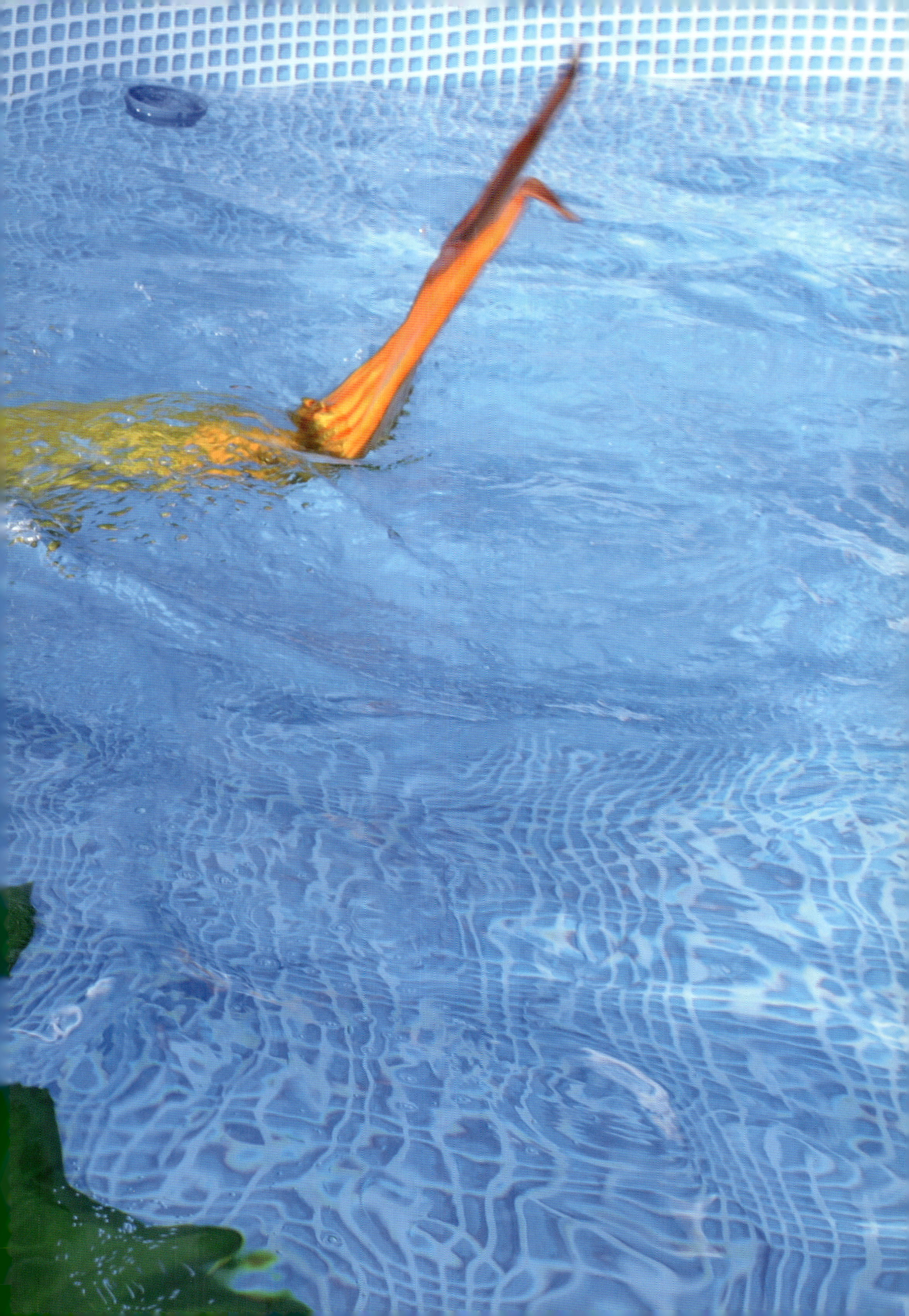

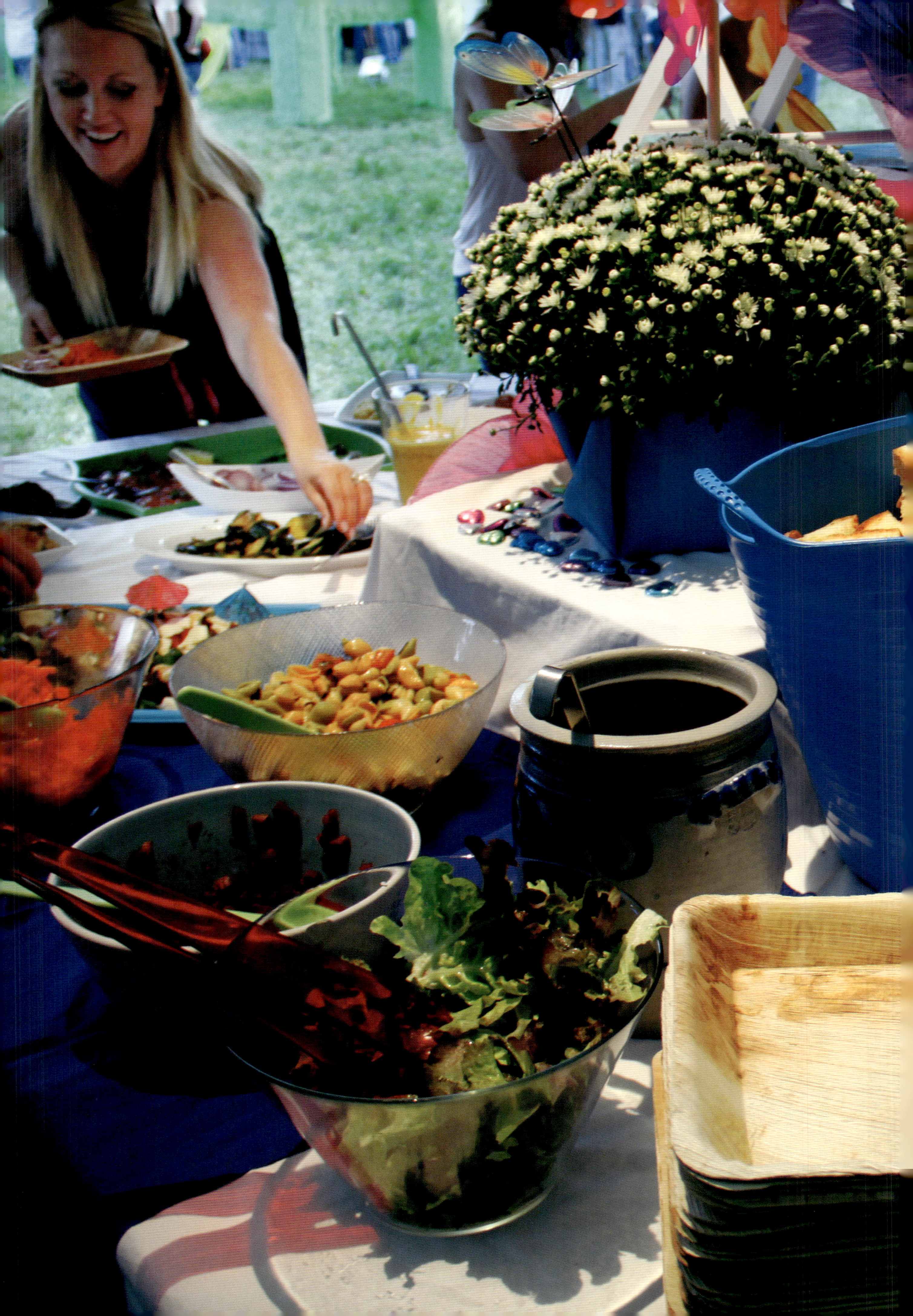

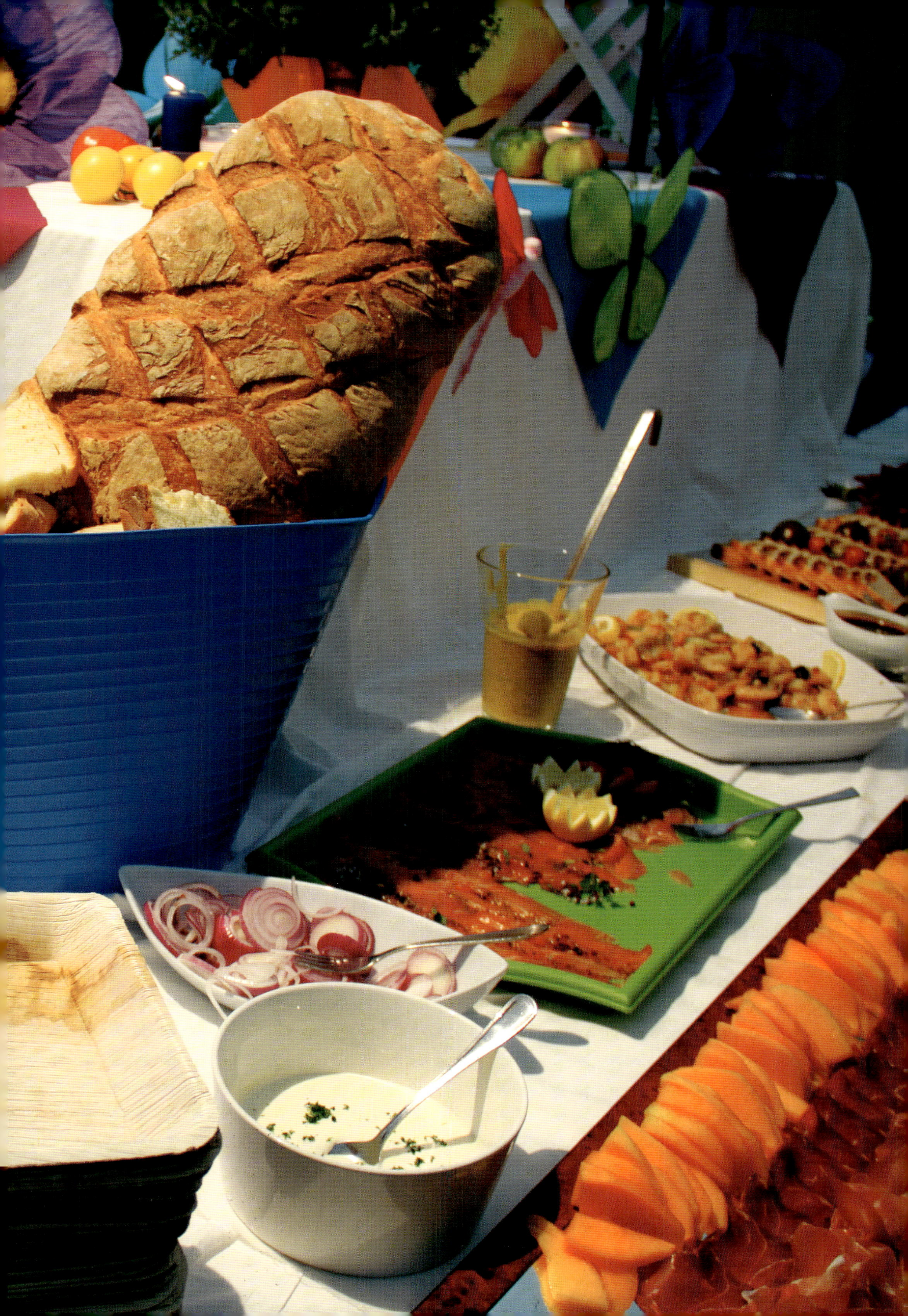

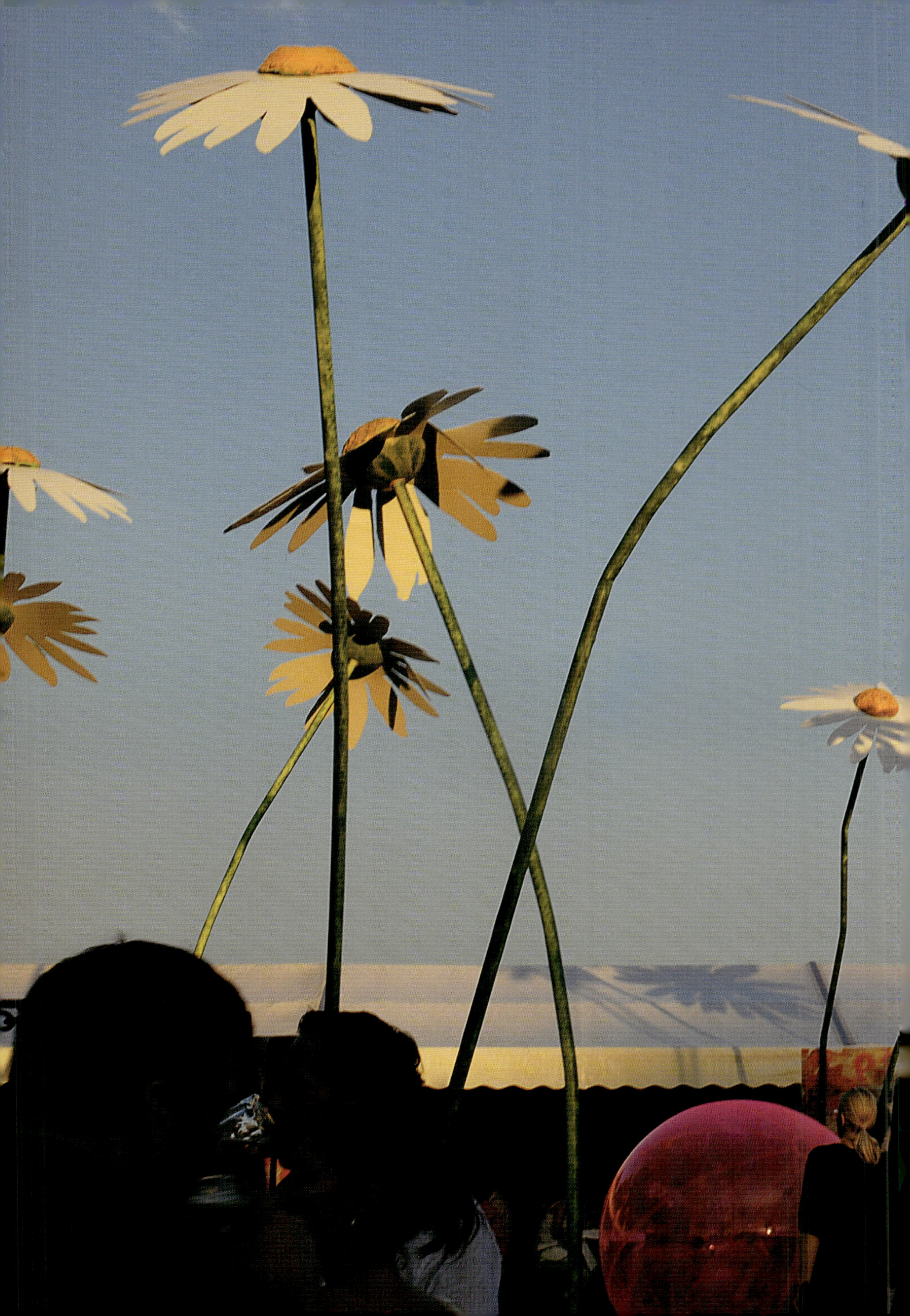

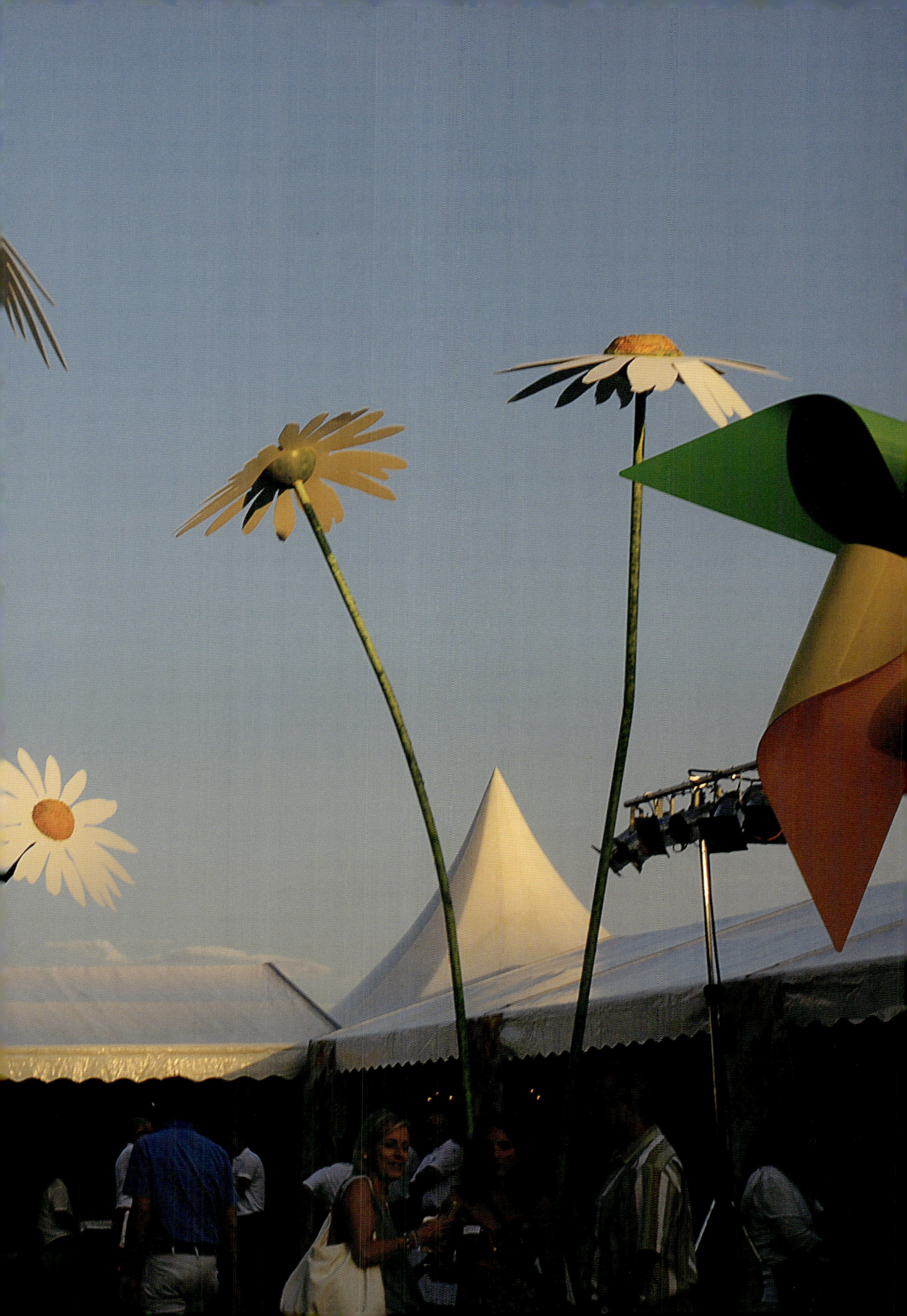

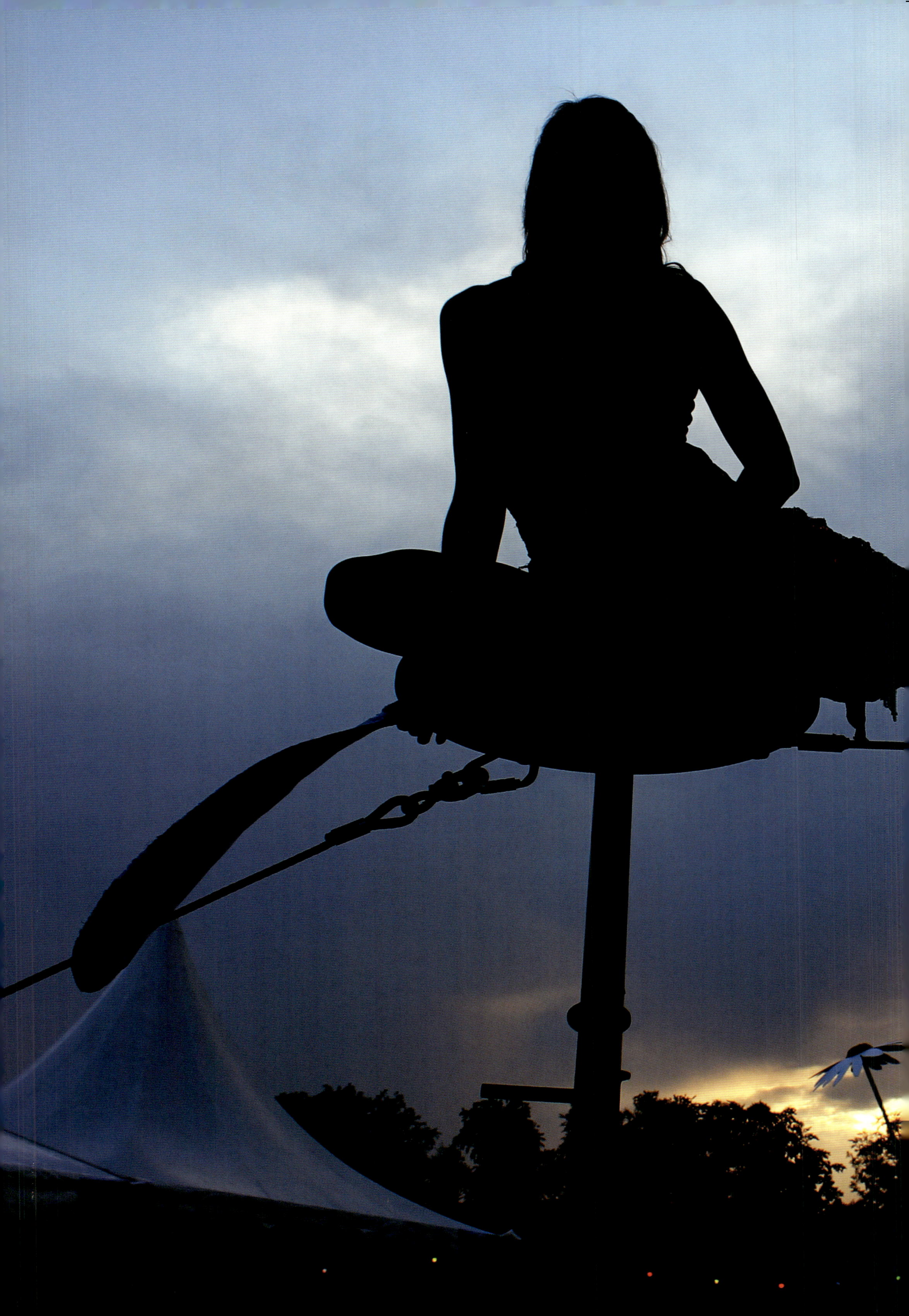

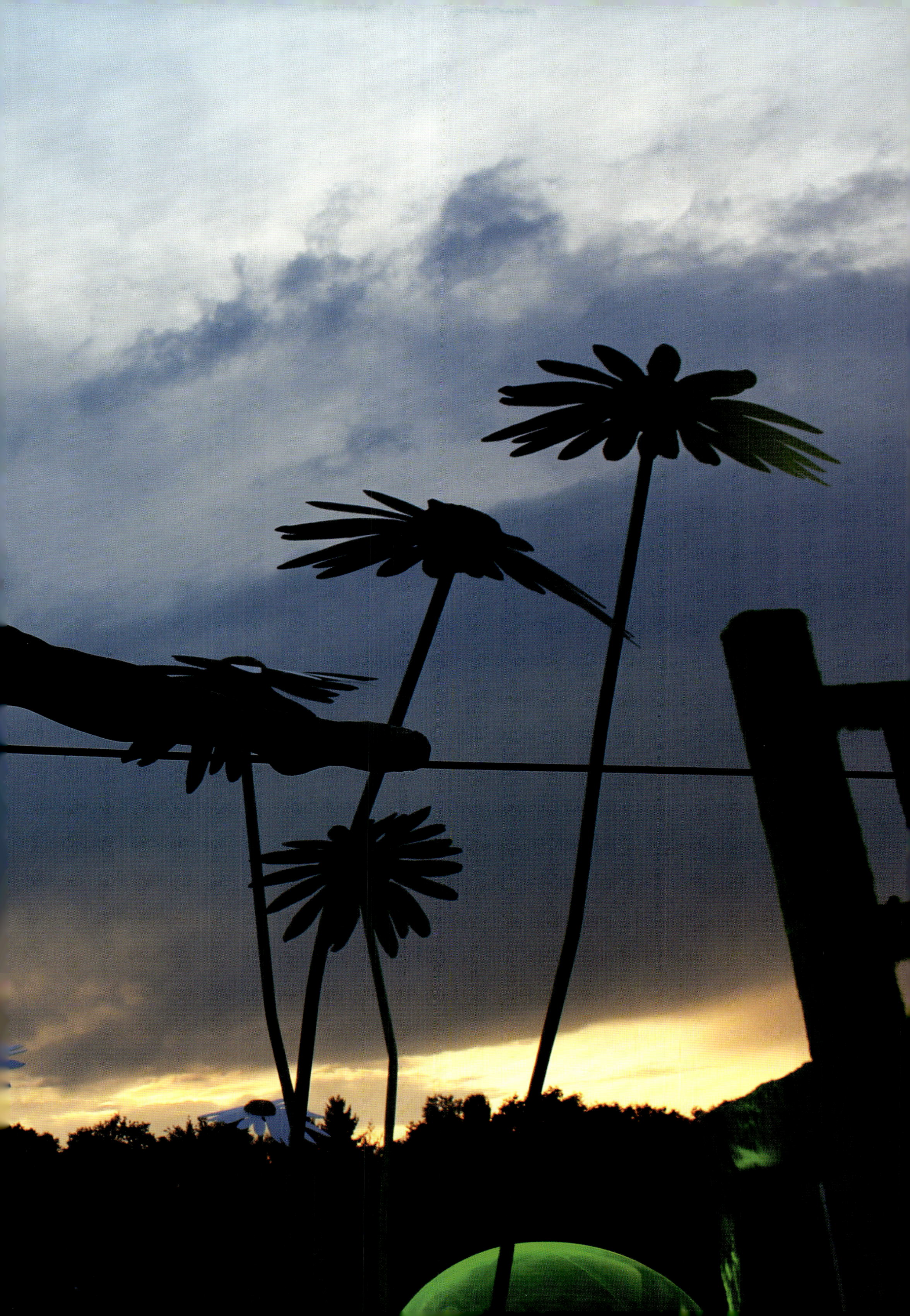

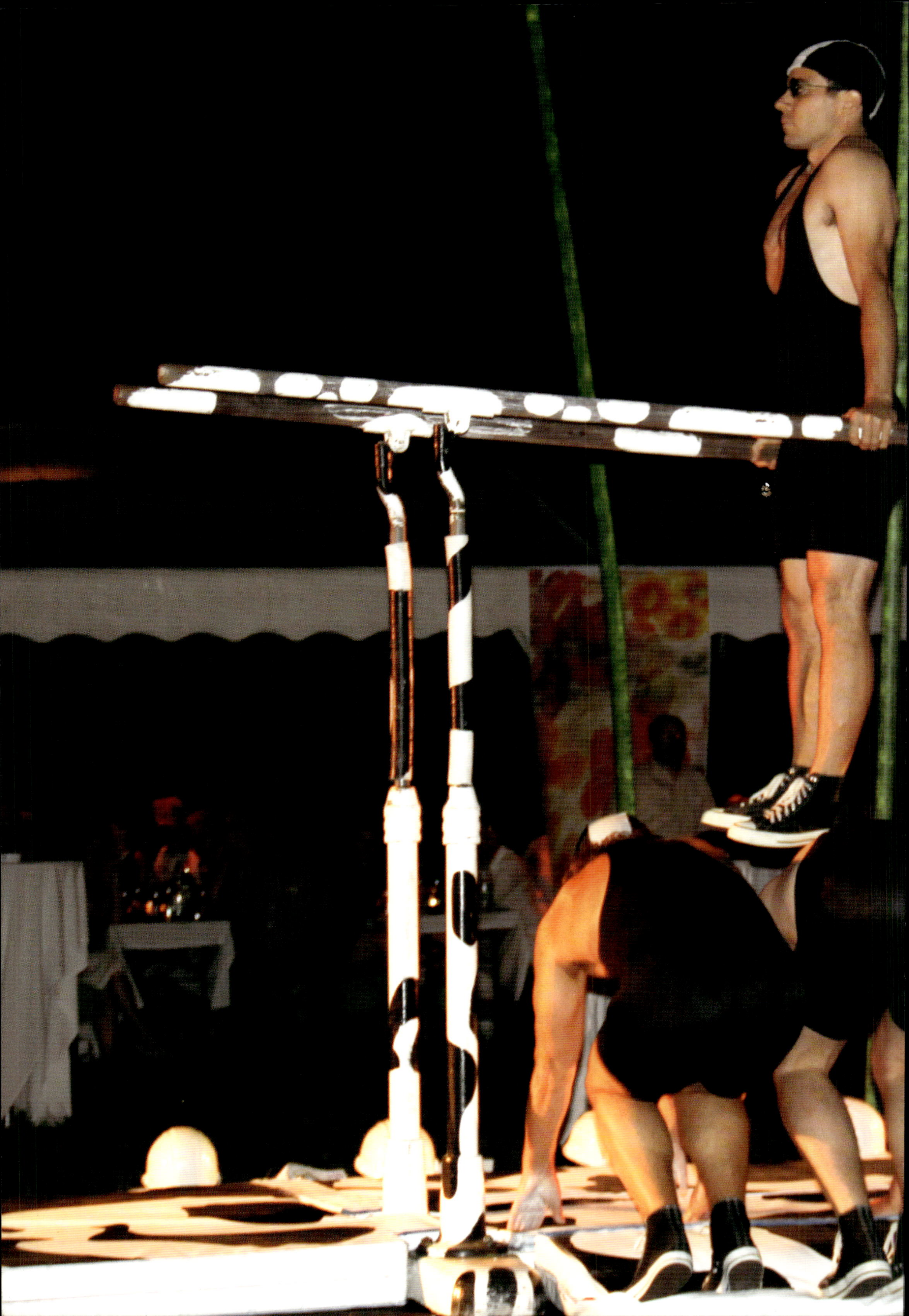

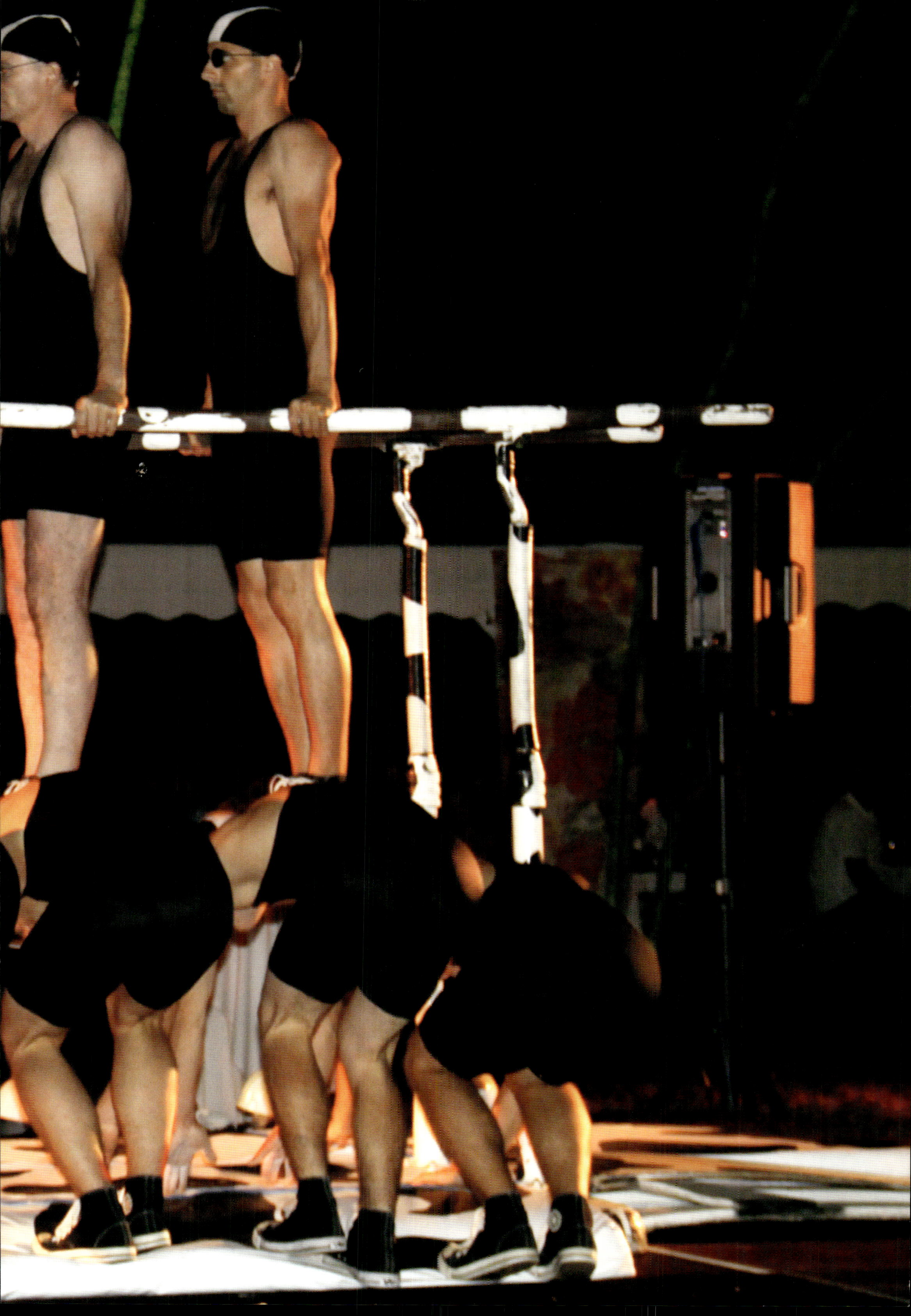

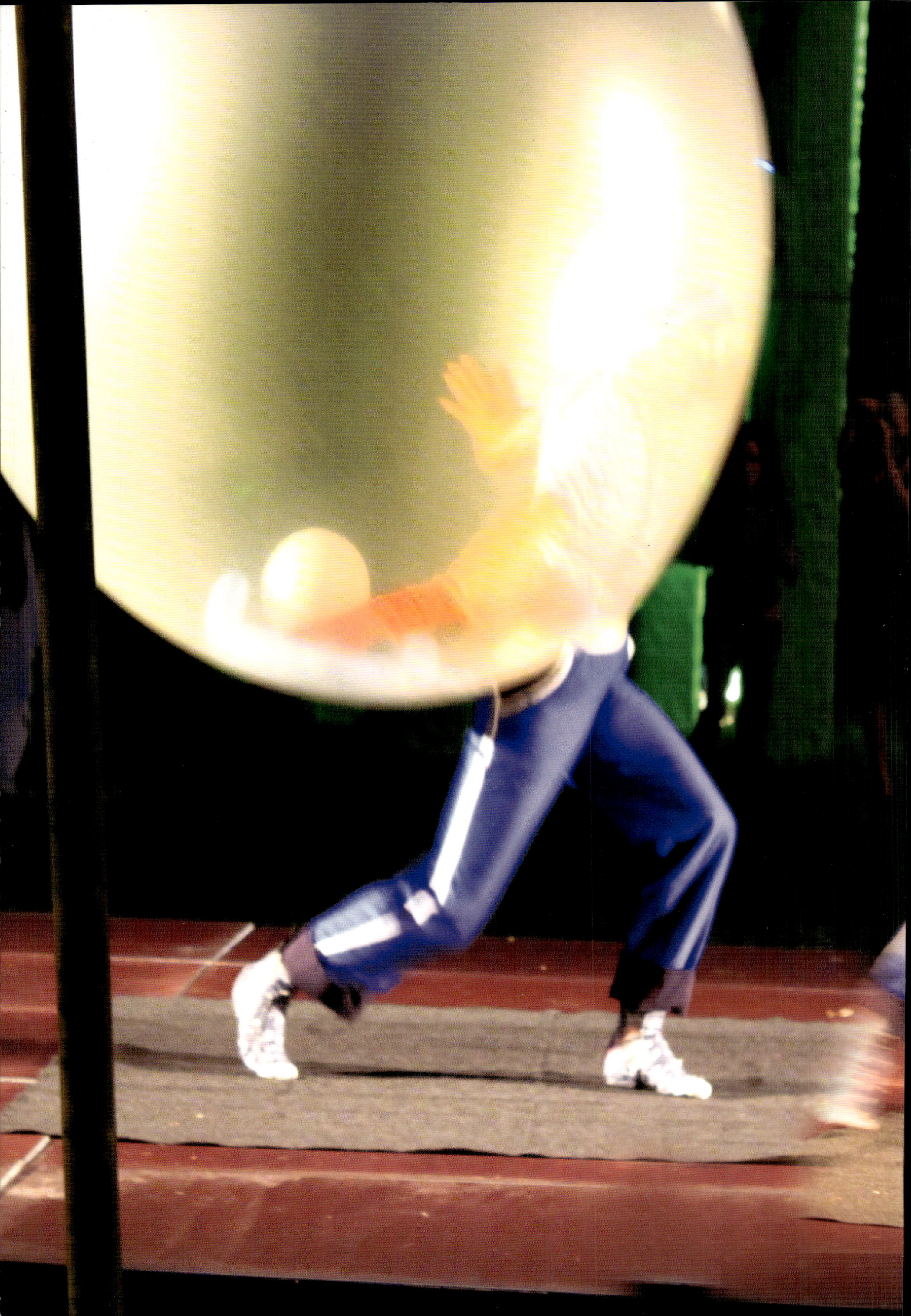

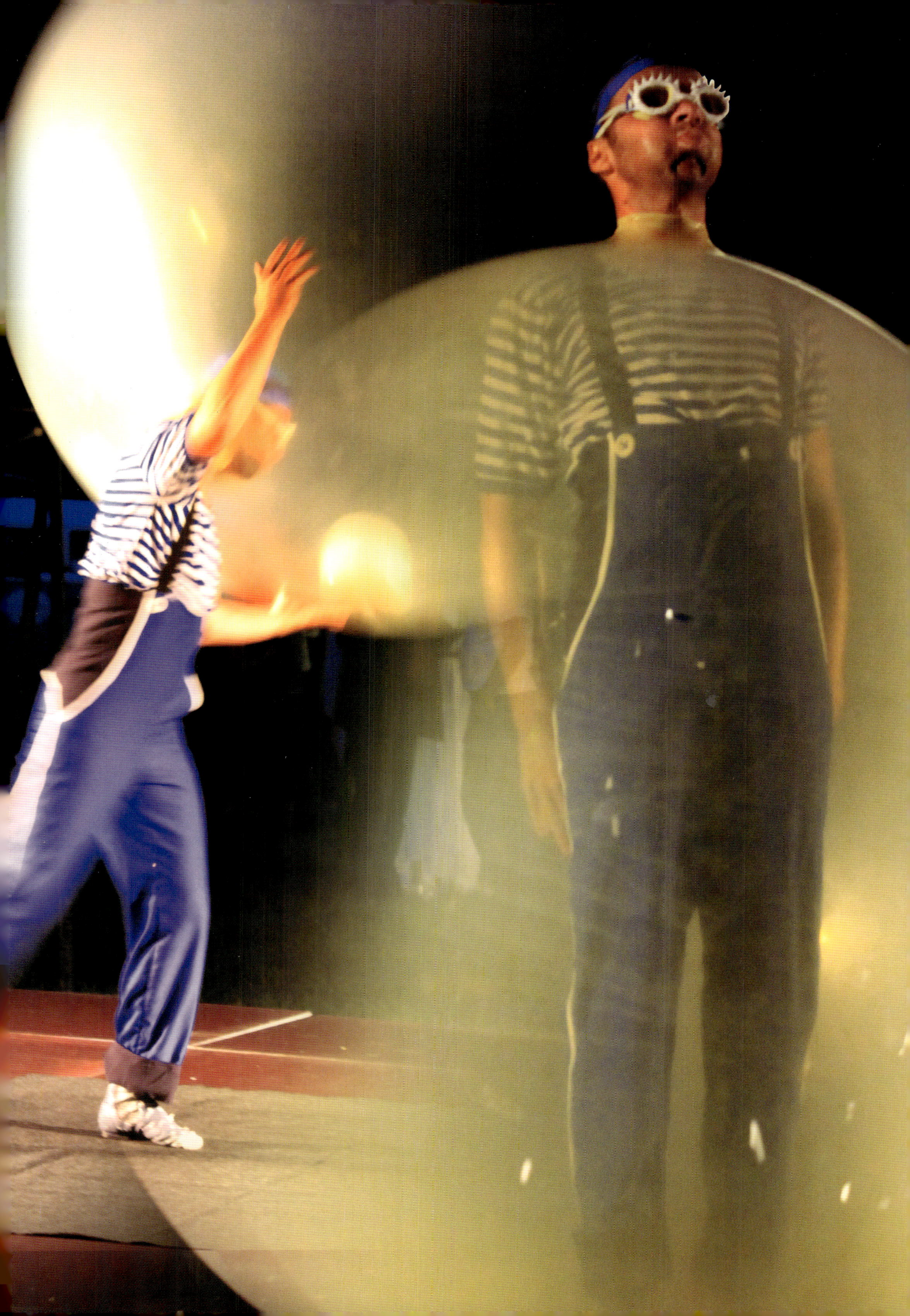

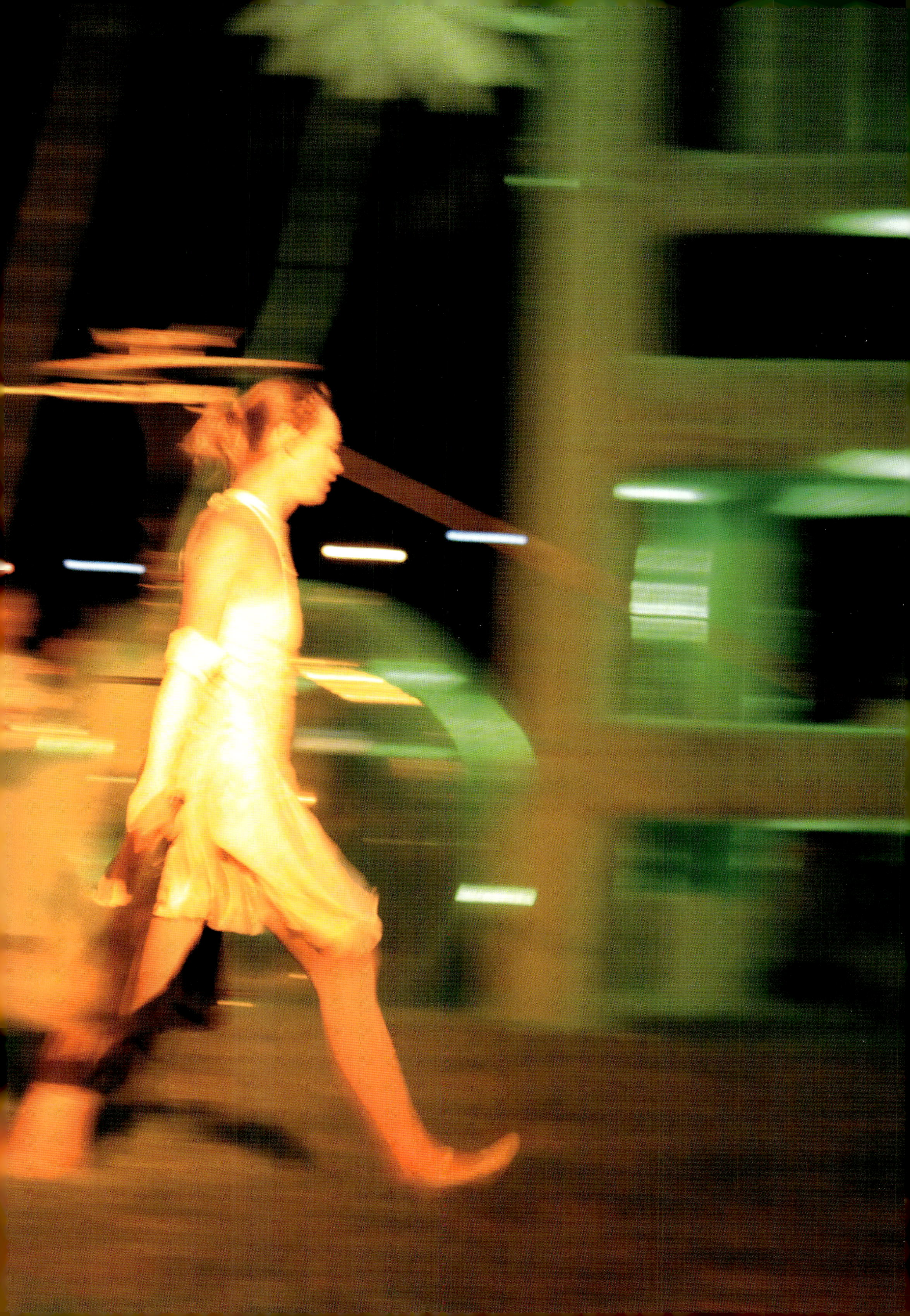

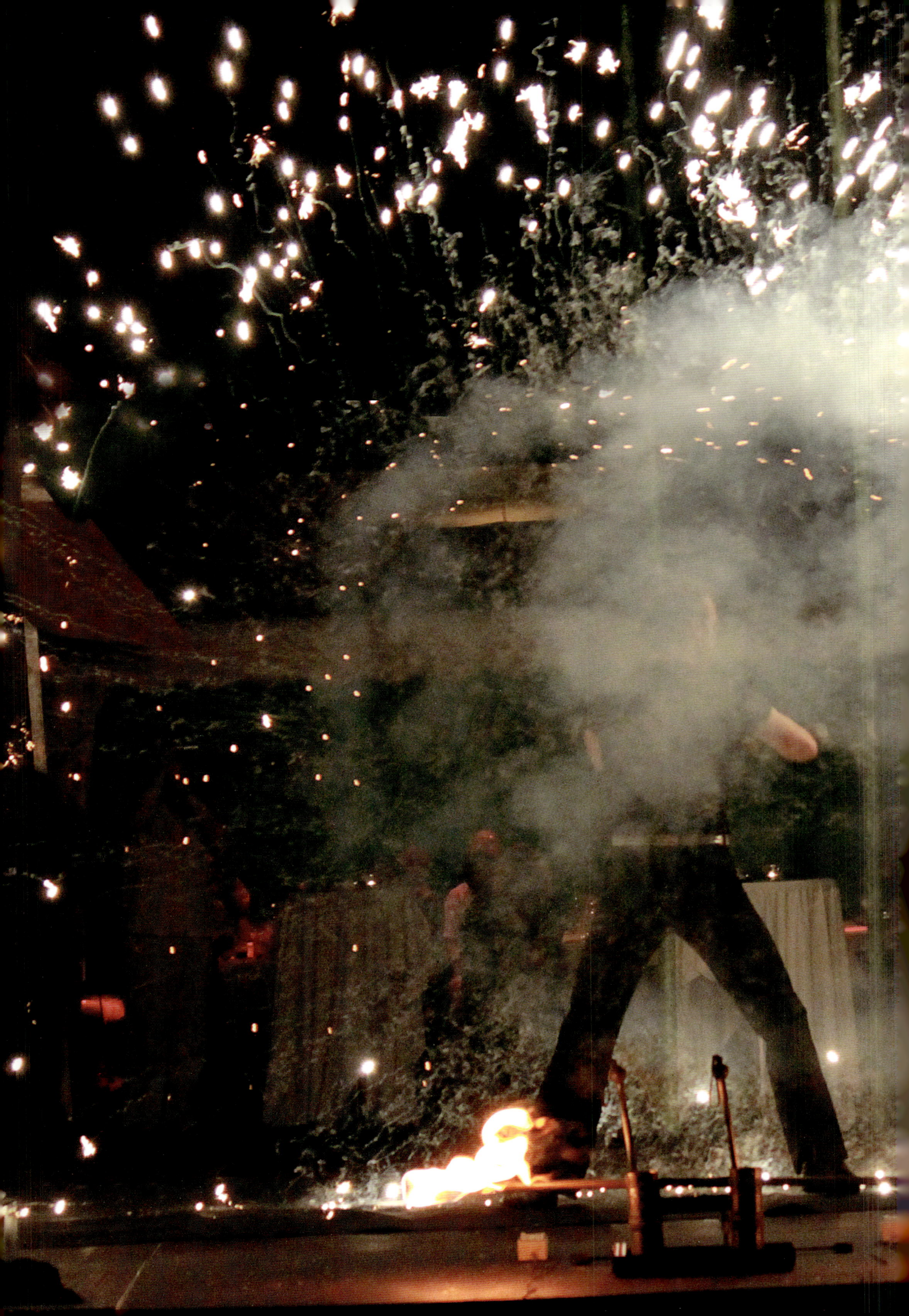

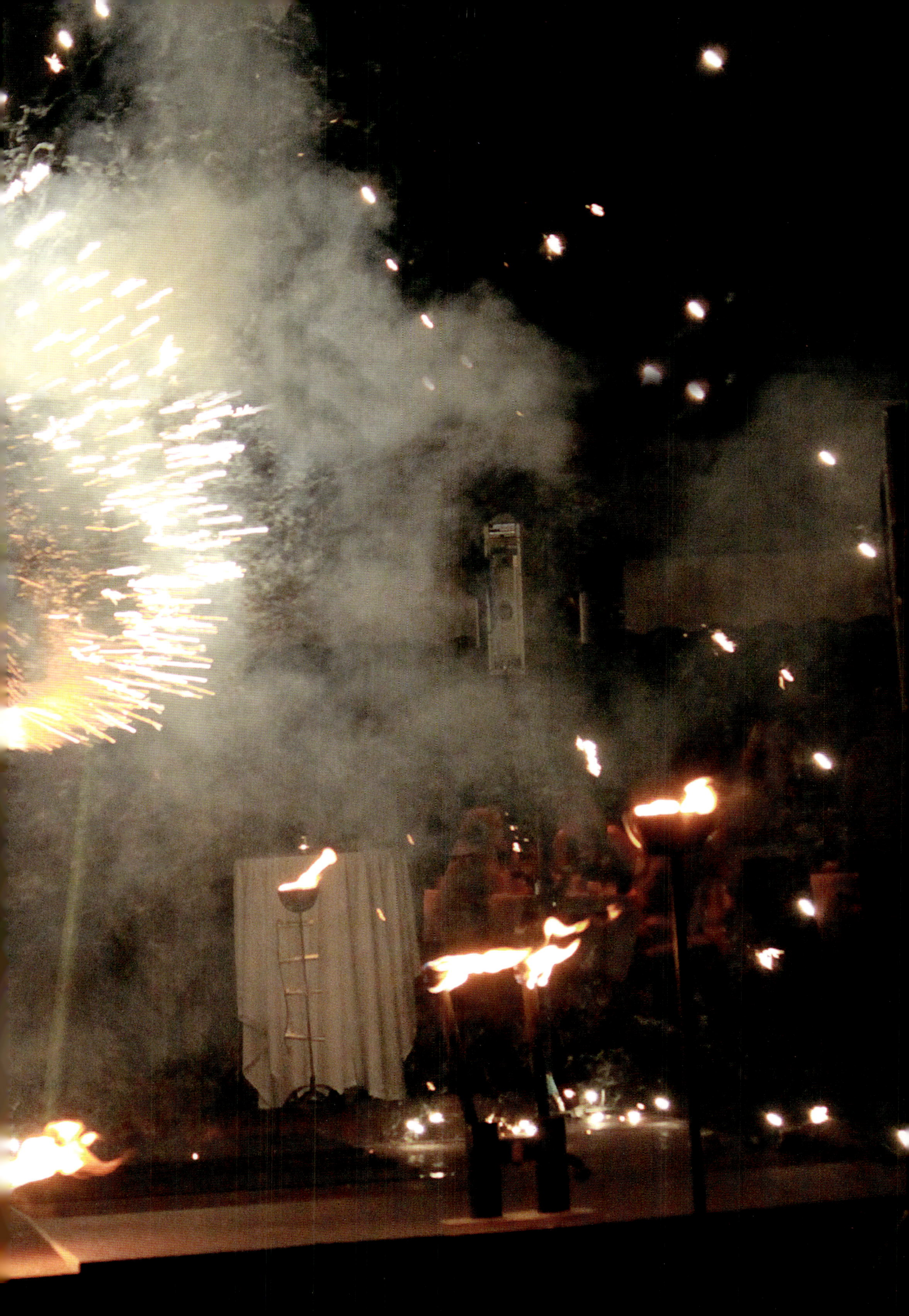

Summertime,

And the livin' is easy

Fish are jumpin'

And the cotton is high

Your daddy's rich

And your mamma's good lookin'

So hush little baby

Don't you cry

Eiger,

Mönch ...

August 2001, ABB-Halle 550, Zürich Oerlikon. **Es war ein heisser Sommer – 72 Stunden Zeit für Kälte und Winter.** Vreni Schneider inkl.

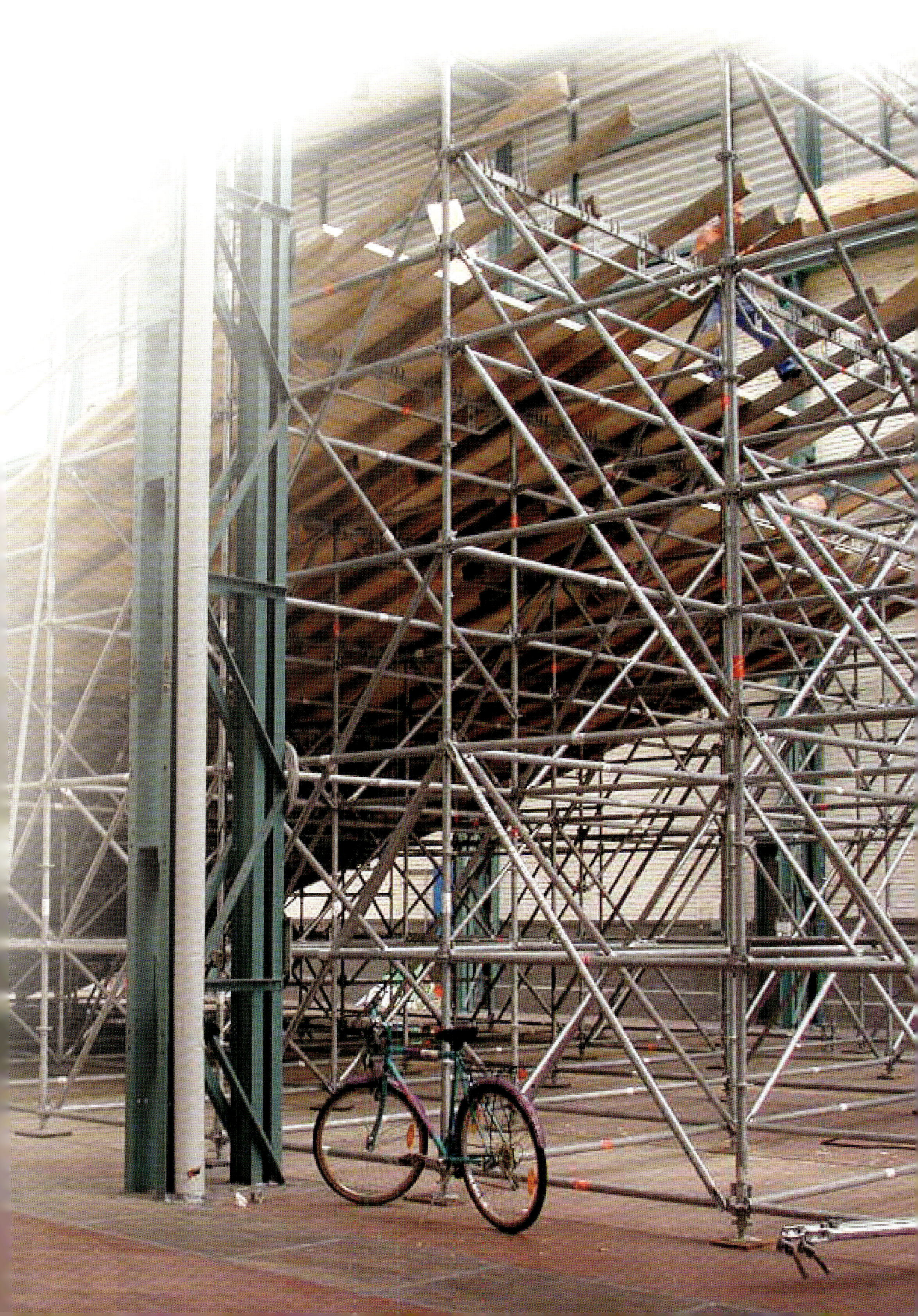

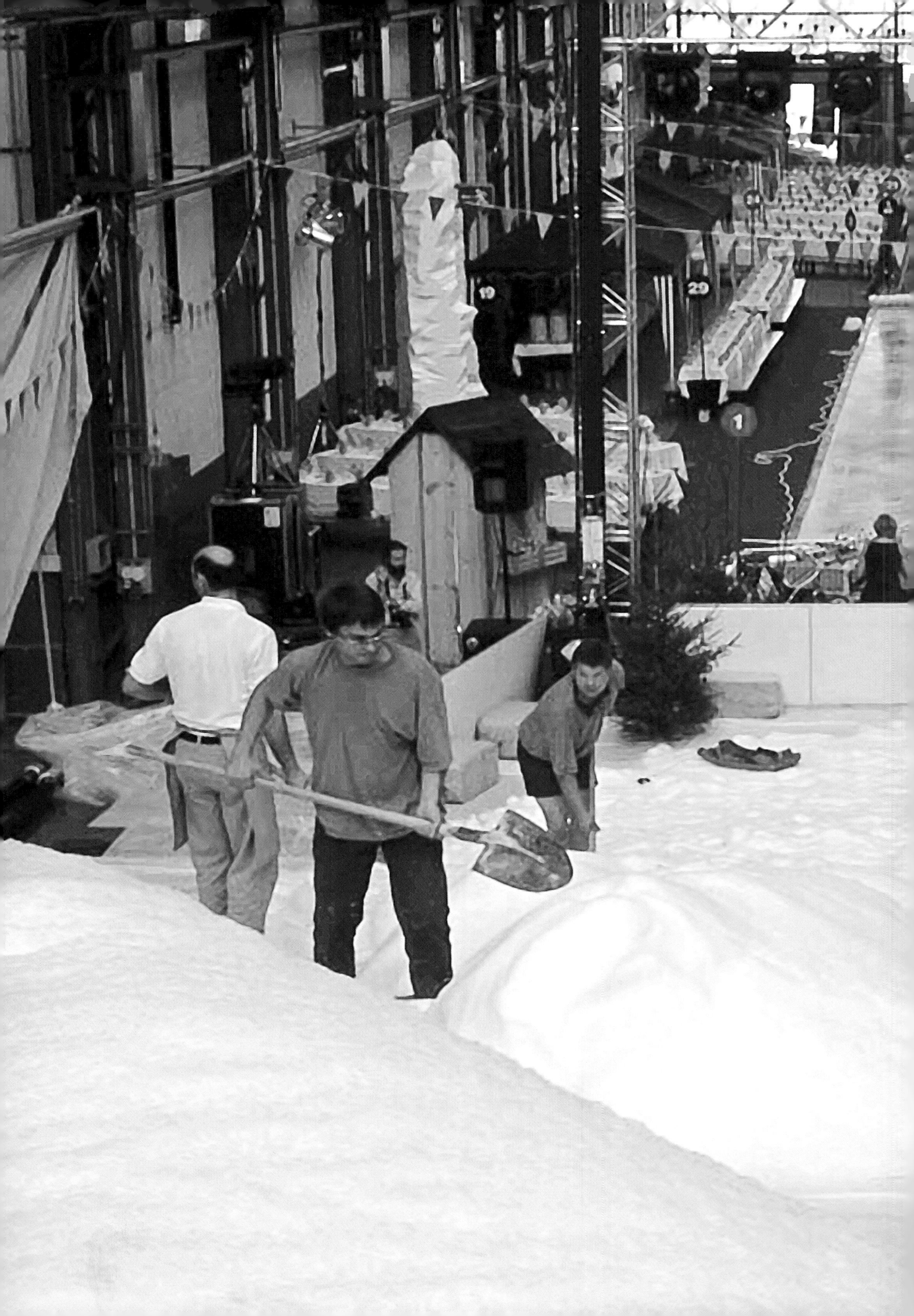
19
20
1

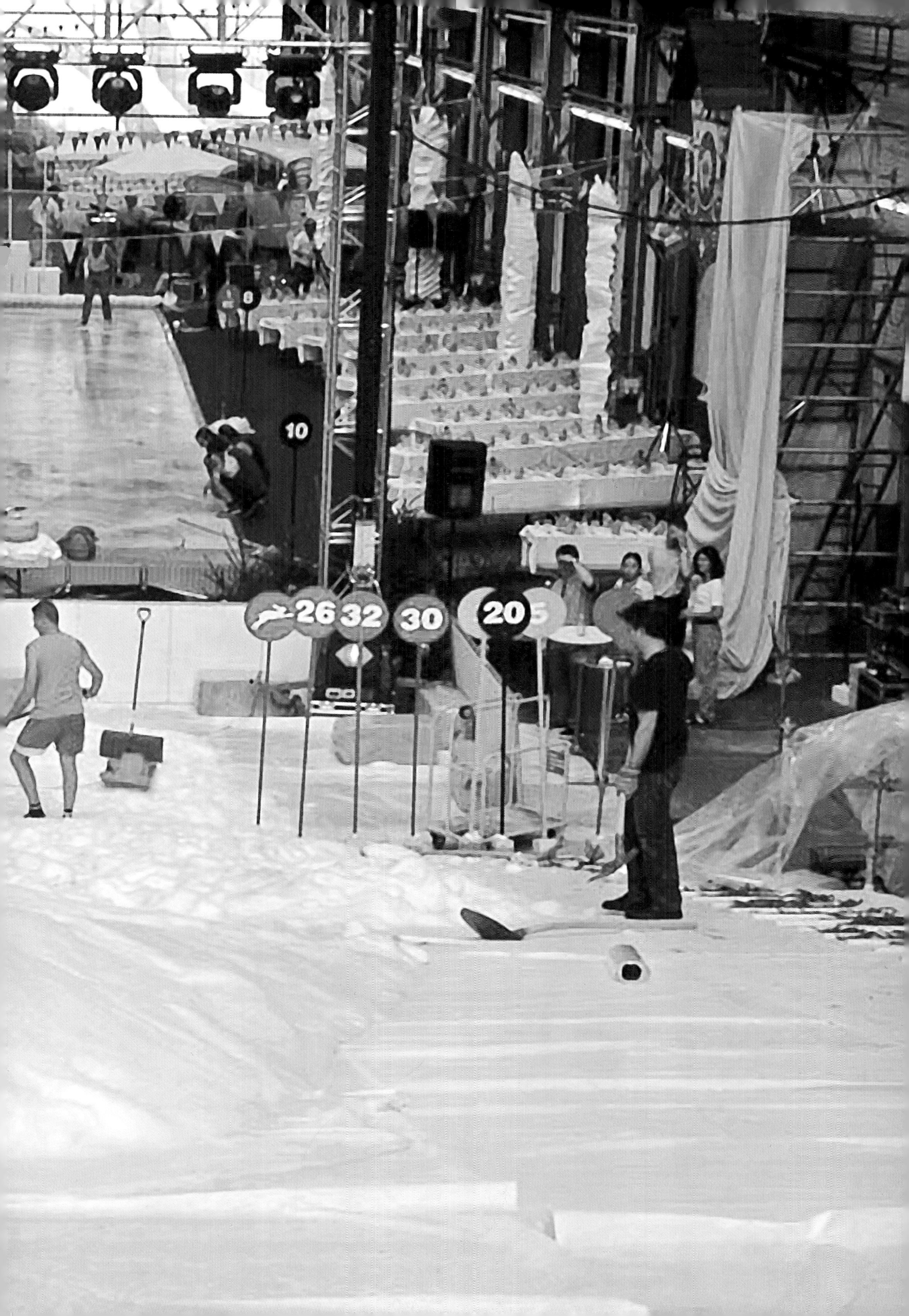
10
26
32
30
20

Sarah Meier

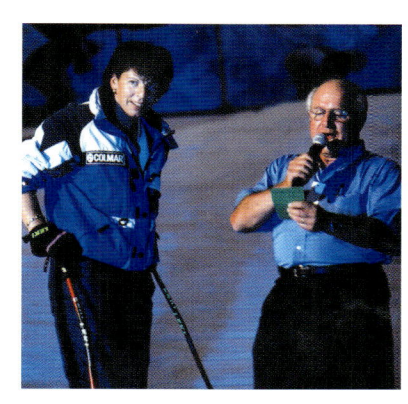

Legenden unter sich – Vreni Schneider im Gespräch mit Walter Scheibli

Älplermagronen und «Schümli-Pflümli»

... und die Nationalhymne zu jeder Gelegenheit

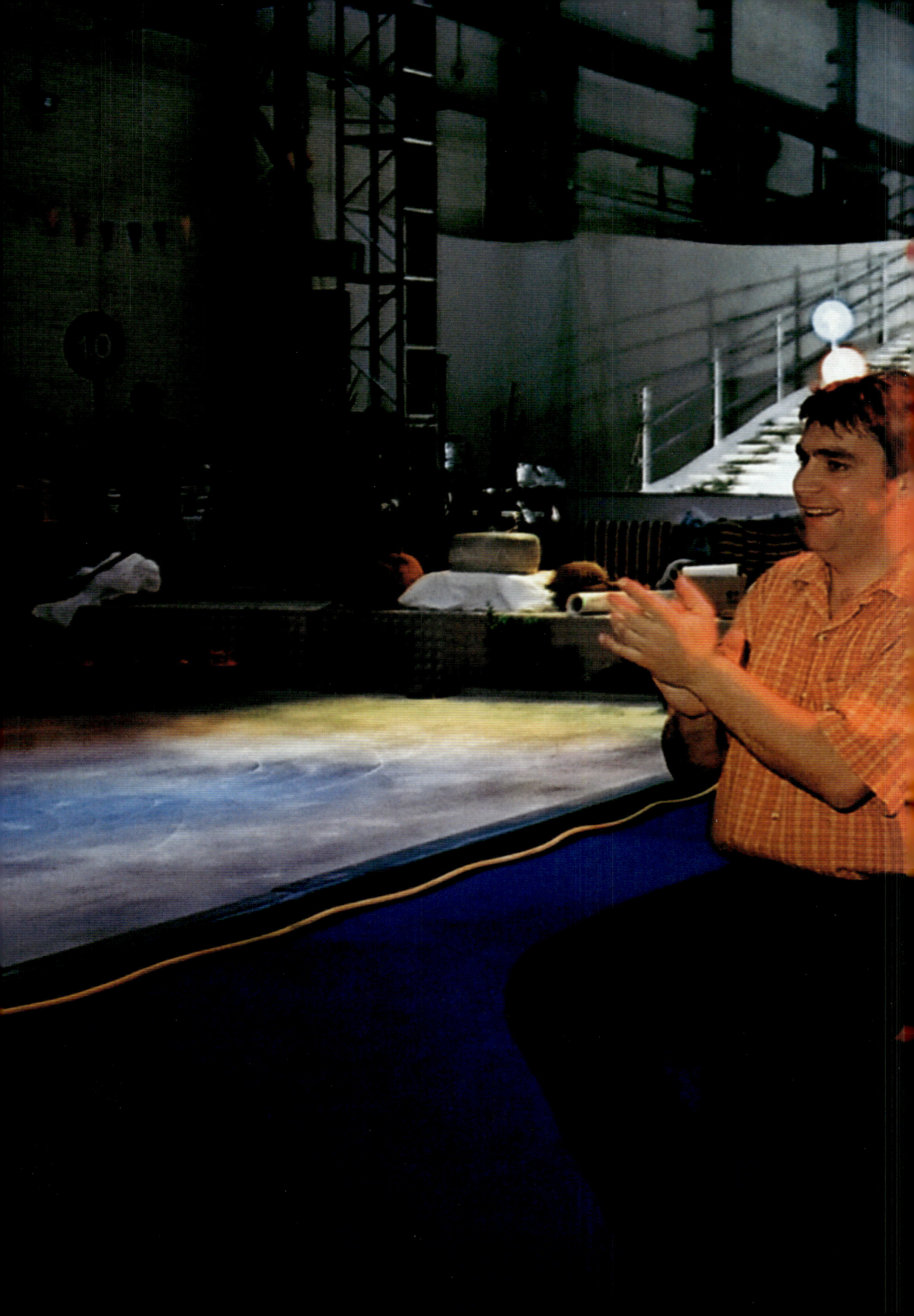
10

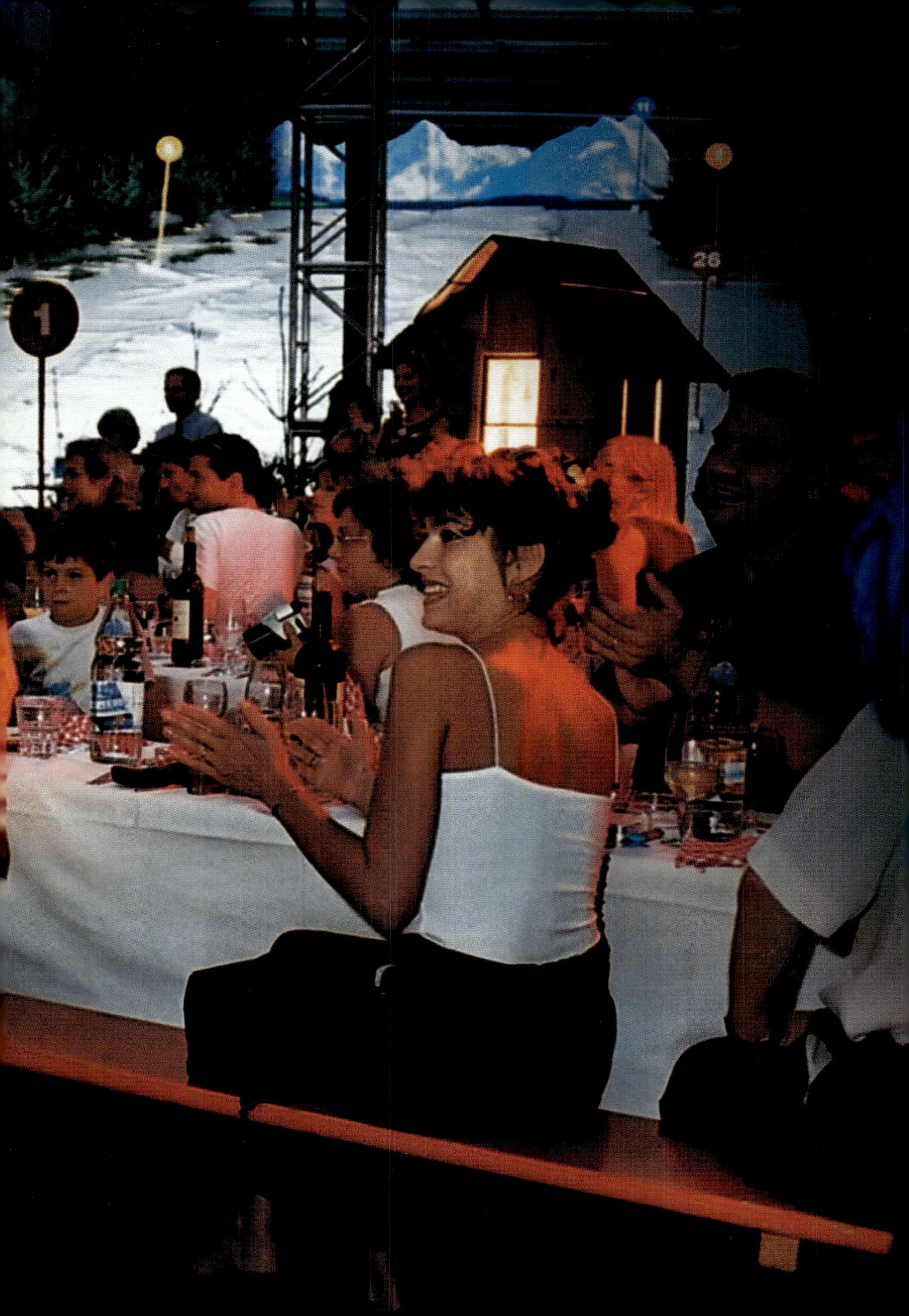
1
26

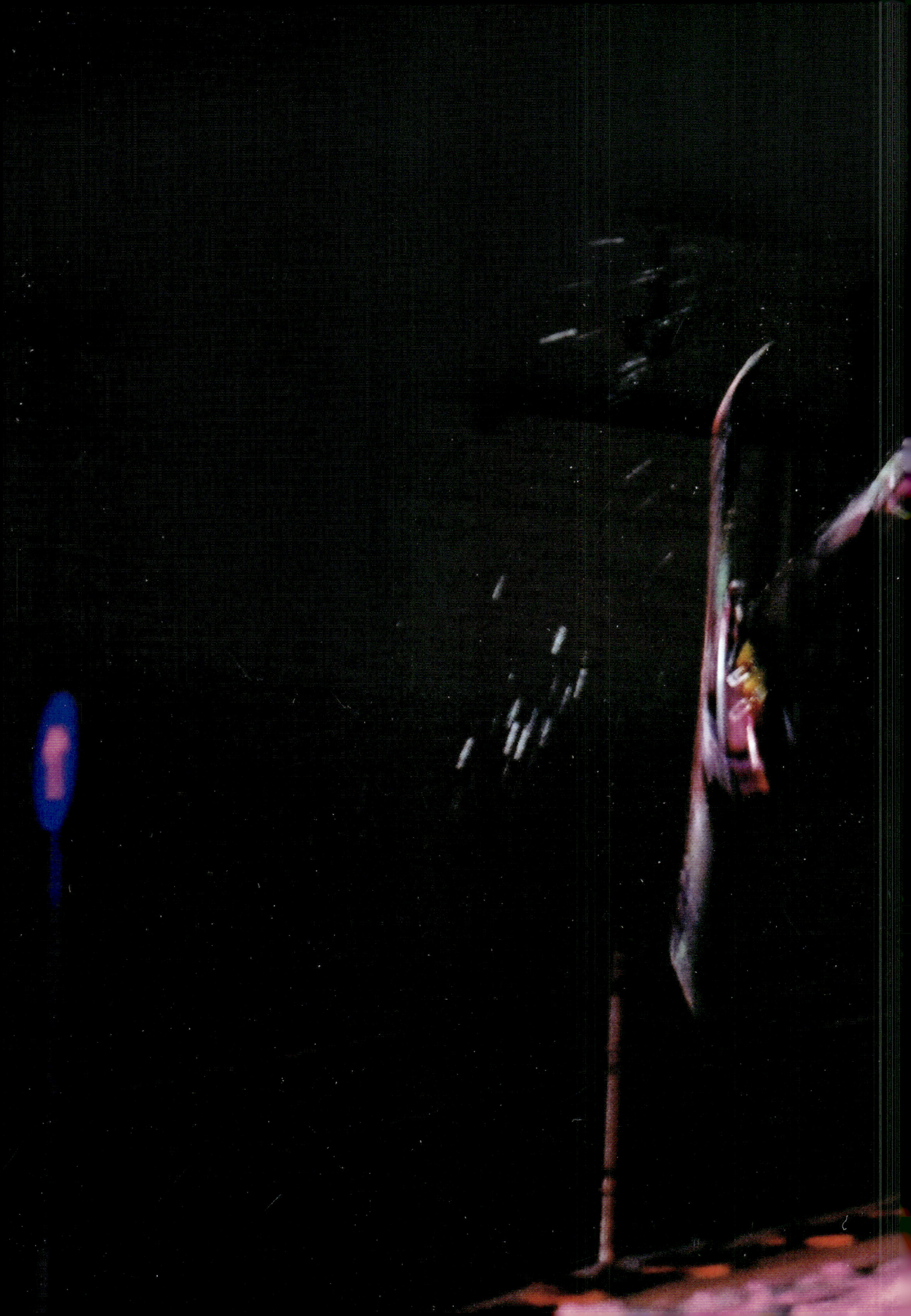

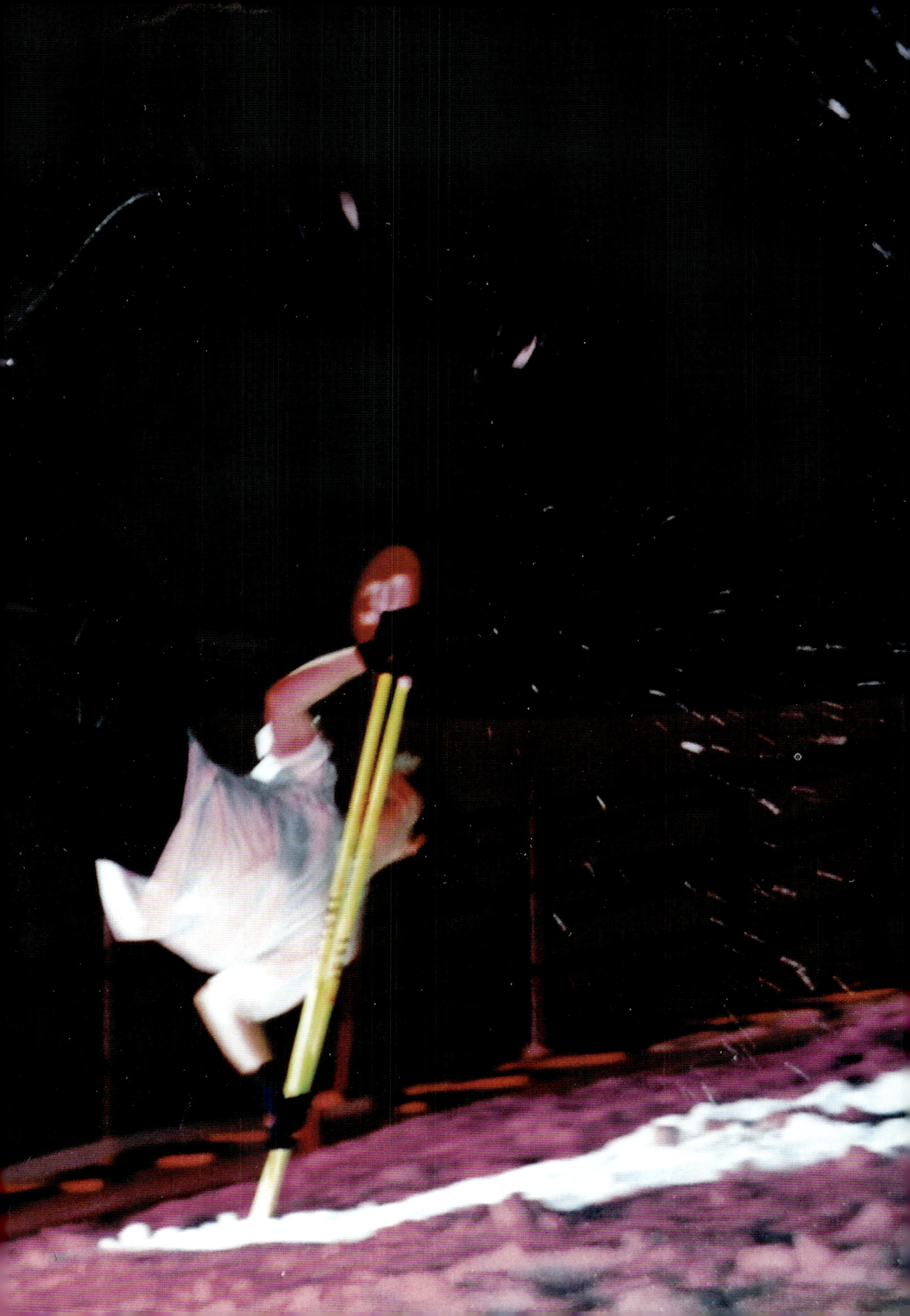

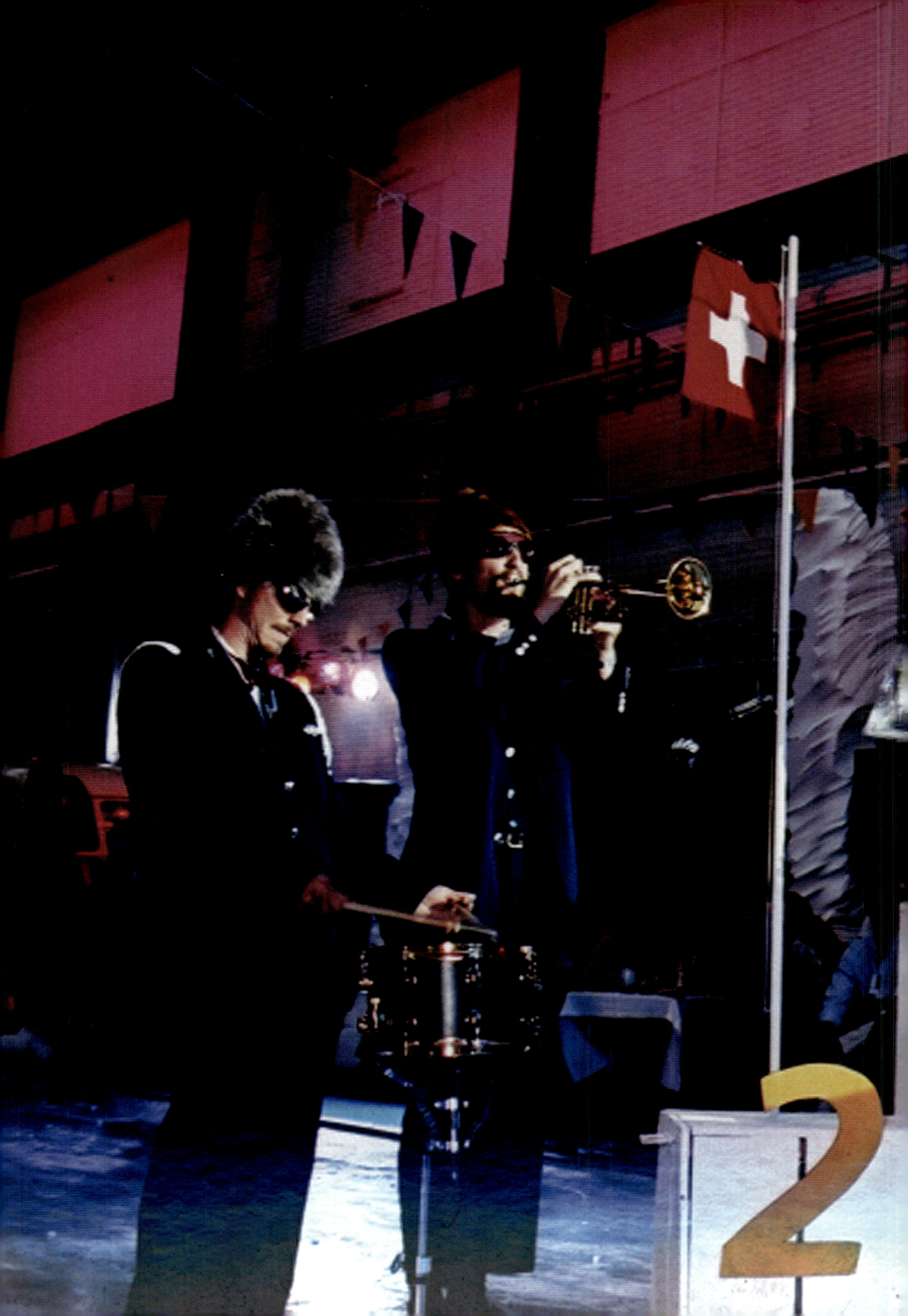
2

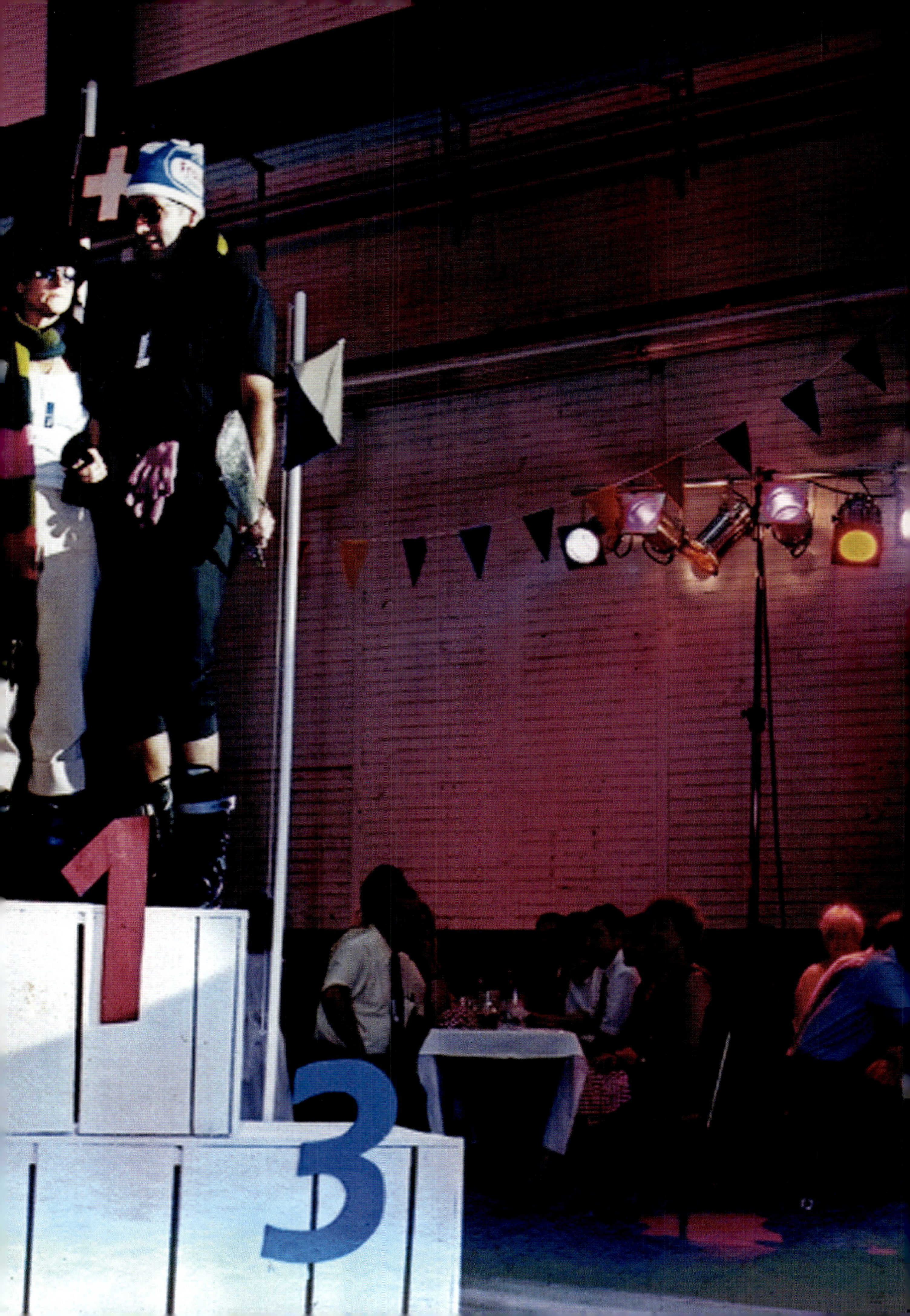
1
3

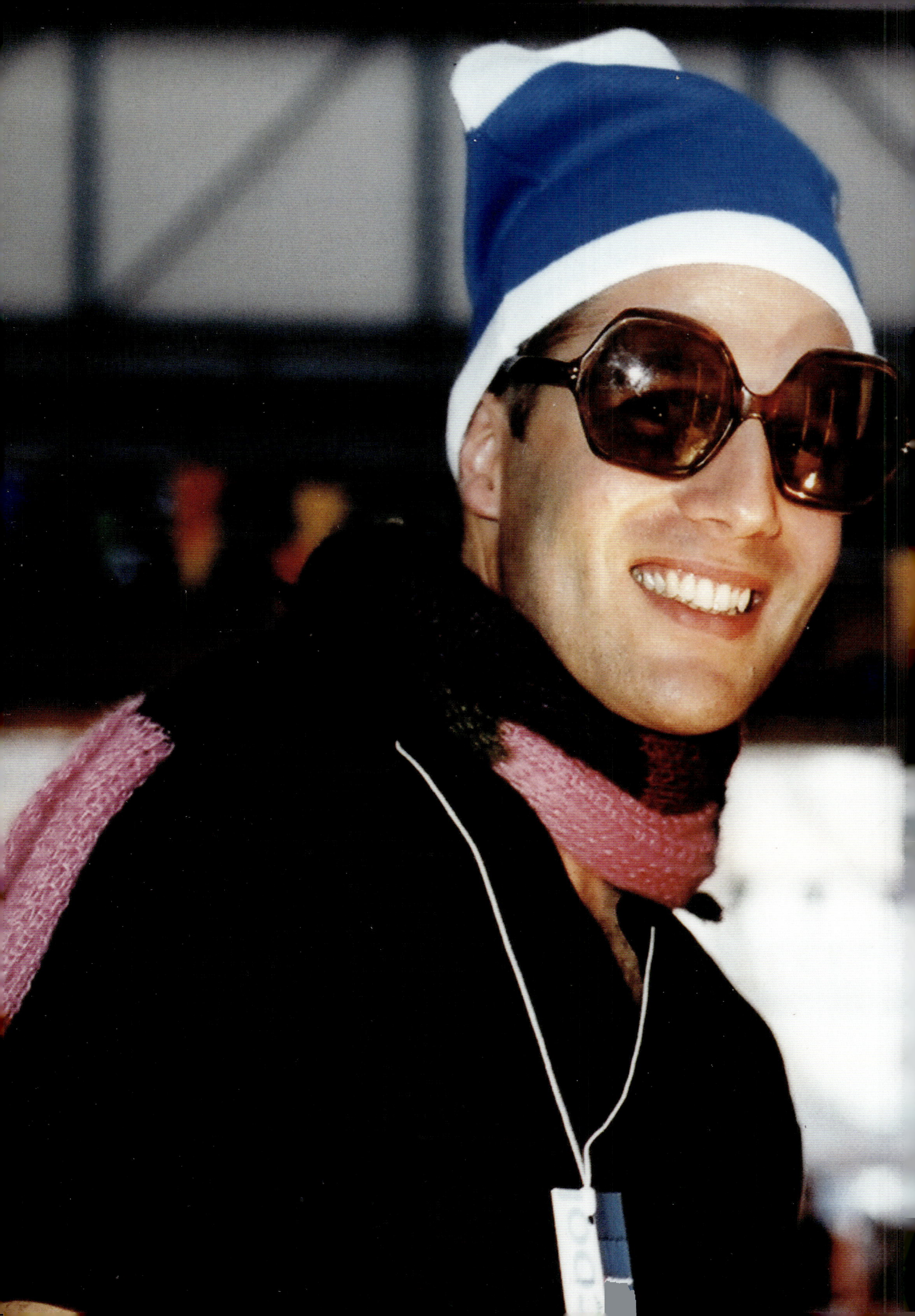

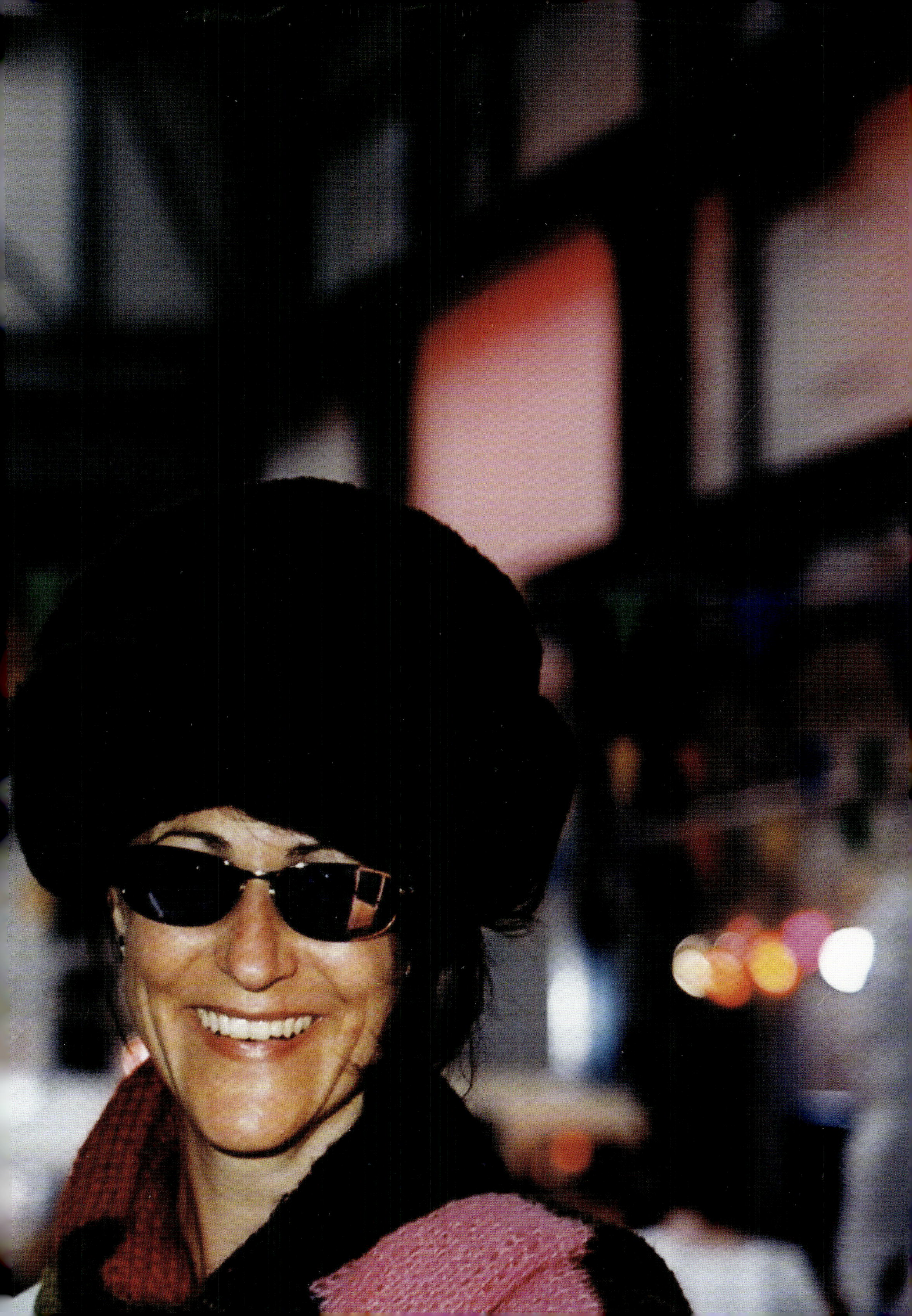

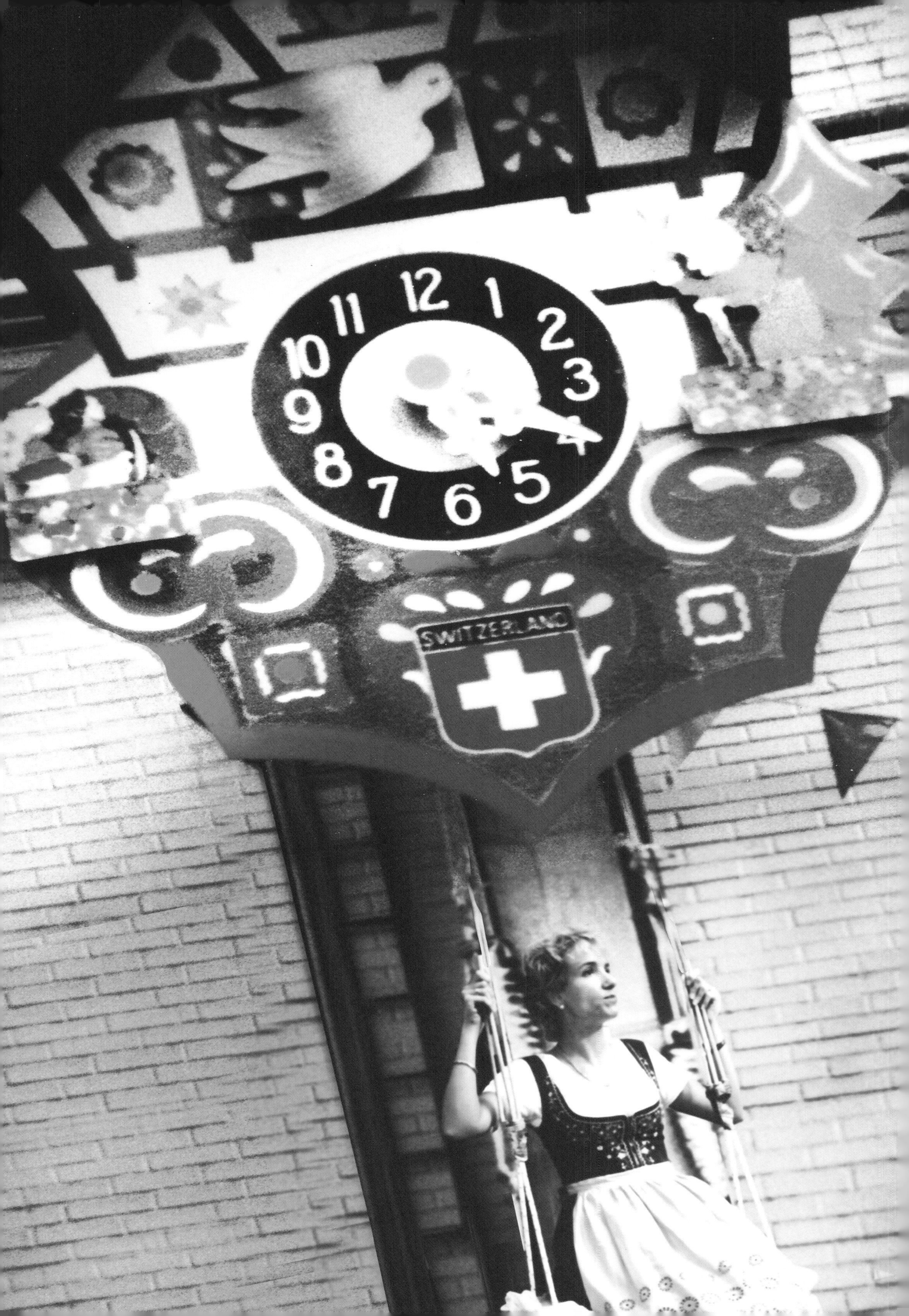
SWITZERLAND

... und so!

...nen und ...
...echten ...
...ommer Tonna...
...chnee auf –...
...el Holz. Ga...
Back...

Back to the roots

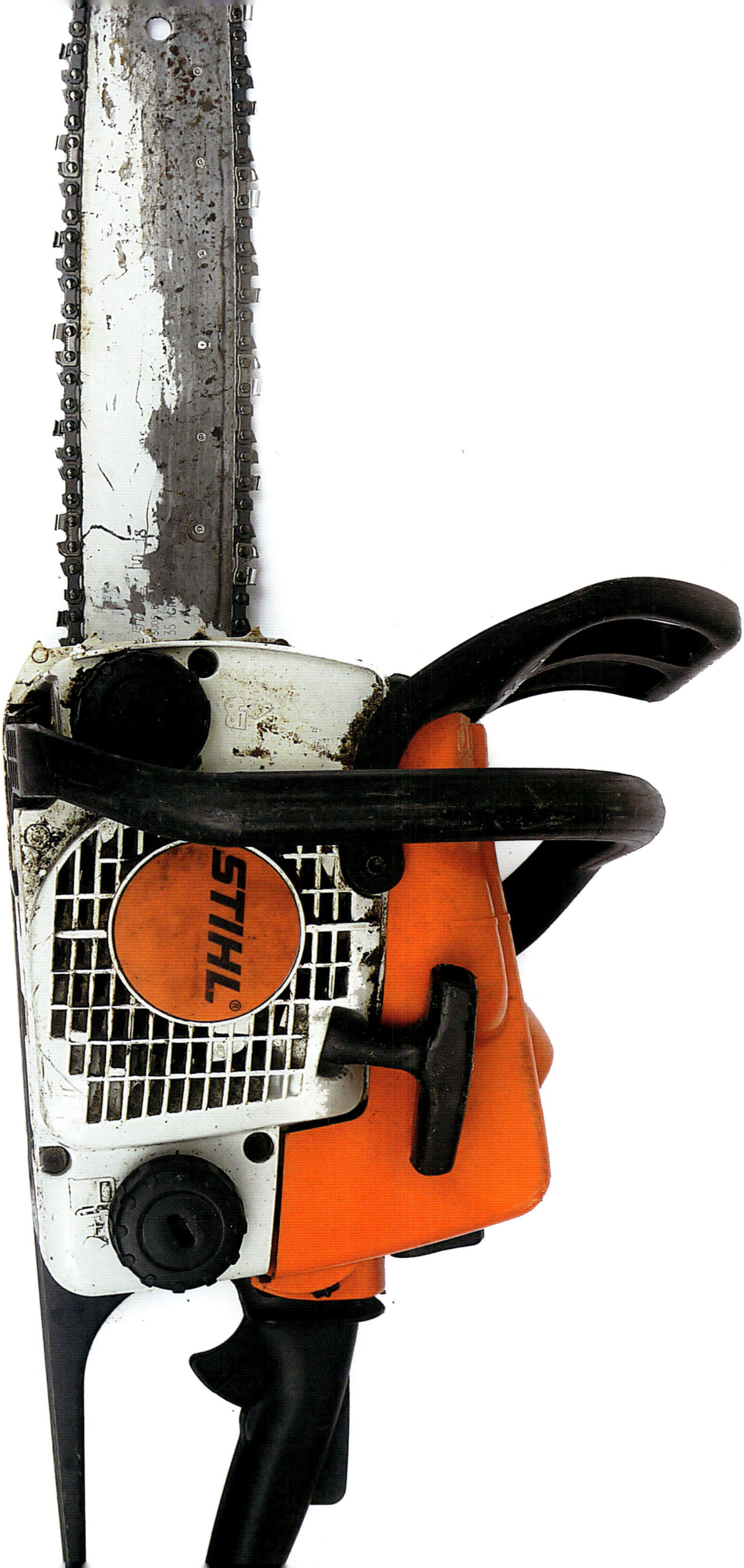
STIHL

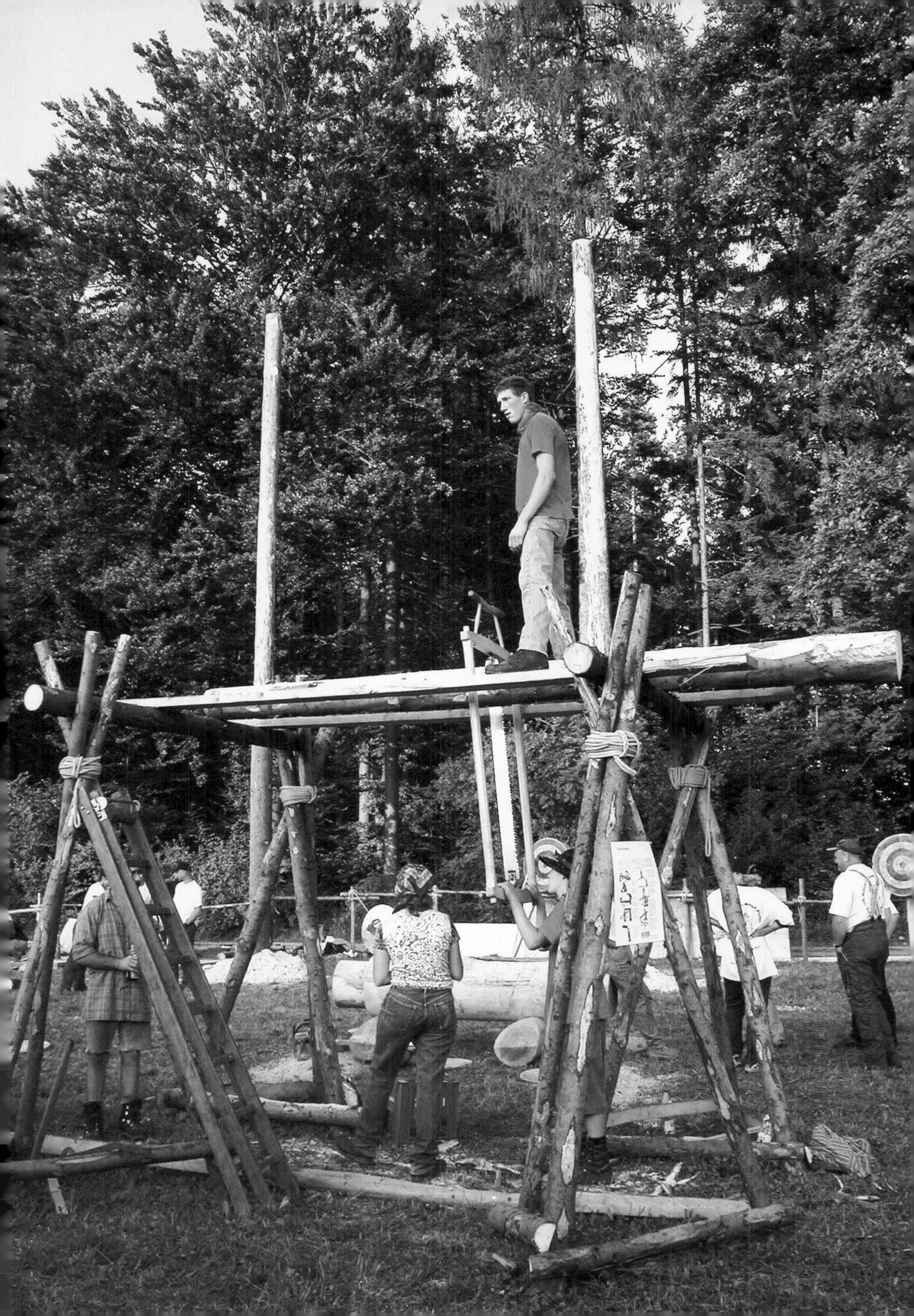

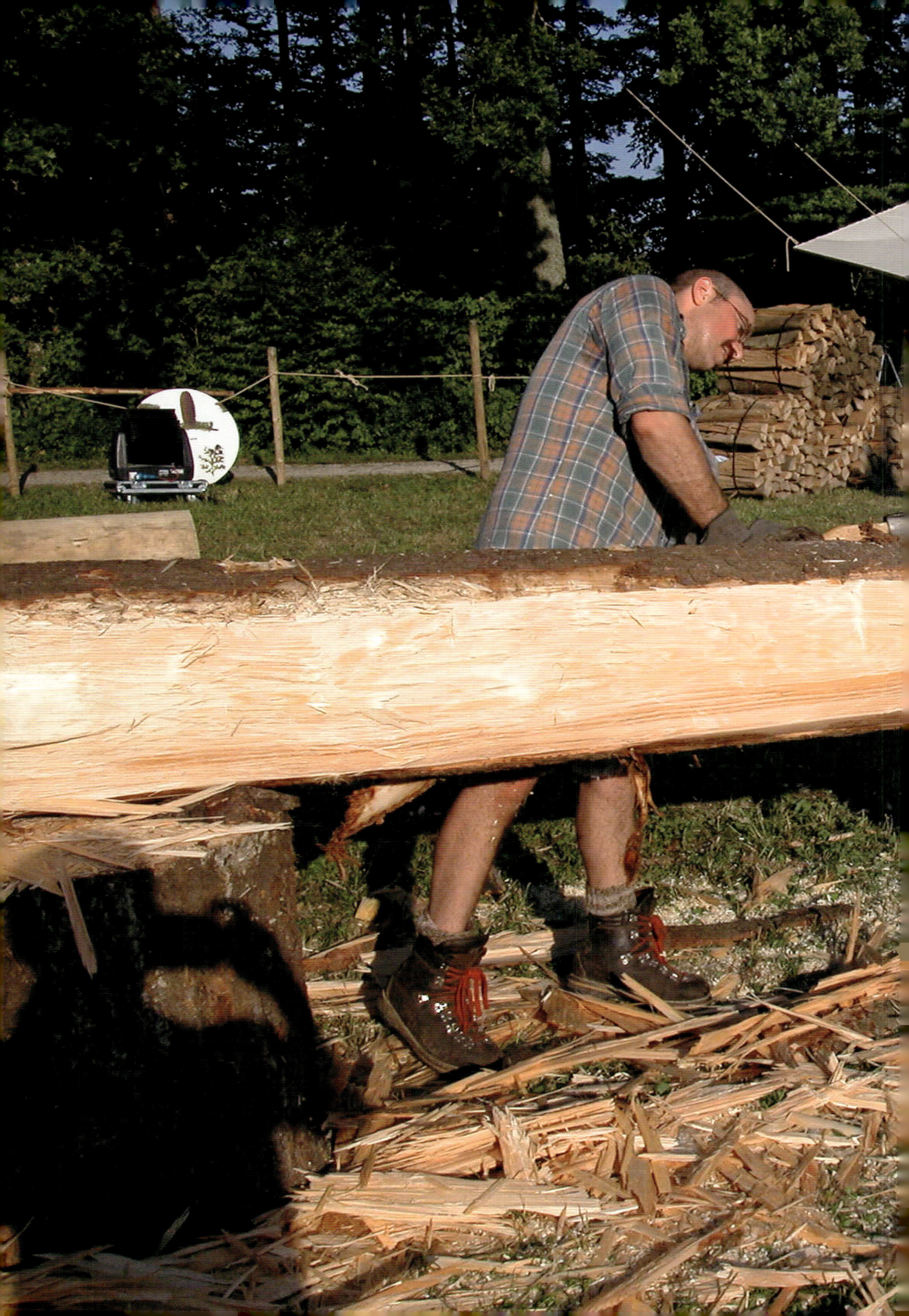

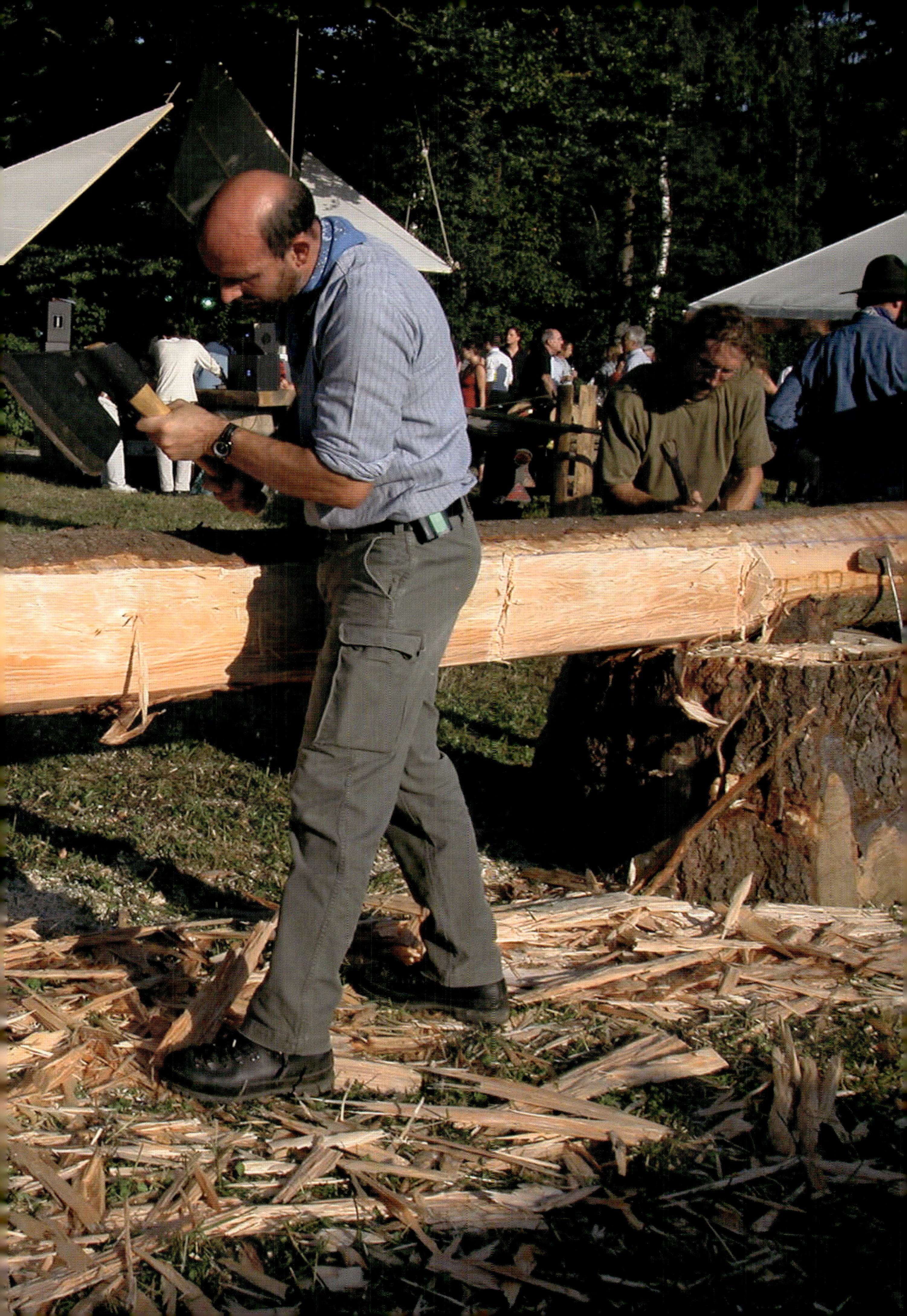

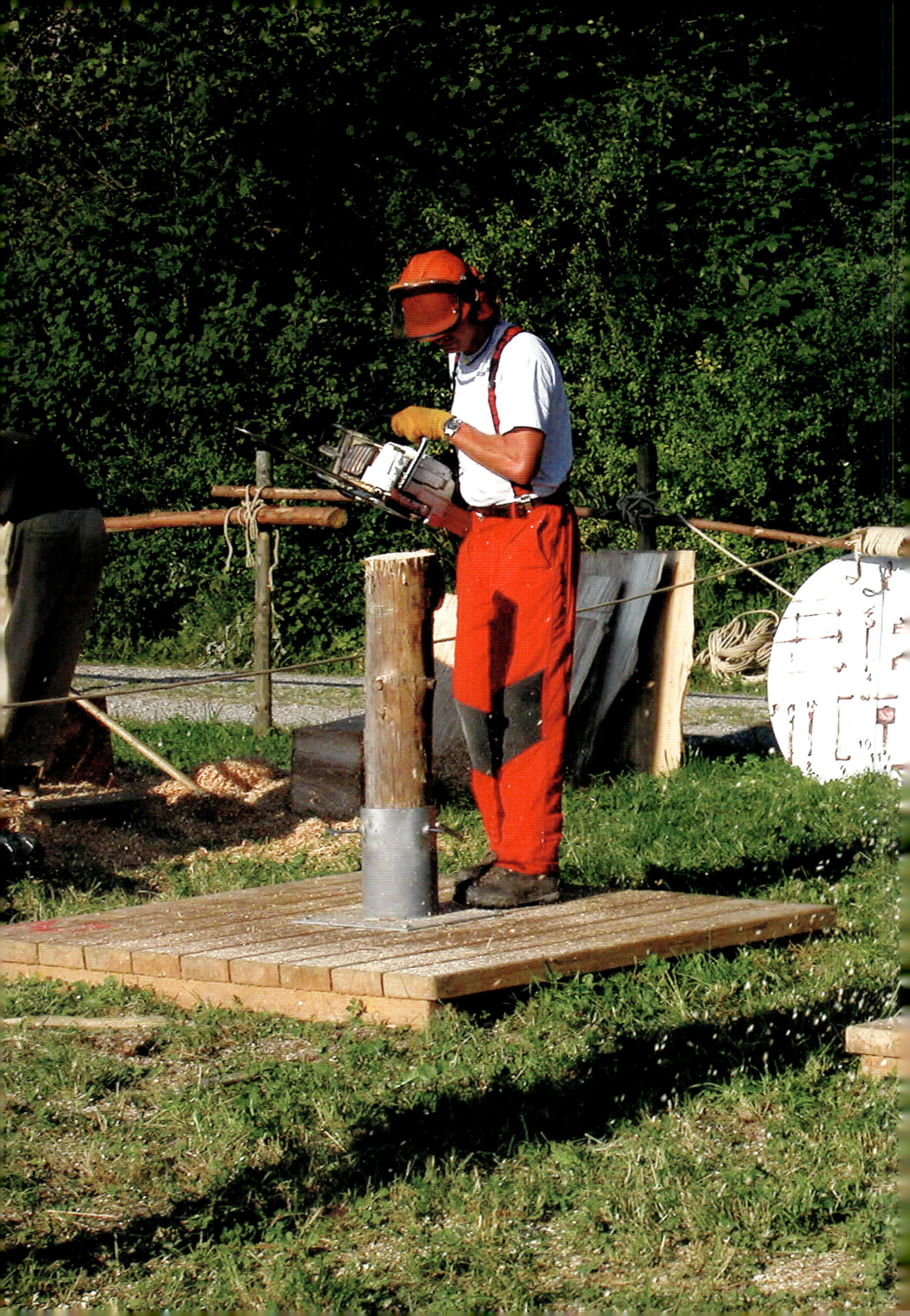

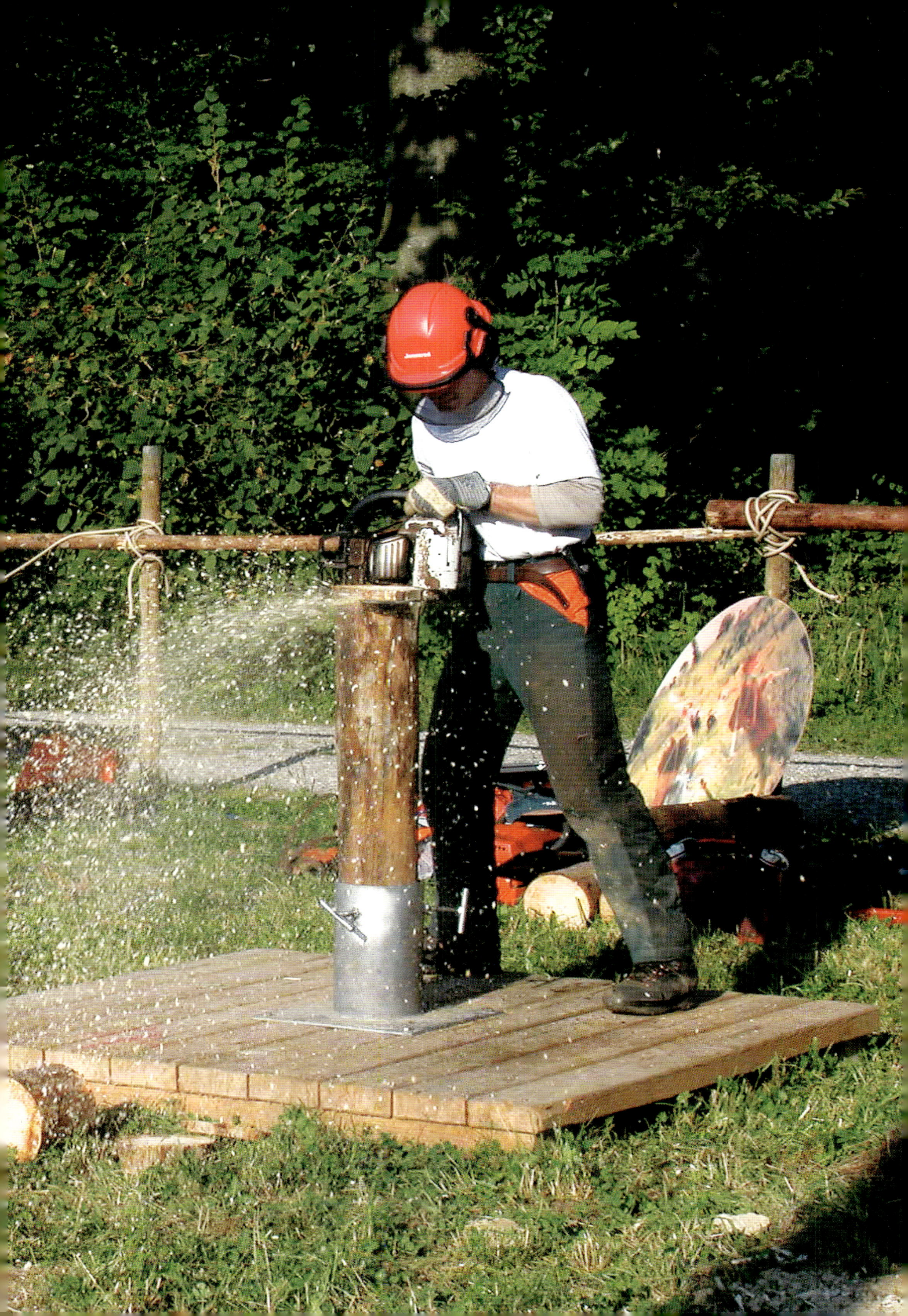

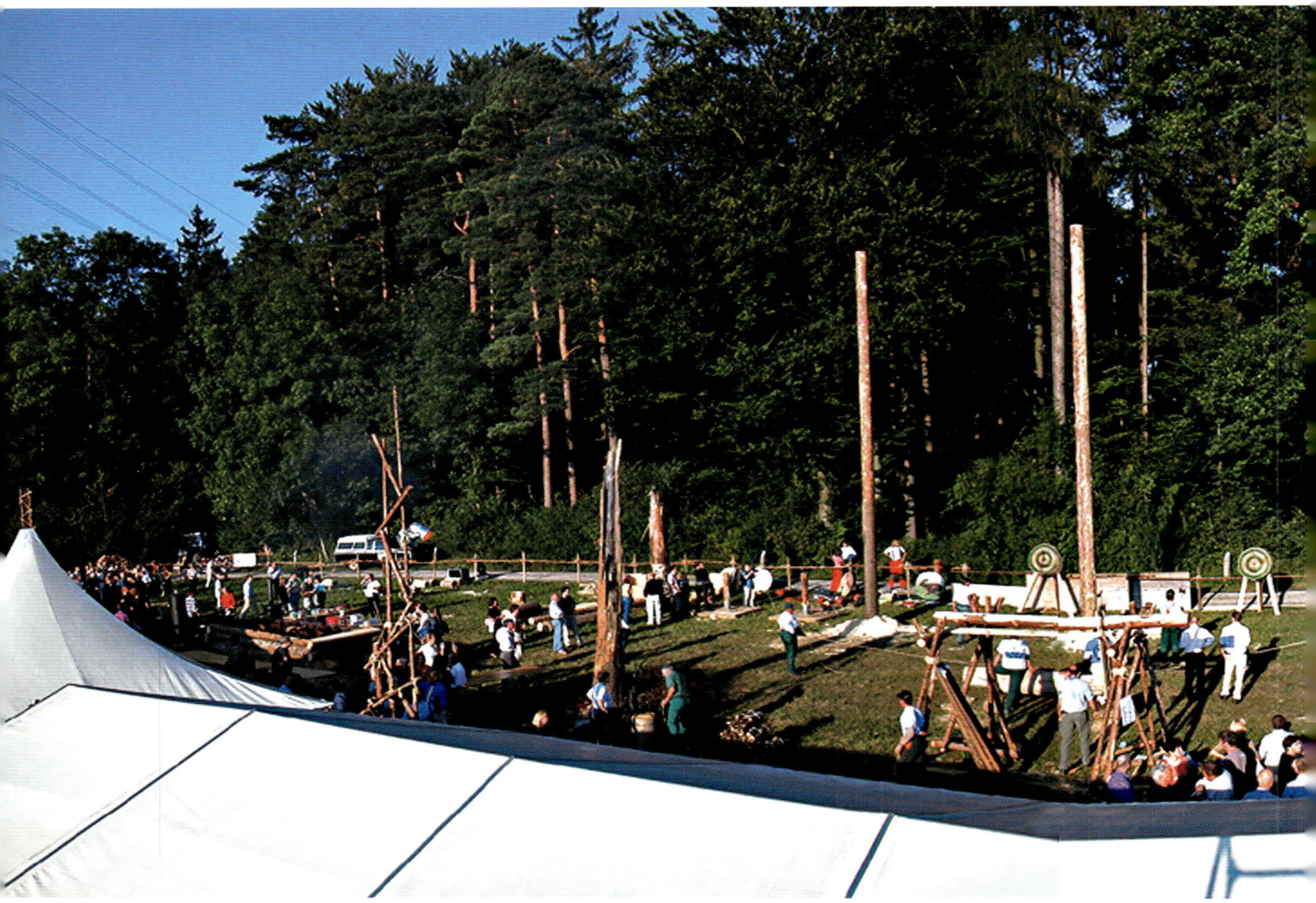

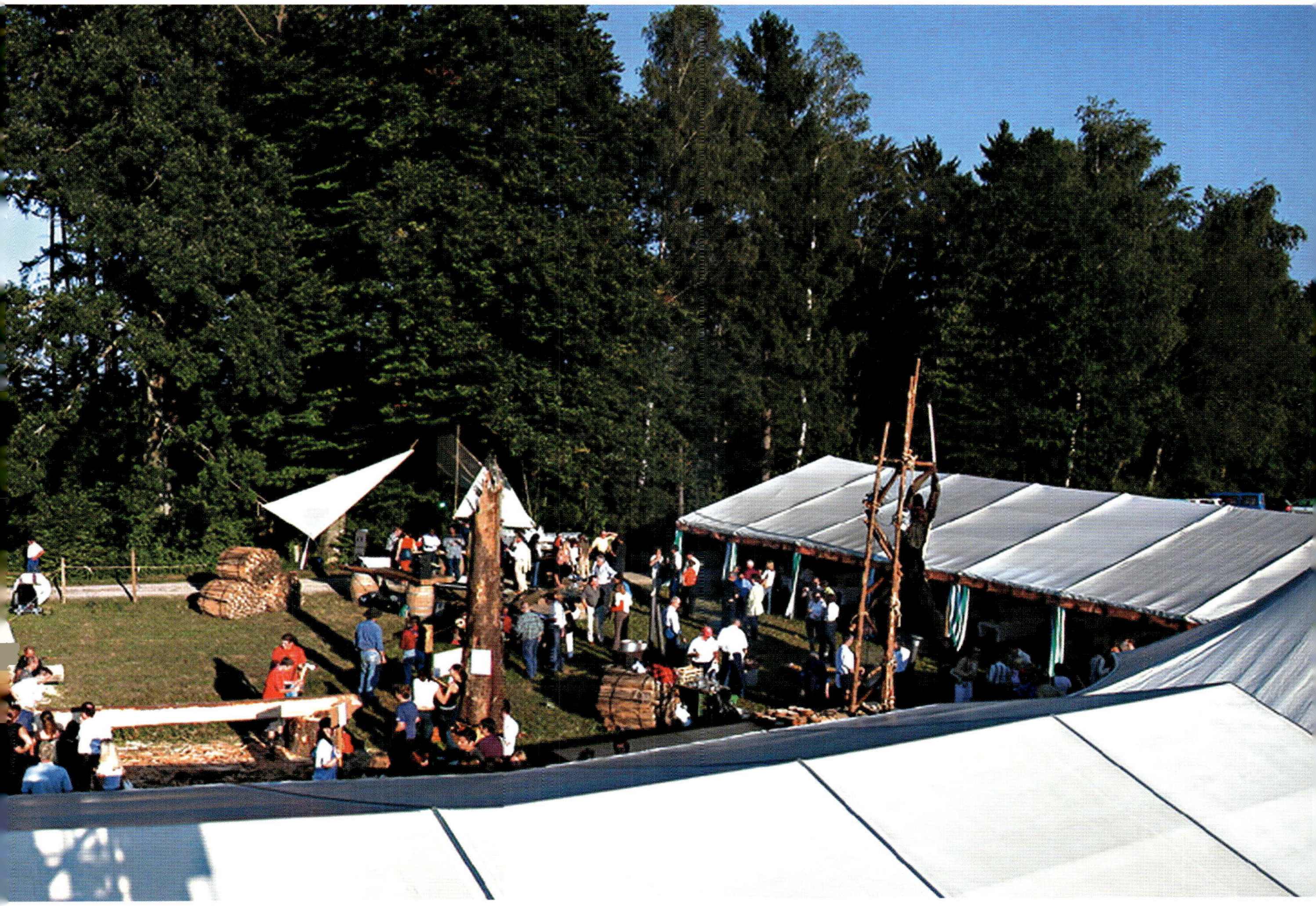

enū

Menü

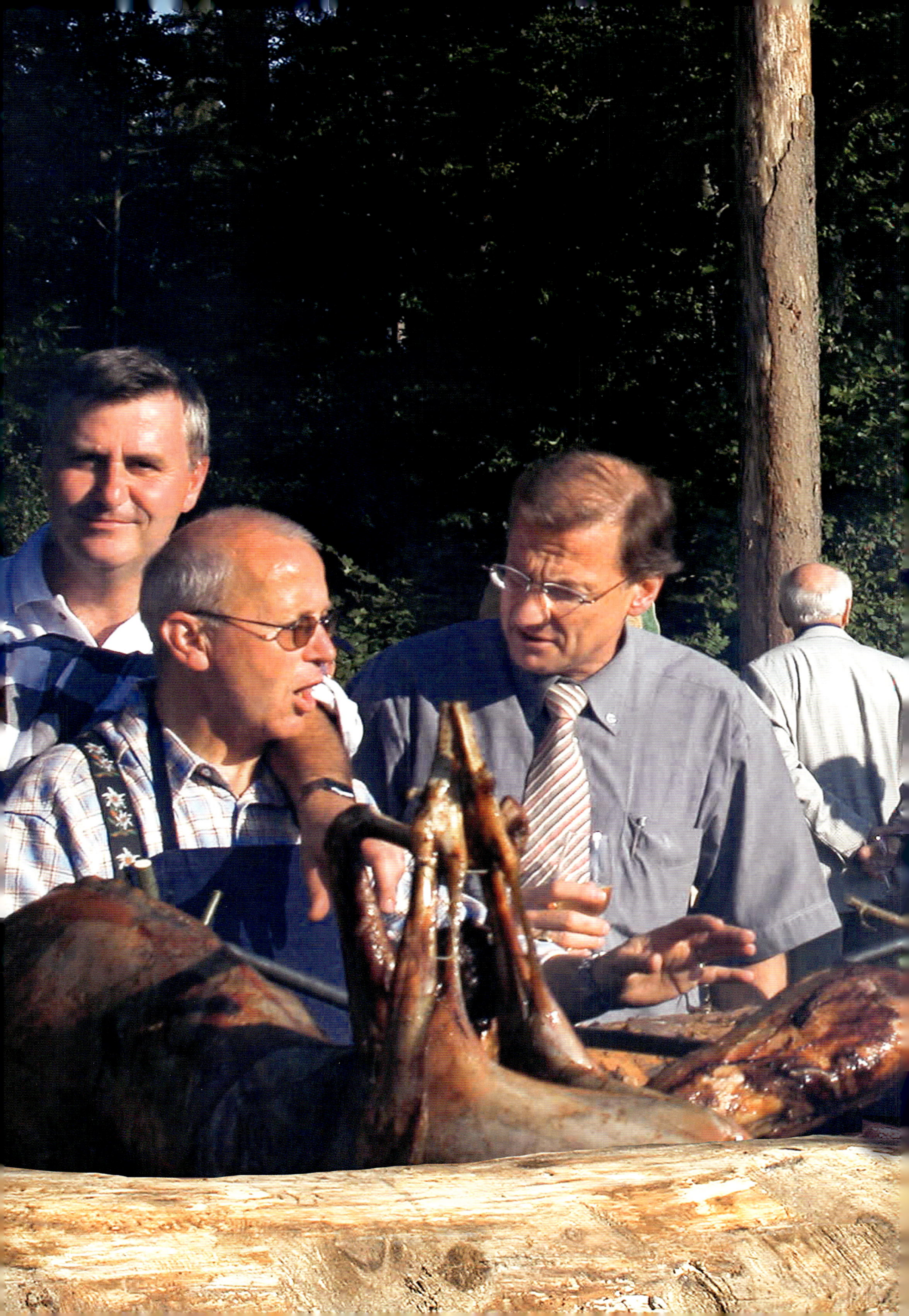

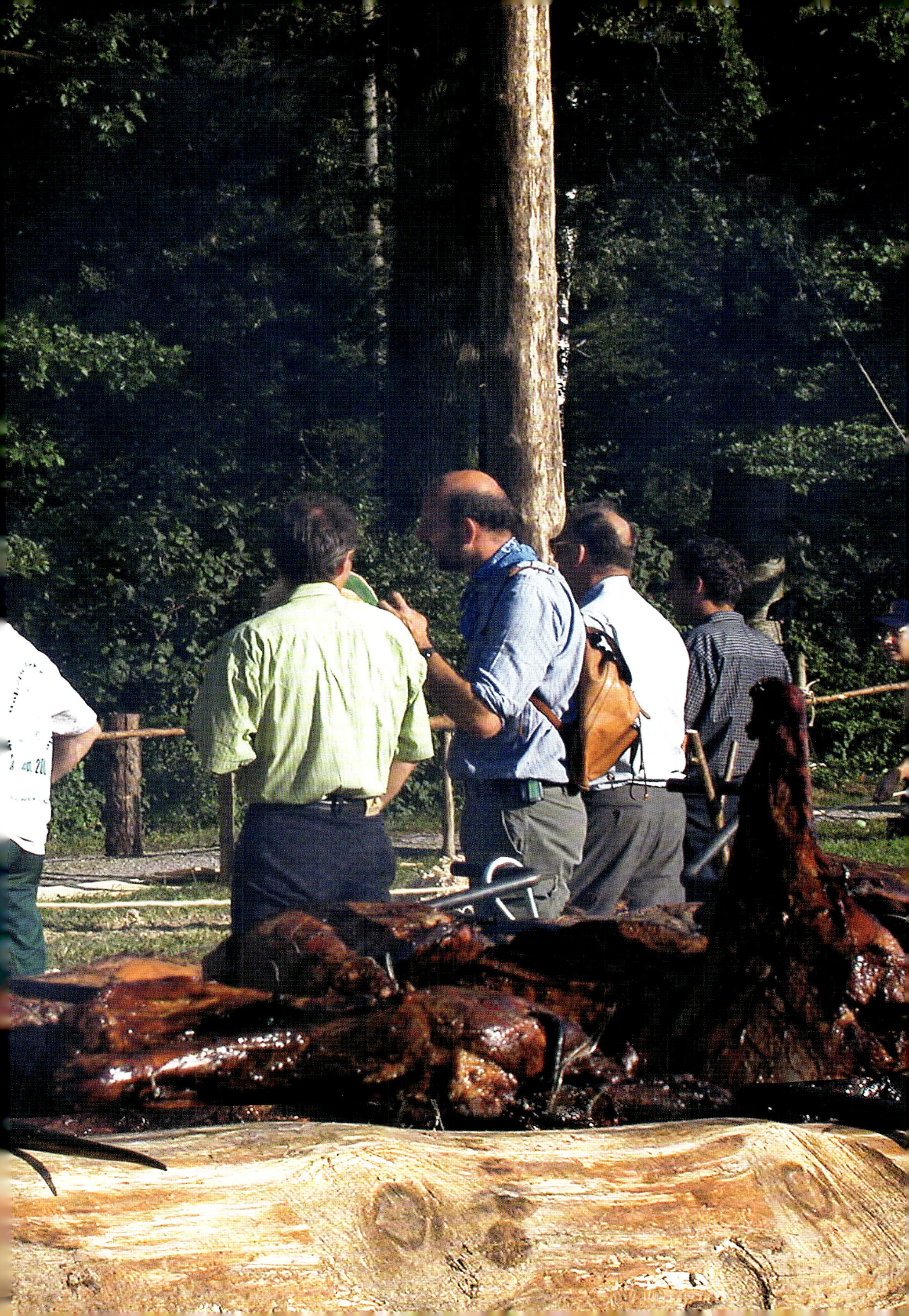

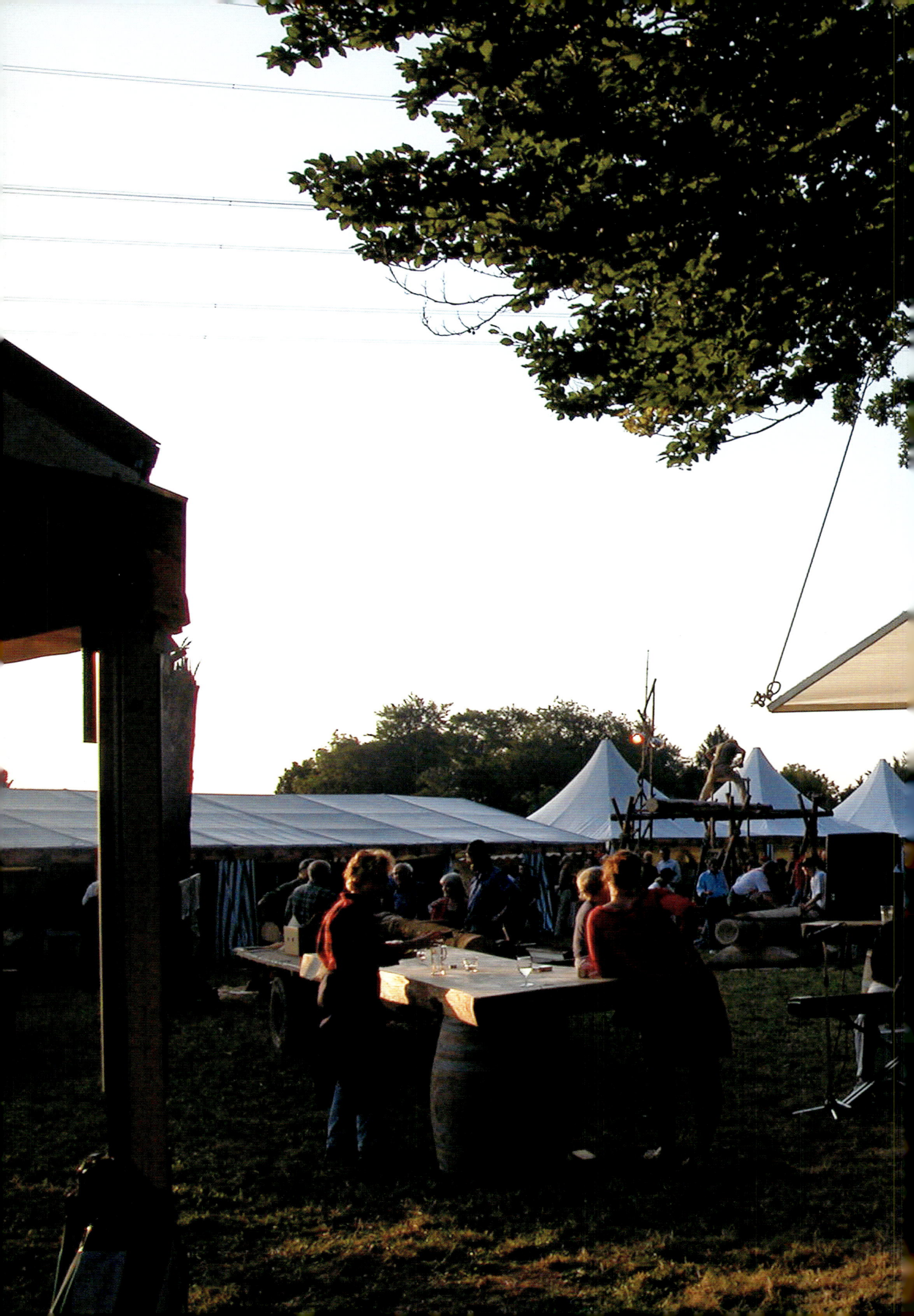

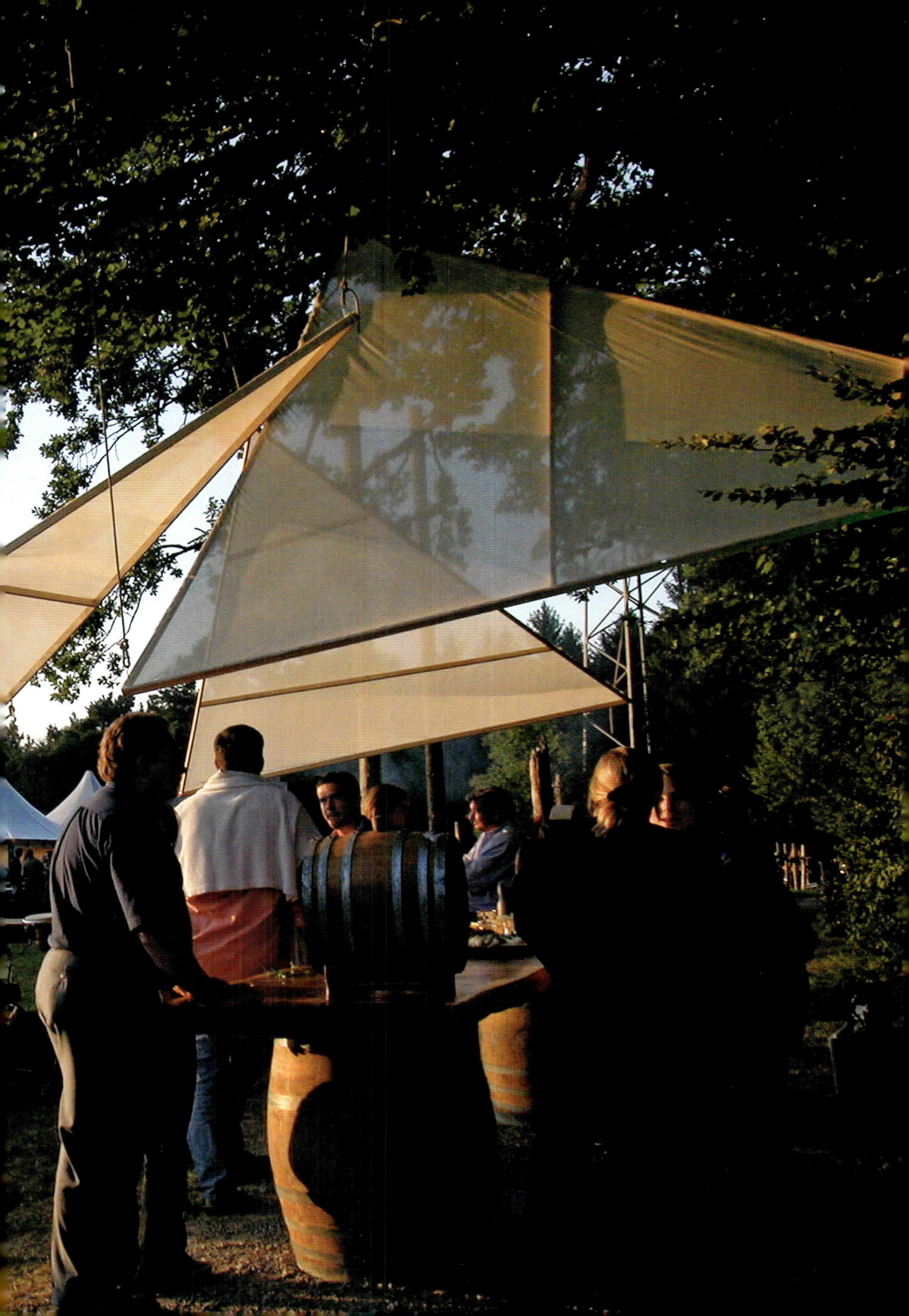

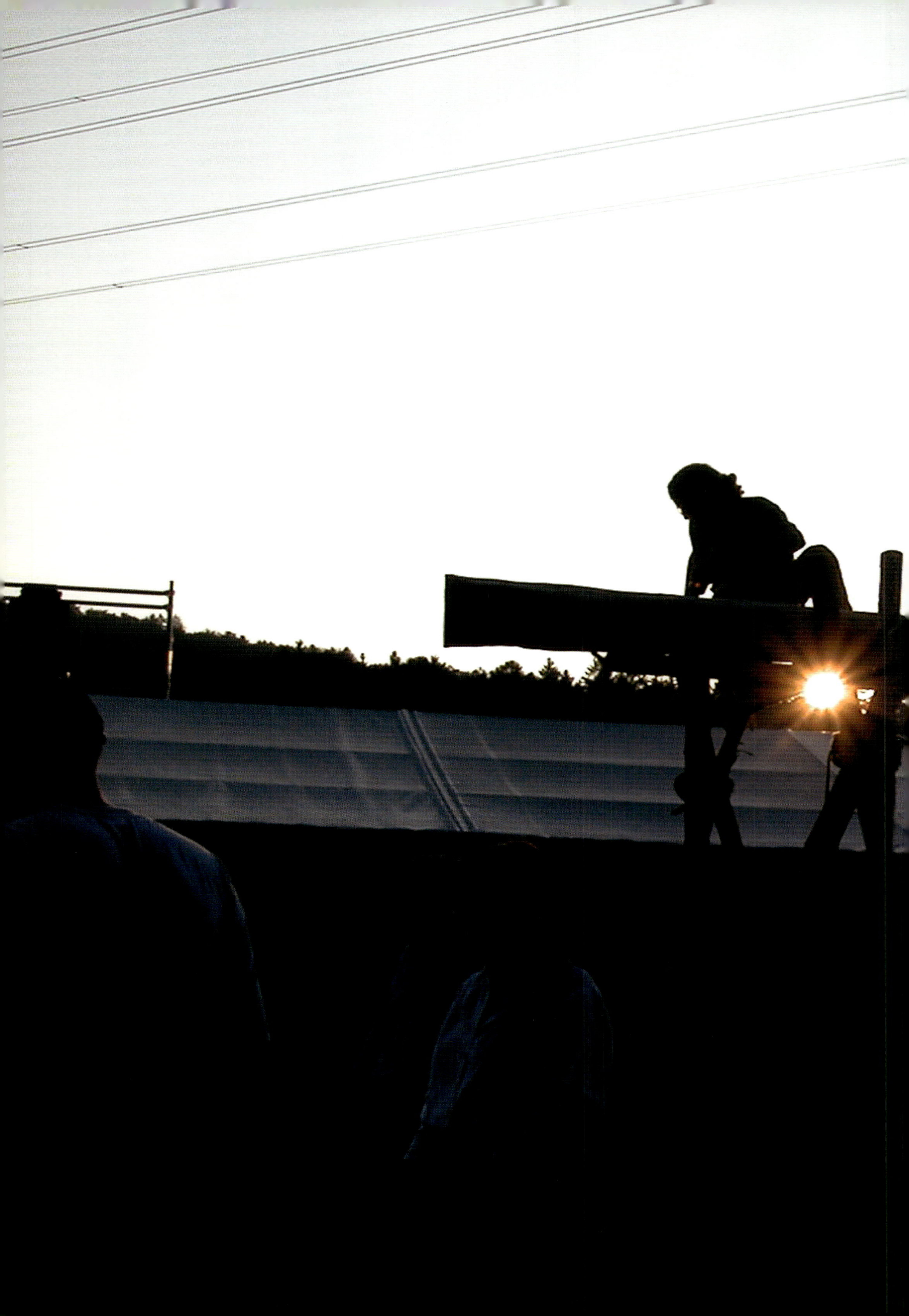

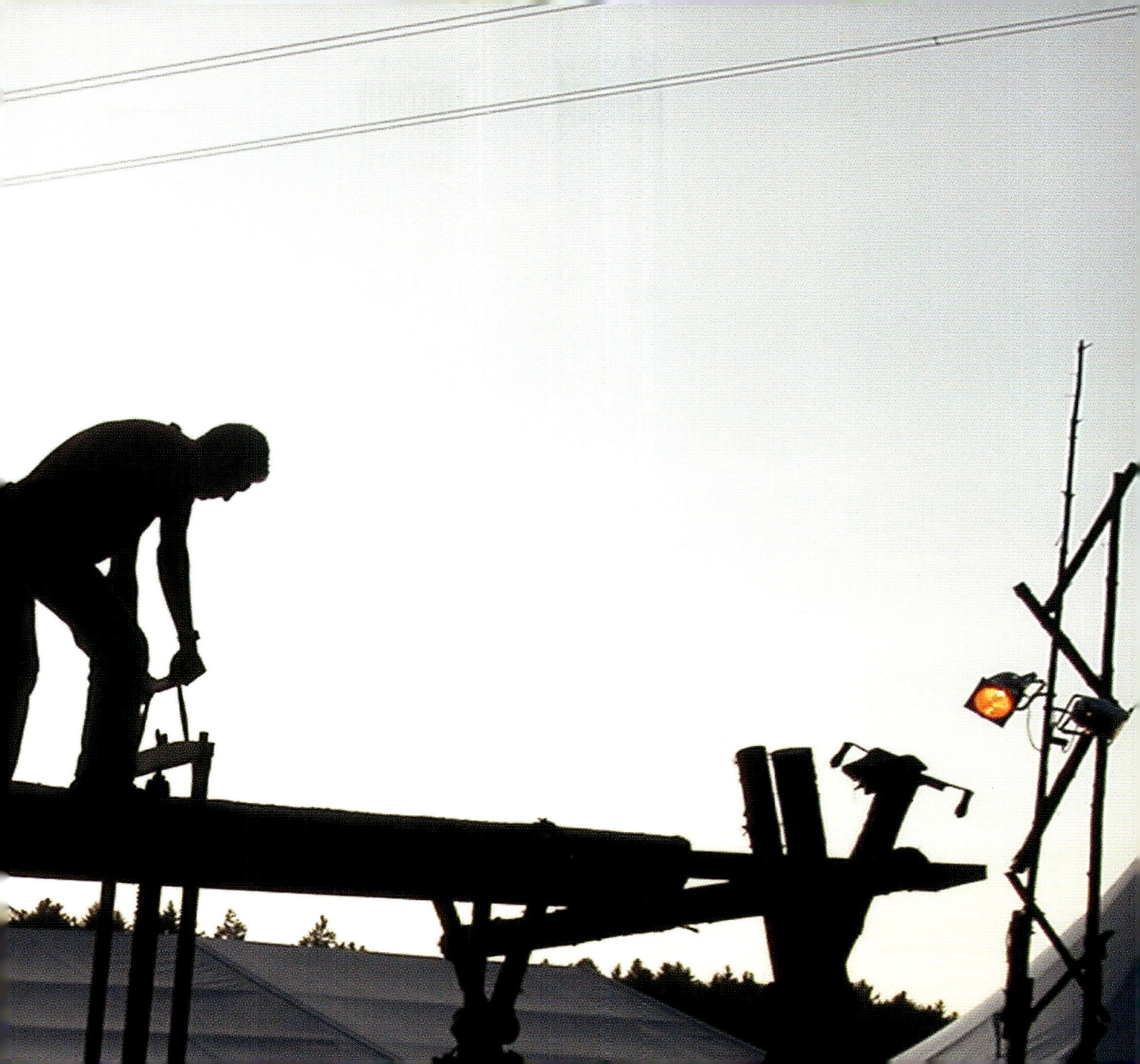

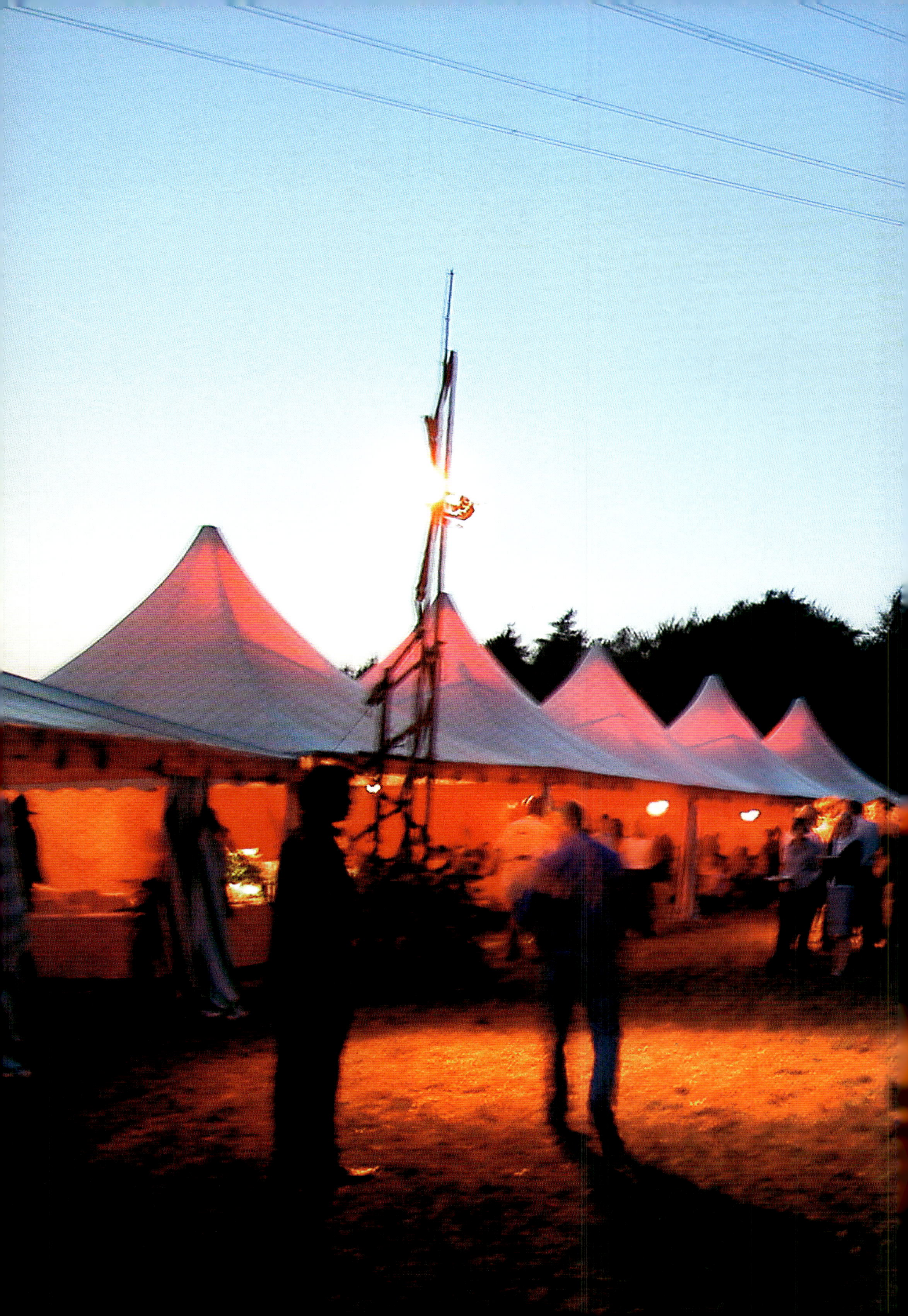

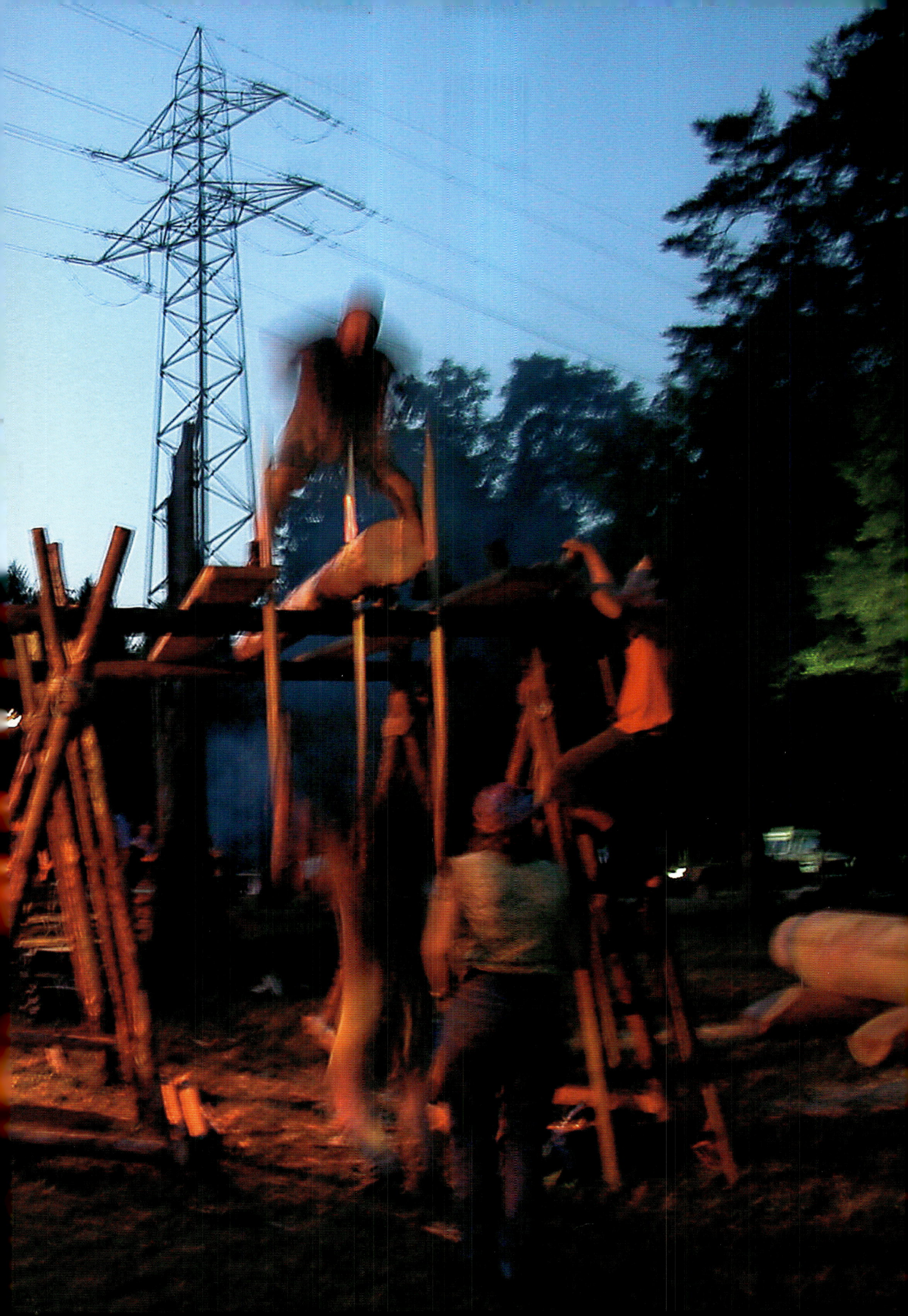

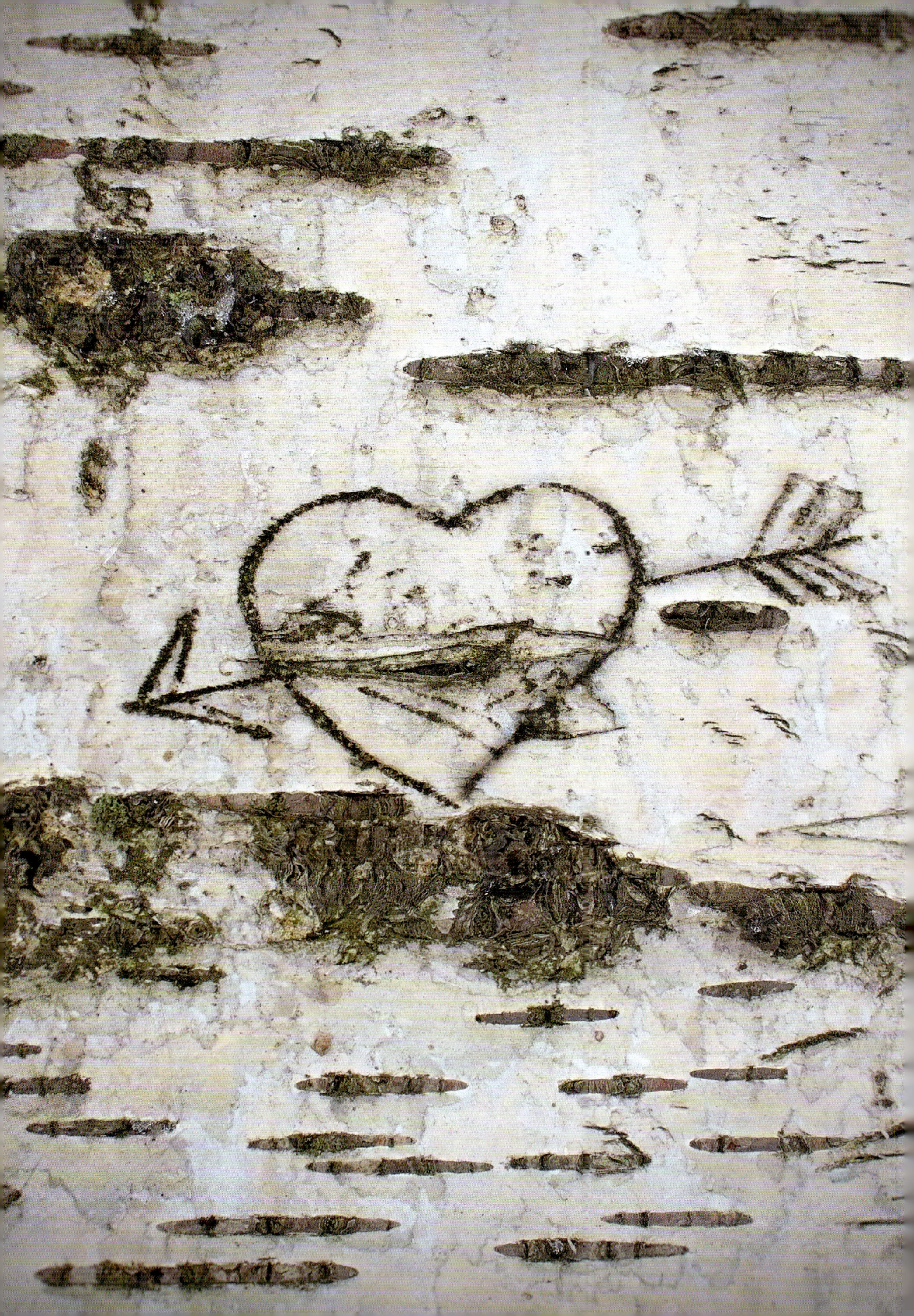

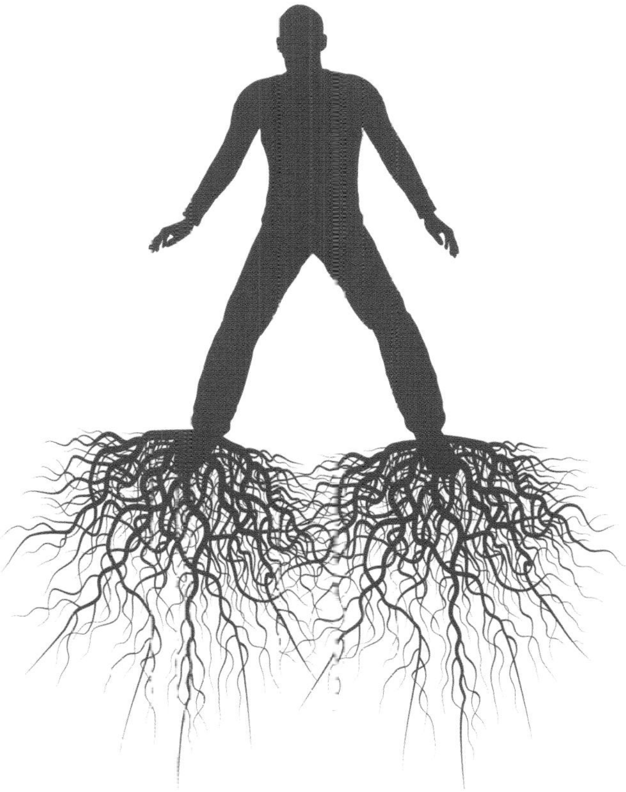

Marrakesch, die sag[enhafte,] eine Welt der Düfte und gehei[mnisvollen] Klänge. Stadt der Händ[ler] und Feuerschlucker. Mit allen Sinnen g[enießen,] der Geräusche und Farben – im Orient [...]

Djemaa el-Fna, Mai 2012

...uwobene Königsstadt — ...nisvollen ...Märchenerzähler, Trommler ...ssen, verzaubert in einem Meer 1001 Nacht innehalten.

*In der Nacht erwacht Djemaa el-Fna –
geheimnisvolle Küche an unzähligen Ständen*

«café des épices» – Inspiration für einen
identischen Nachbau

Büro für Immobilien –
Kaufen, Verkaufen, Vermieten.

One Night in
Marrakesch

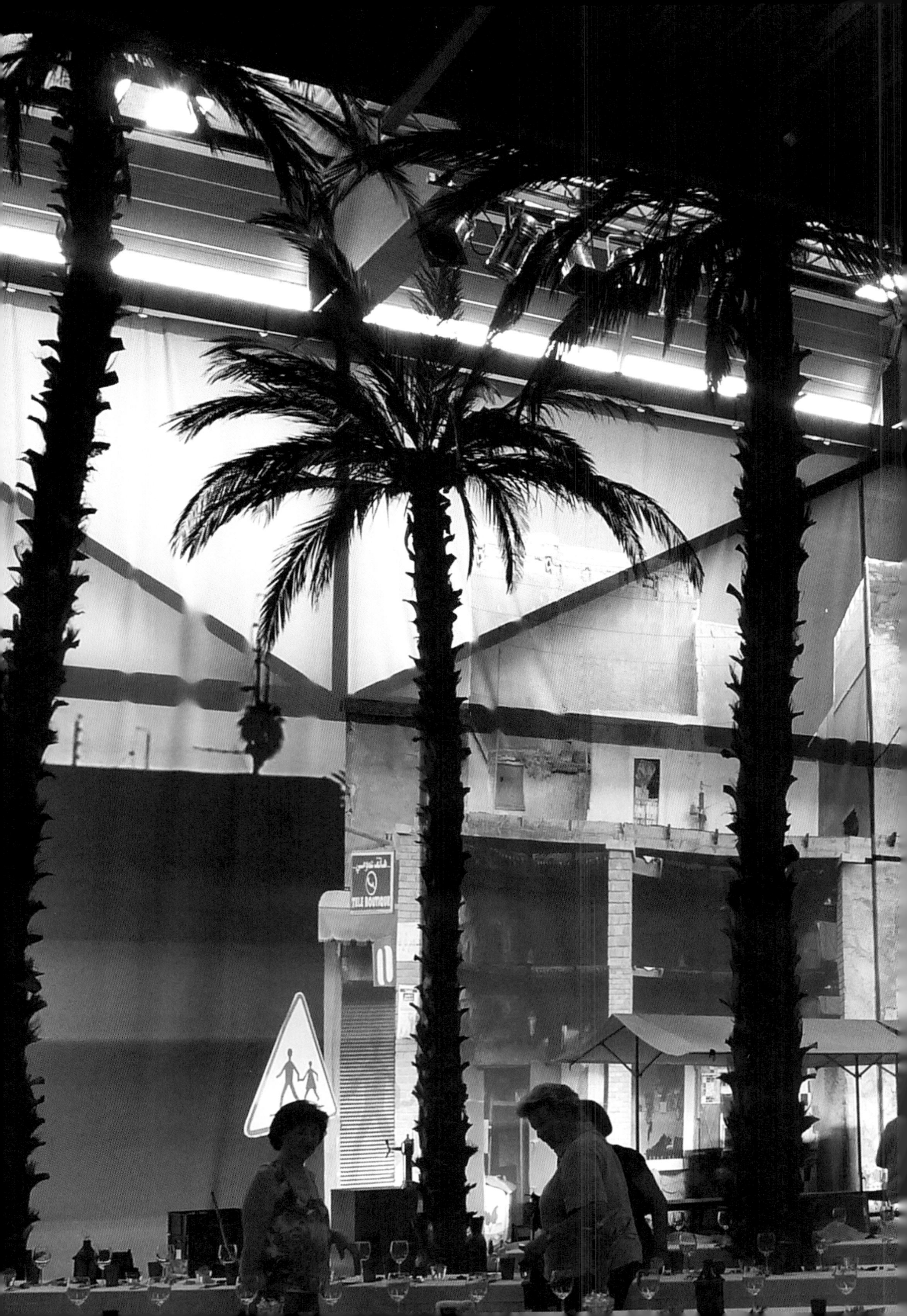
TELE BOUTIQUE

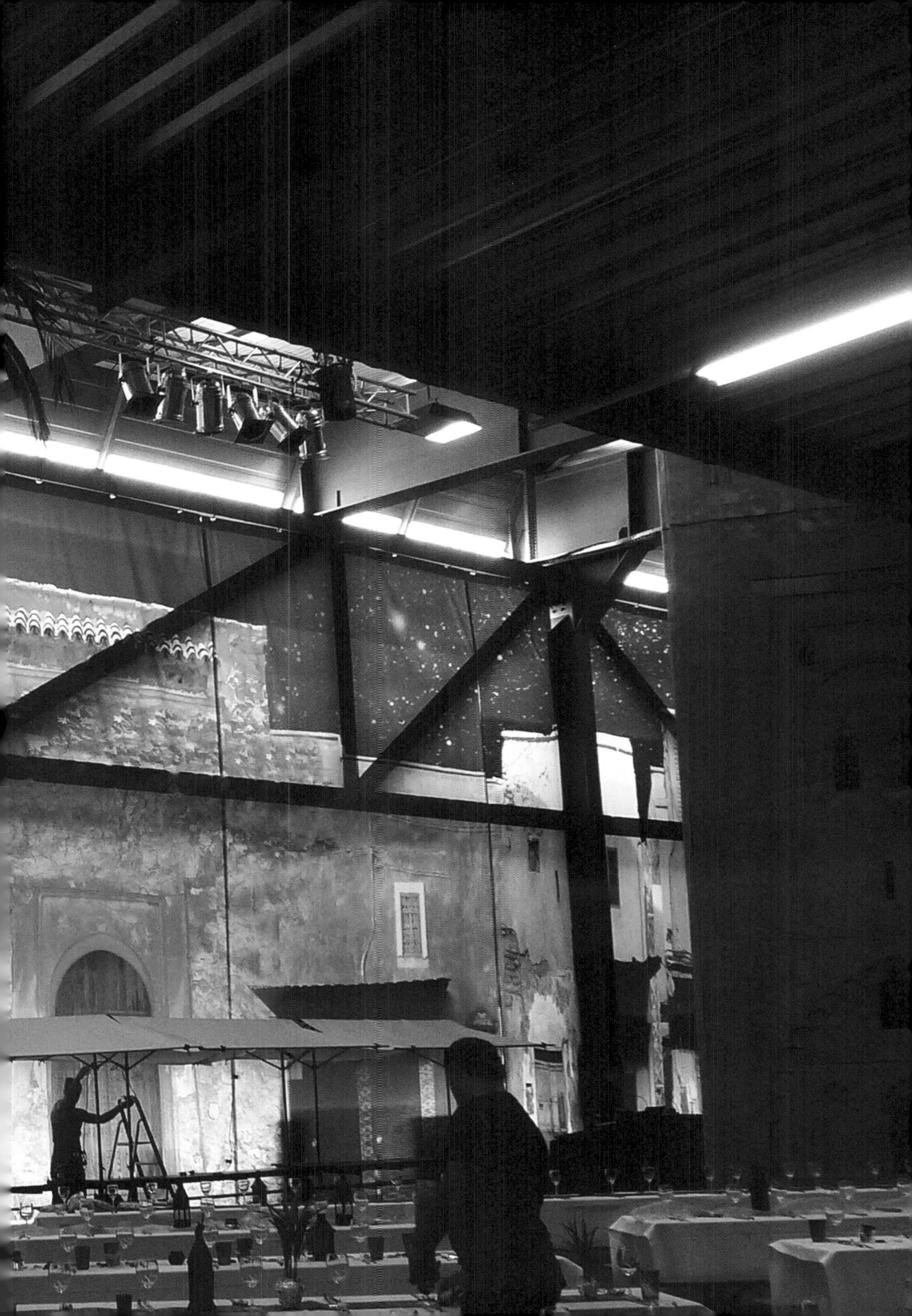

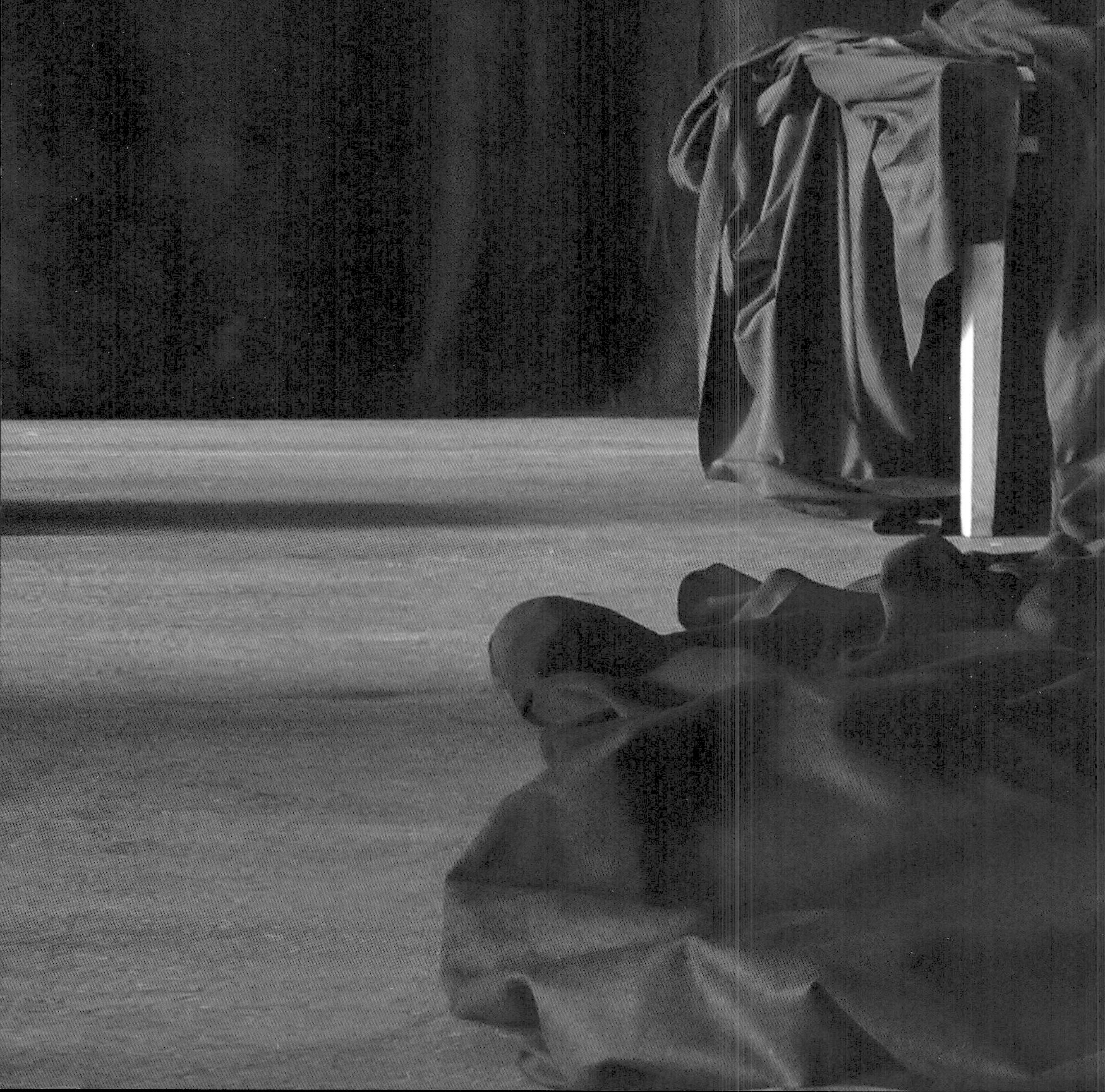

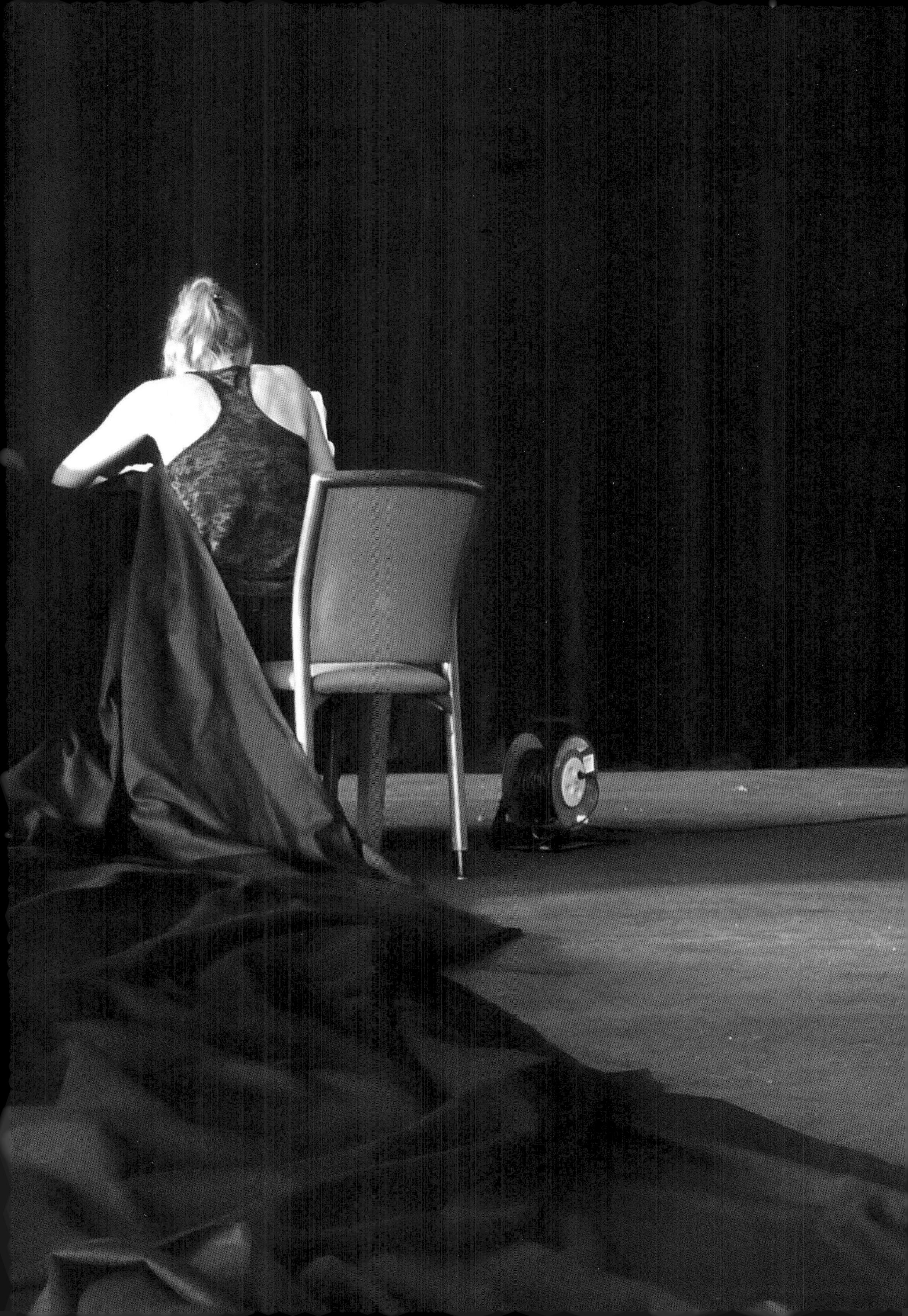

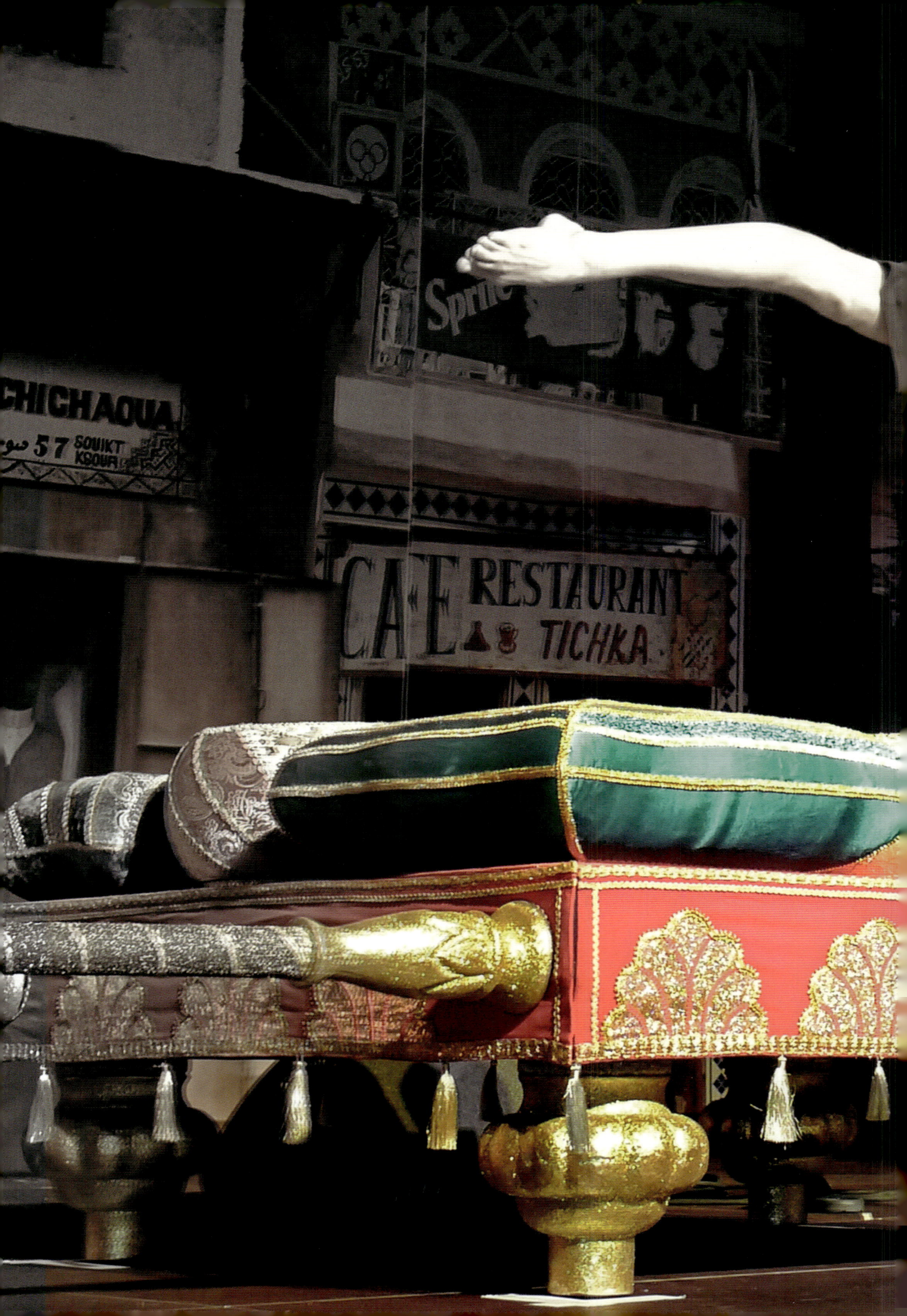
CHICHAOUA
RESTAURANT
TICHKA

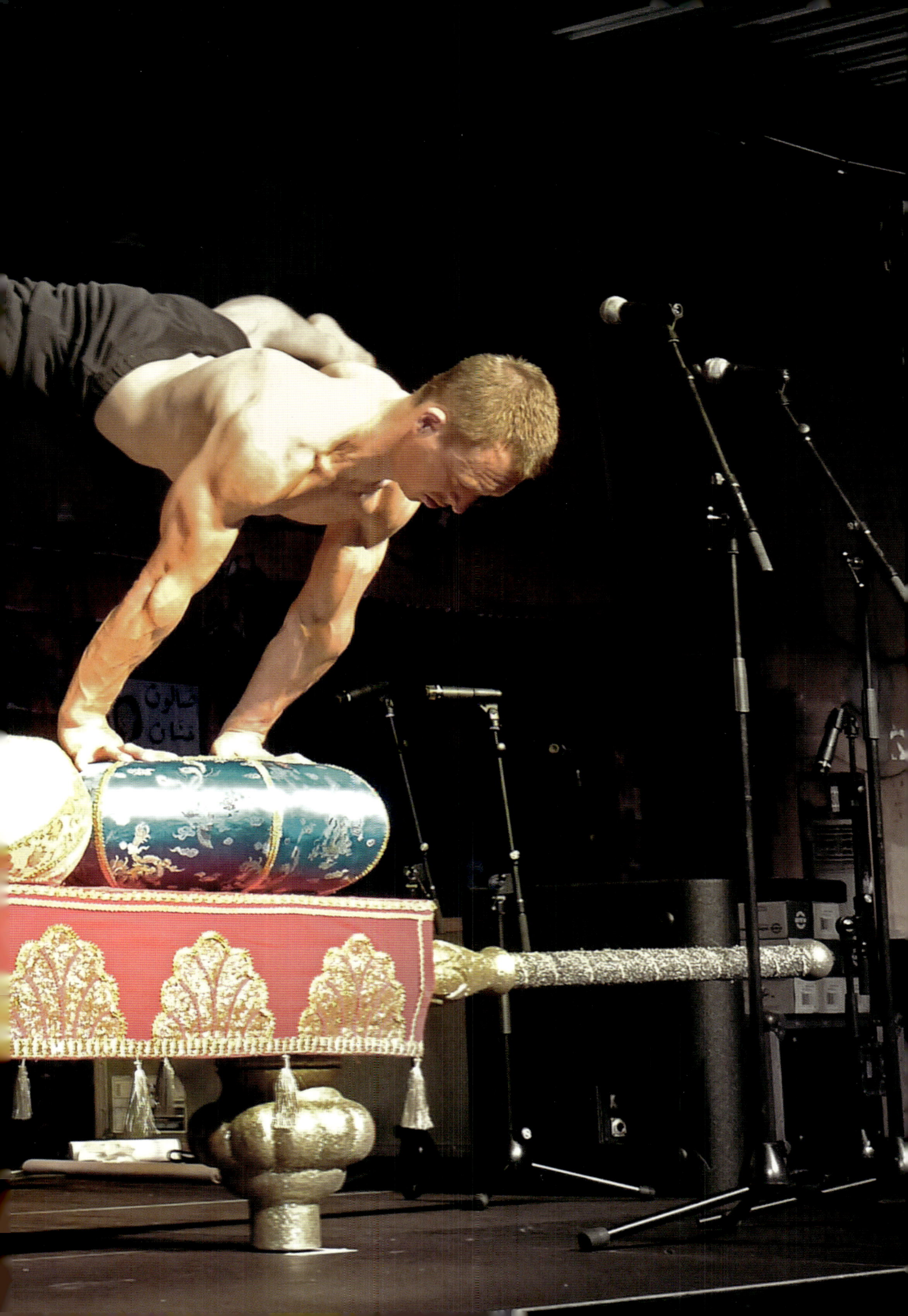

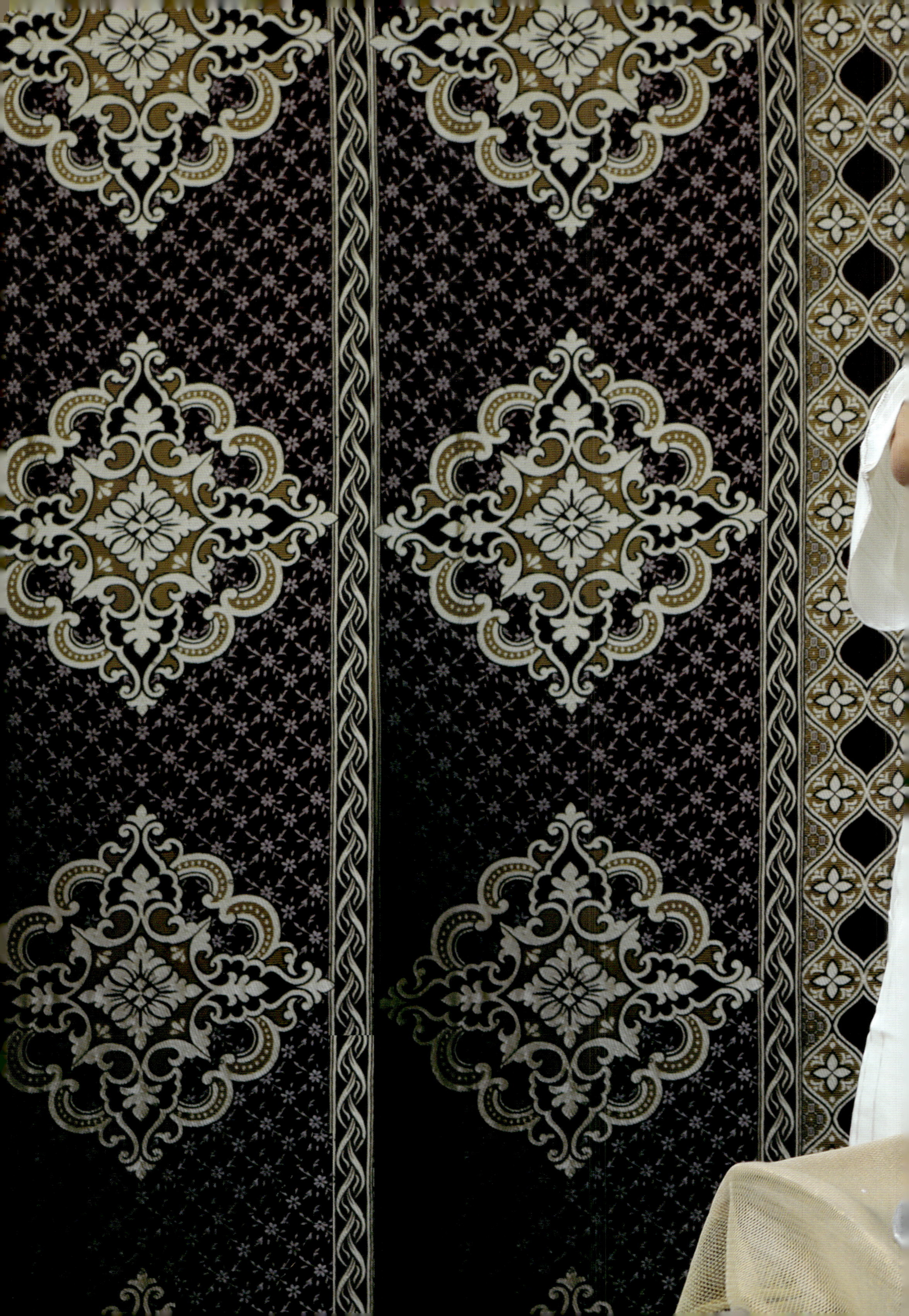

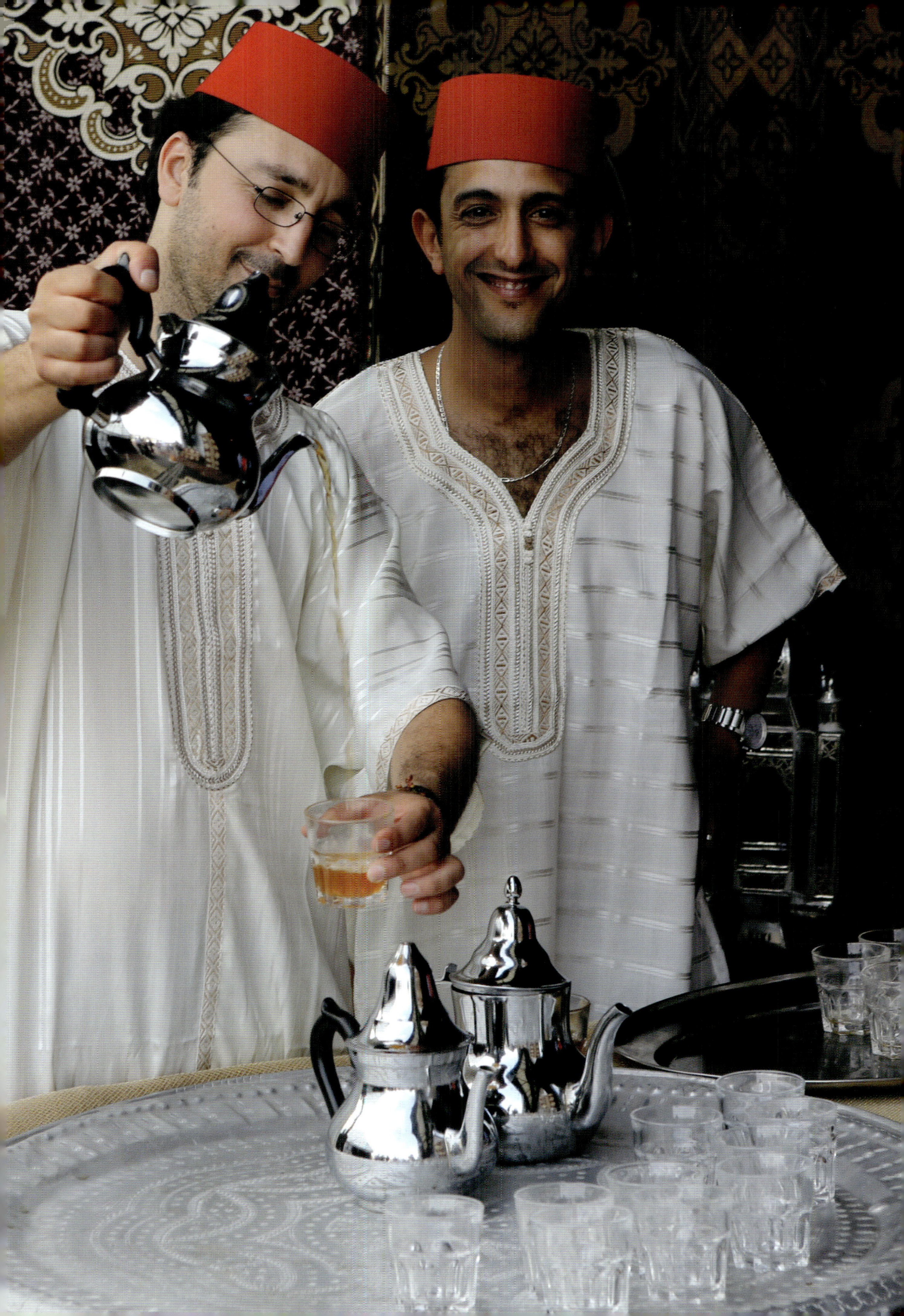

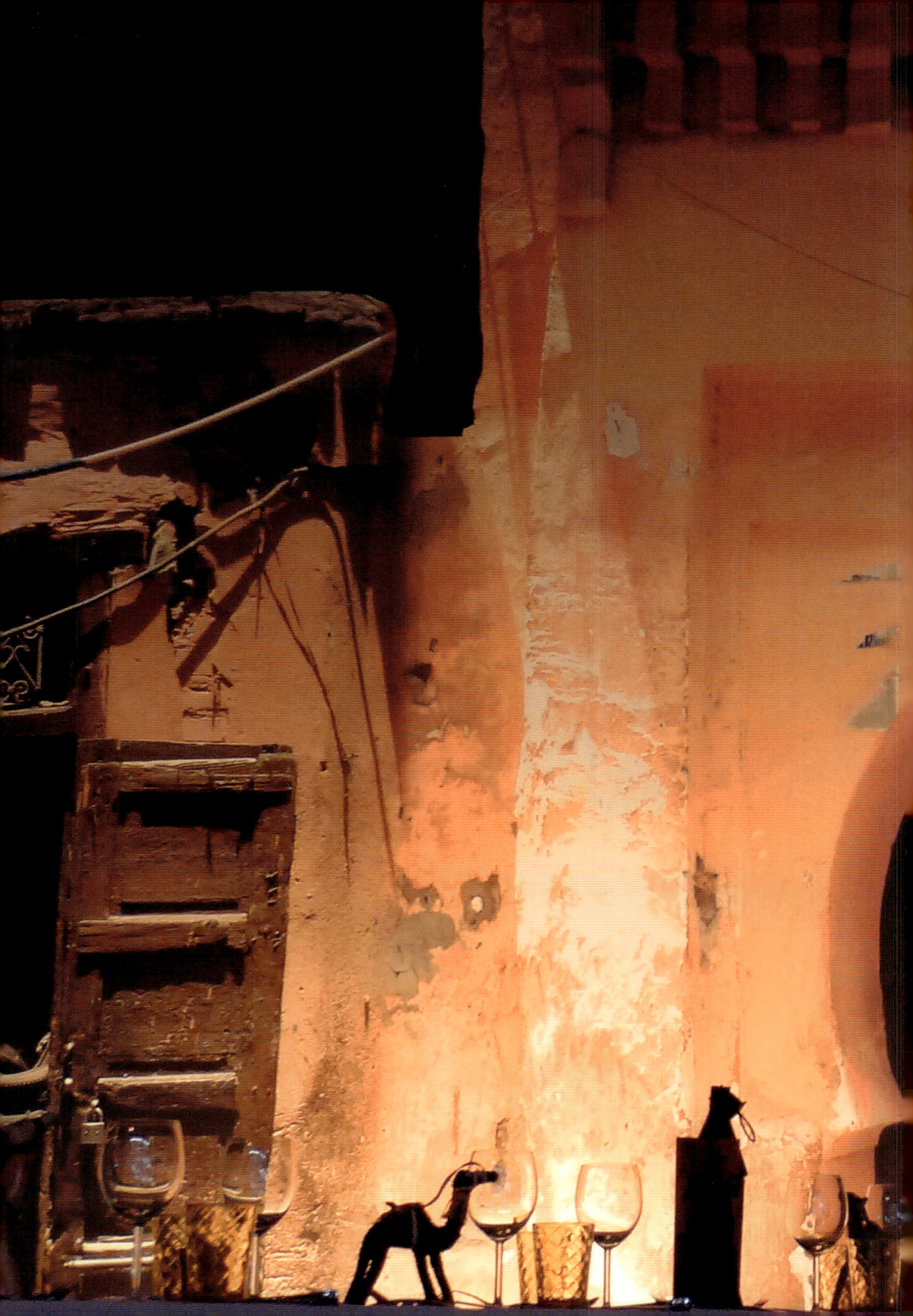

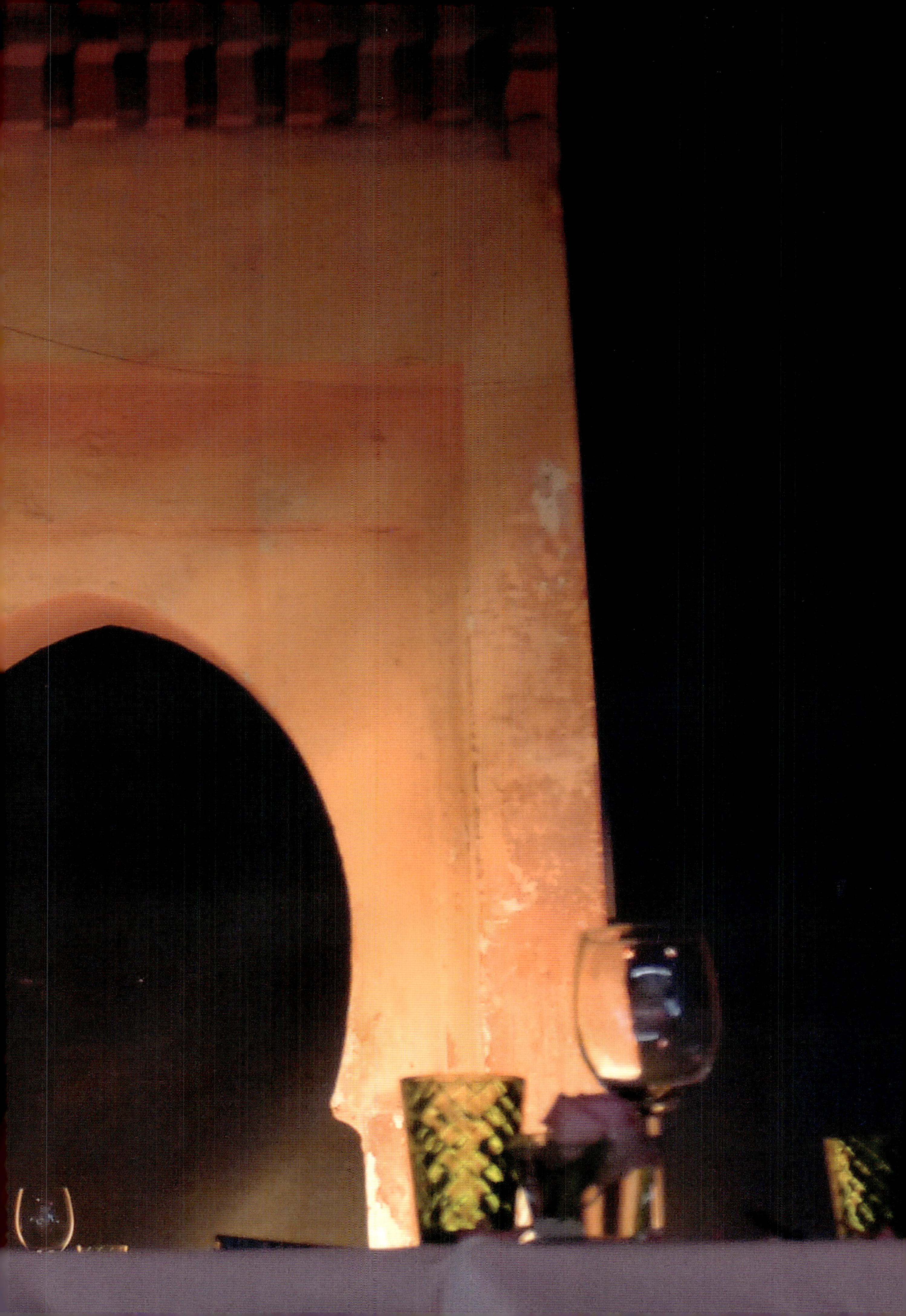

حارس الدراجات

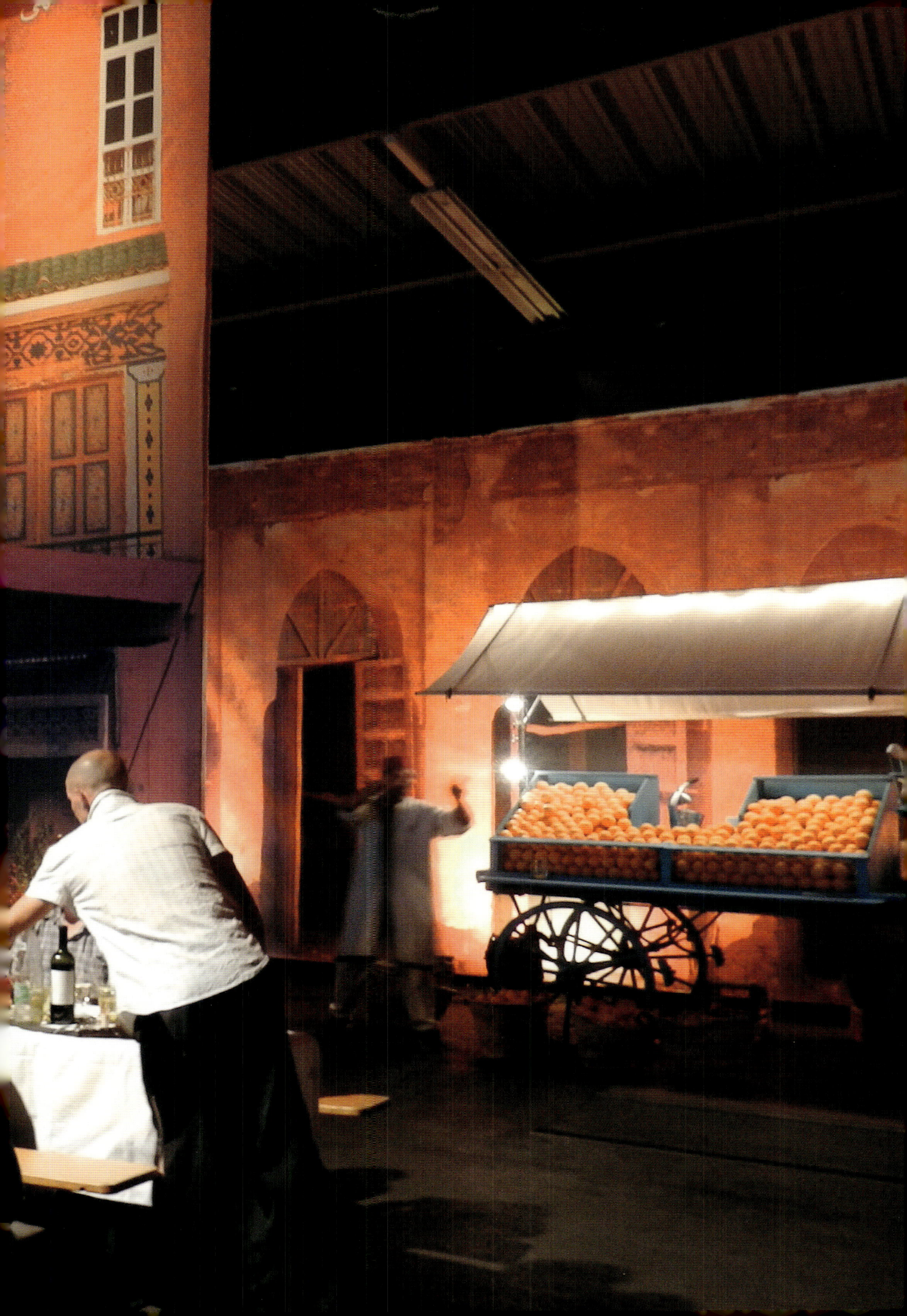

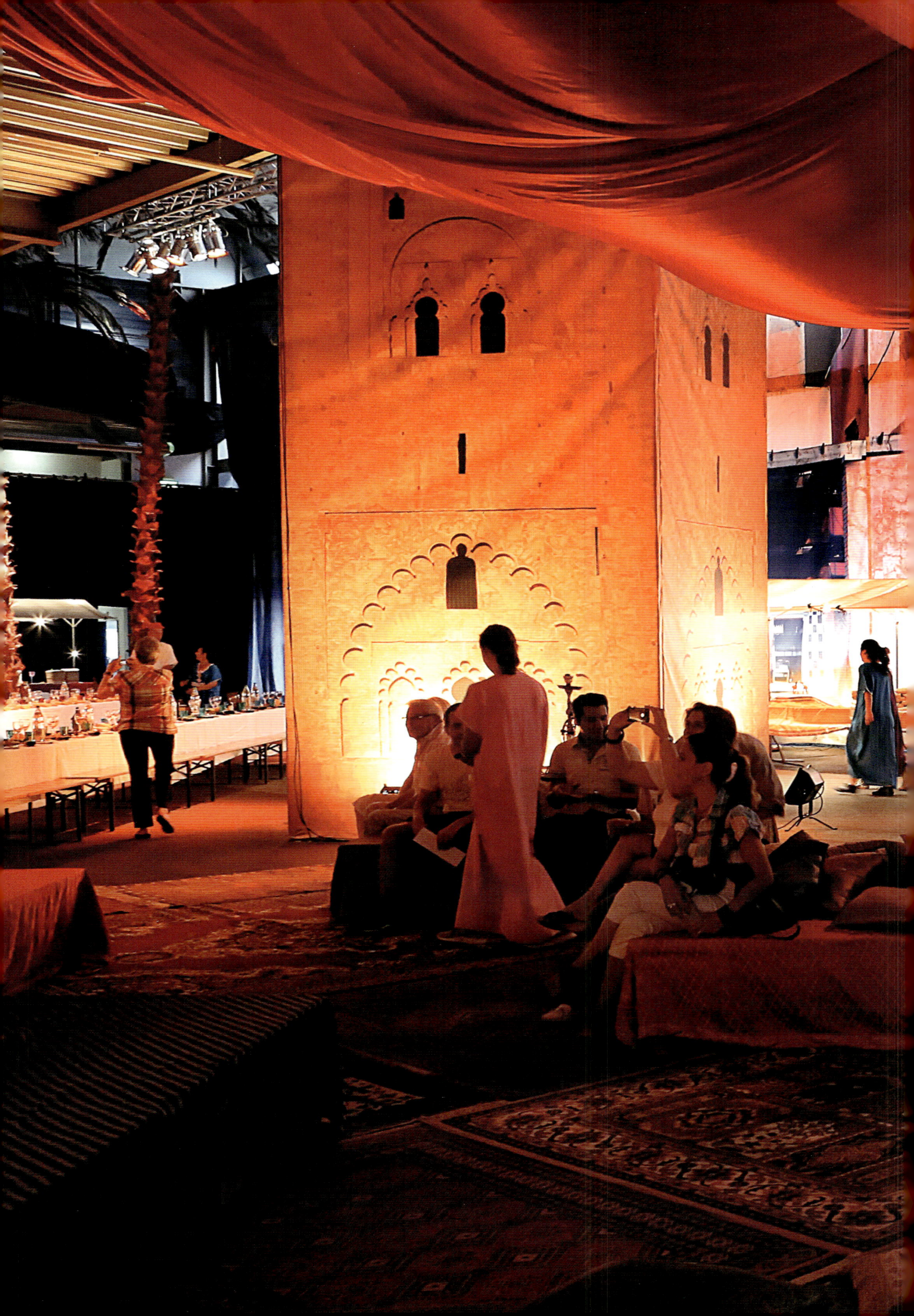

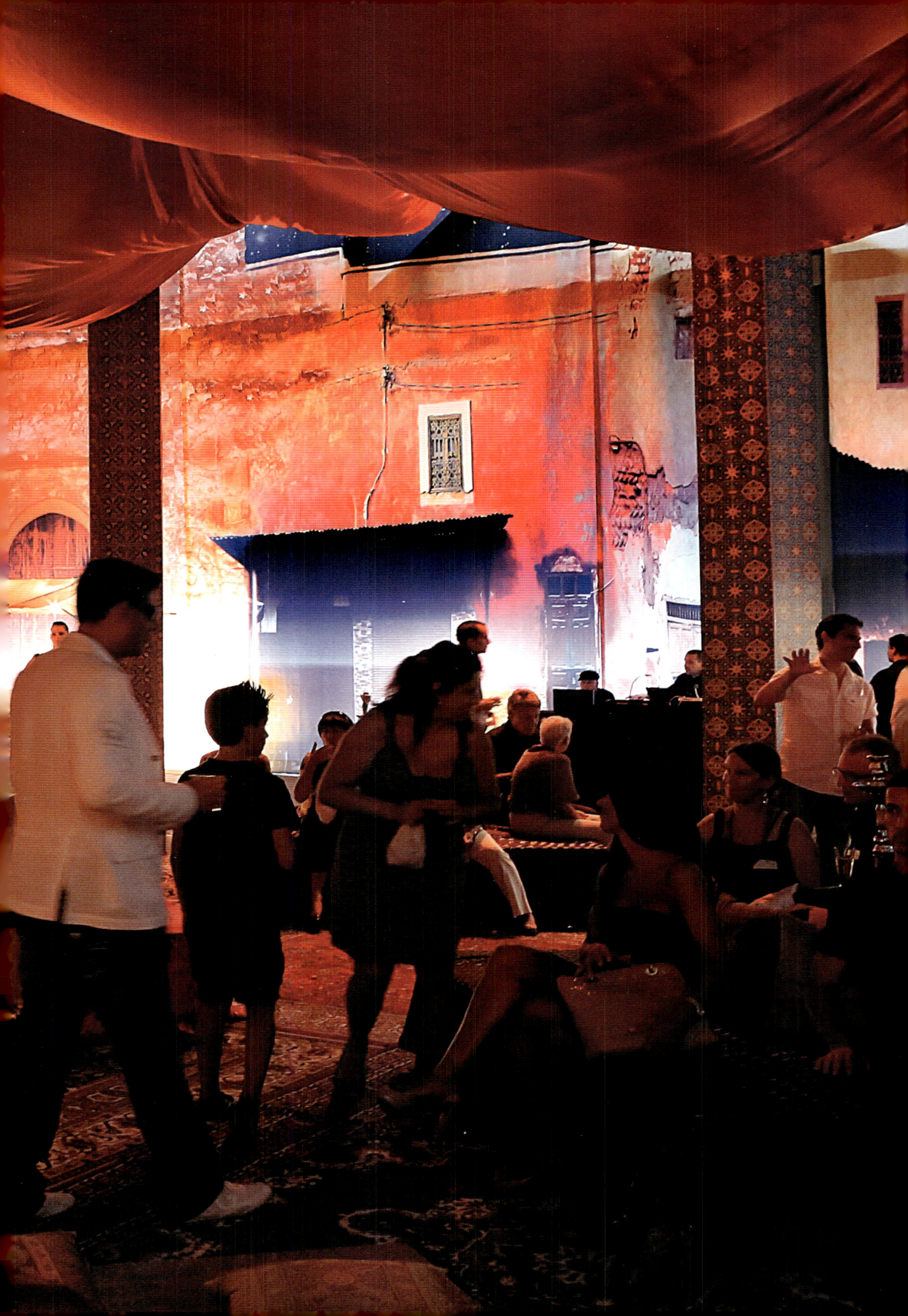

KECHMARK
Shop
KECHMARK
Shop
Prêt à porter
Chaffoteaux
et Maury
L'eau chaude à moitié prix
CHAUFFE EAU A GAZ
JUNKERS
BOSCH Gruppe

Sprite
BAZAR CHICHAOUA
سويقة القصور 57 SOUIKT KSOUR
RESTAURANT
TICHKA

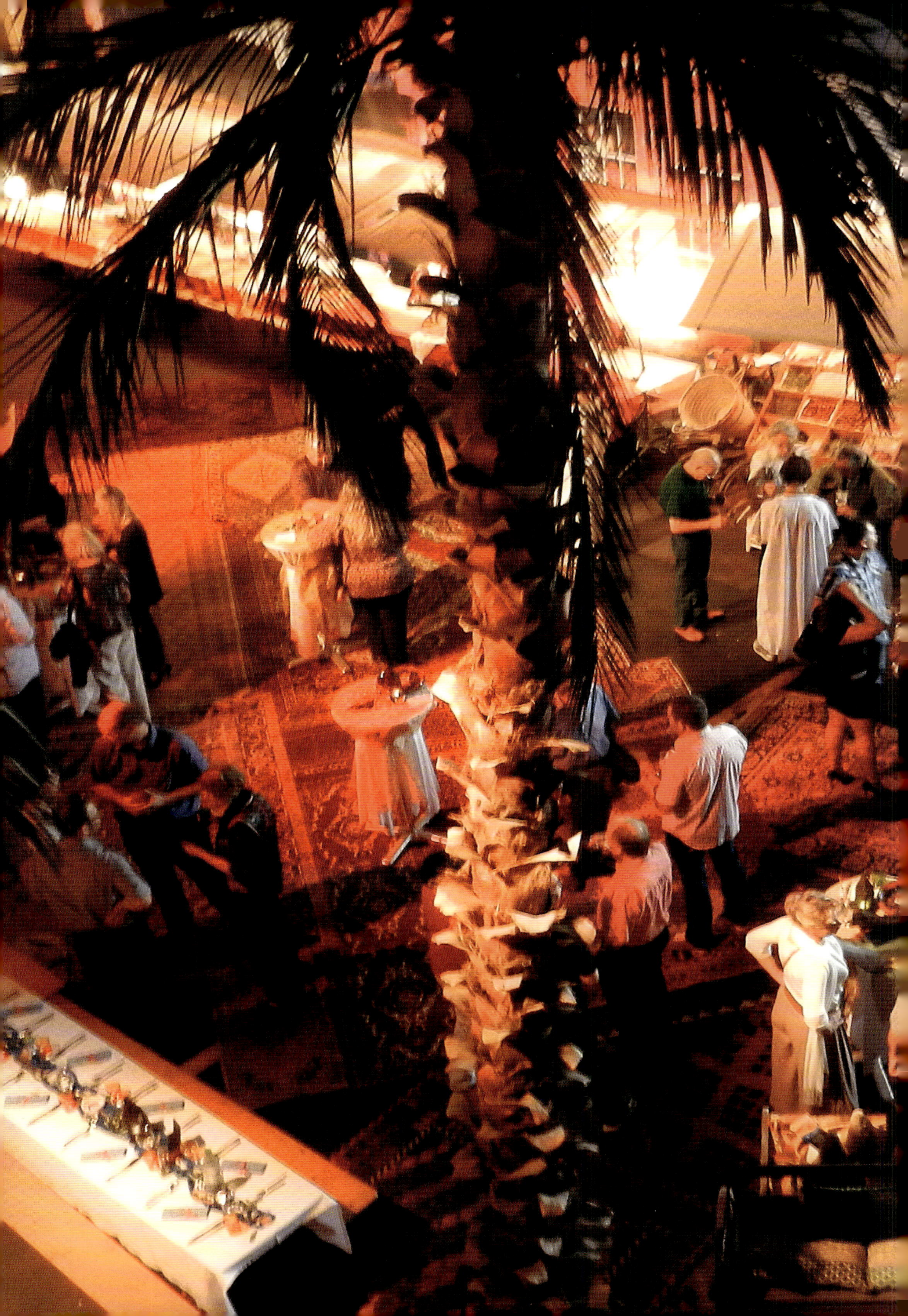

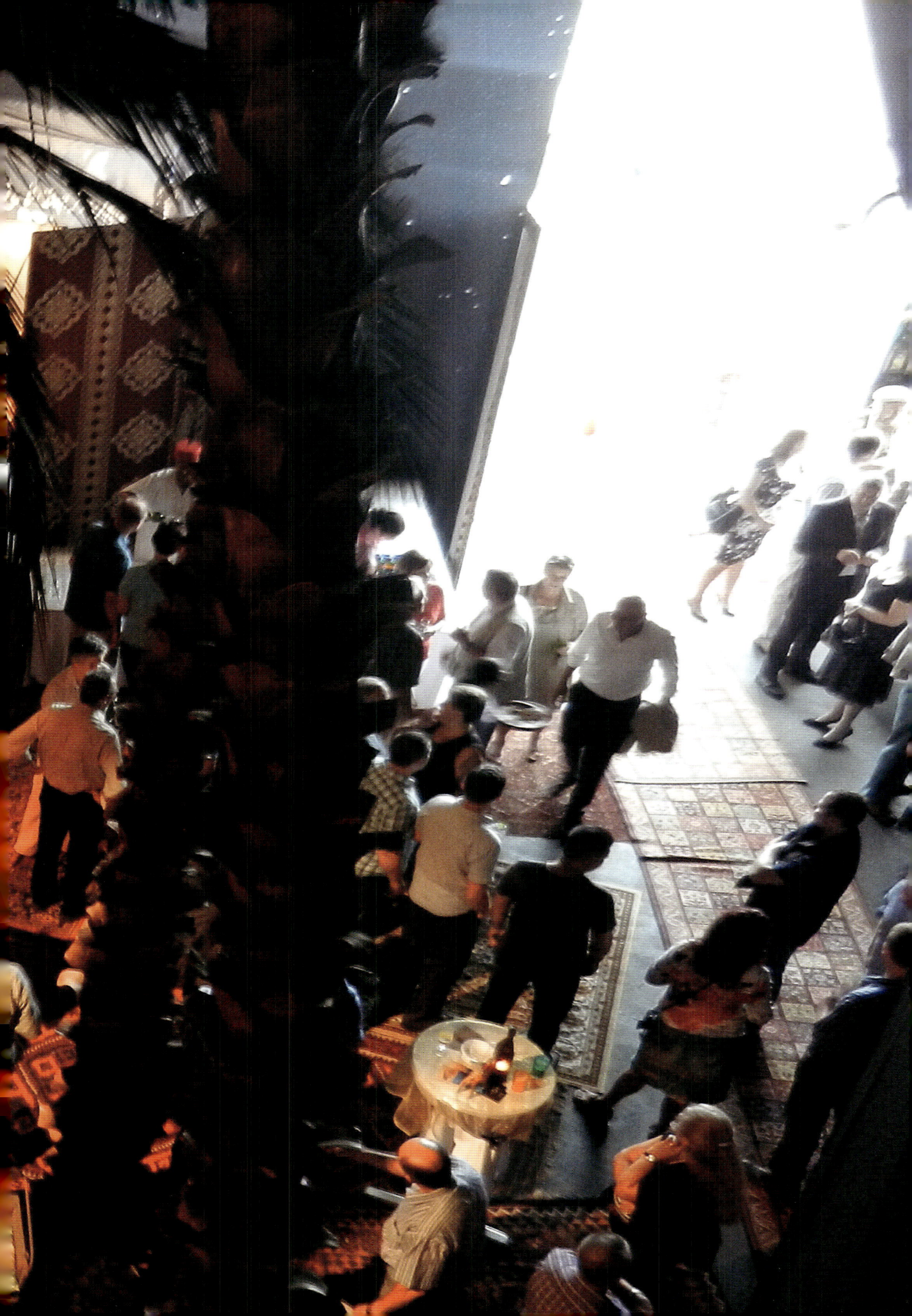

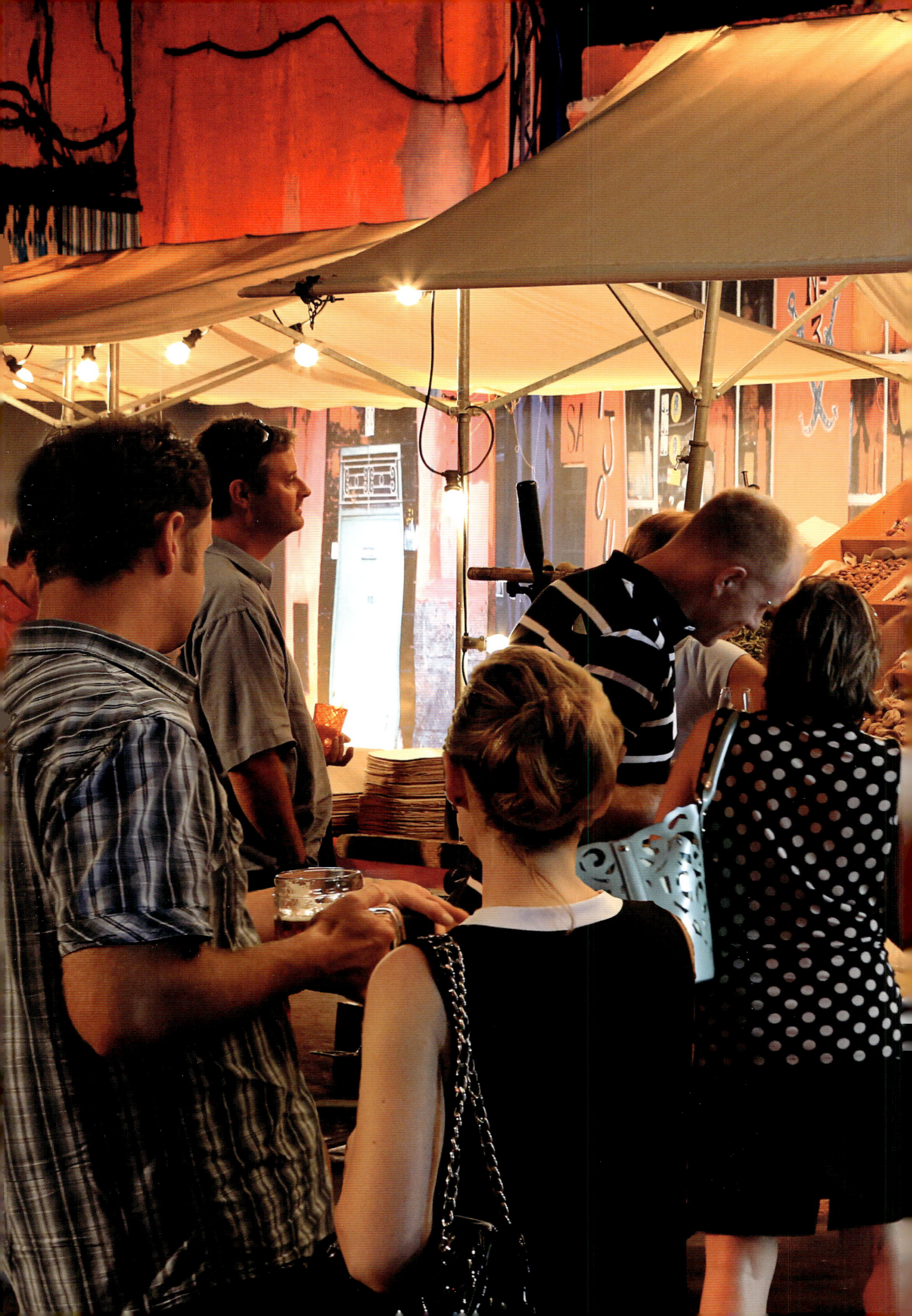

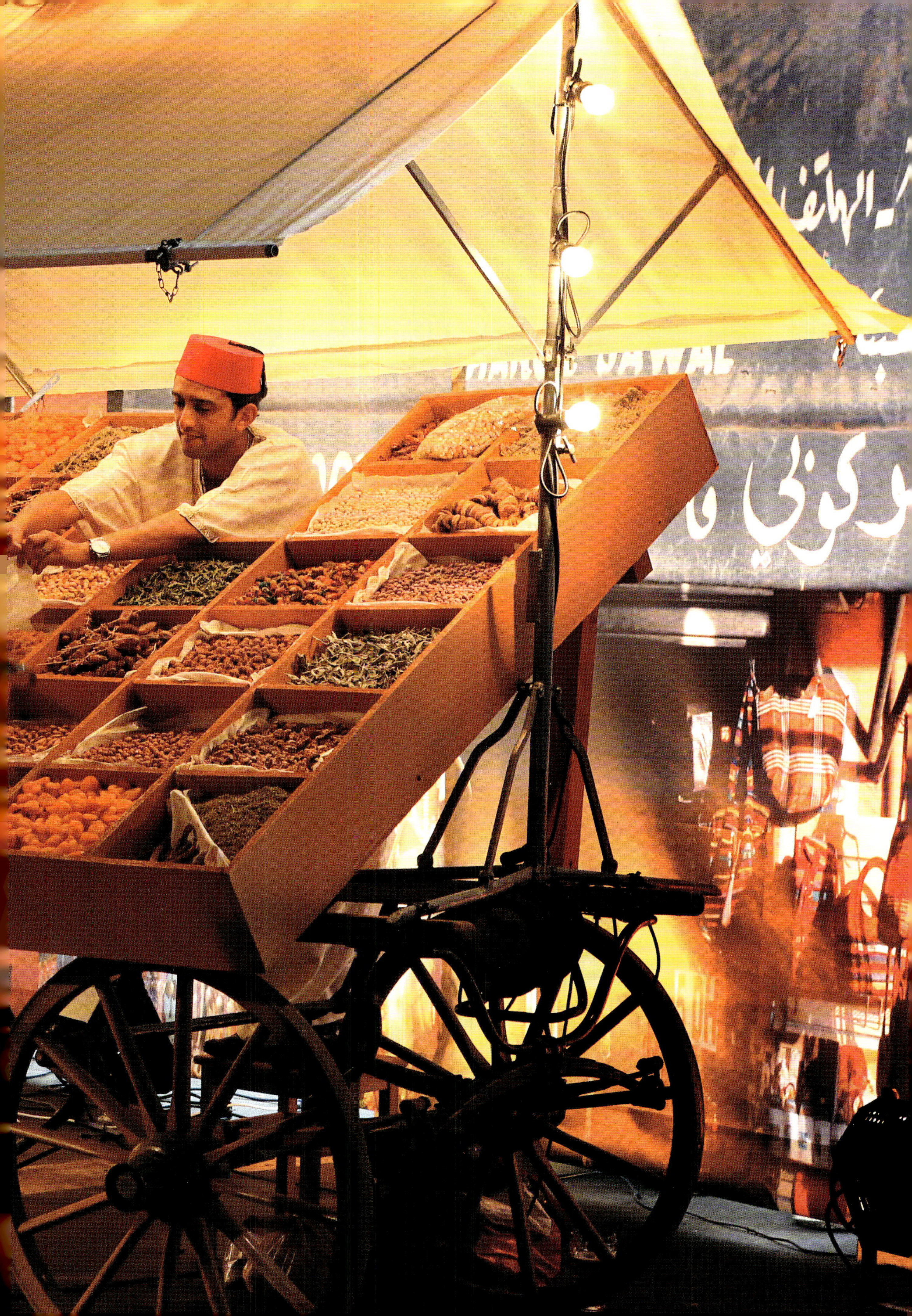

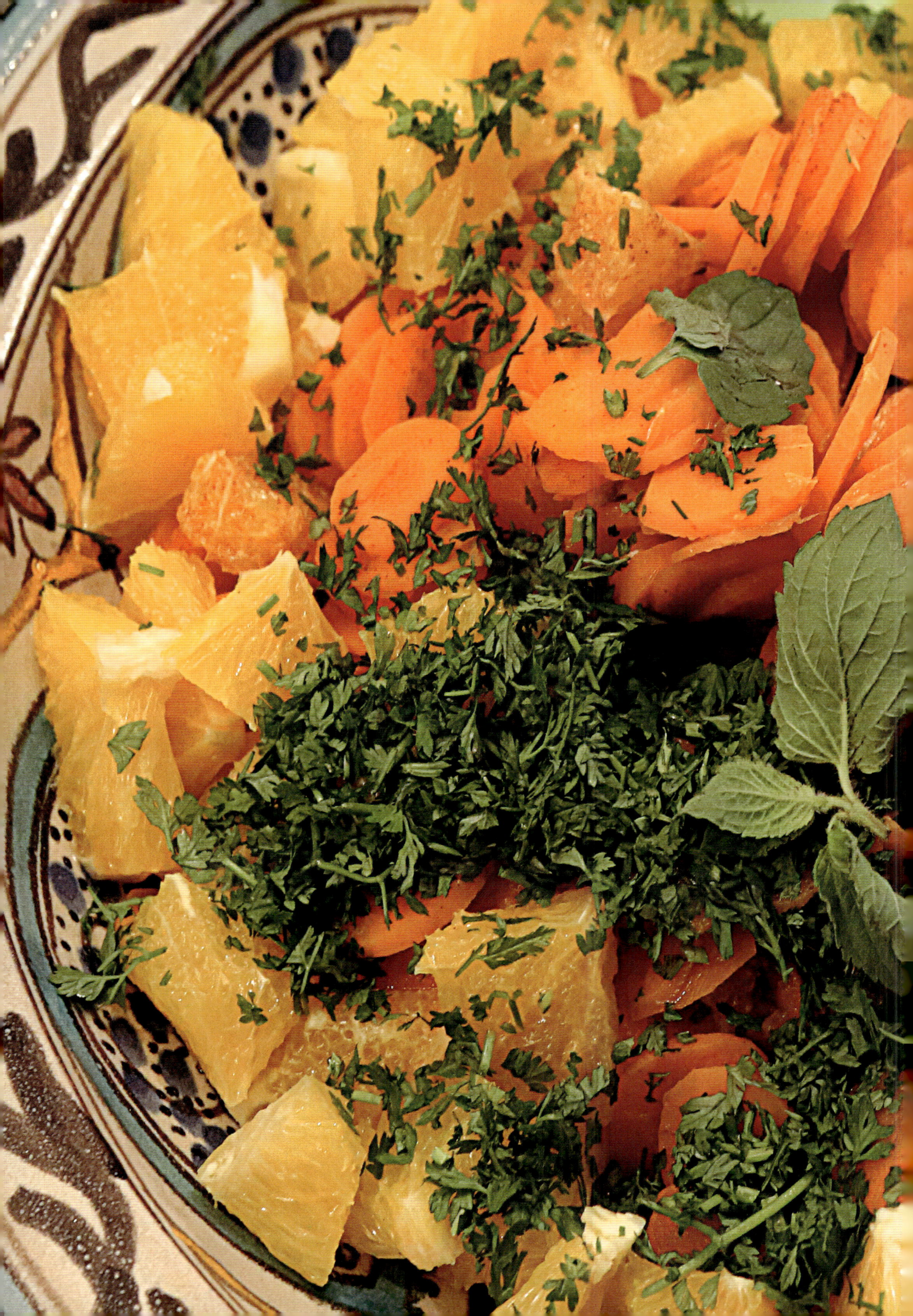

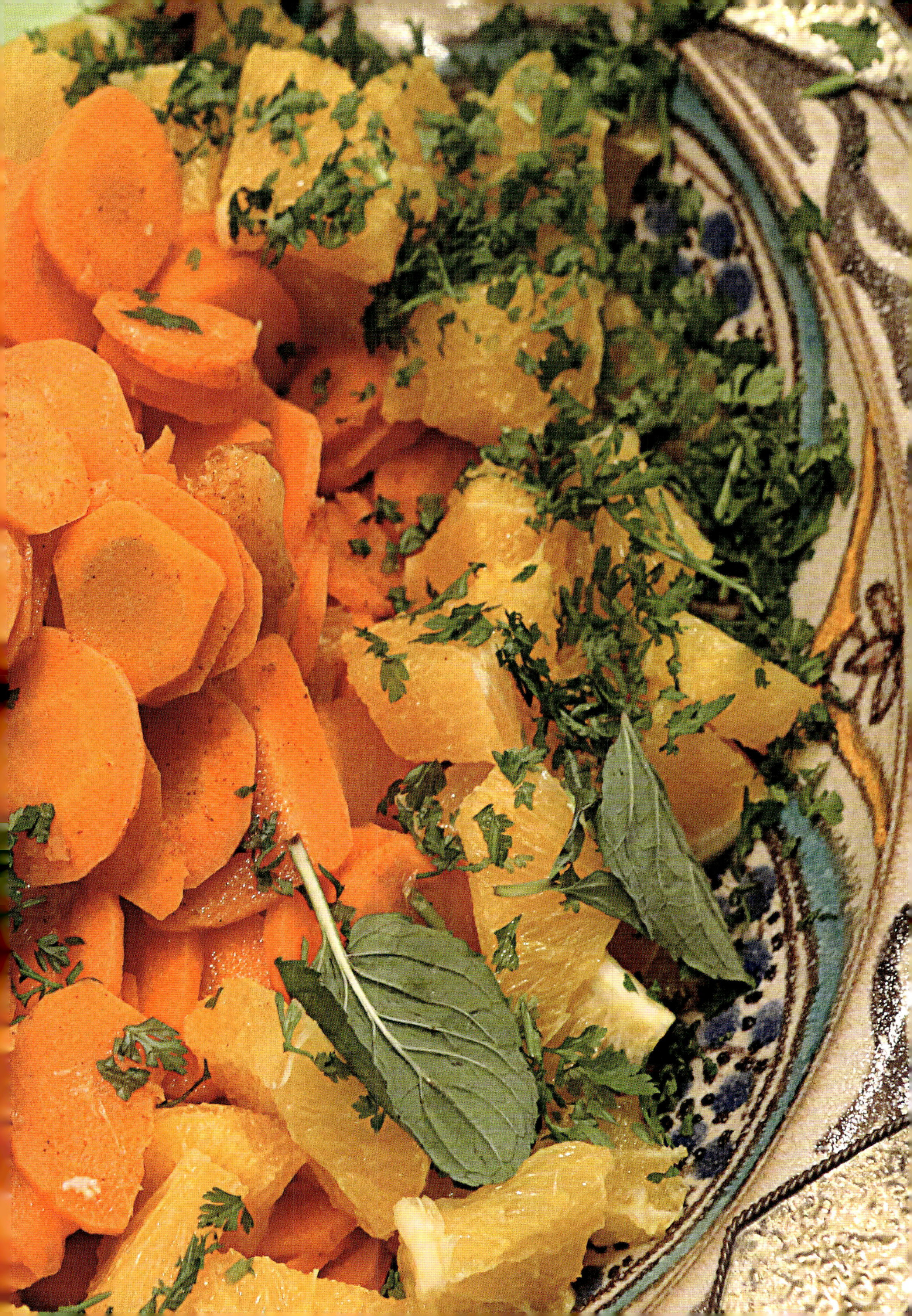

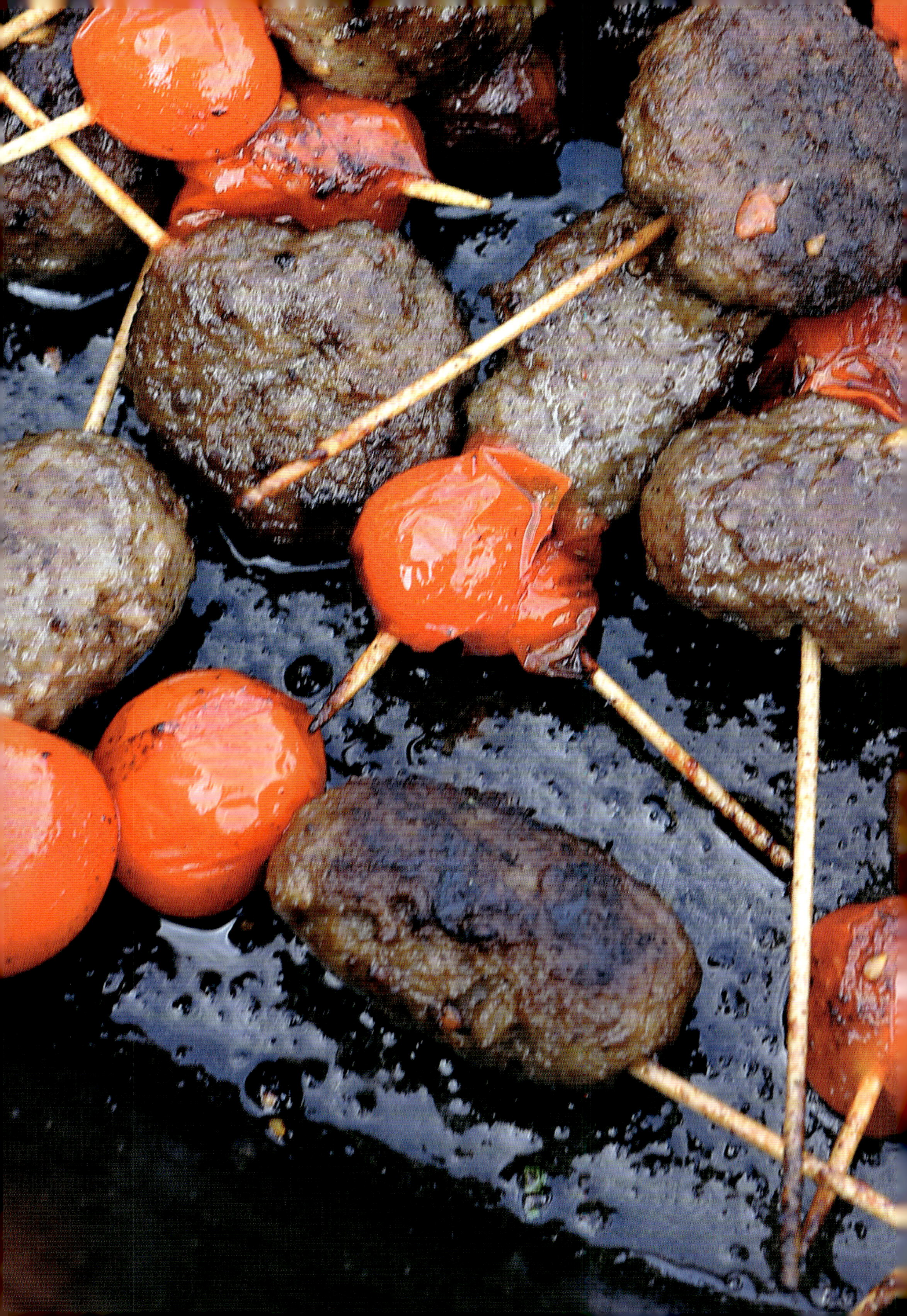

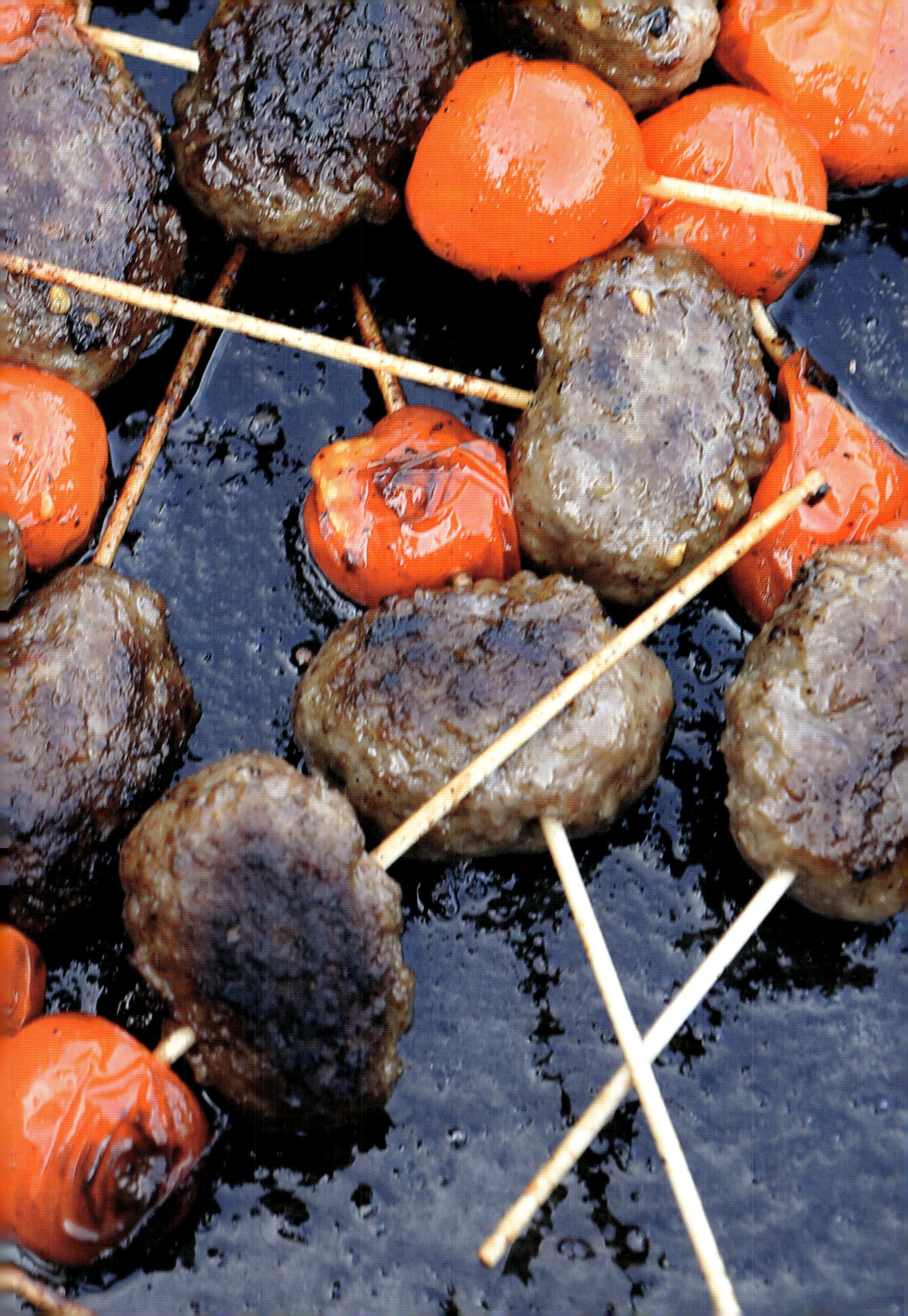

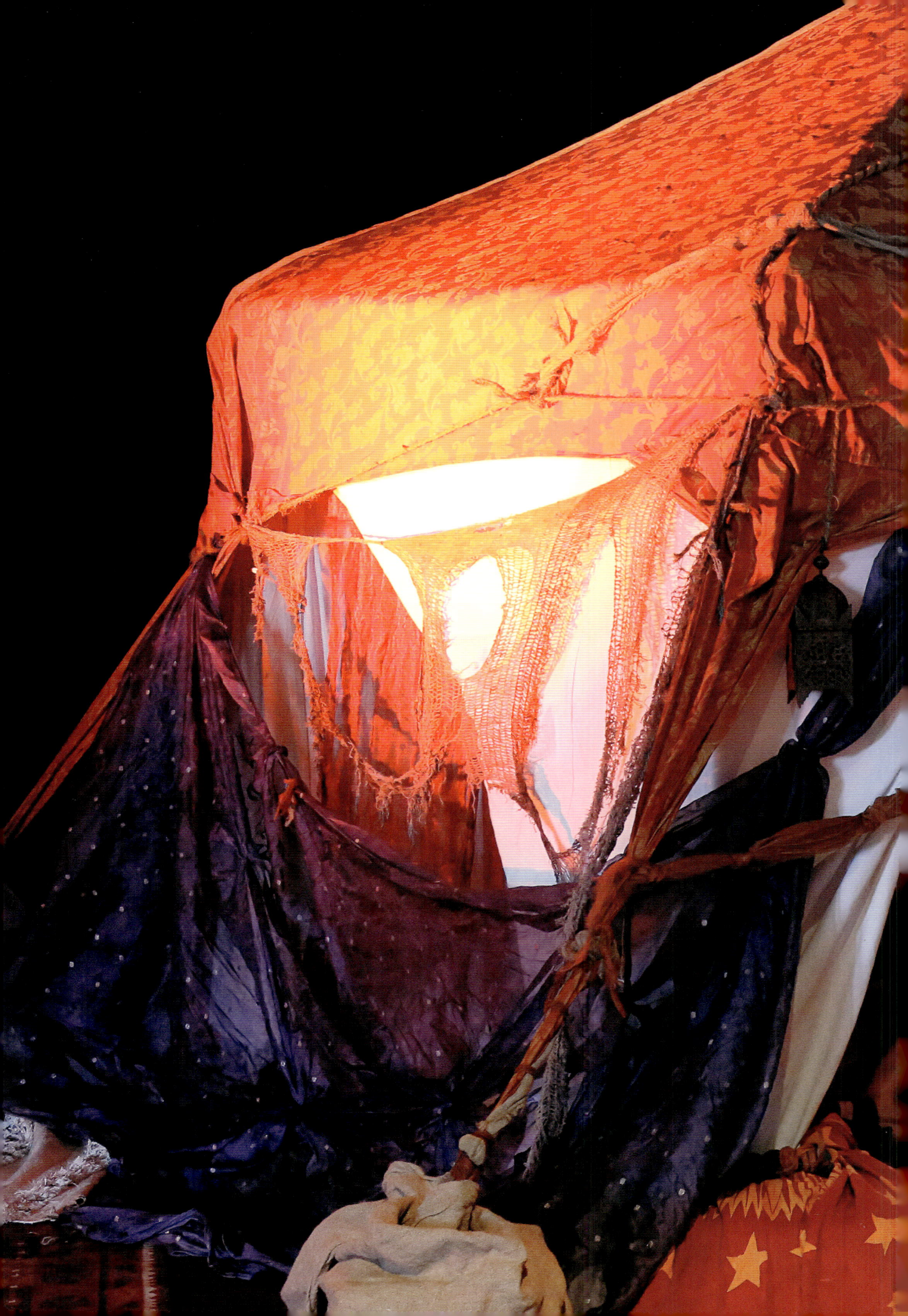

Handlesen & Kartenlegen

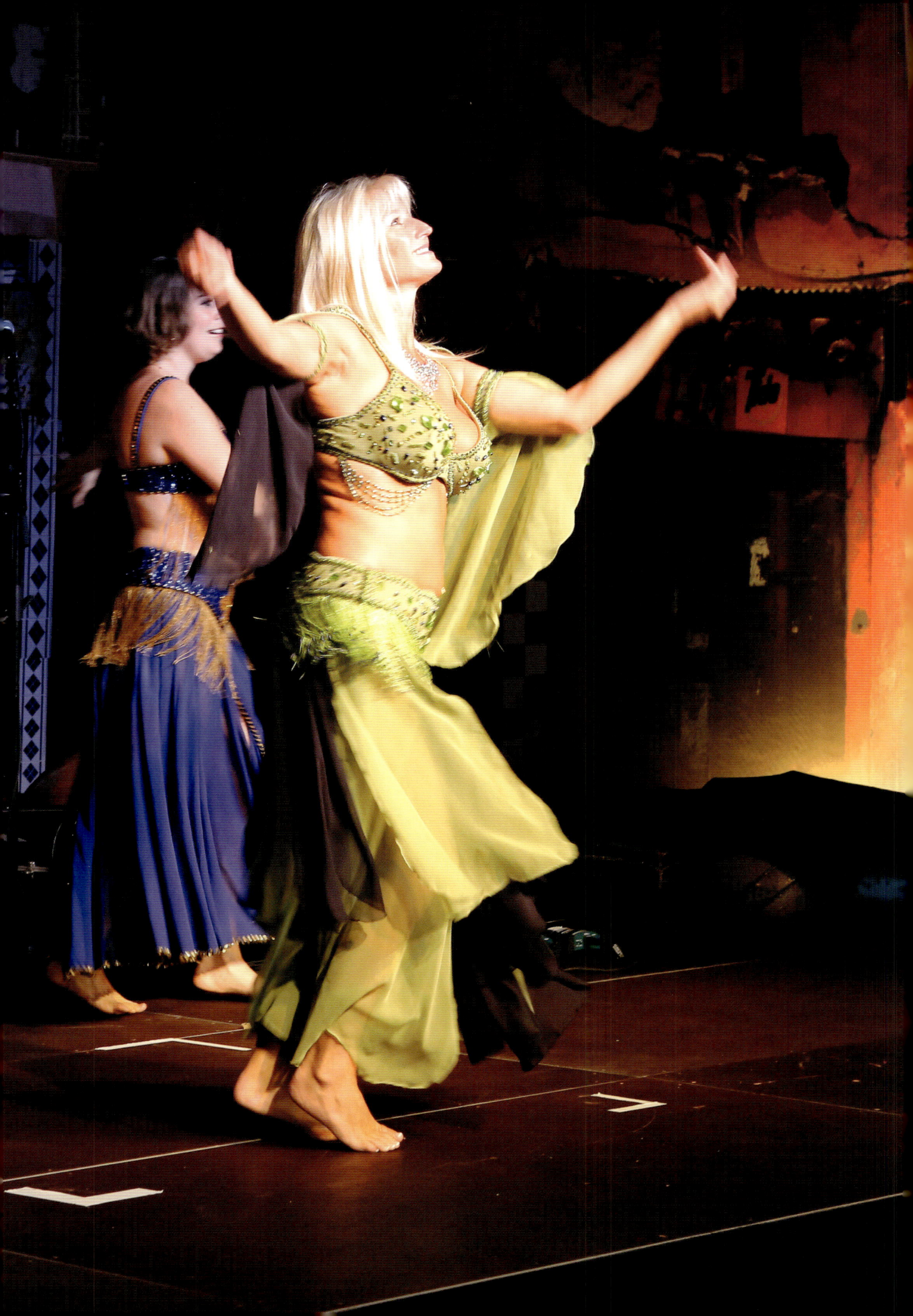

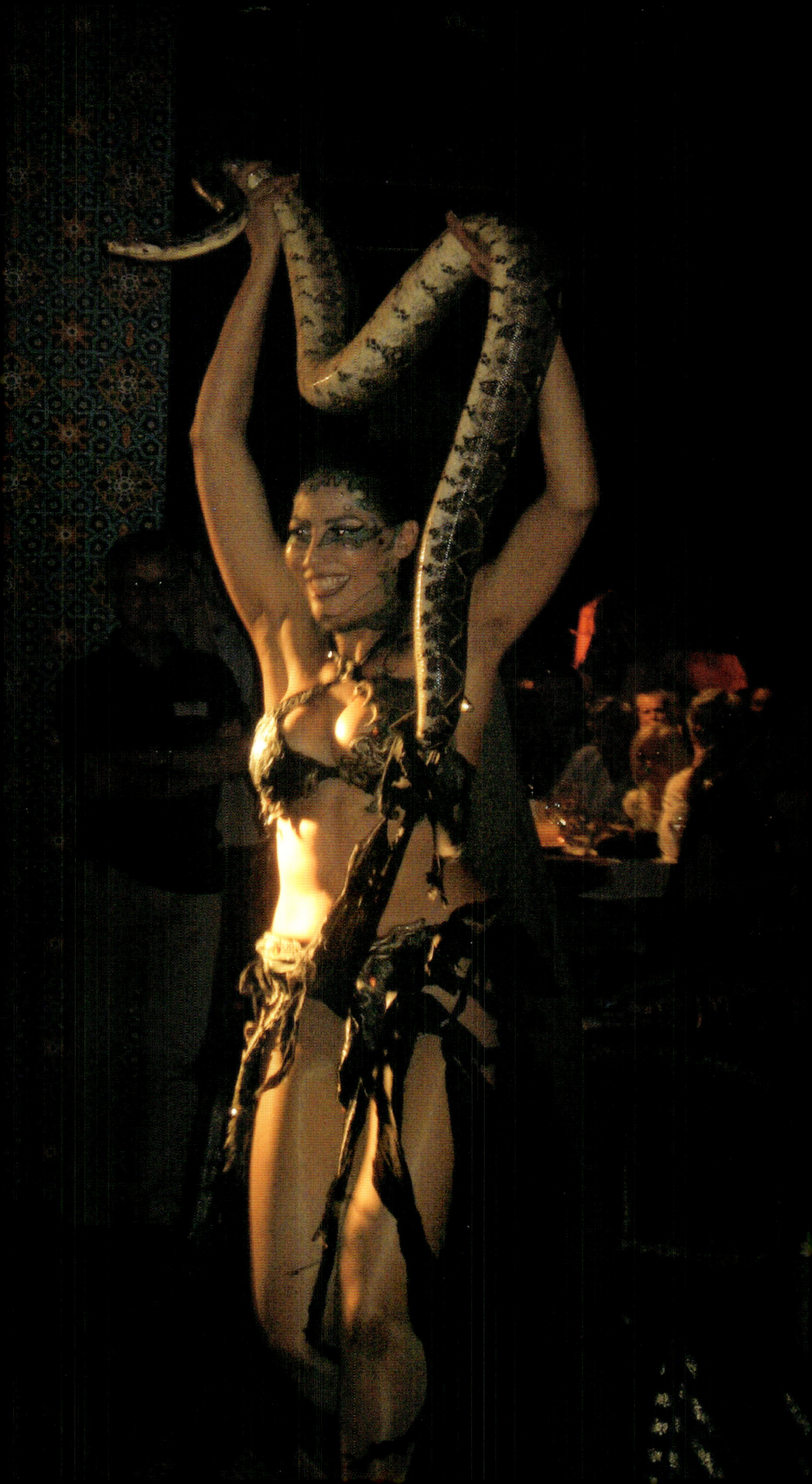

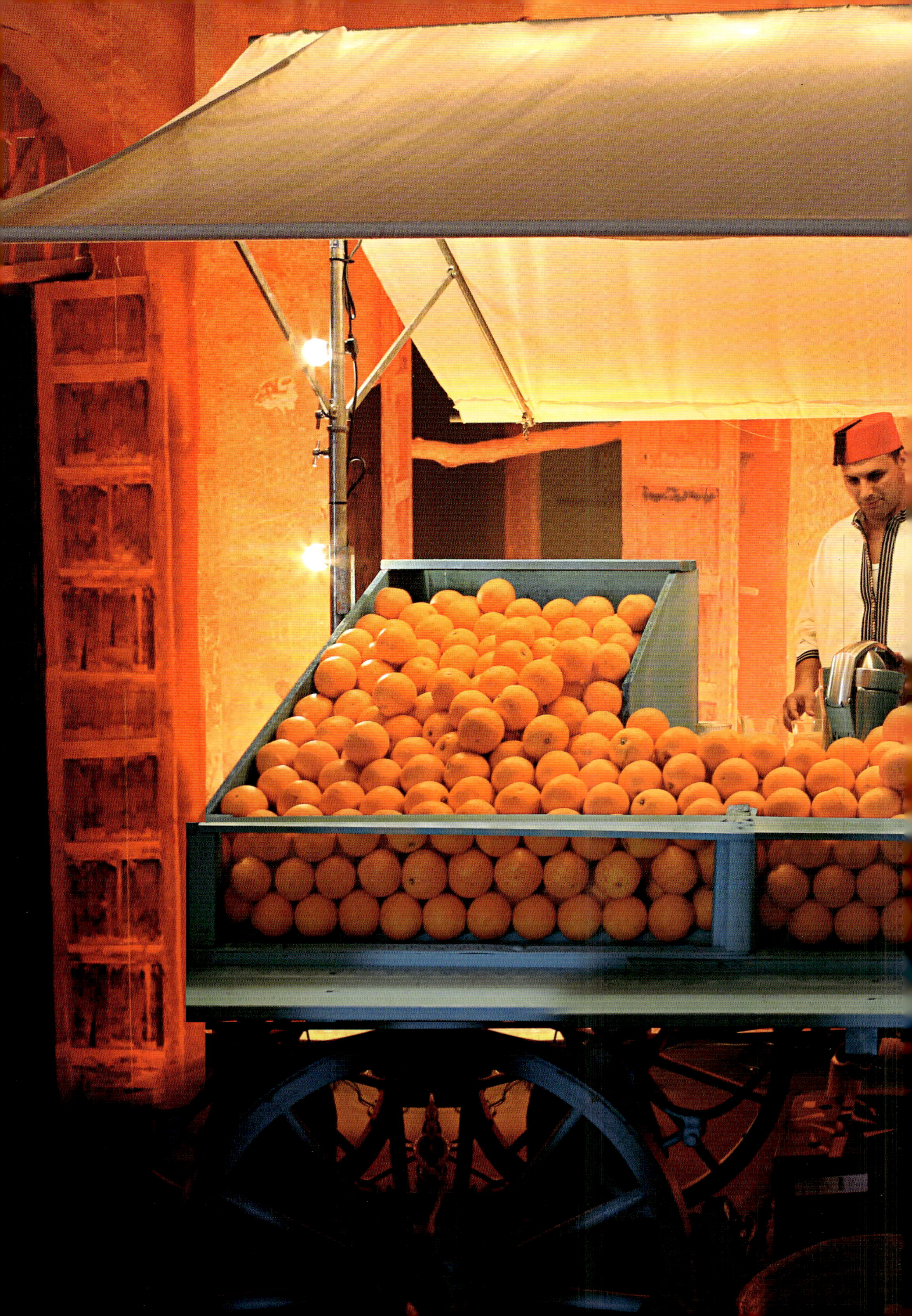

ترميم الأسنان

Prothèse Dentaire
Tél : 06 71 37 04 54

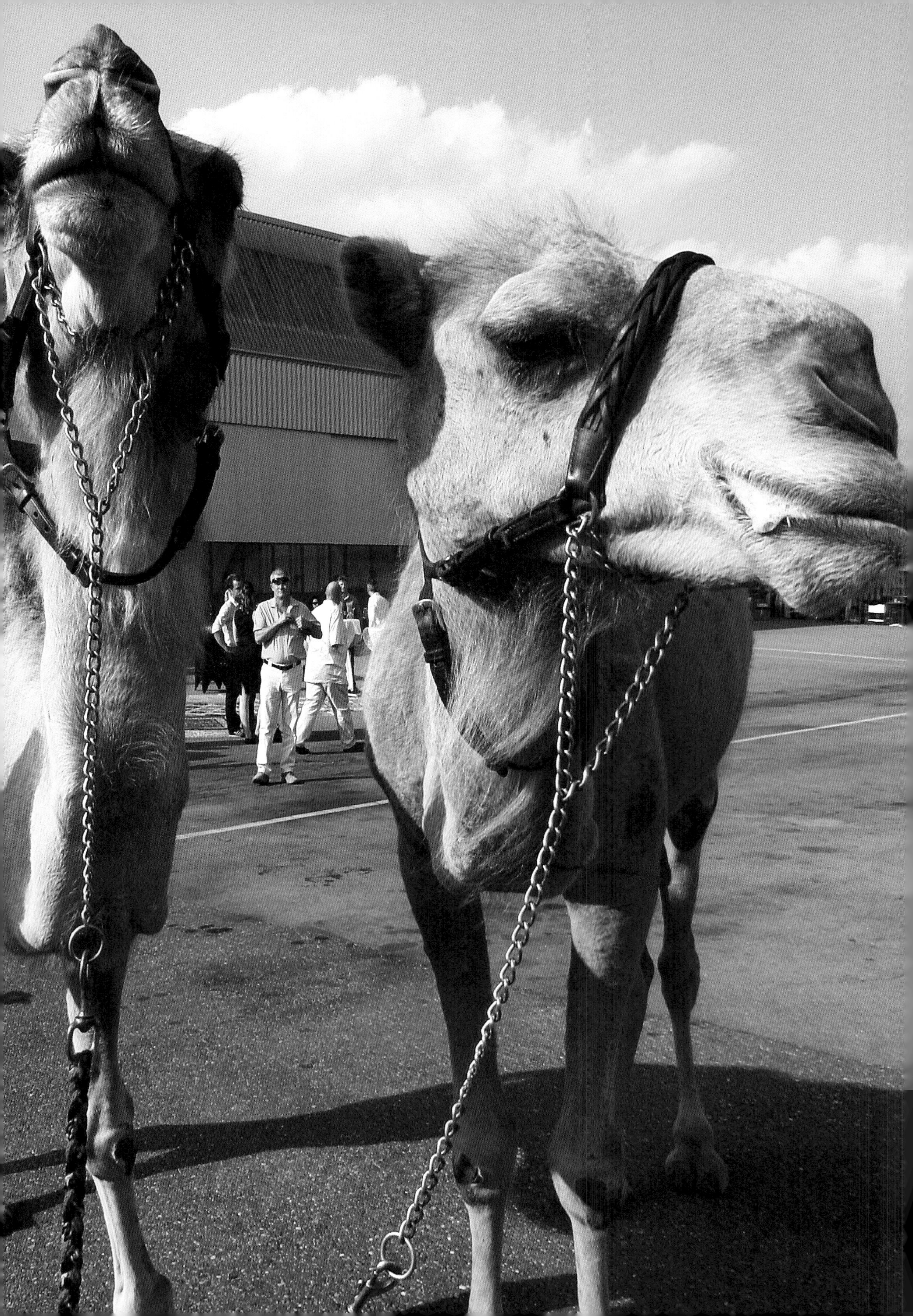

كتابة

Die Einladung als **Fest der Vorfreude** oder **Amuse-Bouche –**
ein essenzieller Bestandteil eines Events.

Objekt/Einladung «In 80 Tagen um die Welt»

Midsommar

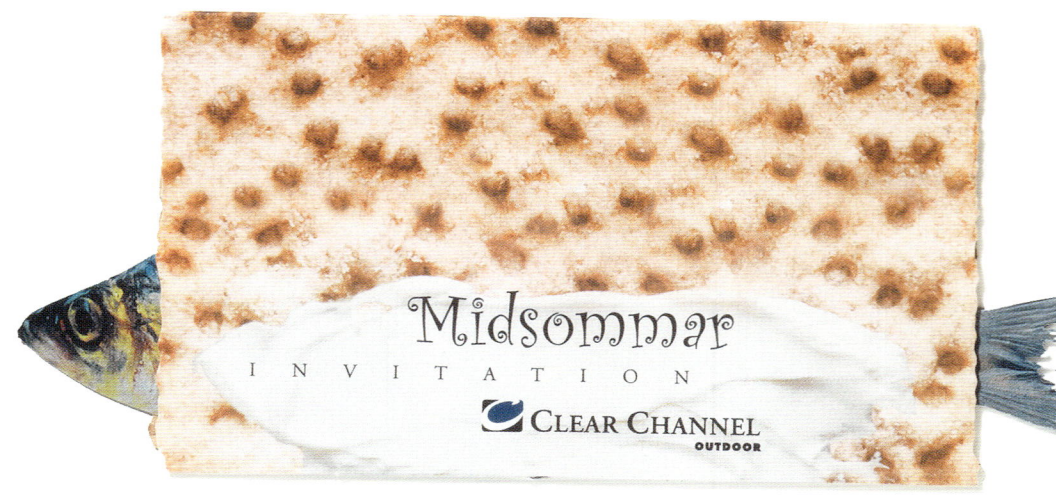

«Aussi loin que l'on s'en souvienne, la Nuit de la Saint-Jean a été propice aux forces magiques; avec ses farandoles d'Elfes et ses Trolls cachés derrière les arbres, qui guettent ce spectacle féerique et chamarré.»

«Cette nuit-là, chansons paillardes, grillades et guirlandes de fleurs sont de rigueur, tout comme les rondes autour des feux de joie – les fameux feux de la Saint-Jean –, censés porter chance et chasser les mauvais esprit.»

«Sur le chemin du retour, les jeunes filles cueillent sept sortes de fleurs dans sept prairies différentes. Selon une antique légende, elles doivent les mettre sous leur oreiller pour que leur futur époux leur apparaisse en rêve.»

Clear Channel Outdoor vous invite à fêter le plus long jour de l'année aux portes de la grand-ville, dans les collines de l'arrière-pays zurichois. Venez partager la magie du solstice d'été avec nous le 21 juin 2007, et passez la nuit la plus pétillante...

8044 Gockhausen
21 juin 2007, dès 17 heures

CLEAR CHANNEL OUTDOOR

Détacher ici

Invitation personnelle pour

Je me réjouis déjà du «Midsommar» organisé par Clear Channel Outdoor le 21 juin 2007 et j'y serai.

▪ Je viens seul

▪ Je viens accompagné(e) de

Nom

Prénom

Veuillez nous retourner votre inscription jusqu'au 8 juin 2007 s.v.p.

Midsommar
INVITATION

CLEAR CHANNEL OUTDOOR

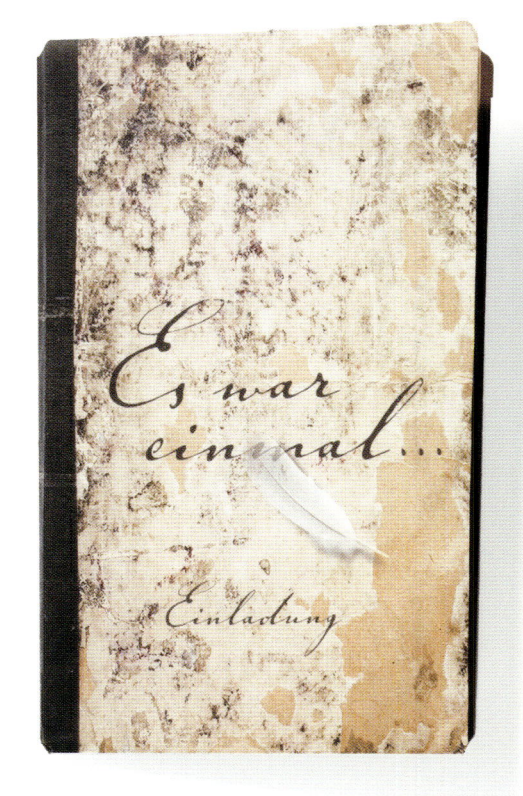

Es war einmal...

Einladung

...vor langer Zeit eine Firma, die jedes Jahr von Königin Vreni jährlich zu grossen Festen lud. Auch im Jahre 2008, am 21. August war es wieder soweit – alle waren sehr erfreut und glücklich. Und wenn... nicht...

À trois pas de la ville, une autre campagne...

Rencontrez-y Ueli le valet qui affiche ... sa fierté pour ses produits alléchants préparés au feu de bois et son capital d'exploitation aux noms idylliques «Liseli», «Flori» ou «Blüemli».
Bienvenue à la Fête Plakanda AWI 1999

**Plakanda AWI à la ferme,
le jeudi 24 juin 1999, dès 17h**

Derrière le Jardin zoologique de Zurich.
Suffisamment de places de stationnement.

Tram n° 6 jusqu'au terminus Zoo, puis par attelage de chevaux jusqu'à la ferme (une navette toutes les 15 minutes).

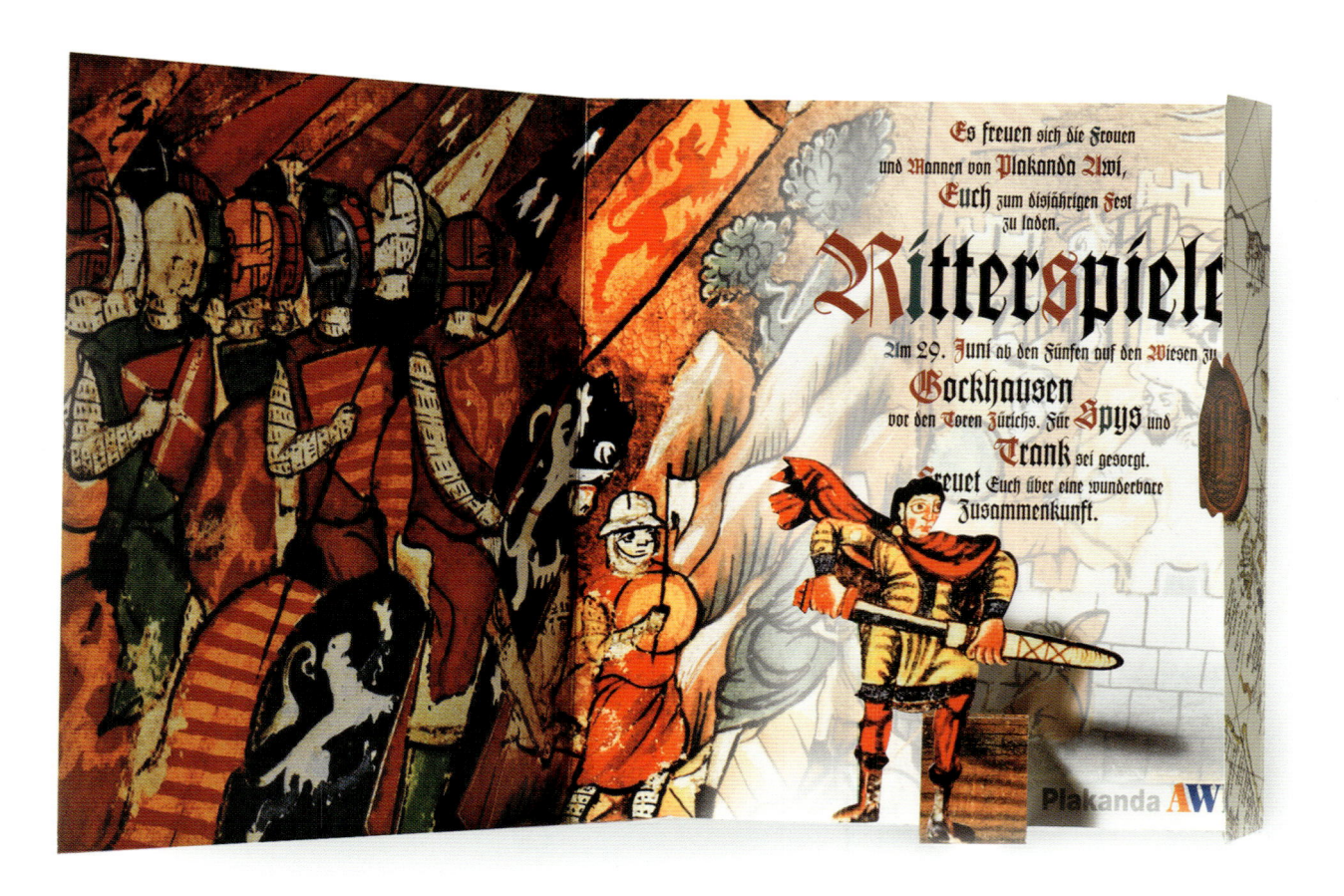

Ritterspiele

Es freuen sich die Frouen und Mannen von Plakanda Awi, Euch zum disjährigen Fest zu laden.

Ritterspiele

Am 29. Juni ab den Fünfen auf den Wiesen zu **Gockhausen** vor den Toren Zürichs. Für **Spys** und **Trank** sei gesorgt. Freuet Euch über eine wunderbare Zusammenkunft.

Plakanda AW

---

serata italiana

Invito

Italia

"lasciatemi cantare, perché ne sono fiero, sono un italiano, un italiano vero"

Buona sera Italia lasciatevi trasportare nel fascino di una vera serata italiana vi sorprenderemo con il meglio dello stivale nell'elegante ambiente delle sue piazze, della sua arte, con la bella musica, il sole, il mare e ... le delizie del palato: pizza, pasta, il buon vino, dolci e spumante

questo passaporto vale come biglietto d'invito ed è indispensabile portarlo

staccare ed inviare

REGNO D'ITALIA
PASSAPORTO PER L'ESTERO

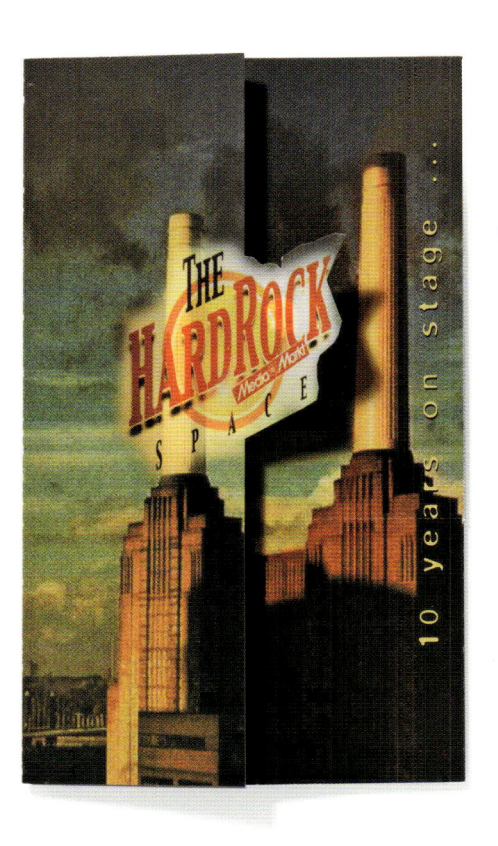

One Night in Marrakesch

Marrakesch, die sagenumwobene Königsstadt – eine Welt der Düfte und geheimnisvollen Klänge. Stadt der Händler, Märchenerzähler, Trommler und Feuerschlucker.

Mit allen Sinnen geniessen, verzaubert in einem Meer der Geräusche und Farben – im Orient und 1001 Nacht innehalten.

Willkommen am Clear Channel Fest 2012

Wir freuen uns, Sie am Donnerstag, 23. August 2012, ab 17 Uhr in der Flughalle Dübendorf der In-Air begrüssen zu dürfen.

WANTED!

Liebe Ladies und Gentlemen, liebe Cowgirls und Cowboys, liebe Squaws und Tomahawks

Wenn Sie seit Karl May gezögert haben, mit Old Shatterhand bei untergehender Sonne durch die endlose Prärie zu reiten – am 29. August ist hinter den Rocky Mountains von Zürich der Wilde Westen los.

Satteln Sie Ihr Lieblingspferd, und galoppieren Sie straight in die Reithalle beim Restaurant Rossweid in Gockhausen. Als Kopfgeld hat Plakanda long food vom Feinsten und big fun vom Besten für Sie ausgesetzt. Der Startschuss fällt um 17 Uhr.

Einlösen können Sie Ihren reward mit der Antwortkarte unten. Wir freuen uns auf Ihr Kommen!

EINLADUNG
zum Plakanda-Fest vom 29. August 1996
in der Reithalle/Restaurant Rossweid in Gockhausen

☐ Yes, ich, _____, hole mir mein Kopfgeld.
Ich werde eskortiert von _____
☐ Wir kommen mit _____ Pferden.
☐ Sorry, mein Pferd und ich haben an diesem Tag schon ein Rennen.
Name _____ Firma _____ Ort _____
Bitte ausfüllen und der nächsten Postkutsche mitgeben oder per Rauchzeichen/Fax 01 361 44 66.

Tenue: Casual and all weather. Nichts für high heels.

EINLADUNG Plakanda Fest 94, Donnerstag, 1. September 1994 ab 17.00h, Badenerstrasse 431, 8040 Zürich

Sofort anmelden! Telefon 01 492 88 88, Fax 01 493 53 36

ZWISCHEN ETHNO UND EMMENTAL

Es fliegen die Drachen, es wirbeln die Ess-Stäbchen, es locken fremde Klänge, es ist Zeit für

EINLADUN

das Plakanda-China-Fest

Liebe Gäste

Zwischen Huang He, Chang Jiang und Xi Jang, am Rande von Gockhausen, liegt das berühmte "Restaurant zum alten Tobelhof".

Hier wartet am 6. September 1995 ab 17 Uhr der kaiserliche Koch mit dem scharfen Messer und ebenso scharfen Ingredienzen, es strömen herbei die Vertreterinnen und Vertreter der Plakanda aus allen Dynastien, zauberhafte musikalische Klänge erklingen aus Qin und Pipa und Sheng, der grosse Gong

... cheers

Scottish Highland Games

We are pleased to invite you on August 25th 2005 to the 1st Scottish Highland Games organized by Clear Channel Plakanda. Enjoy an exciting evening in an authentic medieval setting: athletic games employed by strong men, bagpipe music, traditional foods, whisky, all of this amidst a Scottish spirit of celebration – a truly unique event you are very welcome to join!

Kleine Weisheit des Abwartens und Teetrinkens:

Die Güte des Tees ist abhängig von der Feinheit und Grösse der Blätter. Die beste Qualität heisst Flowery Orange Pekoe (Blatthüllen der Knospen), dann folgt die Qualität Orange Pekoe (aus dem ersten Blatt oder den Blattspitzen des jungen Triebs), die Ernte des dritten Blattes wird Pekoe und die Ernte vom dritten bis zum sechsten Blatt Pekoe Souchong genannt.

Plakanda

...schlägt die Stunde der Wahrheit, Raketen und Feuerdrachen sausen und krachen in die Fest-Nacht, Gäste feiern, geniessen....

Herzlich willkommen zum diesjährigen Plakanda-Fest!

Wir freuen uns, wenn Sie dabei sind und sich von unserer festlichen Chinatown in Gockhausen verzaubern lassen.

Plakanda

Scottish Highland Games

INVITO

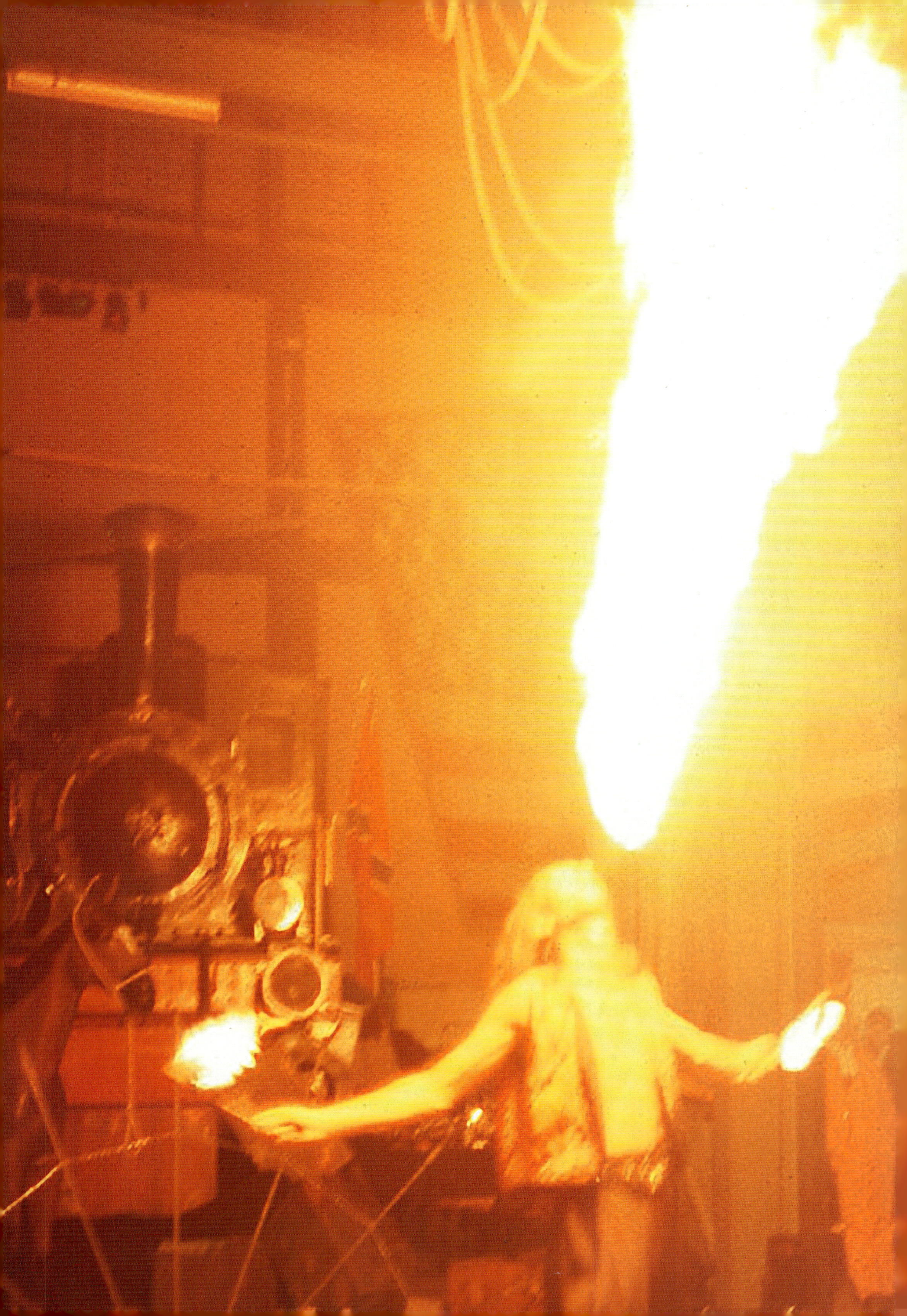